Die Adelsbezeichnung im deutschen
und ausländischen Recht

Europäische Hochschulschriften
Publications Universitaires Européennes
European University Studies

Reihe II
Rechtswissenschaft

Série II Series II
Droit
Law

Bd./Vol. 2257

PETER LANG
Frankfurt am Main · Berlin · Bern · New York · Paris · Wien

Karl Friedrich Dumoulin

Die Adelsbezeichnung im deutschen und ausländischen Recht

PETER LANG
Europäischer Verlag der Wissenschaften

Die Deutsche Bibliothek - CIP-Einheitsaufnahme

Dumoulin, Karl Friedrich:

Die Adelsbezeichnung im deutschen und ausländischen Recht / Karl Friedrich Dumoulin. - Frankfurt am Main ; Berlin ; Bern ; New York ; Paris ; Wien : Lang, 1997
(Europäische Hochschulschriften : Reihe 2, Rechtswissenschaft ; Bd. 2257)
Zugl.: Mainz, Univ., Diss., 1997
ISBN 3-631-32447-2

D 77
ISSN 0531-7312
ISBN 3-631-32447-2

Meinen Eltern

Vorwort

Die vorliegende Arbeit wurde im Sommersemester 1997 vom Fachbereich Rechts- und Wirtschaftswissenschaften der Johannes Gutenberg-Universität Mainz als juristische Dissertation angenommen.

Meinem Doktorvater Herrn Prof. Dr. Reinhard Hepting, auf dessen Anregung diese Arbeit zurückgeht, danke ich für seine große Gesprächsbereitschaft und engagierte Betreuung. Er hat mir liebenswürdigerweise vorab Einsicht in das Manuskript seiner Kommentierung des Internationalen Namensrechts in der 12. Auflage des "Staudinger" gewährt. Diesem Werk verdanke ich zahlreiche wertvolle Hinweise.

Mein Dank gilt ferner Herrn Prof. Dr. Hans Peter Pecher, in dessen Händen die Zweitkorrektur der Arbeit lag.

Ein Dankeschön richte ich schließlich an meine früheren Kolleginnen und Kollegen am Lehrstuhl Prof. Dr. Reinhard Hepting sowie im Auslandsbüro, die mir bei meiner Arbeit tatkräftig zur Seite gestanden haben.

Das Manuskript wurde im Oktober 1996 abgeschlossen.

Düsseldorf, im Juli 1997 Karl Friedrich Dumoulin

Inhaltsverzeichnis

Einführung

Art. 109 Abs. 3 Weimarer Reichsverfassung (WRV) vom 11. Aug. 1919[1] bestimmt:

"Öffentlich-rechtliche Vorrechte und Nachteile der Geburt oder des Standes sind aufzuheben. Adelsbezeichnungen gelten nur als Teil des Namens und dürfen nicht mehr verliehen werden."

Entsprechend dem in Satz 1 des Art. 109 Abs. 3 WRV aufgestellten Programmsatz[2] für die Reichsgesetzgebung und der gleichzeitigen Anweisung an die Landesgesetzgeber, alle Vorrechte der Geburt oder des Standes, die auf einer bevorzugten Stellung im öffentlichen Recht beruhten, aufzuheben, wurden die bis zum Inkrafttreten der WRV am 14. Aug. 1919 bestehenden Adelsvorrechte[3] durch landesrechtliche Vorschriften beseitigt[4]. Der unmittelbar[5] geltende Satz 2 des Art. 109 Abs. 3 WRV, der entgegenstehendes Landesrecht nach Art. 13 Abs. 1 WRV bricht, unterstellte den adeligen Namen unter Einschluß der Adelsbezeichnung dem allgemeinen Namensrecht[6]. Dementsprechend hieß es in einem Erlaß des Reichsministeriums des Innern im Einvernehmen mit dem Reichsjustizministerium vom 10. Okt. 1921[7]: "Der adelige Familienname ist nach denselben Vorschriften des bürgerlichen Rechts zu behandeln wie der bürgerliche Familienname".

---

1 RGBl. I. S. 1383.

2 Siehe unten D II 1.

3 Vgl. *Opet*, 24. DJT (1898), Band 3 (Gutachten), S. 191, 196 Fn. 4 (Vorrechte der souveränen sowie der ihnen reichsgesetzlich gleichgestellten depossedierten und subjizierten Fürstenhäuser, vgl. Art. 57 EGBGB), 197 (Vorrechte der Mediatisierten und der ihnen durch Beschluß der deutschen Bundesversammlung oder vor dem Inkrafttreten des BGB durch Landesgesetz gleichgestellten Häuser, vgl. Art. 58 Abs. 1 EGBGB), 197 f. (Vorrechte der Familien der vormaligen reichsunmittelbaren Reichsritterschaft sowie der ihnen vor dem Inkrafttreten des BGB durch Landesgesetz gleichgestellten Familien des landsässigen Adels, vgl. Art. 58 Abs. 2 EGBGB), 198 ff. (Vorrechte des übrigen niederen Adels differenzierend in privatrechtlicher (vgl. Art. 59, 216 EGBGB) und öffentlich-rechtlicher Hinsicht); *Rensch*, S. 163 ff. (Vorrechte des hohen Adels); *Mantey*, AöR 13 (1898), 20 ff.; *Freiherr Schenck zu Schweinsberg*, S. 8 f.; *Rademacher*, S. 15 ff.

4 *Brintzinger*, S. 93, 117 m.w.N. in Fn. 157.

5 Siehe unten Kap. D II 1.

6 Z.B. *Staudinger/Habermann/Weick* (1995), § 12 Rn. 5 ff.; *Soergel/Heinrich*, § 12 Rz. 5 ff.; *Brintzinger*, S. 93, 118. Siehe unten Kap. D II bis IV.

7 Zitiert nach *Rensch*, S. 153.

Art. 109 Abs. 3 WRV war das Ergebnis eines Kompromisses zwischen den mit der Novemberrevolution 1918 hervortretenden adelsfeindlichen Tendenzen und konservativen Strömungen[8]; er ließ die alten Adelsbezeichnungen wenigstens als Namensbestandteil fortbestehen. Die meisten Mitglieder des Adels nahmen den Inhalt der Endfassung des Art. 109 Abs. 3 WRV daher mit Erleichterung zur Kenntnis[9]. Tatsächlich bedeutete Art. 109 Abs. 3 WRV jedoch die Abschaffung eines über Jahrhunderte in Geltung gewesenen, besonderen, vom Bürgertum abweichenden, komplizierten, nach hohem und niederen Adel differenzierenden Adelsnamensrechts[10]. Folge dieser Rechts-änderung war zum Beispiel, daß nach bürgerlichem Recht nunmehr auch das nichteheliche Kind den Namen seiner früher adeligen Mutter unter Einschluß ihrer Adelsbezeichnung erwarb, ebenso der Adoptierte den vollständigen adeligen Namen des ehedem adeligen Annehmenden[11]. Es kam zu einer starken Vermehrung der Adelsbezeichnungen[12]. Aus der Sicht des Adels als sozialer Gruppe[13] war die Adelsbezeichnung kein sicheres Zeichen mehr für die Adelseigenschaft ihres Trägers; der reichsdeutsche Adel sah sich im verstärktem Maß mit dem "Problem" des "Scheinadels"[14] konfrontiert[15].

Dem Adelsnamen haftet auch heute noch der Glanz vergangener Macht und Größe an; die Führung einer Adelsbezeichnung wird vielfach als gesellschaftlich förderlich und als hilfreich für das berufliche Fortkommen angesehen[16]. In der vorliegenden Arbeit wird die Grundlage dieses sozialen Phänomens dargestellt, nämlich das Recht zur Führung einer Adelsbezeichnung[17].

---

8 Siehe unten Kap. D II 1.

9 *Freifrau von Hoyningen-Huene*, S. 34.

10 *Freifrau von Hoyningen-Huene*, S. 35.

11 Zum alten Adelsrecht siehe unten Kap. D IV.

12 *Rensch*, S. 153.

13 Hierzu eingehend die Dissertation von *Freifrau von Hoyningen-Huene*.

14 Siehe zu diesem Begriff unten Kap. A.

15 Siehe unten Kap. D II 4.

16 Vgl. F.A.Z. vom 17. Aug. 1995, S. 12, Lieber ein "normaler" Mensch als Freiherr (Deutschland und die Welt). Mitteilung der Entscheidung des OVG Lüneburg 10 L 4913/93, nach der ein Freiherr berechtigt ist, im Weg der öffentlich-rechtlichen Namensänderung die Adelsbezeichnung "Freiherr von" aus seinem Familiennamen zu beseitigen. Der entnervte frühere Freiherr war der zahlreichen ihm, insbesondere während seiner Bundeswehrzeit, angedienten gesellschaftlichen Vergünstigungen überdrüssig geworden. Siehe dazu unten Kap. D IV 6 b aa und F II 4.

17 Schon *Rensch*, S. 130, hatte den in Art. 109 Abs. 3 WRV gefundenen Kompromiß als "unglücklich" bezeichnet, da er mangels ins einzelne gehender gesetzlicher Regelungen zu den größten Zweifeln Anlaß gebe. Zutreffend weist *Brintzinger*, StAZ

Die enorme vor allem soziale Bedeutung der Führung einer Adelsbezeichnung während des Kaiserreiches[18] führte dazu, daß sich nach 1919 eine Vielzahl höchstrichterlicher Entscheidungen mit der Auslegung des Art. 109 Abs. 3 S. 2 WRV und der in Umsetzung des Gesetzgebungsauftrags des Art. 109 Abs. 3 S. 1 WRV ergangenen landesrechtlichen Bestimmungen befaßte[19]. Auch in der Wissenschaft fand die neue Rechtslage reges Interesse. In der Dekade nach 1919 erschienen zahlreiche Dissertationen[20], als deren eingehendste[21] wohl diejenige von Rensch aus dem Jahr 1931 gilt. Die Arbeit stellt zunächst das alte Adelsnamensrecht dar und befaßt sich sodann ausführlich mit den Rechtsänderungen durch Art. 109 Abs. 3 WRV.

In der vorliegenden Arbeit unter kritischer Auseinandersetzung mit diesen Quellen, insbesondere der vielzitierten Untersuchung von Rensch, auf Art. 109 Abs. 3 WRV einzugehen, gebietet nicht nur ein allgemeines rechtshistorisches Interesse. Art. 109 Abs. 3 S. 2 WRV gilt gem. Art. 123 GG als einfaches Bundesrecht fort[22]. Wenn es um die Führung einer Adelsbezeichnung geht,

---

1970, 118 darauf hin, daß "das Dickicht dieses namensrechtlichen Teilgebiets" immer noch nicht völlig beseitigt sei.

18 *Freifrau von Hoyningen-Huene*, S. 29. Einen Einblick in die preußische adelige Gesellschaft des ausgehenden 19. Jahrhunderts vermittelt der Roman "Der Stechlin" von *Theodor Fontane*.

19 Vgl. etwa RGZ 103, 190; 109, 243; 113, 107; KG StAZ 1931, 242; 1934, 264; 1938, 89; BayObLG StAZ 1926, 3; 1926, 131; 1926, 337; 1929, 114; 1930, 355; 1932, 327; OLG Darmstadt StAZ 1931, 323; LG II Berlin StAZ 1926, 162; LG Breslau StAZ 1926, 84.

20 *Friedrich Karl Freiherr von Wendland*, Der adelige Familienname, seine Gestaltung und seine Rechtsverhältnisse, Diessen vor München 1920; *Heinrich Happel*, Der Name des hohen Adels nach dem Inkrafttreten der neuen Reichsverfassung, Marburg 1924; *Hermann Ernst Müller*, Standesvorrechte und Adelsname im geltenden Recht, Leipzig 1926; *Hermann Freiherr Schenck zu Schweinsberg*, Zur rechtlichen Bedeutung des Adelszeichen, Gießen 1927; *Emil Lehmann*, Die Bedeutung und die Tragweite des Satzes "Adelsbezeichnungen gelten nur als Teil des Namens" Art. 109 III 2 RV, Heidelberg 1927; *Wilhelm Rademacher*, Das Recht des Art. 109 Absatz 3 der Reichs-verfassung vom 11. August 1919 (Zugleich ein Beitrag zum alten und neuen Adels-recht), Borna-Leipzig 1927; *Hans Albert von Birckhahn*, Der adelige Name im neuen Recht: Eine Untersuchung der auf diesem Gebiet im Reich und in Preußen seit der neuen Reichsverfassung eingetretenen Rechtsentwicklung, Rostock 1931; *Max Rensch*, Der adelige Name nach deutschem Recht, Berlin 1931.

21 So mit Recht *Brintzinger*, S. 93, 118 Fn. 162. Das zwanzigseitige Literaturverzeichnis bei *Rensch* ist eine Fundgrube für die adelsnamensrechtliche Literatur seit der Jahrhundertwende.

22 BVerwG StAZ 1966, 167, 168; BayObLG StAZ 1967, 185, 186; 1981, 184, 185; 186, 187; *Klippel* S. 448; *Staudinger/Coing*, 11. Aufl., § 12 Rn. 5; *Brintzinger*, StAZ 1970, 118 Fn. 38; *Loos*, S. 81 (gem. Art. 125 GG). - Gem. Art. 125 Ziff. 1, 72, 74 Abs. 1 Ziff. 2 GG gilt Art. 109 Abs. 3 S. 2 WRV im Bereich der konkurrierenden Gesetzgebung des Bundes fort. Denn das Recht der hoheitlichen Namensänderung zählt zum Personenstandswesen i.S.v. Art. 74 Abs. 1 Ziff. 2 GG (siehe unten Kap. F I 1). - A.A.:

stellt sich stets die Frage, ob die betreffende Person zum Zeitpunkt des Inkrafttretens der WRV, also nach altem Recht, befugt war, die Adelsbezeichnung zu führen[23]. Auch in aktuellen Gerichtsentscheidungen ist die alte Rechtslage daher von großer Bedeutung[24].

Schon im ersten Weltkrieg setzten Emigration, Flucht und Vertreibung deutschstämmiger wie nicht deutschstämmiger Angehöriger osteuropäischer Staaten nach Deutschland ein. Während des zweiten Weltkriegs und in den Jahren kurz danach erreichte diese "Völkerwanderung" ihren Höhepunkt. Die Tatsache, daß sich unter den Flüchtlingen nicht wenige Adelige befanden, verlieh dem Recht des adeligen Namens in der Zeit nach 1945 neue Bedeutung. Teilweise mußten sich Verwaltung, Rechtsprechung und Literatur damit befassen, ob ein Ausländer eine bestimmte ausländische Adelsbezeichung führen durfte. Hauptsächlich aber ging es um die Frage, ob eine deutschstämmige Person nach ihrer Einbürgerung berechtigt war, eine bestimmte deutsche Adelsbezeichung zu führen. Zu nennen sind beispielweise frühere Adelige aus dem Baltikum, Polen, Tschechien oder Ungarn. Hier stellte sich die internationalprivatrechtliche Frage nach dem auf die Adelsnamensführung anwendbaren Recht.

Seit Inkrafttreten der WRV wird die Adelsbezeichnung nach deutschem IPR als Teil des Namens qualifiziert und unterliegt daher wie der Name dem Personalstatut (i.d.R. also dem Heimatrecht) ihres Trägers. Auch im praktisch bedeutsamen Fall der Einbürgerung wird die Frage, ob ein ehemals adeliger Neubürger zur Führung der Adelsbezeichnung berechtigt ist, nach seinem letzten Heimatrecht beantwortet. Eine etwaige Abschaffung der Adelsbezeichnungen durch den Heimatstaat ist folglich auch in Deutschland zu beachten[25].

Hieraus ergibt sich die Notwendigkeit, auf das Recht des Adelsnamens in ausländischen Staaten, insbesondere in den Heimatstaaten der oben angesprochenen Personen, einzugehen[26]. In diesem Zusammenhang ist in erster Linie auf den

---

VGH Baden-Württemberg StAZ 1985, 254, 256 (Weitergeltung gem. Art. 125 GG als einfaches Landesrecht).

23 Z.B. *Staudinger/Habermann/Weick* (1995), § 12 Rn. 8. Siehe unten Kap. D IV 1.

24 Vgl. etwa OLG Frankfurt StAZ 1985, 12 f.

25 Siehe unten Kap. E.

26 Siehe unten Kap. G.

grundlegenden Beitrag von Brintzinger aus dem Jahr 1962 zu verweisen[27]. Hier waren die Untersuchungen zu einzelnen Staaten zu vertiefen sowie Rechtsprechung und Literatur seit 1959[28] bis heute auszuwerten.

Noch in die Zeit nationalsozialistischer Herrschaft fällt der Erlaß des Namensänderungsgesetzes (NÄG)[29], welches das bis dahin geltende Recht zusammenfaßte[30]. Eine Motivforschung für das NÄG läßt sich nicht treiben, da es aufgrund der Ermächtigung, die der Reichsregierung durch das Ermächtigungsgesetz vom 24. März 1933[31] erteilt worden war, ohne parlamentarisches Verfahren durch die Reichsregierung beschlossen wurde[32]. Anderes gilt freilich für die im Zusammenhang mit dem Recht des Adelsnamens bedeutsame Bestimmung des § 3a NÄG.

Vor allem Angehörigen des früheren (vorwiegend deutschstämmigen) Adels in osteuropäischen Staaten wurde nach dem Ersten Weltkrieg durch Maßnahmen zahlreicher junger osteuropäischen Nachfolgestaaten des zaristischen Rußlands und Österreichs-Ungarns die Führung ihrer Adelsbezeichnungen verboten[33]. Die Anknüpfung an die Staatsangehörigkeit bei Fragen des (Adels-) Namensrechts im deutschen IPR führte dazu, daß die Betroffenen auch nach ihrer Einbürgerung nicht dazu berechtigt waren, in Deutschland ihre Adelsbezeichnungen zu führen. Andererseits lehnten Behörden und Gerichte die Wiederherstellung verlorengegangenen Adelsbezeichnungen durch Namensänderung gem. § 3 NÄG unter Hinweis auf Art. 109 Abs. 3 S. 2 2. Alt. WRV ab[34].

Einem Teil dieser Personen auf dem Wege der öffentlich-rechtlichen Namensänderung dazu zu verhelfen, die in ihren Heimatstaaten aberkannten Adelsbezeichnungen wieder führen zu dürfen, diente die Einfügung des § 3a in

---

27 *Brintzinger*, Die ausländische Adelsgesetzgebung und der Adelsname im Deutschen Internationalen Privatrecht, JbIntR 10 (1960/61), S. 93 ff.

28 Redaktionsschluß des vorgenannten Beitrags von *Brintzinger*.

29 Gesetz über die Änderung von Familienamen und Vornamen vom 5. Jan. 1938 (RGBl. I S. 9/BGBl. III. Nr. 401 - 1), zuletzt geändert durch Gesetz vom 12. Sept. 1990 (BGBl. I S. 2002).

30 Siehe unten Kap. F I 1.

31 RGBl I S. 141.

32 *Enste*, S. 55.

33 Siehe unten Kap. G.

34 Siehe unten Kap. F II.

das Namensänderungsgesetz durch Änderungsgesetz vom 29. Aug. 1961[35]. Dabei hatte der Gesetzgeber in erster Linie Angehörige des ehemaligen baltischen Adels vor Augen. Die Novelle erfaßt jedoch nicht nur diesen Personenkreis. Nach dem Gesetzeswortlaut sollen alle Zuwanderer in den Genuß der Regelung kommen, sofern durch das von ihrem Heimatstaat ausgesprochene Verbot der Adelsbezeichnungen überwiegend Angehörige einer deutschen Minderheit betroffen waren. Nicht von dieser Möglichkeit der Namensänderung profitieren hingegen Personen aus Ländern, welche die Adelsbezeichnung im Zuge einer allgemeinen, die gesamte Bevölkerung betreffenden Gesetzgebung abgeschafft haben. Bereits kurz nach Inkrafttreten des Änderungsgesetzes wurde die Frage aufgeworfen, ob diese Differenzierung mit Art. 3 GG vereinbar sei[36]. Zudem hat die Auslegung des § 3a NÄG die Gerichte und die Literatur immer wieder beschäftigt[37].

---

35 BGBl. I S. 162. Siehe unten Kap. F III.
36 Siehe unten Kap. F III 2.
37 Siehe unten Kap. F III 3.

A. Grundbegriffe

Vorab sollen die wichtigsten Grundbegriffe erläutert werden.

Der bürgerliche Name der natürlichen Person im modernen deutschen Recht besteht aus Vor- und Familiennamen[1]; er ist also ein zusammengesetzter[2], zweigliedriger[3] Name. Fraglich ist aber, was unter "*Familienname*" zu verstehen ist. Eine allgemein gebräuchliche Definition dieses Begriffs gibt es nicht[4]; teilweise werden auch nur die Bezeichnungen "Geburtsname" oder "Ehename" verwendet[5]. Alle drei soeben erwähnten Worte beziehen sich jedenfalls auf den nicht frei bestimmbaren Nach- oder Zunamen[6], also auf die Teile des bürgerlichen Namen, die nicht frei wählbarer Vorname sind.
Das BGB gebraucht den Begriff "Familienname" in verschiedenen Bedeutungen. In der Legaldefinition des § 1355 Abs. 1 Satz 1 wird der Familienname mit dem Ehenamen gleichgesetzt: "Die Ehegatten sollen eine gemeinsamen Familiennamen (Ehenamen) bestimmen". Das ist ein Nachklang der Identität der Begriffe von Ehe- und Familiennamen, wie sie das BGB erstmals im EheG von 1938[7] verwandt und auch noch nach dem Gleichberechtigungsgesetz vom 18. Juni 1957[8] beibehalten hatte[9]. Dagegen meint § 1617 Abs. 1 S. 1 BGB, wenn er vom "Familiennamen" der Mutter spricht, deren Geburtsnamen oder einen Namen, den sie durch Legitimation, Adoption oder Eheschließung erworben hat[10], nicht aber gilt als Familienname der Begleitname, § 1617 Abs. 1 S. 2 BGB.

---

1 Vgl. z.B die amtliche Bezeichnung des NÄG: Gesetz über die Änderung von Familiennamen und Vornamen; siehe ferner §§ 11 Abs. 1 Nr. 1; 12 Abs. 2 Nr. 1; § 15 Abs. 1 S. 2; § 21 Abs. 1 Nr. 4 PStG.

2 So etwa *Staudinger/Habermann/Weick* (1995), § 12 Rn. 3.

3 Zur Entstehung der Zweinamigkeit siehe unten Kap. B II 1 a.

4 *Nelle*, FamRZ 1990, 809, 810.

5 So z.B. *Gernhuber/Coster-Waltjen*, S. 143.

6 Diese Begriffe werden in den Gesetzen vermieden: *Ficker*, Das Recht des bürgerlichen Namens, S. 17; MüKo/*Wacke*, BGB, § 1355 Rn. 8.

7 RGBl. 1938 S. 807.

8 BGBl. I S. 609. § 1355, S. 1 BGB i.d.F. dieses Gesetzes lautete: "Der Ehe- und Familienname ist der Name des Mannes."

9 MüKo/*Wacke*, BGB, § 1355 Rn. 8.

10 *Palandt/Diederichsen*, § 1617 Rn. 4. Die anstehende Reform des Kindschaftsrechts und die Aufgabe des Statusunterschieds zwischen ehelichen und nichtehelichen Kindern werden voraussichtlich zu einer Neufassung dieser Bestimmung führen; vgl. *Coester*, FuR 1994, 1, 6.

Zwei unterschiedliche Bedeutungen des Familiennamens werden vielfach genannt:
Erstens sei der Familienname Sammelname, unter dem eine Familie nach außen hin in Erscheinung trete[11]. Im geltenden Recht hat dieser Aspekt nur noch den Charakter eines Programmsatzes, § 1355 Abs. 1 S. 1, 3 BGB[12].
Zweitens sei er Oberbegriff für Geburts-, Ehe- und Begleitnamen[13]. Die Zugehörigkeit des Begleitnamens zum Familiennamens ist aber umstritten[14]. Geburtsname bezeichnet dabei den mit der Geburt erworbenen Namensbestandteil, welcher sich i.d.R. von den Eltern ableitet[15]. Der Ehename ist ein von den Ehegatten gemeinsam geführter Name (§ 1355 Abs. 1 S. 2 BGB), der entweder mit dem Geburtsnamen identisch ist oder im Zusammenhang mit der Eheschließung erworben wird; er wird nach der jüngsten Novelle des Namensrechts durch Gesetz vom 16. Dez.1993 nicht mehr erzwungen, § 1355 Abs. 1 S. 3 BGB.[16]. Unter Begleitnamen versteht man den zusätzlich zu einem durch die Ehe neu erworbenen Ehenamen geführten Nachnamensbestandteil; er wird gem. § 1355 Abs. 4 aus dem Geburtsnamen oder dem zur Zeit der Erklärung über die Bestimmung des Ehenamens geführten Namen gebildet[17].
Im Rahmen der vorliegenden Arbeit wird die Bezeichnung "Familienname" als Oberbegriff für den Ehenamen und Geburtsnamen i.S.v. § 1355 Abs. 6 BGB verwendet. Der Begleitname wird nicht hierzu gezählt. Dieser ist nur ein persönlicher Namensbestandteil[18]. Das folgt aus §§ 1617 Abs.1 Satz 2; 1618 Abs. 1 S. 2; 1737 S. 2; 1740f Abs. 2 S. 3; 1757 Abs. 1 S. 2 BGB. Die Gegenansicht faßt die genannten Bestimmungen hingegen als Fiktionen auf ("...gilt nicht"...).

---

11 *Nelle*, FamRZ 1990, 809, 810; *Giesen*, FuR 1993, 65.

12 Zur Reform des Ehenamensrechts vgl. nur *Hepting/Gaaz*, PStG, § 15c Rdnr. 37 ff. (*Hepting*), und unten Kap. B I 3 c bb.

13 *Nelle*, FamRZ 1990, 809, 810; *Giesen*, FuR 1993, 65.

14 *Gernhuber/Coester-Waltjen*, S. 143.

15 *Staudinger/Hepting*, vor Art. 10 EGBGB Rn. 4. Enger die Legaldefinition des § 1355 Abs. 6 BGB: "Geburtsname ist der Name, der in die Geburtsurkunde eines Ehegatten *zum Zeitpunkt der Erklärung gegenüber dem Standesbeamten* einzutragen ist" (Hervorhebung durch den Verfasser); der Geburtsname i.S.v. § 1355 Abs. 6 BGB ergibt sich also aus dem Geburtenbuch einschließlich Randvermerken (§§ 21 Abs. 1 Nr. 4, 30 Abs. 1 PStG); konsequent sind nachfolgende Namensänderungen, etwa infolge Adoption (§ 1757 BGB) oder auf Grund des NÄG (§ 9 Satz 1 NÄG) bei der Bestimmung des Geburtsnamens zu berücksichtigen. Vgl. *Gernhuber/Coester-Waltjen*, S. 143; §§ 1616 Abs. 1; 1617 Abs. 1 S. 1 BGB.

16 Siehe *Gernhuber/Coester-Waltjen*, S. 143, und unten Kap. B I 3 c bb.

17 *Gernhuber/Coester-Waltjen*, S. 143.

18 *Gernhuber/Coester-Waltjen*, S. 143.

Nach dieser Meinung ist der Begleitname Bestandteil des Familiennamens und wird nur bei Namensableitungen nicht berücksichtigt[19].
Vor dem Gleichberechtigungsgesetz von 1957[20], durch das der Begleitnamen erstmals in das BGB eingeführt wurde, bestand Übereinstimmung zwischen dem Nachnamen, der unmittelbar auf familienrechtlichen Namensableitungen wie etwa Eheschließung, Geburt oder Adoption beruhte, und dem zu einem bestimmten Zeitpunkt geführten Nachnamen; nach Inkrafttreten des Gleichberechtigungsgesetzes war der im Personenstandsregister einzutragende Familienname nicht mehr in jedem Fall identisch mit entweder dem Familiennamen des Mannes, dem der Mutter des nichtehelichen Kindes oder dem durch die Adoption erworbenen Familiennamen[21]. Denn im Personenstandsrecht[22] hat der Begriff des "Familiennamens" eine weite Bedeutung; er umfaßt den Nachnamen einschließlich des Begleitnamens[23].

Der Urfassung des BGB lag also der engere Begriff des "Familiennamens" zugrunde[24]. Dieser war der zur Zeit des Inkrafttretens der WRV maßgebliche. Das spricht dafür, in der vorliegenden Arbeit diese enge Definition des Familiennamens zugrundezulegen. Der Begriff des "Familiennamens" ist bei der Auslegung von Art. 109 Abs. 3 S. 2 WRV von Bedeutung. Wenn diese Bestimmung sagt, daß Adelsbezeichnungen nur "als Teil des Namens" gelten, dann meint sie mit "Namen" nach herrschender Auslegung "Familiennamen"; der adelige Name sollte denselben Vorschriften unterworfen werden wie der bürgerliche Name[25]. Diese Interpretation zielte gegen die Annahme, Adels-

---

19 MüKo/*Wacke*, BGB, § 1355 Rn. 8; *Raschauer*, S. 104. Differenzierend *Hepting/Gaaz*, PStG, § 15c Rdnr. 176 (*Hepting*): Begleitnamen und Ehename bilden zusammen "den persönlichen Familiennamen des betreffenden Ehegatten".

20 Siehe oben Fn. 8.

21 *Klippel*, S. 354.

22 Vgl. z.B. §§ 11 Abs. 1 Nr. 1; 12 Abs. 2 Nr. 1; 37 Abs. 1 Nr. 1 PStG.

23 *Hepting/Gaaz*, PStG, § 11 Rdnr. 14 (*Gaaz*)

24 Bürgerliches Gesetzbuch i.d.F. v. 18. Aug. 1896 (RGBl. S. 195):
§ 1355: "Die Frau erhält den Familiennamen des Mannes."
§ 1616: "Das Kind erhält den Familiennamen des Vaters."
§ 1706 Abs. 1: "Das uneheliche Kind erhält den Familiennamen der Mutter."
§ 1758 Abs. 1 S. 1: "Das Kind erhält den Familiennamen des Annehmenden."
§ 1772 S. 1: "Mit der Aufhebung der Annahme an Kindesstatt verlieren das Kind und diejenigen Abkömmlinge des Kindes, auf welche sich die Aufhebung erstreckt, das Recht, den Familiennamen des Annehmenden zu führen."

25 Siehe unten Kap. D II.

bezeichnungen seien ein von Vornamen und Familiennamen verschiedenes, drittes Namensglied[26].

Die Erläuterung der nachfolgenden für das Adelsnamensrecht relevanten Begriffe erfolgt in enger Anlehnung an die Arbeit von Rensch[27].
Ein *adeliger Name* oder *Adelsname* [28] ist ein Name, der die Zugehörigkeit seines Trägers zum Adel zu erkennen gibt[29].
Denjenigen Teil des Namens, der ihn zum adeligen macht, nennt man *Adelsbezeichnung*[30].
Als Bezeichnungen für den einfachen Adels finden sich in Deutschland "von"[31], "auf" (in Süddeutschland und Österreich auch "Edler von"), für die höheren Adelsstufen "Ritter"[32] (in Bayern), "Freiherr"[33] ("Baron"[34]), "Graf"[35], "Fürst"[36], "Herzog". Der hohe Adel setzte sich überwiegend aus Fürsten und Grafen zusammen. Der Titel "Prinz" fand sich nur beim hohen Adel (er bezeichnete die Nachgeborenen in landesherrlichen sowie in fürstlichen und herzoglichen mediatisierten Häusern und wurde entweder neben dem

---

26 Nach bis der bis zum Inkrafttreten der WRV h.M. war die Adelsbezeichnung dagegen nicht Bestandteil des Familiennamens. Siehe dazu unten Kap. D I.

27 *Rensch*, S. 5 ff.

28 Eine Liste der in Deutschland vorkommenden Adelsnamen findet sich bei *Graf von Krockow*, S. 48 ff.

29 *Brintzinger*, S. 93, 98.

30 *Rensch*, S. 5. In der älteren Literatur wird teilweise auch die synonyme Bezeichnung "Adelszeichen" verwendet; vgl. etwa *Freiherr Schenck zu Schweinsberg*, S. 7. Zu den unterschiedlichen Adelsbezeichnungen vgl. auch *Mikliss*, S. 55 ff.; *Bornhak*, Deutsches Adelsrecht, S. 25 ff.

31 Die besondere Problematik im Zusammenhang mit dem Wort "von" wird unten Kap. D I 2 erörtert.

32 Anders als bei den Amtstiteln "Graf", "Fürst" und "Herzog", handelte es sich bei dem Wort "Ritter" um eine Standesbezeichnung; vgl. *Opet* 24. DJT (1898), Band 3, S. 191, 195.

33 Zunächst führten diese Bezeichnung Angehörige des hohen Adels; sie wies auf den Besitz eines freien Grundeigentums. Nach Aussterben dieser Ur-Freiherren oder Aufstieg in den Grafen- oder Fürstenstand war der Freiherrentitel ein nur noch an Angehörige des niederen Adels verliehener Titel; vgl. *Bornhak*, Deutsches Adelsrecht, S. 26.

34 Kritisch zu dieser Bezeichnung *Bornhak*, Deutsches Adelsrecht, S. 27 ("überhaupt kein deutsches Adelsprädikat"). Zum in vielen Fällen ungerechtfertigten Gebrauch von "Baron" statt "Freiherr" vgl. *von Owstien*, StAZ 1928, 361, 362.

35 Das Amt des Herzogs, Markgrafen und Grafen sowie die entsprechenden Titel sind auf der Grundlage der karolingischen Grafschaften entstanden; vgl. *Bornhak*, Deutsches Adelsrecht, S. 12. Siehe zur Geschichte des Adels unten Kap. C.

36 Fürst war ursprünglich eine reine Gattungsbezeichnung; zum Titel wurde diese Bezeichnung erst nach 1648; vgl. *Bornhak*, Deutsches Adelsrecht, S. 16; *Mikliss*, S. 57.

Fürsten oder Herzogstitel oder an dessen Stelle geführt)[37]. Die korrespondierenden weiblichen Titel[38] sind "Edle" statt "Edler", "von" statt "Ritter von", "Freiin" bzw. "Baronesse" für Ledige, "Freifrau" bzw. "Baronin" für Verheiratete statt "Freiherr" bzw. "Baron", "Komtesse" für Ledige, "Gräfin" für Verheiratete statt "Graf", "Fürstin" statt "Fürst", "Herzogin" statt "Herzog" sowie "Prinzessin" statt "Prinz"[39].

Adelstitel sind Titel, welche die Zugehörigkeit zum Adel zum Ausdruck bringen[40]. Nach herrschender Ansicht waren sie als Standestitel im bis 1918 geltenden Recht öffentlich-rechtlicher Natur und nicht Bestandteil des Familiennamens; alle deutschen Adelsbezeichnungen unter Einschluß des Worts "von" waren solche Titel, mithin nicht Bestandteil des Familiennamens[41].

Im Vergleich zur Adelsbezeichnung war der Adelstitel (Standestitel) in dem hier vorgetragenen historischen Sinn also durch ein zusätzliches Element gekennzeichnet: Wie die Adelsbezeichnung bezog sich auch der Begriff "Adelstitel" auf die Teile des Namens, die ihn zum adeligen machen, jedoch nur auf solche, die als öffentlich-rechtliche Standestitel nicht Bestandteil des bürgerlich-rechtlichen Familiennamens waren; "Adelstitel" ist also im Verhältnis zu "Familienname" ein aliud im Sinne eines dritten Namensbestandteils.

Seit Inkrafttreten der Weimarer Reichsverfassung steht fest, daß die Adelsbezeichnung Bestandteil des Familiennamens ist[42]. Die Regelung des Art. 109 Abs. 3 S. 2 WRV beendete damit die Kontroverse, ob die Adelsbezeichnung Teil des Familiennamens oder Adelstitel sei[43]. Nur im Hinblick auf diese nunmehr entschiedene Streitfrage kam dem Begriff des "Adelstitels" eigenständige Bedeutung zu. Heute werden die Wörter "Adelsbezeichnung"

---

37 *Rensch*, S. 6. Siehe auch unten Kap. C I.

38 Zu deren namensrechtlicher Behandlung im Hinblick auf Art. 119 Abs. 3 S. 2 WRV siehe unten Kap. D III 3.

39 *Rensch*, S. 7.

40 *Rensch*, S. 7.

41 Zur Bedeutung der Abgrenzung und den Hintergründen dieses Meinungsstreits, der zwei deutsche Juristentage beschäftigte, siehe unten Kap. D I. Wäre die Adelsbezeichnung nach damaligem Recht Teil des Familiennamens gewesen und nicht Adelstitel (Standestitel), so hätten die namensrechtlichen Vorschriften des BGB, insbesondere hinsichtlich Adoption und nichtehelicher Kindschaft, auch auf die Adelsbezeichnung Anwendung finden müssen; die diesbezüglichen adelsrechtlichen Sonderregelungen wären aufgrund des Kodifikationscharakters des BGB gem. Art. 55 EGBGB außer Kraft getreten.

42 Siehe unten Kap. D II 1 und 2.

43 Siehe unten Kap. D I.

und "Adelstitel" vielfach synonym gebraucht[44]. Wegen des historischen Bedeutungsgehalts des Begriffs "Adelstitel" soll dieser jedoch ausschließlich zur Darstellung jenes Meinungsstreits verwendet werden. Im übrigen wird der Begriff "Adelsbezeichnung" verwandt.

Von den Adelsbezeichnungen streng zu unterscheiden sind die *Adelsprädikate*. Bei diesen handelt es sich im deutschen Sprachgebrauch um bloße Ehrenbeiwörter wie die Anreden "Hoheit", "Durchlaucht" oder "Erlaucht"[45]. Sie gehören nicht zum Namen und sind nicht Bestandteil des Adels[46]. Allerdings werden die Begriffe "Adelsbezeichnung" und "Adelsprädikat" nicht immer terminologisch getrennt und teilweise identisch[47] oder sogar im umgekehrten Sinne verstanden[48]. So meinte der alte § 360 Abs. 1 Nr. 8 StGB mit Adelsprädikat die Adelsbezeichnung[49].

Soweit einer Person nach allgemeinen Namensrecht, dem seit Inkrafttreten der Weimarer Reichsverfassung auch die Adelsbezeichnung als Teil des Familiennamens unterfällt, abweichend vom bis 1918 geltenden Adelsrecht eine Adelsbezeichnung oder eine höhere Adelsbezeichnung als früher zukommt, spricht man vom *"Scheinadel"*[50]. Insbesondere in den friesischen und niedersächsischen Gebieten wie auch in der Schweiz existiert das "von" (niederländisch "van") als Teil des bürgerlichen Familiennamens im Sinne einer topographischen Herkunftsbezeichnung; auch insoweit handelt es sich um "Scheinadel"[51].

---

44 Vgl. etwa die Überschrift des Beitrags von *Rau*, StAZ 1980, 177, und den Leitsatz von OLG Köln StAZ 1973, 88; undifferenziert auch *Brintzinger*, S. 93, 99.

45 *Mikliss*, S. 14 f., mit dem Hinweis auf die völlig andere Bedeutung des Begriffs "Adelsprädikat" in der italienischen Gesetzgebung. So heißt es in Art. XIV der Übergangsbestimmungen zur Verfassung der Italienischen Republik vom 27. Dez. 1947: "(1) Die Adelstitel sind nicht anerkannt. (2) Die Adelsprädikate der vor dem 28. Oktober 1922 gebrauchten Titel gelten als Teil des Namens." Unter "Adelstitel" versteht das italienische Adelsrecht die italienischen Bezeichnungen für Fürst, Graf, Ritter, unter "Adelsprädikat" hingegen die dem Familiennamen nachgestellte, mit dem Vorwort "di" versehene topographische Herkunftsbezeichnung (Beispiel: Galeazzo (Vorname) Conte (Titel) Ciano (Familienname) di Cortelazzo (Prädikat); vgl. näher *Brintzinger*, S. 93, 99 Fn. 53, 166 ff. m.w.N.

46 *Brintzinger*, S. 93, 99 Fn. 53; *Rensch*, S. 6 f.

47 So z.B. *Staudinger/Habermann/Weick* (1995), § 12 Rn. 4, 9; *Opet*, 24. DJT (1898), Band 3 (Gutachten), S. 191 ff.; *von Gierke*, 25. DJT (1901), Band 3 (Verhandlungen), S. 43, 48.

48 Darauf verweisen zutreffend: *Mikliss*, S. 15; *Brintzinger*, S. 93, 99 Fn. 53.

49 *Rensch*, S. 7.

50 *Rensch*, S. 155 f. Siehe zum "Scheinadel" auch unten Kap. D II 4.

51 Vgl. *Rensch*, S. 7; *Freiherr von Wendland*, S. 57; *Loos*, S. 86. Siehe auch unten Kap. D I 2. Einen "scheinadeligen Namen" zum Gegenstand hat das Gutachten des sächsischen Ausschusses für Adelssachen vom 24. April 1904, FischersZ 32 (1907), 330 ff. *Kekule von Stradonitz*, 25. DJT (1901), Band 3 (Verhandlungen), S. 60, schätzte die

Im Zusammenhang mit dem Begriff des "Scheinadels" einleuchtend ist die Kritik Renschs am Begriff der "Adelsbezeichnung". Letzterer ist in doppelter Hinsicht irreführend. Zum einen gibt es seit der Abschaffung des Adelsstandes im Rechtssinn durch Art. 109 Abs. 3 S. 1 WRV keinen Adel mehr, der bezeichnet werden könnte. Zum anderen wird durch die bisherigen Adelszeichen selbst die Zugehörigkeit zum Adel als sozialer Gruppe nicht bezeichnet, weil es nach Inkrafttreten des Art. 109 Abs. 3 S. 2 WRV ein gesondertes Recht des adeligen Namens nicht mehr gibt[52]. Mit Rensch ist aber am Gebrauch dieses allgemein üblichen Begriffes, welcher der Tatsache Rechnung trägt, daß der Adel im gesellschaftlichen Sinn auch nach 1918 weiterexistiert hat, festzuhalten. Man muß sich nur stets bewußt sein, daß er lediglich Namensteile bezeichnen soll, die *früher* Adelstitel waren[53].

Anzahl der Träger des bürgerlichen "von" in Norddeutschland auf ungefähr 100.000, *von Kalm*, S. 182, neuerdings auf nur etwa 60.000. In Preußen wurde auf Grund einer Allerhöchsten Kabinettsordre in Militärranglisten und z.T. auch im amtlichen Verkehr das bürgerliche "von" ausgeschrieben, das adelige "von" dagegen mit "v." abgekürzt; vgl. *Rensch*, S. 7 Fn. 20; *Bornhak*, Deutsches Adelsrecht, S. 55. Diese Praxis bestand auch in Sachsen und Bayern; vgl. *Rensch*, S. 7 Fn. 20. Zum bürgerlichen "von" *Hoffmann von Fallersleben*:
"An meine Heimat dacht' ich eben, / Da schrieb ich mich von Fallersleben. / Ich schrieb's und dachte nie dabei / An Staaatszensur und Polizei. / So schrieben sich viel Biederleute / Nach ihrem Ort und tun's noch heute, / und keiner dachte je daran. / Durch *von* wird er zum Edelmann." (zitiert nach *Freiherr von Bülow*, 24. DJT (1898), Band 3 (Gutachten), S. 117, 141 Fn. 32).

52 Vgl. *Rensch*, S. 155 f. Siehe unten Kap. D II 4.

53 *Rensch*, S. 156.

B. Der Name

I. Namensfunktionen

1. Die Adelsbezeichnung als Bestandteil des Familiennamens

Adelsbezeichnungen sind Bestandteil des bürgerlichen Familiennamens[1]. Somit ist grundsätzlich zu fragen, welche Funktionen der Familienname hat. Bei der Beantwortung dieser Frage muß man sich zunächst darüber im klaren sein, daß der Name keine Schöpfung des Rechts ist; er wird nur - ähnlich wie etwa die Familie[2] - vom Recht in der sozialen Wirklichkeit vorgefunden und in bestimmte Formen gegossen[3].

2. Außerrechtliche Funktionen des Familiennamens

Die Funktionen, die der Familienname im Recht erfüllt, lassen sich daher besser begreifen, wenn man sich zunächst über den Namen als außerrechtliches Phänomen Klarheit verschafft.

a) Die Funktion des Namens aus Sicht der Sprachwissenschaften

Aus sprachwissenschaftlicher Sicht hat der Name primär Kennzeichnungsfunktion. Diesen Zweck erreicht er allein durch den unterscheidenden Lautkomplex, ohne daß irgendeine Bedeutung berücksichtigt wird, die diesem Lautkomplex von Anfang an innewohnt oder die er durch Assoziation mit dem benannten Gegenstand oder damit identifizierten Gegenständen erlangt hat; Namen sind somit Ausdrücke der Sprache, die den Sprachanwendern dazu dienen, in ihren formulierten Gedanken auf Personen oder Gegenstände hinzuweisen, wobei der Sprecher mit dem Namen bestimmte Kriterien verbinden muß, die es ihm erlauben, die unter den Namen fallenden Gegenstände zu erkennen[4].

---

1 Siehe unten Kap. D II 1 und 2.
2 Vgl. *D. Schwab*, Rn. 2.
3 *Coester*, StAZ 1984, 298.
4 Zum sprachtheoretischen Ansatz eingehend *Enste*, S. 20 ff. m.w.N.; vgl. ferner *Raschauer*, S. 1.

b) Der Name in der Literatur

Diese Definition der Sprachwissenschaften allein wird dem Phänomen "Namen" in seiner Vielschichtigkeit sicherlich nicht gerecht. Der Name ist mehr als eine nur der Kennzeichnung dienende zufällige und unverbindliche Formalie[5], wie etwa eine Telefon - oder Hausnummer[6]; er ist nicht nur sprachliche Einheit und Zeichen, sondern ebenso historisches Sprachmuster, das mit überkommenen und zumindest unbewußt bis heute fortwirkenden Traditionen eng verbunden ist[7]. Die bloße Nennung des Namens für sich vermag einen Menschen in bestimmte gesellschaftliche Zusammenhänge zu stellen; der Name hängt eng mit der Persönlichkeit seines Trägers zusammen[8]. Treffend schreibt Hermann: "Der Name erzeugt mit einem Schlag, was die Angabe unzähliger einzelner Kennzeichen und Merkmale nicht erzeugen könnte - das ganze Bild der Persönlichkeit"[9]; der Name sei "das sicherste und einzige Mittel der Bewahrung und Fortpflanzung der Thaten dieses Lebens auf die späteren Nachkommen[10]". Und in der wohl ältesten systematischen, aus dem Jahr 1800 stammenden Abhandlung zum Namensrecht "Ueber deutsche Vornamen und Geschlechtsnamen" meint Wiarda: "Unser Name, beide Vornamen und Geschlechtsnamen, machen uns bei den Zeitgenossen und der Nachwelt kenntlich. Sie wallen nicht nur mit uns unser Leben hindurch, sondern überleben uns nach unserem Tode, bald kürzer, bald länger, ja oft Jahrhunderte, Jahrtausende. Blos durch unsern Namen können wir unser Andenken erhalten. Erlöschet unser Name, so verschwindet unser Andenken. Kein Wunder daher, wenn der Mensch sich bestrebet, seinen Namen zu erhalten oder ihn auf die Nachkommenschaft zu bringen. Diese Triebfeder lieget in den Handlungen des Staatsmannes, des Kriegers, des Gelehrten, des Künstlers und selbst des gemeinen Mannes gewöhnlich verborgen"[11].
In der Literatur lassen sich zahlreiche Hinweise auf die außerhalb des juristischen Kontexts liegende Bedeutung des Namens finden. Bei Goethe etwa heißt

---

5 *Graf von Bernstorff*, NJW 1957, 1901. Kritisch über den Wert des Namens aber *Goethe*, Faust Erster Teil, Zeile 3457 (In Marthens Garten):"Name ist Schall und Rauch" (Hamburger Ausgabe, Band 3, S. 110).Vgl. auch *Shakespeare*, Romeo and Juliet 2, 2, 43: "What's in a name?".

6 *Enste*, S. 21.

7 *Enste*, S. 22.

8 *Raschauer*, S. 1.

9 *Hermann*, AcP 45 (1862), 153, 315, 317.

10 *Hermann*, AcP 45 (1862), 153, 315, 156.

11 Vorrede, S. VI - VII.

es: "... und der Name bleibt doch immer der schönste, lebendigste Stellvertreter der Person"[12], und an anderer Stelle: "denn der Eigenname eines Menschen ist nicht etwa wie ein Mantel, der bloß um ihn her hängt und an dem man allenfalls noch zupfen und zerren kann, sondern ein vollkommen passendes Kleid, ja wie die Haut selbst ihm über und über angewachsen, an der man nicht schaben und schinden darf, ohne ihn selbst zu verletzen"[13].

c) *Die Bedeutung des Namens in Magie und Religion*

Besonderer Erwähnung bedürfen die Bezüge, die der Name zu Magie und Religion aufweist[14]. Verbreitet ist die Vorstellung, daß der Mensch erst durch den Namen zur Person wird, wohingegen Namenlosigkeit Unbedeutendheit beinhaltet[15]. Hiermit eng verknüpft ist die Annahme, Namensgebung sei zugleich Wesensbestimmung[16], und Namenskenntnis gebe Macht über den Namensträger[17]. Wen man nicht nur physisch, sondern auch aus der Erinnerung nachfolgender Geschlechter auslöschen will, dessen Namen tilgt man[18].

---

12 Wilhelm Meisters Wanderjahre, 3. Buch, 13. Kapitel (Lenardos Tagebuch) (Hamburger Ausgabe, Band 8, S. 428, Zeile 2 f.).

13 Dichtung und Wahrheit, Zweiter Teil, 10. Buch (Hamburger Ausgabe, Band 9, S. 407, Zeile 20 ff.).

14 Vgl. hierzu *Hildegard Krüger*, AcP 156 (1957), S. 232 ff.; *Kohler*, S. 9.

15 *Enste*, S. 26 m.w.N. (auch zu Namenskult und Namenszauber).

16 Vgl. die Nachweise bei *Pintens/Will*, S. 49 Fn. 451.
Vgl. ferner: Genesis 17, 5: "Darum sollst du nicht mehr Abram heißen, sondern Abraham soll dein Name sein".
Genesis 32, 29: "Da sagte jener: "Du sollst nicht mehr Jakob heißen, sondern Israel; denn du hast dich Gott gegenüber als stark erwiesen, und über die Menschen wirst du siegen."
1 Sam. 25, 25: "Möge mein Herr sich nicht um diesen bösartigen Menschen, den Nabal, kümmern. Er ist ja wirklich, was sein Name besagt: "Tor" heißt er, und voll Torheit ist er. (...)"

17 Vgl. Jes. 43, 1: "Nun aber spricht also Jahwe, dein Schöpfer, Jakob, dein Bildner, Israel: "Fürchte dich nicht, denn ich rufe dich beim Namen, mein bist du." Denn ich mache dich zum Vater einer Menge von Völkern." Vgl. ferner das Märchen "Rumpelstilzchen"; hierzu *Enste*, S. 27 Fn. 1.

18 So Hitler, der Kindern, deren Eltern an dem Attentat vom 20. Juli 1944 beteiligt waren, andere Familiennamen erteilte; vgl. *von Buch*, JZ 1974, 445, 448. Nach *Opet*, AcP 87 (1897), 313, 348, wurde in Frankreich noch im 18. Jahrhundert Personen, die den gleichen Namen wie die Attentäter auf Mitglieder des Königshauses führten, von Amts wegen ein anderer Familiennamen beigelegt.

d) Die Notwendigkeit einer Definition der Namensfunktionen aus juristischer Sicht

Eine rationale Beschreibung der Namensfunktionen im rechtlichen Kontext erlauben die bisher beschriebenen außerrechtlichen Bedeutungen des Namens freilich nicht. Die dort vielfach sichtbar werdende Vorstellung einer Identität oder Teilidentität von Name und Namensträger ist aus rechtlicher Sicht abzulehnen. Zutreffend wird darauf verwiesen, daß der Familienname im heutigen Recht[19] nach den Bestimmungen des BGB oder NÄG geändert werden kann; trotz der engen Verbindung zwischen Namen und Person bedeutet die Namensänderung daher keine (rechtlich relevante) Änderung auch nur eines Teils der Persönlichkeit, sondern nur eines - freilich sehr bedeutsamen - Identitätsmerkmals[20]. Soweit dem Namen magische oder religiöse Bedeutungsinhalte verliehen werden, knüpft diese oft auch kritisch als "Namensmystifikation"[21] bezeichnete Vorgehensweise nur an die herkömmlichen Namensfunktionen an; ein über ihren anthropologischen, ethnologischen oder ethymologischen Erkenntniswert hinausgehender spezifisch juristischer Wert kommt ihr nicht zu[22].

3. Funktionen des Familiennamens im geltenden Recht

a) Identifikations- oder Unterscheidungsfunktion

In jüngerer Zeit hat sich Klippel grundlegend mit den Funktionen des Familiennamens im Recht beschäftigt[23]. Er unterscheidet vier[24] Funktionen des Familiennamens:

---

19 Zu diesem siehe unten II 2.

20 *Klippel*, S. 360; *Götting*, S. 70.

21 *Klippel*, S. 360.

22 *Klippel*, S. 361, der insoweit kritisch auf *Raschauer*, S. 1 f., und *Krüger*, AcP 156 (1957), 232 ff., verweist. Auch die im Zusammenhang mit den Namensfunktionen häufig zitierten Formulierungen des BGH, die Bedeutung des Namens weise "in tiefere Bezüge und Zusammenhänge, in denen der Mensch steht" (BGHZ 25, 163, 168), "in tiefere Lebensbeziehungen (...) als die rein vermögensrechtlichen" (BGHZ 32, 103, 111), lassen auf ein (auch) im Mystischen wurzelndes Namensverständnis schließen.

23 *Klippel*, S. 351 ff.

24 *Klippel*, S. 366.

An erster Stelle steht die Identifikationsfunktion, die in der Kennzeichnung des Namensträgers aus Sicht von Staat und Gesellschaft besteht[25]. Diese dient vor allem staatlich-administrativen Interessen[26], seit im 19. Jahrhundert die Führung fester Namen endgültig durchgesetzt und die Namensänderung nur noch in eng umgrenzten Einzelfällen in einem besonderen Verwaltungsverfahren zugelassen wurde[27].

Dagegen bezeichnet die Individualisierungsfunktion, nach Klippel die zweite Namensfunktion, die von außen an den Namensträger herangetragene Identifizierung durch den Namen aus dem Blickwinkel des Namensträgers[28]. Der Name ist somit zugleich Ausdruck der Individualität des Namensträgers[29]. Ähnlich begreift Raschauer den Namen funktional als passives Individualisierungsmittel für Dritte, also aus der Perspektive der Gesellschaft, nicht nur als die Bezeichnung, unter welcher der Namensträger in verschiedenen Zusammenhängen aktiv in die Öffentlichkeit tritt[30].
Der Erkenntnisgewinn dieser von Klippel vorgenommenen weiteren Differenzierung[31] der Aufgabe des Namens, die Identität zu kennzeichnen, erscheint gering, ist doch die Individualisierungsfunktion notwendig Korrelat der Identifikationsfunktion. Es sollte daher am einheitlichen Begriff der Identifikationsfunktion im weiten Sinne[32] festgehalten werden. Dieser umfaßt

---

25 *Klippel*, S. 356.

26 *Hepting*, StAZ 1996, 1, 2; *Pintens/Will*, S. 48. Vgl. aus der älteren Literatur z.B. *Kohler*, S. 6 ("öffentliches polizeiliches Interesse" [das dafür spricht], "die Scheidung der Individuen als Individuen aufrechtzuerhalten und jede Confudirung der Individualitäten zu vermeiden"). In neuerer Zeit sind allerdings im administrativen Bereich vielfach Zahlen- und Buchstabenkombinationen als maßgebliches Kennzeichnungsmerkmal an die Stelle des Namens getreten (z.B. die Matrikel- oder Personalausweisnummern).

27 Vgl. heute §§ 11 Abs. 1 Nr. 1; 12 Abs. 2 Nr.1; 15 Abs. 1 S. 2; 21 Abs. 1 Nr. 1 und 4; 25 Abs. 2 S. 1; 37 Abs. 1 Nr. 1 PStG; §§ 1, 4, 9 NÄG und § 111 OWiG. Siehe zur Namensänderung unten II 1 d und Kap. F I 1.

28 *Klippel*, S. 356.

29 *Soergel/Heinrich*, § 12 Rz. 2. Zu dieser Bifunktionalität der Identifikationsfunktion *Hepting*, StAZ 1996, 1, 2.

30 *Raschauer*, S. 3.

31 *Klippel*, S. 356, begründet diese mit sprachwissenschaftlichen Erkenntnissen.

32 Die Terminologie ist uneinheitlich, bezeichnet aber in der Sache die gleiche "Grundfunktion": Vgl. aus der neueren Literatur: *Staudinger/Hepting*, Art. 10 EGBGB Rn. 1 ("Als Mittel der Unterscheidung und Ausdruck der Individualität einer Person hat der Name eine Doppelnatur: einerseits übernimmt er öffentlichrechtliche Ordnungsfunktionen, andererseits ist er ein Individualrecht."); *Hepting*, StAZ 1996, 1, 2 ("Kennzeichnung der Identität"); *Coester*, StAZ 1984, 298 ("Identifizierung eines Menschen, sowohl von ihm selbst her gesehen als Element der Selbstidentifikation wie

diejenigen Funktionsaspekte des Namens, welche Klippel als Identifikations- und Individualisierungsfunktion bezeichnet.

b) Selbstdarstellungsfunktion

Die dem Namensträger durch den Familiennamen gebotene Möglichkeit, sich nach außen darzustellen und sich sein Verhalten, seine Leistungen oder seinen Ruf zurechnen zu lassen, sich mit Sachen oder Personen in Verbindung bringen zu lassen, bezeichnet Klippel als Individuierungsfunktion[33]. Bei dieser Namensfunktion handelt es sich nach Klippel um eine Erweiterung der Individualisierungsfunktion, da sie das Individuum nicht nur hinsichtlich der Person, sondern auch hinsichtlich der mit ihr verbundenen Leistungen, Bezeichnungen, Beziehungen usw. individualisiere[34]. So zutreffend die Erkenntnis ist, daß der einzelne in seinem Namen eine "Reflexion seiner Persönlichkeit"[35] sieht, der Name somit zu einem Mittel des Individuums wird, "die Persönlichkeit *auch nach außen* zu reflektieren[36]", - eine Namensbedeutung, die im Familiennamensrecht in jüngerer Zeit stark zugenommen hat[37] - so

---

auch von Gesellschaft und Staat her als Ordnungs - und Unterscheidungskriterium)"; MüKo/*Schwerdtner*, BGB, § 12 Rn. 1 (" ... wichtigstes Mittel (...), durch das sich eine Person in ihren Beziehungen zur Umwelt ihre Individualität, ihre Identität und ihr Unterschiedensein bewahrt.") und Rn. 19 ("Ordnungs- und Unterscheidungsfunktion"); *Staudinger/Habermann/Weick* (1995), § 12 Rn. 2 m.w.N.
Schon *Hermann*, AcP 45 (1862), 153, 315, 155, bezeichnet das "Bedürfnis die Individuen schnell und sicher in der Rede zu bezeichnen, von einander zu unterscheiden" als "Hauptbedeutung und Hauptzweck" der Namen. Vgl. aus der älteren Literatur auch *Opet* AcP 87 (1897), 313, 320 ("Mittel der Kennzeichnung, der Unterscheidung") und *Kohler*, S. 6 ("...ein Erkennungszeichen, welches die Individualitäten aueinanderhalten und einer jeden Individualität ihre eigene Zone zumessen soll...").
Vgl. aus der Rechtsprechung RGZ 91, 350, 352, und BGH NJW 1959, 525 ("äußeres Kennzeichen einer Person zur Unterscheidung von anderen Personen"); RGZ 137, 213, 215 ("äußeres Kennzeichen der Person zur Unterscheidung von anderen Personen"); BGHZ 32, 103, 111 (" ... bezeichnet die Person in ihrer Individualität und ermöglicht es, ihre einer rechtlichen oder sittlichen Wertung unterliegenden Lebensäußerungen von denen anderer zu unterscheiden."); BGH StAZ 1979, 260 ("... äußerliche Ordnungsfunktion in dem Sinne, daß er die Identifizierung (...) des Menschen erleichtert ...").

33 *Klippel*, S. 358.

34 *Klippel*, S. 358.

35 *Hepting*, StAZ 1996, 1, 3.

36 *Hepting*, StAZ 1996, 1, 3. Vgl. auch *Raschauer*, S. 1, der im Zusammenhang mit der Redewendung "Sich einen Namen machen" auf die soziale Achtung hinweist, die einem Namen entgegengebracht werden kann.

37 *Hepting*, StAZ 1996, 1, 3.

verwirrend ist es in sprachlicher Hinsicht, wenn neben den Termini der Identifikations- und Individualisierungsfunktion nun auch noch der Begriff der Individuierungsfunktion eingeführt wird[38]. Klarer erscheint es, vom Namen als "Mittel zur Selbstdarstellung"[39] zu sprechen

c) *Familiale Zuordnungsfunktion*

Aus dem bereits im Begriff "Familiennamen" zum Ausdruck kommenden Zusammenhang von Familie und Namen folgt nach Klippel die vierte Funktion, die familiale Zuordnungsfunktion[40]. Danach kennzeichnet der Familienname die Zugehörigkeit einer Person zu einer bestimmten Familie. Dieser Aspekt des Familiennamens ist anerkannt[41]. Zweifelhaft ist der Inhalt dieser Funktion. Sie ist mit dem Familienverständnis eng verknüpft[42].

aa) *Funktionsverlust der Familie*

Die Familie aber unterliegt einem fortlaufenden, tiefgreifenden kulturellen und gesellschaftlichen Wandel[43]. Sie hat nach und nach zahlreiche ihrer früheren Funktionen eingebüßt.

Ausgehend von einem weiten Familienbegriff im Sinne von Verwandtschaft, wie er in der ständischen Gesellschaft wegen der Erblichkeit politischer Rechte und Privilegien existierte, vollzog sich in den vergangenen Jahrzehnten die Ausbildung der Kleinfamilie. Zentrale und einzig permanente Zone dieser Familienform, in der nur noch Eltern und nicht erwachsene oder doch noch nicht verheiratete Kinder zusammenleben, sind die Ehegatten. Diese "Gattenfamilie" ist nun ihrerseits in jüngerer Zeit von einem weitgreifenden Funk-

---

38 *Klippel*, S. 358, beruft sich auf die in der Linguistik anzutreffende Kategorie der soziopsychologischen Funktion der "Individuierung".

39 *Hepting*, StAZ 1996, 1, 3.

40 *Klippel*, S. 361 ff.

41 Vgl. schon *Hermann*, AcP 1862 (45), 153, 315, 157, der die Entstehung des Familiennamens auf das Bedürfnis zurückführt, "durch ein möglichst einfaches und sicheres Mittel, die einzelnen Familien beziehendlich Geschlechter sicher und schnell bezeichnen und von einander unterscheiden zu können"; *Opet*, AcP 87 (1897), 313, 324 (Familienname ergibt "das Abstammungs - oder Gentilverhältnis"); in neuerer Zeit z.B. *Soergel/Heinrich*, § 12 Rz. 3; MüKo/*Schwerdtner*, BGB, § 12 Rn. 2.

42 Vgl. hierzu aus rechtsvergleichender Sicht: *Pintens/Will*, S. 49 f.

43 Vgl. zum folgenden *Gernhuber/Coester-Waltjen*, S. 2 ff.; *D. Schwab*, Rn. 4 ff.

tionsverlust betroffen, der ihre soziale Bedeutung beträchtlich gemindert hat. Aus der Produktionsgemeinschaft früherer Zeiten ist eine Konsumgemeinschaft geworden; die Sicherungs- und Fürsorgefunktion wird zunehmend von der öffentlichen Hand wahrgenommen[44]; im kulturellen Leben der Nation hat die Familie ihre Rolle als Religions- und Kultgemeinschaft fast völlig verloren; selbst die Erziehungs- und Bildungsfunktion hat den geänderten gesellschaftlichen Bedingungen nur teilweise standgehalten, mit (vornehmlich vom Trend zu Doppelverdienerehen hervorgerufenen) Einbußen, die jeweils durch Einrichtungen der öffentlichen Hand oder anderer Kräfte ausgeglichen werden mußten (Kindergärten, Kindertagesstätten). Dagegen übernimmt die Familie auch heute noch wesentliche Teile der Wissensvermittlung und leistet die "Sozialisierung" der Kinder, jedenfalls in den Lebensbereichen, in denen sich der Mensch in der Gesellschaft als private Person verhält.
Im Vergleich zur Großfamilie kennzeichnet die Beziehungen innerhalb der Kleinfamilie ein höheres Maß an Intensität und Intimität. Im Zusammenwirken mit dem Abbau patriarchalischer Familienleitbilder unter dem Aspekt des Gleichberechtigungsgrundsatzes ist die Rollenzuweisung einer offeneren, vom Verhandeln geprägten Gestaltung des Familienlebens gewichen. Mißlingt die Einigung, folgt Disharmonie; mißlingt sie immer wieder, folgt Entfremdung. Der beschriebene Funktionsverlust erleichtert die Trennung der Ehegatten.

bb) Verblassen der familiaren Zuordnungsfunktion

Das Verständnis des Familiennamens, wie im 19. Jahrhundert[45] und bis zum 1. Ehereformgesetz vom 14. Juni 1976[46], wonach der Familienname die Zugehörigkeit zur Familie kennzeichnet[47], hat seine Bedeutung im heutigen Recht weitgehend verloren. Vor dem soeben geschilderten Hintergrund von Funktionsverlust und nachlassender Kohäsion der Kleinfamilie einerseits sowie fortschreitender Gleichberechtigung andererseits leuchtet dies unmittelbar ein.

---

44 Jüngstes Beispiel ist die Einführung einer Pflegeversicherung.
45 Vgl. *Klippel*, S. 172 ff., 239 ff. jeweils m.w.N.
46 BGBl. I S. 1421.
47 Vgl. z.B. BGHZ 8, 318 ff.

Insbesondere ist das Ehenamensrecht[48] von Art. 3 Abs. 2 GG und der hierzu ergangenen verfassungsgerichtlichen Judikatur im erheblichem Maß geprägt worden[49]. § 1355 Abs. 2 BGB in der Fassung des 1. Ehereformgesetzes von 1976 wandte sich zwar vom bis dahin geltenden, zwingenden Grundsatz ab, daß der Mannesname Ehename wurde, indem er die Wahl zwischen dem Namen der Frau und dem Namen des Mannes als gemeinsamen Ehenamen gestattete[50]; wenn die Eheschließenden keinen Ehenamen bestimmten, gab er aber doch dem Namen des Mannes den Vorzug. Die Entscheidung des Bundesverfassungsgerichts vom 5. März 1991[51] und das in ihrem Gefolge ergangene Familiennamensrechtsgesetz vom 16. Dez. 1993[52] hat nunmehr praktisch zu einer Abkehr vom bis dahin geltenden Grundsatz der Namenseinheit[53] geführt. Nach § 1355 Abs. 1 S. 1 BGB i.d.F. des Familiennamensrechtsgesetzes von 1993 sollen die Ehegatten zwar weiterhin einen gemeinsamen Familiennamen (Ehenamen) bestimmen; verpflichtet sind sie dazu aber nicht (vgl. § 1355 Abs. 1 S. 3 BGB)[54]. Der Grundsatz der Namenseinheit zwischen Eltern und ehelichen Kindern reicht dementsprechend nur soweit, wie die Namensgleichheit der Eltern. Nur wenn die Eltern der gesetzlichen Soll-Vorschrift des § 1355 Abs. S. 1 BGB entsprechend einen gemeinsamen Ehenamen führen, besteht er uneingeschränkt. Ist dies nicht der Fall (§ 1355 Abs. 1 S. 3 BGB), reduziert § 1616 Abs. 2, 3 BGB die Namensgleichheit darauf,

---

48 Einen Überblick über die Rechtsentwicklung gibt *Hepting/Gaaz*, PStG, § 15c Rdnr. 37 ff. (*Hepting*).

49 Kritisch zur Rolle des BVerfG etwa *Diederichsen*, NJW 1994, 1089, 1097; positiv bewertend *Gernhuber/Coester-Waltjen*, S. 142.

50 Zur verfassungsrechtlichen Problematik im Spannungsfeld von Art. 9 Abs. 1 GG und Art. 3 Abs. 2 GG bei Beendigung der Mitgliedschaft in einem Adelsverband bei Ehenamenswahl der Frau anläßlich der Eheschließung mit einem Nichtadeligen vgl. BVerfG FamRZ 1989, 1047.

51 NJW 1991, 1602.

52 BGBl. I 1993 S. 2054. Vgl. zu der vom BVerfG dekretierten Übergangsregelung und zu dem später allerdings teilweise nicht verwirklichten Regierungsentwurf (zu diesem die Glosse von *D. Schwab*, FamRZ 1992, 1015 ff.) mit einer Synopse von altem und neuem Recht *Hepting*, StAZ 1992, 1 ff.; zur Gesetzgebungsgeschichte *Hepting/Gaaz*, PStG, § 15c Rdnr. 60 ff. (*Hepting*).

53 Vgl. zur Rechtslage bis zur Entscheidung des BVerfG vom 5.3.1991 *Hepting/Gaaz*, PStG, § 15c Rdnr. 37 ff. (*Hepting*); MüKo/*Wacke*, BGB, § 1355 Rn. 1 ff. m.w.N. Zum Grundsatz der Namenseinheit: *Hepting*, StAZ 1980, 325, 328 (m.w.N. zur Rechtsprechung bis zum 1. Ehereformgesetz von 1976); 1992, 201, 205 (mit rechtshistorischen und rechtsvergleichenden Hinweisen); MüKo/*Wacke*, BGB, § 1355 Rn. 7 f.

54 Der Gesetzgeber erkennt damit das Interesse beider oder auch nur eines Ehegatten, den bisherigen Namen zu behalten, an (BT-Drucksache 12/3163, S. 11, 15). Wegen der Einzelheiten des neuen Ehenamensrechts vgl. z.B. *Diederichsen* NJW 1994, 1089 ff.; *Wacke*, StAZ 1994, 209 ff. ; *Wagenitz*, FamRZ 1994, 409 ff. jeweils m.w.N.

daß das Kind jedenfalls nur den Namen des Vaters oder nur den der Mutter als Geburtsnamen erhält[55]. Die Abstammung eines ehelichen[56] Kindes wird in diesem Fall nur noch zu einem Elternteil hin sichtbar. Lediglich zwischen ehelichen Kindern besteht noch uneingeschränkte Namenseinheit, vgl. § 1616 Abs. 2 S. 3; Abs. 3 S. 2 BGB. Das der Namenseinheit zugrundeliegende Ziel, der gemeinsame Familienname solle die Zugehörigkeit zu einer Familie bezeichnen, ist damit vom Gesetzgeber weitgehend zugunsten einer der Namenskontinuität der Einzelperson entgegenkommenden, privatautonomen Namenswahl[57] aufgehoben worden[58]. Davon zu sprechen, daß die familiale Zuordnungsfunktion nicht grundsätzlich in Frage gestellt sei[59], erscheint nach der letzten Namensrechtsreform kaum mehr möglich. Jedenfalls ist dieser Funktionsaspekt des Familiennamens im geltenden Recht angesichts der den Eheschließenden eingeräumten Entscheidungsmöglichkeiten nur noch rudimentär[60] erkennbar.

---

55 Vgl. zum regelungstechnischen Aufbau dieser Norm *Hepting/Gaaz*, PStG, § 12 Rdnr. 119 ff. (*Hepting*).

56 Vgl. zur Namensführung des nichtehelichen Kindes § 1617 Abs. 1 S. 1 BGB.

57 Vgl. insbesondere § 1355 Abs. 4 BGB. Zur Qualität der Wahl eines gemeinsamen Familiennamens nach § 1355 Abs. 2 S. 1 BGB (in der bis zur Entscheidung des BVerfG vom 5. März 1991 geltenden Fassung) als "Ehevereinbarung": *Hepting*, Ehevereinbarungen, S. 78 ff., insbesondere S. 80 (Namenswahlrecht als Musterbeispiel einer von Art. 3 Abs. 2 GG "erzwungenen Autonomie").

58 Im Rahmen der vorliegenden Arbeit kann auf die Reformdiskussion im Zusammenhang mit dem Familiennamensrechtsgesetz im einzelnen nicht eingegangen werden. Vgl. aber die Nachweise in Fn. 54 und den radikalen Ansatz von *Hepting*, StAZ 1992, 201, 209 ff., der angesichts des auf der Kompliziertheit des neuen Namensrechts beruhenden erheblichen Mehraufwands an personenstandsrechtlicher Dokumentationsarbeit den völligen Verzicht auf eine rechtliche Regelung des Ehenamens fordert. Zur "Entscheidungsschwäche" des Gesetzgebers, die zum derzeitigen Regelungswildwuchs im Namensrecht geführt hat, *Hepting* StAZ 1996, 1 ff., insbesondere 4 f. So hat sich der Gesetzgeber nach seinem eigenen Bekunden u.a. von folgenden (zahlreichen!) tragenden Grundsätzen des Familiennamensrechts leiten lassen: Wahrung des Kindeswohls durch Ermöglichung für das heranwachsende Kind, sich mit seiner Familie identifizieren zu können; Gleichberechtigung der Geschlechter; Wahrung der Funktionen der Familiennamen, insbesondere der Funktionen der Individualisierung der Person, ihrer familiären Zuordnung und der gesellschaftlichen Ordnung (vgl. BT- Drucksache 12/5982, S. 17). Kritisch auch *Gernhuber/Coester-Waltjen*, S. 148 , die eine Minderung der Aussagekraft des Namens als Folge der Dynamisierung des Namensrechts für möglich halten.

59 So für die Rechtslage vor Inkrafttreten des Familiennamensrechtsgesetzes von 1993 MüKo/*Schwerdtner*, BGB, § 12 Rn. 2. Ähnlich *Klippel* in seiner 1985 erschienen Habilitionsschrift, S. 361: "Auch nach heutiger Rechtslage erfüllt der Familienname einen am besten als "familiale Zuordnungsfunktion" zu bezeichnenen Zweck."

60 Vgl. den Hinweis zur Systematik des § 1355 Abs. 1 BGB bei *Hepting/Gaaz*, PStG, § 15c Rdnr. 88 (*Hepting*): "Die getrennte Namensführung ist ... regelungstechnischer Grundfall, der Erwerb eines Ehenamens der - durch die gemeinsame namensbestimmende Erklärung herausgehobene - Spezialfall." Nach HessVGH StAZ 1996, 146, 147

4. Besondere Funktionen des Adelsnamens aus der Sicht des Adels

Von besonderem Interesse ist, ob und bejahendenfalls, welchen Namensfunktionen im Hinblick auf den adeligen Namen, dessen Bestandteil die Adelsbezeichnungen sind, hervorgehobene Bedeutung zukommt.
Seit Inkrafttreten des Art. 109 Abs. 3 S. 2 WRV gelten Adelsbezeichnungen als Teil des Familiennamens. Der adelige Name folgt seitdem denselben Vorschriften wie der bürgerliche Familienname[61]. Die Tragweite dieser Bestimmung war vielen Adeligen in jener Zeit nicht bewußt[62]. Sie bedeutete das Ende eines jahrhundertealten, besonderen, vom Bürgertum abweichenden, adeligen Namensrechts[63], in dem sich adelige Vorstellungen von der Bedeutung des Namens manifestierten. Wenn es wohl auch zu weit ginge, von einem spezifisch adeligen Namensverständnis zu sprechen, so bleibt immerhin festzuhalten, daß die zivilrechtliche Rechtsprechung des 19. Jahrhunderts[64] deutlich von der Bedeutung des Namens in adeligen Familien geprägt war[65].

a) Das traditionelle Standesbewußtsein des Adels

Das überkommene Standesbewußtsein des Adels und der Inhalt des adeligen Verständnisses von der Bedeutung des Namens sind eng miteinander verknüpft. Wenn die kollektive Mentalität des Adels im Laufe des 19. Jahrhunderts auch Brüche aufzuweisen begann und es deshalb fraglich ist, ob in der Zeit der Weimarer Republik (und erst recht nach 1945) noch von einer einheitlichen "Gruppenmentalität" des Adels gesprochen werden kann, so lassen sich doch aus dem traditionellen Standesbewußtsein, welches bis nach 1918 eine wichtige innere Triebfeder adeligen Selbstverständnisses und Handelns war, Rückschlüsse auf die adelige Mentalität[66] und somit mittelbar auf das adelige Namensverständnis ziehen. Dabei muß man sich freilich stets der

---

f. (n. rk.), hat die Ordnungsfunktion des Nachnamens sowohl in bezug auf die Kennzeichnung der Person als auch hinsichtlich der Dokumentation der Abstammung durch die jüngste Reform des Namensrechts weiter an Bedeutung verloren. Ähnlich schon BVerwG StAZ 1994, 119, 121.

61 Siehe unten Kap. D II 1 und 2.

62 *Freifrau von Hoyningen-Huene*, S. 34.

63 *Freifrau von Hoyningen-Huene*, S. 35. Siehe zum alten Recht unten Kap. D IV.

64 Zu dieser siehe unten II 1 e dd.

65 *Klippel*, S. 362.

66 *Freifrau von Hoyningen-Huene*, S. 75 f.

großen Schwierigkeiten bewußt sein, eine abgrenzbare, adelsspezifische Mentalität konkret zu formulieren[67].

Den ersten Pfeiler adeligen Standesbewußtseins bildete der Anspruch auf Führung. Gegen Ende des 19. Jahrhunderts verstand sich der Adel in erster Linie als Mittler zwischen Krone und Volk, so daß seine Existenzgrundlage ihrem Wesen nach mit der Person des Monarchen verbunden war[68]. Demgemäß wurde das adelige Selbstverständnis durch den Übergang zur republikanischen Staatsform in Deutschland nach 1918 erschüttert. Die politischen Veränderungen fanden ihren sichtbaren Ausdruck in Art. 109 Abs. 3 S. 1 WRV und der ihn umsetzenden Landesgesetzgebung, die zur Aufhebung der öffentlichrechtlichen Vorrechte und Nachteile der Geburt oder des Standes führte[69]. Der adelige Führungsanspruch wandelte sich in eine Gesinnungsführerschaft, wonach dem Adel eine Vorbildfunktion zukommt, die sich beziehen soll auf "strenge Ehrenhaftigkeit, peinliche Pflichterfüllung, treueste Hingabe an Staat und Volk, einfache Lebensführung, Abkehr von Geld, Gier und Genußsucht und freudigste Zurücksetzung persönlicher Ansprüche zum Wohl des Ganzen"[70].

Zweiter Pfeiler adeligen Selbstverständnisses war seine Verwurzelung in der Tradition. Im Mittelpunkt steht nicht das Individuum, sondern das Geschlecht. Der einzelne ist nur "Glied in der langen Kette", in einem "überpersönlichen Verband"[71]. Primär die Stellung als Repräsentant seiner Familie begründet seinen sozialen Geltungsanspruch. Aus ihr folgt seine Verpflichtung, die Tradition der Familie, nötigenfalls auch unter Erbringung persönlicher Opfer, zu bewahren[72].

Als dritter Pfeiler des Selbstverständnisses des Adels läßt sich seine Bodenständigkeit ansprechen. Der Grundbesitz war Inbegriff adeliger Weltanschauung. Er bildete für den adeligen Familienverband das ideelle Zentrum

---

67 *Freifrau von Hoyningen-Huene*, S. 75.

68 *Von Kalm*, S. 251. Zur Führungsposition des Adels im wilhelminischen Kaiserreich vgl. *Freifrau von Hoyningen-Huene*, S. 29.

69 Vgl. im einzelnen *Brintzinger*, S. 93, 117 m.w.N. in Fn. 157.

70 Vgl. *Freifrau von Hoyningen-Huene*, S. 77; ferner Staatslexikon "Adel", Sp. 44 ff.

71 Kennzeichnend für den hohen Adel war seine Selbstorganisation in der Form eines korporativen Zusammenschlusses im sog. hochadeligen "Haus"; korporative Organisationsstrukturen wies auch der niedere Adel als wichtigster Landstand im Rahmen der landständischen Verfassungen auf; diese wurden aber durch die im Zeitalter des Absolutismus erstarkende fürstliche Zentralgewalt stark eingeschränkt; vgl. *Mikliss*, S. 35 ff., 43 ff. Siehe unten Kap. C.

72 *Freifrau von Hoyningen-Huene*, S. 77.

und war Basis des Familienzusammenhangs[73]. Diese Bodenbezogenheit des Adels kam in dem in Deutschland bis 1919 bestehenden Rechtsinstitut des Fideikommisses[74] zum Ausdruck. Es diente dem Erhalt des Vermögens und somit der sozialen Stellung von Familien vor allem des niederen Adels. Bei dieser Rechtseinrichtung blieb ein Familienvermögen, meist ein Grundbesitz, ungeteilt in der Hand eines Familienmitglieds, der Inhaber war aber in der Verfügung unter Lebenden beschränkt und erhielt nur den Ertrag des Vermögens zur freien Verfügung; Vollstreckungen in das Vermögen des Inhabers waren ausgeschlossen[75].

b) Das traditionelle Namensverständnis des Adels

Elemente eines adeligen Namensverständnisses lassen sich aus der soeben erörterten Mentalität des Adels gewinnen. Es rückt die familienbezogene Bedeutung des Namens in den Vordergrund, ist vom auch organisatorisch[76] zum Ausdruck kommenden Zusammenhalt adeliger Familien geprägt[77]. Der Name ist mehr als nur genaue Kennzeichnung des Individuums. Er ist Wahrzeichen der Verwandtschaft, der Familienzugehörigkeit, ferner als Kennzeichen der Abstammung Nachweis der Standeszugehörigkeit[78]. In ihm spiegelt sich der überkommene, bereits erwähnte, weite Familienbegriff im Sinne von Verwandtschaft, wie er der ständischen Gesellschaft wegen der Erblichkeit politischer Rechte und Privilegien eigentümlich war.

In dem Beitrag eines Angehörigen eines uradeligen mecklenburgischen Adelsgeschlechts zum Familiennamen in der deutschen Rechtsordnung[79] werden diese Grundlinien adeligen Namensverständnisses und seine Verknüpfung mit Traditions- und Bodenbezogenheit adeliger Mentalität noch deutlicher. Graf

---

73 *Freifrau von Hoyningen-Huene*, S. 78.

74 Vgl. Art. 59 EGBGB mit den Nachweisen in der Gesetzessammlung "Schönfelder Deutsche Gesetze".

75 Vgl. Brockhaus-Enzyklopädie, "Fideikommiss", S. 269.

76 Siehe Fn. 71.

77 *Klippel*, S. 362.

78 Vgl. *Klippel*, S. 61 f. m.w.N. In früheren Zeiten knüpfte z.B. das ALR rechtliche Folgen an die Führung des adeligen Namens: § 19 II 9 (Vermutung für den adeligen Stand einer Person, wenn sich diese oder deren Vorfahren 44 Jahre adliger Prädikate und Vorrechte bedient haben), § 36 II 4 (Familienstiftungen). Aus historischer Sicht auch *Enste*, S. 39.

79 *Graf von Bernstorff*, NJW 1957, 1901 ff.

von Bernstorff betont die "überindividuelle rechtliche Bedeutung des Familiennamens"[80]. Die entscheidende Funktion des Familiennamens liege darin, "im Sinne der Gliederung des Volkes in Sippen und Familien alle die zu kennzeichnen, die im Mannesstamme aus der gleichen Familie stammen"[81]. Der Familienname verbinde "in die Vergangenheit hinein seinen Träger mit seinen Väters und Vorvätern und mit deren geistiger Welt und Leistungen", vereine "darüber hinaus aber auch in der Gegenwart alle seine Träger, (...), zu einer Gemeinschaft in dieser Tradition und Geschichte" und mache "seinen Träger zum Vermittler des geistigen und sittlichen Erbguts der Familie gegenüber ihren Kindern und Kindeskindern"[82]. Ausdrücklich erwähnt Graf von Bernstorff die Bedeutung des Namens für Familien, "die sich ihre Bodenständigkeit bewahrt haben und mit der Bindung an die angestammte Scholle auch die Pflege der Familiengeschichte und Tradition aufrechterhalten"[83].

c) *Unvereinbarkeit des traditionellen Namensverständnisses des Adels mit dem geltenden Recht*

Ein solches Namensverständnis entspricht nicht mehr dem der geltenden Rechtsordnung. Es ist von einer überholten Sozialordnungsvorstellung geprägt. Die Kleinfamilie, die an die Stelle der Großfamilie getreten ist, verliert zunehmend an sozialer Bedeutung[84]. Neben Kernfamilien finden sich in der heutigen Gesellschaft zahlreiche unvollkommenen Familien[85]. Von einer "Gliederung des Volkes in Sippen und Familien" kann keine Rede sein. Zudem ist dem Recht eine überindividuelle, von der Familie aus gesehene Bedeutung des Namens fremd; das BGB in seiner ursprünglichen Fassung verwendete das Wort "Familie" im generellen Sinn überhaupt nicht, sondern beschränkte sich darauf, im Familienrecht einen bestimmten Kreis individueller Rechtsbeziehungen zu normieren[86]; die Familie selbst kann "als Personengesamtheit ... nur in ihren Mitgliedern in Erscheinung treten und angesprochen

---

80 *Graf von Bernstorff*, NJW 1957, 1901.
81 *Graf von Bernstorff*, NJW 1957, 1901.
82 *Graf von Bernstorff*, NJW 1957, 1901.
83 *Graf von Bernstorff*, NJW 1957, 1901.
84 Siehe oben 3 c aa.
85 *Klippel*, S. 362.
86 *D. Schwab*, Rn. 2.

werden"[87]. Zutreffend warnt Klippel in diesem Zusammenhang vor der Vorstellung, Identifikations- und Individualisierungsfunktion des Namens würden durch die Zugehörigkeit zu einem Familienverband überlagert oder erst vermittelt[88].
Nachdem das Familiennamensrechtsgesetz von 1993 nunmehr faktisch vom Grundsatz der Namenseinheit Abschied genommen hat[89], ist zudem die genealogische Kennzeichnungsfunktion des Familiennamens überhaupt[90] in den Hintergrund getreten. Im geltenden Recht schließlich erfüllt der adelige Name die Funktion, die Zugehörigkeit einer Person zum Adel als sozialer Gruppe zu kennzeichnen, nur noch sehr eingeschränkt[91].

II. Entstehung des heutigen Namensrechts

1. Geschichtlicher Rückblick

Der Name ist erst in der jüngeren Neuzeit Gegenstand systematischer, rechtlicher Betrachtung geworden[92]. Zuvor findet er in Rechtsprechung und Rechtsliteratur nur vereinzelt Erwähnung. Ein Überblick über die Geschichte des Namensrechts[93], soweit dieser den Zeitraum vor dem Jahr 1800, dem Erscheinungsjahr der ersten, umfassenden, namensrechtlichen Darstellung[94], betrifft, entspricht daher weitgehend einem Abriß des Namenswesens[95].

---

87 BGHZ 8, 318, 320.
88 *Klippel*, S. 362. So auch schon *Opet* AcP 87 (1897), 313, 408.
89 Siehe oben 3 c bb.
90 Die der Kennzeichnung der Abstammung im "Mannestamme" wurde schon durch das 1. Ehereformgesetz von 1976 beseitigt. Siehe oben 3 c bb.
91 Siehe unten Kap. D II 4.
92 Vgl. HRG "Namensrecht", Sp. 836; *Wacke*, FamRZ 1977, 505, 510; *Hurwitz*, S. 4 ff.
93 Zum Recht des adeligen Namens in Deutschland vor Inkrafttreten der Weimarer Reichsverfassung siehe unten Kap. D I und IV.
94 *Tilemann Dothias Wiarda*, Ueber deutsche Vornamen und Geschlechtsnamen. Vgl. HRG "Namensrecht, Sp. 839 f.; *Brexel*, S. 38.
95 Insoweit sei auch auf namenskundliche Abhandlungen verwiesen (Nachweise bei *Enste*, S. 29 ff.).

a) *Die Ausbildung von Vor- und Zunamen*

Die Adelsbezeichnung ist nach heutigem Recht Bestandteil des Familiennamens[96]. Daß eine Person zwei Namen trägt, Vor- und Familiennamen[97], ist keine Selbstverständlichkeit. Diese Sitte findet sich erstmals bei Römern und Etruskern[98]. Dagegen kannten Griechen[99] und Germanen wie alle übrigen indogermanischen Völker nur einen Rufnamen bzw. Individualnamen[100]. Die Entstehung der Zweinamigkeit, die eine genauere Kennzeichnung der Person erlaubt, entsprang privatwirtschaftlichen und politisch-militärischen Bedürfnissen; sie hatte zur Voraussetzung die Schriftlichkeit des Rechtsverkehrs; sie findet sich daher nur in Gesellschaften, die einen höheren Organisationsgrad aufweisen[101].

In Rom[102] läßt sich seit dem 5. Jahrhundert v. Chr.[103] die Übung nachweisen, allen Familienangehörigen neben dem Individualnamen einen weiteren, erblichen Namen beizulegen[104]. Nach diesem sogenannten Gentilnamensystem trug ein römischer Bürger drei Namen, nämlich neben dem Vornamen (*praenomen*), den erblichen, aus erstarrten Vatersnamen entstandenen Namen des Geschlechts, dem er entstammte (*nomen gentile* oder *gentilicium*), und eine Art Spitznamen, dem *cognomen* , der wohl erst dem Erwachsenen beigelegt wurde (z.B. Gaius Iulius Caesar)[105]. Teilweise wurde auch ein zweiter *cognomen* geführt[106] (auch als *agnomen*[107] bezeichnet) (z.B. Publius

---

96 Siehe unten Kap. D II 1 und 2.

97 Eine Übersicht über die verschiedenen Funktionstypen des Personennamens findet sich bei *Staudinger/Hepting*, vor Art. 10 EGBGB Rn. 1 ff.

98 *Wacke*, FamRZ 1977, 505, 510, der darauf hinweist, daß die Helden der römischen Gründungssage aber nur einen Namen trugen.

99 Zum Namenswesen der Griechen vgl. Paulys Realencyclopädie der classischen Altertumswissenschaften, Band XVI, 2, "Namenswesen", S. 1611 ff.

100 *Enste*, S. 30 f.; *Pintens/Will*, S. 46; *Wacke*, FamRZ 1977, 505, 510.

101 *Wacke*, FamRZ 1977, 505, 509 f.

102 Grundlegend zum römischen Namenswesen republikanischer und augusteischer Zeit *Mommsen*, Römische Forschungen, Band 1, S. 1 ff.; vgl. ferner Paulys Realencyclopädie der classischen Altertumswissenschaften, Band XVI, 2, "Namenswesen", S. 1648 ff.

103 *Wacke*, FamRZ 1977, 505, 510.

104 *Enste*, S. 31 m.w.N.

105 HRG "Namensrecht", Sp. 837 f.; *Pintens/Will*, S. 46; *Wacke*, FamRZ 1977, 505, 510; *Enste*, S. 31 ff.

106 *Pintens/Will*, S. 46; nach HRG "Namensrecht", Sp. 836, als "Entartungserscheinung" zu werten.

107 *Enste*, S. 31.

Cornelius Scipio Africanus). Ursprünglich waren die *tria nomina nobilitiorum* dem Adel vorbehalten, der sich damit von der *plebs* abheben wollte, doch wurde das Gentilnamensystem in der Spätzeit der Republik für alle Freien gebräuchlich[108]. Gegen Ende des weströmischen Reiches verfiel das Gentilnamen-system, das ohnehin nur eingeschränkt und für begrenzte Zeit gegolten hatte[109], und die Völkerwanderungszeit kehrte zum Prinzip der Einnamigkeit zurück[110]. So fällt das sorgfältig auskonstruierte, römische Namenssystem in seiner zeitlichen Geltung mit dem Bestehen eines durch einen besonders hohen Organisationsgrad gekennzeichneten antiken Weltreiches zusammen[111].

In der germanischen Frühzeit bis ins 11. und 12. Jahrhundert galt der Grundsatz der Einnamigkeit[112]; soweit Doppelnamigkeit auftrat, ist dies auf römische Vorbilder zurückzuführen[113]. Allerdings bestand die Tendenz, die Mitglieder einer Sippe durch bestimmte Maßnahmen in der Rufnamensgebung als zusammengehörig zu kennzeichnen[114]. So wurde die Zugehörigkeit zu einem Geschlecht ausgedrückt durch gleiche Anlaute der Namen (Stabreim), Variation von Namensteilen und Erteilung eines in der Familie üblichen Namens (Nachbenennung)[115]. Bis in das 10. Jahrhundert nannten sich Adelsfamilien nach ihrem Spitzen-Ahn oder trugen nur in dieser Familie übliche, elitäre Namen, die mit den Familien ausstarben[116].

Die Entwicklung in der Folgezeit[117] war zum einen dadurch gekennzeichnet, daß - quasi als Zwischenschritt zum festen und erblichen Familiennamen - zunehmend Beinamen gebraucht wurden, die zu dem weiterhin noch im Vordergrund stehenden Rufnamen hinzutraten. Diese Beinamen knüpften zumeist an Abstammung, Herkunft, Wohnstätte oder Beruf oder eine besonders ins Auge stechende körperliche Eigenschaft an und waren insofern den heutigen "Spitznamen" ähnlich. Etwa zwischen dem 12. und 15. Jahrhundert löste sich

---

108 HRG "Namensrecht", Sp. 837; *Pintens/Will*, S. 46.
109 HRG "Namensrecht", Sp. 837.
110 *Wacke*, FamRZ 1977, 505, 510.
111 *Enste*, S. 32.
112 HRG "Namensrecht", Sp. 837; *Pintens/Will*, S. 47; *Enste*, S. 33.
113 Nach HRG "Namensrecht", Sp. 839, z.B. bei germanischen Fürsten oder Söldnern.
114 HRG "Namensrecht", Sp. 837; *Enste*, S. 33.
115 HRG "Namensrecht", Sp. 837; *Enste*, S. 33.
116 HRG "Namensrecht", Sp. 837 m.w.N.
117 Siehe zum folgenden *Enste*, S. 34 ff.

dieser Beiname von der Person seines jeweiligen Trägers und wurde zum festen, von Generation zu Generation im Mannesstamme[118] weitergegebenen, erblichen Familienname. Kristallisationspunkt der Bildung von Familiennamen bildeten dabei etwa die Ausübung desselben Berufs über mehrere Generationen hinweg, der Brauch unter der ländlichen Bevölkerung, die Herkunft von einem bestimmten Hof[119] oder aus einem bestimmten Dorf namensmäßig zu kennzeichnen, und insbesondere die im hohen Adel verbreitete Sitte[120], sich nach dem Stammsitz zu nennen. Für den Adel, der bei der Annahme fester Familiennamen eine Vorreiterrolle einnahm, war bedeutsam, daß ihm durch die Konstitution Konrads II. im Jahr 1037 die Erblichkeit der Lehensgüter gewährt wurde, Namensgleichheit mit dem Vorfahren von da an somit auch die Funktion hatte, den Anspruch auf den erblichen Besitz nach außen hin darzustellen[121]. Ursache der Verfestigung der Beinamen zu vererblichen Familiennamen war die zunehmende Bevölkerungsdichte und ein sich verfeinerndes, durch Schriftlichkeit gekennzeichnetes Rechts- und Wirtschaftsleben[122], das seinen sichtbaren Ausdruck in der aufkommenden Kredit- und Geldwirtschaft und einem städteübergreifenden Fernhandel fand.
Die Entwicklung des Namenswesens in Deutschland unterlag schließlich ausländischen Einflüssen. So war in Byzanz schon im 9. Jahrhundert die Führung erblicher Familiennamen üblich[123]. Über die oberitalienischen Städte[124] - in Venedig und Mailand nachweisbar seit dem 9. Jahrhundert in Gebrauch[125] - setzen sich feste Familiennamen auch in Deutschland allmählich durch: Den Anfang machte dabei das städtische Patriziat[126]; ihm folgten die übrigen bürgerlichen Familien[127]. Schließlich setzte sich die Zweinamigkeit auch außerhalb des städtischen Rechtskreises durch; zunächst die Ritterschaft, dann als letzte Gruppe die Landbevölkerung begann, erbliche Familiennamen zu füh-

---

118 *Enste*, S. 36.
119 *Wacke*, FamRZ 1977, 505 , 511.
120 HRG "Namensrecht", Sp. 839.
121 *Enste*, S. 39 f.; *Wiarda*, S. 141 ff.
122 *Henrich*, S. 9; HRG "Namensrecht", Sp. 839; *Wacke*, FamRZ 1977, 505, 509 f.
123 *Pintens/Will*, S. 47.
124 Nach HRG "Namensrecht", Sp. 839, finden sich in Italien bei Goten und Langobarden aber auch schon germanische Doppelnamen.
125 HRG "Namensrecht", Sp. 839.
126 Zur Vorbildfunktion des hochadeligen Brauchs, sich nach dem Stammsitz zu nennen: HRG "Namensrecht", Sp. 839. Parallelen mit der Entwicklung in Rom, wo der "cognomen" zunächst nur vom Patriziat geführt wurde, sind unverkennbar.
127 HRG "Namensrecht", Sp. 839.

ren[128]. Seit Beginn des 12. Jahrhunderts lassen sich feste Familiennamen in westdeutschen und südwestdeutschen Städten nachweisen (so etwa in Köln ab 1106)[129]. Von dort breiteten sich die Familiennamen nach Norden aus[130] (nachweisbar in Pommern erst seit dem 14. Jahrhundert[131], an der Nordseeküste erst Ende des 18. Jahrhunderts[132]). Freilich blieb der Vorname zunächst noch Hauptname, so daß etwa in Frankfurt am Main bis in das 16. Jahrhundert die Akten nach Vornamen geführt wurden[133]. Die endgültige Durchsetzung der Führung fester Familiennamen zum Gebrauch im amtlichen Verkehr erfolgte erst im Zeitalter des Absolutismus[134].

b) Das Namenswesen im römischen Recht

In Rom war das Namenswesen der Sitte überlassen[135]. Die "lex de repetundis" des Jahres 123 v. Chr. und die "lex Iulia municipalis" aus dem Jahr 45 v. Chr. regelten bestimmte Fälle des amtlichen Gebrauchs der *tria nomina*[136]. Welche Namen eine Person führte, war ihr aber überlassen. Von den vier Stellen[137], an denen der Name im Corpus Iuris Civilis eine Rolle spielt, haben nur zwei namensrechtlichen Charakter[138]: Nach D. 48, 10, 13 pr. wird die Annahme eines falschen Namens mit der *poena falsi* sanktioniert[139]. Der Grundsatz, daß nach betrugsrechtlichen Regeln zu bestrafen sei, wer seinen Namen vorsätzlich ändert, um sich einer Pflicht zu entziehen, findet sich schon bei Paulus, Sententiae V 25 § 11: "Qui sibi falsum nomen imposuerit, genus parentesve finxerit, quo quid alienum interciperet, caperet, possideret, poena legis Corneliae de falsis coercetur"[140]. Von zentraler Bedeutung für die spä-

128 HRG "Namensrecht", Sp. 839.
129 *Wacke*, FamRZ 1977, 505, 510.
130 HRG "Namensrecht", Sp. 839.
131 *Wacke*, FamRZ 1977, 505, 510.
132 HRG "Namensrecht", Sp. 839.
133 HRG "Namensrecht", Sp. 839.
134 Siehe unten d.
135 *Kaser*, Band 1, S. 237.
136 *Enste*, S. 42 f.
137 Inst. 2, 20, 29; D. 36, 1, 65, 10; D. 48, 10, 13 pr.; C. 9, 25.
138 HRG "Namensrecht", Sp. 837.
139 D. 48, 10, 13 pr. (zitiert nach *Raschauer*, S. 4 Fn. 12) lautet: "Falsi nominis vel cognominis adserveratio poena falsi coercetur".
140 Zitiert nach *Raschauer*, S. 4.

tere Rechtsentwicklung ist jedoch C. 9, 25[141] (De mutatione nominis), welche die grundsätzliche Freiheit der Namensführung bestätigt. Sie lautet: "Sicut in initio nominis, cognominis, praenominis recognoscendi singulos impositio libera est privatis, ita eorum mutatio innocentibus periculosa non est. Mutare itaque nomen vel praenomen sive cognomen sine aliqua fraude licito jure, si liber es, secundum ea quae saepe statuta sunt, minime prohiberis nullo ex hoc praeiudicio futuro"[142].

c) *Das Namenswesen im älteren deutschen Recht und im gemeinen Recht*

Das ältere deutsche Recht schenkte dem Namenswesen keine Beachtung. So enthalten weder Sachsen- noch Schwabenspiegel Namensführungsregeln[143]. Im Zeitalter der Rezeption[144] fand dann das römische Recht, wie es im Corpus Iuris Civilis niedergelegt und von Glossatoren und Postglossatoren[145] begrifflich aufbereitet und praktisch nutzbar gemacht worden war, Eingang in den deutschen Rechtskreis und erlangte schließlich als "gemeines Recht" allgemeine Geltung[146]. Unter Berufung auf C.9, 25 galt deshalb im gemeinen Recht der Grundsatz, daß der Name Privatsache sei; der Staat habe nicht das geringste Interesse am Namenswesen; der einzelne habe daher volle Freiheit bei Namenswahl und Namensänderung[147]. Begrenzt wurde diese Freiheit nur durch die in C. 9, 25 geforderte *innocentia* und die Voraussetzung des Handelns *sine aliqua fraude*, also ohne unlautere Absicht, welche Voraussetzung etwa dann fehlte, wenn die Namensänderung der Umgehung einer Verpflichtung diente oder einen strafrechtlich zu ahnenden Betrug dar-

---

141 Rescript der Kaiser Diocletian und Maximian.

142 Zitiert nach *Hermann*, AcP 45 (1862), 153, 315, 161. C. 9, 25 lautet in der Übersetzung (nach *Otto/Schilling/Sintenis*, Band 6, S. 364): "Gleichwie ursprünglich jedem Privatmann, zur Erkennung jedes einzelnen, die Annahme des Namens, Zunamens oder Vornamens freisteht, so ist auch deren Veränderung bei solchen, die keine böse Absicht dabei haben, ungefährlich. Es steht dir daher, wenn du ein Freier bist, den darüber erlassenen Verordnungen gemäss, durchaus nichts im Wege, ohne betrügerische Absicht und erlaubter Weise deinen Namen, Vornamen oder Zunamen zu verändern, indem durchaus kein Nachtheil entstehen wird."

143 *Enste*, S. 44.

144 Vgl. zu diesem nur HRG, "Rezeption"; Sp. 970 ff.

145 Vgl. zu diesen *Conrad*, Deutsche Rechtsgeschichte, Band 1, S. 366 m.w.N.

146 *Enste*, S. 44.

147 *Loos*, S. 13; *Götting*, S. 72; *Hermann* AcP 45 (1862), 153, 315, 161 mit einem Überblick über die Literatur vom 16. bis zum 18. Jahrhundert auf Seite 162 Fn. 4, 5. Vgl. auch die Nachweise bei *Klippel*, S. 47 Fn. 57, und *Brexel*, S. 17 ff.

stellte[148]. Für Jahrhunderte galt im Namenswesen in Deutschland die in der Glosse des Baldus zu C. 9, 25 zum Ausdruck kommende Regel der freien Namenswahl: "Mutatio nominis non fraudulosa liberi homini est permissa[149]". Noch 1736 bestätigte ein Responsum der Wittenbergischen Juristenfakultät das Recht der Namensänderung, "so die Intention Jemanden zu schaden, nicht vorhanden"[150]. Zu Recht wird freilich darauf hingewiesen, daß auch unter der Geltung des gemeinen Rechts Namenswechsel nur unter besonderen Umständen vorkamen[151]; das folgt für den Familiennamen schon aus der Tatsache, daß er primär Mittel zur Idendifikation[152] ist; der Vorname wurde zudem durch die Taufe gefestigt[153].

d) Das Namenswesen im modernen Staat

Im Gegensatz zur gemeinrechtlichen Freiheit der Namensänderung standen die gesetzlichen Bestrebungen im Zeitalter des Absolutismus, die Führung fester Familiennamen durchzusetzen[154]. Willkürliche Namensänderungen wurden verboten; soweit die Führung vererblicher Familiennamen noch nicht üblich war, wurden feste Familiennamen dekretiert[155]. Die Fixierung der Familiennamen entsprang den Bedürfnissen des absolutistischen Fürstenstaates: Allumfassende "gute Policey", ein geordnetes Abgabenwesen, ein stehendes

---

148 *Hermann* AcP 45 (1862), 153, 315, 161; *Enste*, S. 43.

149 Zitiert nach *Hermann* AcP 45 (1862), 153, 315, 162. Weitere Hinweise zu Glossen und Kommentaren zu C. 9, 25 finden sich bei *Pintens/Will*, S. 47 Fn. 434.

150 Zitiert nach *Hermann* AcP 45 (1862), 153, 315, 163.

151 *Enste*, S. 45 f.; *Marx*, S. 4. Nach *Loos*, S. 13, bestand z.B. in manchen Gegenden der Brauch, daß ein Bauer, der in einen Hof einheiratete, mit dem überkommenen Namen des Hofs oder dem der früheren Hofbesitzerfamilie benannt wurde und diesen Namen dann anstelle seines früheren Familiennamens führte.

152 Siehe oben I 3 a.

153 *Loos*, S. 13.

154 Zum folgenden ausführlich *Klippel*, S. 39 ff.; vgl. ferner *Brexel*, S. 55 ff.

155 Ganz anders dagegen die Entwicklung im anglo-amerikanischen Recht, wo bis heute grundsätzlich volle Namensänderungsfreiheit besteht. *Eder*, The American Journal of Comparative Law 8 (1959), 502, 504 f. m.w.N.: "It is well settled at common law that, in the absence of fraud, a person may change his name at will without resort to legal proceedings, by merely adopting another name. (...) In England, the procedure for a change of name is either by private act of Parliament or royal license (both rarely used) or by deed poll duly enrolled in the Supreme Court." Vgl. hierzu *Meyer-Witting*, S. 146 ff.; *Luther*, StAZ 1980, 61 (unter Berücksichtigung des deutschen Personenstandsrechts); auch IPRG Nr. 1 (1969), S. 3.

Heer[156], später auch die Durchsetzung der Schulpflicht, all das erforderte eine genaue Erfassung der Untertanen[157]. In Deutschland[158] wurden Verbote willkürlicher Namensänderungen erstmals im 17. Jahrhundert ausgesprochen, so etwa im Jahr 1677 in Bayern unter Kurfürst Ferdinand Maria[159].

Als Vorbild für die weitere deutsche Rechtsentwicklung erwies sich die Neuordnung des Namenswesens in Frankreich. Zwar hatte dort die unter dem absolutistischen Verwaltungsstaat eingeleitete Schaffung eines geordneten Namenswesens[160] zeitweilig einen Rückschlag durch die französische Revolution erlitten[161]. Doch setzte sich bald die Einsicht durch, daß gerade ein moderner "Bürgerstaat"[162] nicht auf ein geordnetes Namenswesen verzichten kann. Das Gesetz vom 11. Germinal an XI (= 1. April 1803)[163] schränkte nun auch die Freiheit der Vornamenswahl ein[164] und unterwarf die Namensänderung einem publizistischen Namensänderungverfahren; erstmals findet sich dort der Vorläufer des "wichtigen Grundes" im heute geltenden NÄG[165] ("la demande motivée")[166]. Diese gesetzliche Regelung übte auf die deutschen

---

156 Vgl. die Begründung der Verordnung des Großherzogtums Hessen vom 18. Dez. 1810, nach der willkürliche Namensänderungen "in der Staats-Administration selbst, und besonders in den Conscriptions-Geschäften, nicht selten Anstände, Unordnungen und Verwirrungen ..." veranlaßten (zitiert nach *Klippel*, S. 43).

157 *Raschauer*, S. 6; *Götting*, S. 73; *Klippel* S. 40; *Loos*, S. 14; *Brexel*, S. 77.

158 Zu den Verboten willkürlicher Namensänderung in Österreich vgl. *Edlbacher*, S. 21 f.; *Raschauer*, S. 6, Fn. 24, S. 8, 46 ff.; *Enste*, S. 46.

159 Bayerische Verordnung vom 12. März 1677: "Es gebühret Niemand im Lande, seine angebornen Namen ohne Landesfürstlichen Consens eigenmächtig zu verändern" (zitiert nach *Klippel*, S. 40 Fn.13). Weitere frühe Verbote dieser Art enthalten das kursächsische Rescript vom 16. April 1662 und im Herzogtum Sachsen (Ernestinische Linie) die Landesordnung Herzogs Ernst vom 1. Sept. 1666; vgl. *Brintzinger*, S. 93, 97 m.w.N. und HRG "Namensrecht", Sp. 840.

160 Erstmals durch die Ordonnance von Amboise Heinrichs II. vom 26. März 1555. Hierzu und zu den ihr folgenden Bestimmungen vgl. *Kohler*, ArchBürgR 5 (1891), 77, 98 ff.; *Raschauer*, S. 4.

161 Ein décret der Convention vom 26. Brumaire an II (= 16. Nov. 1793) hatte jedem Bürger freigestellt, seinen Namen durch bloße Erklärung gegenüber der municipalité beliebig zu ändern. Doch schon durch décret vom 6. Fructidor an II (=23. Aug. 1794) wurden für die Namensführung wieder die Angaben im Geburtsschein maßgebend; vgl. *Raschauer*, S. 6 f.

162 *Götting*, S. 74.

163 Abgedruckt bei *Raschauer*, S. 7 Fn. 27, und bei *Hermann* AcP 45 (1862), 153, 315, 169 (nur Titel II).

164 Vgl. Titel I des Gesetzes ("Des Prénoms").

165 Zu diesem siehe unten 2 und Kap. F.

166 Titre II ("Des changement de Nom") Art. IV: "Toute personne, qui aura quelque raison de changer de nom, en adressera la demande motivée au Gouvernement."

Staaten, vor allem nach ihrer Einführung in den Rheinbundstaaten, eine Signalwirkung aus[167].

Überwiegend während der ersten Jahrzehnte des 19. Jahrhunderts[168] schufen nun auch die meisten anderen deutschen Staaten Bestimmungen, in denen willkürliche Änderungen des Familien- oder Geschlechtsnamens verboten und unter Strafe gestellt[169], zulässige Änderungen von einer besonderen staatlichen Erlaubnis abhängig gemacht wurden[170]. Soweit bestimmte Teile der Bevölkerung noch keinen festen Familiennamen führten, wurden diese zur Annahme fester Familiennamen gezwungen[171]. Konsequenz dieser Regelungen war, daß es in dem von ihnen erfaßten Rechtskreis zu einer "Versteinerung" der bis dahin existierenden Familiennamen kam[172].

---

167 *Enste*, S. 48; *Raschauer*, S. 7 f.; *Götting*, S. 74; aus der älteren Literatur z.B. *Hermann* AcP 45 (1862), 153, 315, 168 f.

168 *Loos*, S. 14.

169 Preußische Verordnung vom 30. Okt. 1816, Gesetz-Sammlung für die Königlichen Preußischen Staaten S. 216. Die Verordnung hat folgenden Wortlaut:
"Da die Erfahrung gelehrt hat, daß das Führen fremder oder erdichteter Namen, der Sicherheit des bürgerlichen Verkehrs, sowie der Wirksamkeit der Polizeibehörden, nachtheilig ist; so verordnen Wir hierdurch folgendes:
§ 1. Niemand soll bei Vermeidung einer Geldstrafe von fünf bis fünfzig Thalern, oder eines verhältnismäßigen Arrestes, sich eines ihm nicht zukommenden Namens bedienen.
§ 2. Geschieht diese Führung eines fremden oder erdichteten Namens in betrügerischer Absicht, so treten die Vorschriften der allgemeinen Strafgesetze ein".
Allerhöchste Kabinettsordre vom 15. April 1822, Gesetz-Sammlung für die Königlichen Preußischen Staaten S. 108. Die Ordre lautet:
"Ich finde es auf den Bericht des Staatsministerium nicht nothwendig, wegen der Unabänderlichkeit der Familien- und Geschlechtsnamen eine weitere Verordnung zu erlassen, sondern bestimme hierdurch: daß bei Vermeidung einer Geldbuße von fünfzig Thalern, oder vierwöchiger Gefängnisstrafe, Niemanden gestattet sein soll, ohne unmittelbare landesherrliche Erlaubnis seinen Familiennamen zu ändern, wenn auch durchaus keine unlautere Absicht dabei zu Grunde liegt."
Vgl. ferner die Hinweise auf die Strafbestimmungen in den Großherzogtümern Hessen und Baden sowie in den Königreichen Hannover und Bayern bei *Klippel*, S. 42 Fn. 25.

170 So z.B. die preußische Verordnung vom 30. Okt. 1816 und die Allerhöchste Kabinettsordre vom 15. April 1822 (siehe die vorige Fn.). Bereits die bayerische Verordnung vom 12. März 1677 (siehe oben Fn. 159) hatte die Möglichkeit einer Namensänderung aufgrund Landesfürstlichen Consenses erwähnt.

171 So die ostfriesische Bevölkerung im Königreich Hannover durch die "Verordnung, die Erhaltung der Familien-Namen in Ostfriesland betreffend" vom 22. Mai 1826 (vgl. *Klippel*, S. 40) - daraus erklärt sich das dortige Überwiegen der Patronymika auf -sen oder -s (vgl. *Wacke* FamRZ 1977, 505, 510) - und im Zug der Judenemanzipation als letzte Bevölkerungsgruppe die Juden (vgl. *Enste*, S. 47; *Brexel*, S. 56 ff.; *Raschauer*, S. 8; *Meyer-Witting*, S. 35 Fn. 29); in Galizien legte man den Juden je nach Bezahlung wohlklingende oder lächerliche Namen bei (vgl. *Wacke* FamRZ 1977, 505, 510).

172 *Enste*, S. 49; *Loos*, S. 15. Dieser Zeitpunkt ist von Bedeutung im Namensfeststellungsverfahren gem. § 8 NÄG; vgl. VGH Baden-Württemberg StAZ 1985, 254; NJW-RR

Im engem zeitlichen Zusammenhang mit diesen Bestimmungen stand die Einrichtung eines geordneten Personenstandswesens[173]. Den ersten Namensänderungsverboten im 16. und 17. Jahrhundert war mangels praktischer Durchsetzbarkeit nur wenig Erfolg beschieden[174]. Das änderte sich erst[175], als der Staat auf die seit dem 16. Jahrhundert den Geistlichen obliegenden Aufgabe, Tauf-, Trau- und Totenbücher zu führen[176], Einfluß zu nehmen begann. §§ 481 bis 505 II 11 ALR vom 16. April 1794 enthielten genaue Anweisungen an die Pfarrer, wie sie die Kirchenbücher über Aufgebote, Trauungen, Geburten, Taufen und Begräbnisse zu führen hatten[177]. Dem Postulat der Trennung von Kirche und Staat verpflichtet führte zuerst die Revolutionsgesetzgebung in Frankreich durch Gesetz vom 20. Sept. 1792 die obligatorische Zivilehe, Zivilstandsregister und staatliche Zivilstandsbeamte (officiers de l' état civil) ein. Der Code Civil übernahm diese Bestimmungen[178] und im Zug der territorialen Erweiterungen Frankreichs fanden sie Eingang in das gesamte linksrheinische Gebiet. Gemäß den Vorschriften des Code Civil wurden die Register durch die Gemeindevorsteher geführt[179]. Nachdem Baden den Code Civil 1809 als badisches Landrecht eingeführt hatte, wurden dort durch ein Edikt vom 6. Juni 1811 die Pfarrer sämtlicher Konfessionen zu Beamten des bürgerlichen Standes zur Führung der staatlichen Standesregister ernannt[180]. Den nächsten Schritt auf dem Weg zu einer staatlichen Standesbuchführung bildete Artikel V § 151 in Abschnitt VI der niemals wirksam gewordenen Verfassung des Deutschen Reiches vom 28. März 1849[181].

1995, 1412; Nr. 72 NamÄndVwV (siehe unten Fn. 277); *Loos*, S. 126; *Raschauer*, S. 241.

173 *Raschauer*, S. 6. Die überragende Bedeutung des Personenstandswesens bei der Entstehung und Durchsetzung des neuzeitlichen Namensrechts wird bei *Hermann* AcP 45 (1862), 153, 315, 340 f., deutlich, der zu den Gründen, die ihn dazu veranlaßten, sich mit dem Recht der Namensführung und der Namensänderung zu beschäftigen, ausführte: " ...ich läugne nicht, mich immer gewundert zu haben, daß Diejenigen, die in ihren Systemen die Bedeutung der Kirchenbücher und der sog. Civilstandsregister für den Beweis der Stellung einer Person in einer Familie und in der bürgerlichen Gesellschaft erwähnt haben, nicht dadurch schon zu einer Betrachtung und Erwähnung des Namens- Wesens hingedrängt worden sind."

174 *Götting*, S. 73.

175 Vgl. *Raschauer*, S. 6, 18.

176 *Schütz*, S. 11 ff.; *Hepting/Gaaz*, PStG, § 1 Rdnr.1 (*Gaaz*).

177 Vgl. *Stölzel/Peters*, S. 2.

178 Art. 31 bis 101; vgl. *Stölzel/Peters*, S. 2.

179 *Schütz*, S. 15.

180 *Schütz*, S. 15.

Schließlich führte Preußen im Zuge des Kulturkampfs (seit 1872) durch Gesetz vom 9. März 1874[182] die obligatorische Zivilehe und die staatliche Personenstandsregistrierung ein; durch das Reichsgesetz über die Beurkundung des Personenstandes und über die Eheschließung (PStG) vom 6. Feb. 1875[183] wurde diese Regelung in das Reichsrecht übernommen[184].

Den Wandel der rechtlichen Sicht des Namens mag ein Blick auf die namenrechtlichen Bestimmungen in Preußen verdeutlichen. Dort war zwar die Führung eines festen Familiennamens schon durch § 1440b II 20 ALR zur Pflicht geworden. Diese Norm war aber noch ganz der betrugsrechtlichen Sichtweise von C. 9, 25 verhaftet[185]. Sie stellte nämlich die Führung eines "fremden", nicht jedoch eines "erdichteten", Familiennamens zur Ausführung eines Betrugs unter Strafe, diente also primär dem Schutz der bürgerlichen Ehre des Namensträgers vor unbefugtem Namensgebrauch, nicht staatlichen Ordnungsinteressen[186]. Dagegen wird in der Verordnung vom 30. Okt. 1816[187] und vor allem in der Allerhöchsten Kabinettsordre vom 15. April 1822[188] der Bruch mit dem auch noch im 19. Jahrhundert[189] vom gemeinen Recht aus C. 9, 25 überwiegend abgeleiteten Grundsatz der freien Namenswahl und -änderung sichtbar. So stellte die Allerhöchste Kabinettsordre klar, daß das in der Verordnung ausgesprochene Namensänderungsverbot selbst dann galt, "wenn auch durchaus keine unlautere Absicht dabei zu Grunde liegt"; auch *innocentia* oder Handeln *sine aliqua fraude* vermochten die den staatli-

---

181 Der Artikel lautet: "Die Standesbücher werden von bürgerlichen Behörden geführt." Zunächst nur in der Freien Reichsstadt Frankfurt a.M. wurde diese Bestimmung im Jahr 1850 umgesetzt; vgl. *Hepting/Gaaz*, PStG, § 1 Rdnr.1 (*Gaaz*).

182 Gesetz-Sammlung für die Königlichen Preußischen Staaten S. 95.

183 RGBl. S. 23.

184 *Schütz*, S. 21. Seither betreffen Fragen des Namensrechts in erster Linie die standesamtliche Praxis. Dementsprechend sind vor allem die in der "Zeitschrift für Standesamtswesen" (seit 1949: "Das Standesamt") in großer Zahl veröffentlichten Gerichtsentscheidungen zum Namensrecht und die Kommentare zum Personenstandsgesetz unentbehrliche Hilfsmittel zur Lösung namensrechtlicher Spezialprobleme; vgl. *Raschauer*, S. 18. Grundlage der täglichen Arbeit des Standesbeamten ist die gem. § 70 PStG erlassene "Dienstanweisung für die Standesbeamten und ihre Aufsichtsbehörden"; vgl. die Bek. der Neufassung der Allg. VwV zum Personenstandsgesetz (Dienstanweisung für die Standesbeamten und ihre Aufsichtsbehörden - DA -) vom 31. Jan. 1995; Beilage zum BAnz. Nr. 33a.

185 *Enste*, S. 46 f.

186 *Loos*, S. 14.

187 Siehe oben Fn. 169.

188 Siehe oben Fn. 169.

189 *Klippel*, S. 42.

chen Interessen zuwiderlaufende Namensänderung nun nicht mehr zu rechtfertigen. Gleichzeitig eröffnete die Ordre ausdrücklich die Möglichkeit einer Namensänderung durch Hoheitsakt, freilich ohne Einzelheiten des Verfahrens näher zu regeln[190].

e) Die Entstehung eines Namensrechts im heutigen Sinn

aa) Der Familienname bei Tilemann Dothias Wiarda

Erst ab der Wende vom 18. zum 19. Jahrhundert begann die volle rechtliche Erfassung des Namens[191]. In seinem im Jahr 1800 erschienenen Buch "Ueber deutsche Vornamen und Geschlechtsnamen"[192], der anscheinend ersten[193], wirklich umfassenden[194] Darstellung des Namensrechts, setzte sich Wiarda mit den rechtlichen Aspekten der Namensführung nach gemeinem Recht auseinander und faßte die ältere Literatur hierzu zusammen. Noch ganz dem "Dogma des römischen Rechts"[195] von der freien Namenswahl verhaftet meinte Wiarda, daß der Name rechtlich grundsätzlich unbeachtlich[196] und Privatsache[197] sei, sein Gebrauch und seine Änderung stünden dem einzelnen, außer bei betrügerischer Absicht und Gefährdung des Staates oder eines Dritten, aufgrund C. 9, 25 frei[198]; nur die Annahme des Adelstitels sei gemäß D. 48, 10, 27, 2 strafbar[199]. In Anlehnung an die französische Rechtsprechung[200] schloß

---

190 Zur Entstehung des heutigen Namensänderungsgesetzes siehe unten Kap. F I 1.

191 *Edlbacher*, S. 24; HRG "Namensrecht", Sp. 836; *Wacke*, FamRZ 1977, 505, 510.

192 Siehe zu *Wiardas* Schrift *Klippel*, S. 47 ff.; *Brexel*, S. 38 ff.

193 HRG "Namensrecht", Sp. 839 f.

194 *Brexel*, S. 38.

195 *Hermann* AcP 45 (1862), 153, 161, 163.

196 S. 185 ("Der Staat befaßt sich also, es sey denn, daß besondere Umstände eintreten, oder der Misbrauch gerichtlich gerüget wird, nicht unmittelbar mit dem Gebrauch und Misbrauch eines Namens"); 188 sub 3 ("keine rechtliche Wirkung) , 218 ("nicht die mindeste rechtliche Wirkung"), 227 ("nicht die geringste rechtliche Wirkung").

197 S. 184 ("Daher siehet der Staat den Gebrauch und Misbrauch eines Vornamens und Geschlechtsnamens, als eine Domestiksache einzelner Personen und einzelner Familien an, ...").

198 S. 184 f., auch S. 188 f., 193 ff., 195, 197, 200. Vgl. ferner HRG "Namensrecht", Sp. 840.

199 Allerdings nicht wegen der Namensannahme als solcher, sondern wegen der damit verbundenen Anmaßung des Standes und der Vorrechte; S. 215 ff.

200 *Götting*, S. 75; vgl. die Nachweise bei *Kohler* ArchBürgR 5 (1891), 77, 99 ff. Unentschieden *Raschauer*, S. 16 f. ("...könnte sein...).

Wiarda aus der grundsätzlich freien Veränderbarkeit des Namens auf die Rechtsnatur der Beziehung des einzelnen zu seinem Namen und stellte das Namensrecht dem Eigentumsrecht gleich[201].

bb) Name und Recht bei Carl Einert

Dieser ausschließlich privatrechtlichen Deutung des Namensrechts stellte Einert, an frühe Entscheidungen sächsischer Gerichte zum Namensführungsrecht anknüpfend[202], in einem im Jahre 1840 erschienenen Beitrag[203] eine ausschließlich öffentlich-rechtliche Sichtweise gegenüber. Fragen des Erwerbs, der Führung und der Anwendung des Namens beträfen wie im römischen Recht nur die Sitte[204]. Aus C. 9,25 leitete er die "Ansicht von dem Unwert des Namens[205]" eines Menschen her, der daher nur "eine Sache der Notwendigkeit" sei, nicht "sein Gut"[206], sein Eigentum, kein "Objekt des Civilrechts"[207]. "Der Name ist weder Zusatz zur Persönlichkeit des Menschen, noch gehört er unter die Sachen, die in bonis sind"[208] . Allerdings sah Einert in Sachsen "das Bedürfnis einer Gesetzgebung über das Recht der Namensführung, der Namenswahl und Namensänderung"[209], erkannte mithin eine "polizeiliche Seite"[210] des Namenswesens an.

---

201 S. 205 ff. Vgl. auch *Götting*, S. 75; *Klippel*, S. 50.

202 Vgl. *Brexel*, S. 43 ff.; *Raschauer*, S. 11; *Klippel*, S. 51 ff. Hier ist vor allem auf die Entscheidung des Königlich Sächsischen Oberappellationsgericht vom 7. Mai 1839 zu verweisen (auszugsweise wiedergegeben bei *Hermann* AcP 45 (1862), 153, 315, 322 ff.), die auf dem gemeinrechtlichen Prinzip der freien Namenswahl fußt.

203 Uiber das Recht der Namensführung und Namensänderung, in: Erörterungen einzelner Materien des Civilrechts, S. 75 ff.

204 S. 109 ff.

205 S. 97.

206 S. 98.

207 S. 133.

208 S. 98.

209 S. 77. Ähnlich S. 119 f.: "Deswegen halte ich die Gesetzgebung über Namensführung und Namensänderung, (...), für ein Bedürfnis unserer Zeit, (...)."

210 S. 118.

cc) Das Namensrecht bei Robert Hermann

Im Jahr 1862 unternahm Hermann[211] einen neuerlichen Versuch, die Rechtsnatur des Namensrechts im Spannungsfeld zwischen privatem und öffentlichem Recht zu klären. Zunächst erkannte er , daß sich die These von der Fortgeltung des gemeinrechtlichen Grundsatzes der freien Namenswahl angesichts der seit dem 17. Jahrhundert in Deutschland auf dem Gebiet des Namenswesens entstandenen, gesetzlichen Bestimmungen[212] nicht mehr halten ließ. Diese Vorschriften, so Hermann, enthielten einen Satz des allgemeinen deutschen öffentlichen Rechts, wonach jeder seinen nach bestimmten Rechtsregeln erhaltenen Namen sein Leben hindurch unverändert fortführen müsse und eine Änderung desselben nur unter gewissen Voraussetzungen und Formalitäten vornehmen dürfe[213]; der Grundsatz der freien Namensänderung sei hierdurch abgeschafft worden[214]. Aus dem staatlichem Ordnungsinteresse am Namenswesen schloß er nun aber nicht auf dessen auschließliche Zugehörigkeit zum öffentlichen Recht. Der Name sei vielmehr auch für das Individuum von größtem Wert; denn dieser erzeuge "mit einem Schlag, was die Angabe unzähliger Kennzeichen und Merkmale" nicht erzeugen könne - " das ganze Bild der Persönlichkeit"; der Name sei geradezu "Repräsentant der Person"[215]. Vor allem aber indem das Recht Regeln aufstelle, wie der Name erworben und geschützt wird, erkenne es den Namen "als ein Gut im juristischen Sinne, als ein Rechts-Object an"[216]. Mithin gebe es ein "privatrechtliches Namensrecht"[217]. Allerdings sei der Name, wenn auch nicht wie bei Wiarda Eigentum der Person oder Familie, so doch - entgegen Einert - in gleicher Weise Zusatz zur Persönlichkeit wie beispielweise die Standesrechte; im Namenswesen müsse daher ebenfalls eine öffentlich-rechtliche und eine privatrechtliche Seite auseinander gehalten werden[218].

---

211 *Hermann* AcP 45 (1862), 153, 315. Vgl. hierzu *Klippel*, S. 153 ff.

212 Siehe oben d. *Hermann*, S. 167 ff., verweist exemplarisch auf die preußische Gesetzgebung und rechtsvergleichend auf das französische Gesetz vom 11. Germinal an XI (= 1. April 1803).

213 S. 164 f.

214 S. 165.

215 S. 317.

216 S. 318.

217 S. 318.

218 S. 318 f., 339. Diese verschiedentlich bestätigte (vgl. z.B. *Opet* AcP 87 (1897) 313, 323, 347; *Kohler*, S. 6; RGZ 39, 302, 303) Erkenntnis der Doppelnatur des Namensrechts ist Grundlage der heutigen Aufspaltung dieses Rechtsgebiets in ein "Recht des bürgerlichen Namens" und das "öffentliche Namensrecht" (so die Titel der

Gegen Ende des 19. Jahrhunderts schließlich hatte sich der überwiegende Teil der Rechtslehre die Auffassung zu eigen gemacht, daß das Namensrecht ein Privatrecht sei[219].

dd) Die Anerkennung eines zivilrechtlichen Namensrechts durch die Rechtsprechung

Bei der Anerkennung eines zivilrechtlichen Namensrechts durch die Rechtsprechung lassen sich vor allem zwei Entwicklungsstränge[220] ausmachen. Zum einen hatten die Gerichte zunächst judiziert, daß das Recht auf Führung des Titels und des Wappens einer bestimmten adeligen Familie zum Zivilrecht gehöre und daher auf dem Zivilrechtsweg geltend gemacht werden könne[221]; dagegen gehöre die Frage der Zugehörigkeit zum Adel als einem besonderen Stand dem öffentlichen Recht an[222]. Diese Judikatur wurde bald auf den bürgerlichen Namen ausgedehnt[223]. Sie bezog sich auf das Gebiet des gemeinen Rechts[224] wie auf das des ALR[225]. Zum anderen hatte die Rechtssprechung, vor allem in Preußen, seit Mitte des 19. Jahrhunderts mit der Entwicklung eines auch[226] privatrechtlichen Firmenschutzes begonnen. Bildeten hierbei

---

getrennten Veröffentlichungen von *Hans Ficker*: "Das Recht des bürgerlichen Namens" und "Öffentliches Namensrecht").

219 HRG "Namensrecht", Sp. 841; *Klippel*, S. 173, 176 ff.; *Opet* AcP 87 (1897), 313, 315 f.; *Brexel*, S. 109 ff. m.w.N. Nach *Adler*, S. 3, ist ein bloß öffentlich-rechtlicher, in das Ermessen der Verwaltungsbehörde gestellter Namensschutz "ein allzu magerer Ersatz für die bei Gericht anzubringende Zivilklage". Gegen die zivilrechtliche Anerkennung des Namensrechts z.B. von *Ihering*, IherJb 23 (1885), 155, 324. Vgl. auch die weiteren Nachweise bei *Opet* AcP 87 (1897), 313, 316 Fn. 15; *Marx*, S. 6, 9 f.

220 Zum folgenden *Götting*, S. 76 f.

221 RGZ 2, 145, 147.

222 RGZ 2, 145, 147. Siehe auch unten Kap. D I 2. Ähnlich hatte schon *Carl Einert*, S. 117 f., dem Träger eines durch Adelsdiploms verliehenen "von" - in Abweichung von der von ihm vertretenen Ansicht vom "Unwerth des Namens" - ausnahmsweise ein zivilrechtliches Verbietungsrecht zum Schutz seines Namens zugebilligt, allerdings nur wegen des "von" in Verbindung mit seinem (Familien-) Namen, ein "von Schwarz" hingegen könne sich nicht gegen einen Nichtadeligen namens "Weiß" wehren, der sich in aller Unschuld "von Weiß" nenne. Ein Zivilrichter dürfe sich nicht "zum Wächter und Beschützer allgemeiner Kastenrechte bestellt achten".

223 RGZ 5, 171, 174.

224 RGZ 5, 171; 173; 29, 123, 125

225 RG preuß. JMinBl 1884, 37 f.

226 In der ersten Hälfte des 19. Jahrhunderts vorherrschend waren öffentlich-rechtliche Regelungen zum Schutz der Firma und von Marken. Ähnlich wie im Namenswesen war Richtschnur staatlicher Gesetzgebung hier vor allem das Anliegen einer "guten Policey"; vgl. *Klippel*, S. 66 ff., 69 ff.

anfänglich die Bestimmungen des ALR und die im Rheinland geltenden Vorschriften des Code civil (Art. 1382) und des Code de commerce die gesetzliche Grundlage, so erfuhr diese Rechtsprechung später vor allem durch die firmenrechtlichen Regelungen in dem in den Jahren 1857 - 1861 entstandenen und in den folgenden Jahren in vielen deutschen Staaten in Kraft gesetzten ADHGB, welche die Existenz eines privatrechtlichen Firmenrechts als subjektives Rechts anerkannten, und durch das Markenschutzgesetz von 1874 entscheidende Impulse; denn die Firma wurde fast ausschließlich aus dem Personennamen gebildet und auch der Markenschutz orientierte sich primär an den in der Praxis vorherrschenden nominativen Marken[227].
Beide Entwicklungsstränge liefen schließlich in die Anerkennung eines allgemeinen zivilrechtlichen Namensschutzes zusammen, als das Reichsgericht im Jahre 1881 in zwei Urteilen das Recht auf den Namen sowohl unter Aspekt der Gleichstellung mit Adelsnamen[228] als auch im Wege einer Erweiterung des Firmenschutzes[229] begründete.

ee) Die Diskussion über die Rechtsnatur des Namens in der deutschen Privatrechtslehre um das Jahr 1900: das Namensrecht als Persönlichkeitsrecht

Zweifelhaft waren indes Rechtscharakter und Inhalt des Namensrechts. Kurz vor 1900 setzte eine Literaturflut zum Namensrecht ein[230]. Auf nahezu einhellige Ablehnung stieß die Eigentumstheorie[231], die Wiarda[232] und zahlreiche französischer Autoren[233] und Gerichte[234] vertraten und der anfänglich auch das Reichsgericht zuneigte[235]. Zwar kennzeichnet der Vergleich mit dem

---

227 *Götting*, S. 76. Zur Bedeutung der Rechtsprechung und Literatur zum Firmenschutz und des Markenschutzgesetzes für die Entwicklung eines privaten Namensrechts vgl. *Klippel*, S. 76 ff., 165 ff.

228 RGZ 5, 171, 174.

229 RGZ 3, 164, 166; 5, 110, 112 f.

230 Nach *Klippel*, S. 490, gab es zeitweise bis zu sieben Theorien: Eigentumstheorie, Zwangsrechtstheorie, Monopolrechtstheorie, Familienrechtstheorie, Statusrechtstheorie, Immaterialgüterrechtstheorie und Persönlichkeitsrechtstheorie. Vgl. auch *Brexel*, S. 117 ff. m.w.N.

231 Vgl. *Brexel*, S. 117 ff.

232 Siehe oben aa.

233 Vgl. die Nachweise bei *Opet* AcP 87 (1897), 313, 406 Fn. 205 und *Marx*, S. 11 f.

234 Vgl. die Nachweise bei *Kohler* ArchBürgR 5 (1891), 77, 99 ff.

235 RGZ 18, 10, 19; 29, 123, 132 f.

Eigentum den Rechtscharakter des Namens zutreffend als absolutes Recht[236]. Diese Gleichstellung erweist sich jedoch insoweit als unzutreffend, als das Eigentum als absolutes Herrschaftsrecht dem Eigentümer ein beliebiges Verfahren mit dem Eigentumsgegenstand gestattet, im Gegensatz zum Namensrecht also auch zu dessen Dereliktion oder rechtsgeschäftlicher Übertragung ermächtigt[237]. Zudem stand diese Ansicht im Widerspruch zum römisch-rechtlich geprägten Eigentumsbegriff des geltenden Rechts, das Eigentum nur an "res corporales" anerkennt[238]. Nach Inkrafttreten des BGB wurde dieser Ansicht durch § 90 BGB endgültig der Boden entzogen[239].

Die sog. Familienrechtstheorie, die teilweise auch in der Rechtsprechung des Reichsgerichts sowie in den Motiven Widerhall gefunden hatte[240], blieb deshalb ohne größere Bedeutung, weil sie den individualbezogenen Charakter des Namens vernachlässigte[241]. Die Kodifizierung des Namensrechts in § 12 BGB schließlich schützte den Namen ausdrücklich nicht nur als Ausdruck der Familienzugehörigkeit[242].

Zwei Hauptrichtungen[243] bestimmten die Diskussion um die Natur des Namensrechts. Eine teilweise vertretene Ansicht verstand das Namensrecht als Immaterialgüterrecht oder absolutes, unkörperliches Vermögensrecht[244] ("unkörperliches Eigentum"[245]). Hier stand die Nutzung des Namens als Firma oder Warenbezeichnung, also das mit dem Namen verbundene kommerzielle Interesse im Vordergrund[246]. Diese Meinung war indes dem Einwand ausgesetzt, die über das rein Wirtschaftliche hinausreichende Bedeutung des Namens, nämlich das enge Band zur Person und zur Familie sowie seine

---

236 *Opet* AcP 87 (1897), 313, 406.

237 RGZ 29, 123, 132 f.; *Opet* AcP 87 (1897), 313, 406.

238 *Klippel* S. 51; *Götting* S. 78.

239 *Opet* AcP 87 (1897), 313, 407.

240 RGZ 5, 171, 172; Motive, Band 4, S. 1005 f.

241 *Opet* AcP 87 (1897), 313, 407 f.; *Brexel*, S. 123 f.

242 *Opet* AcP 87 (1897), 313, 407 f.; *Klippel* S. 491. Für eine Beschränkung des Namensschutzes auf den Familiennamen dagegen noch der wohl von Gebhard stammende Antrag in der 505. Sitzung der ersten Kommission; vgl. *Klippel*, S. 241 f. m.w.N.

243 *Klippel*, S. 177.

244 *Klippel*, S. 178 ff.; *Brexel*, 120 ff.; *Götting*, S. 78.

245 *Klippel*, S. 177.

246 *Götting*, S. 78. Die dogmatische Nähe des Begriffs des Immaterialgüterrechts zu dem des Sacheigentums zeigt sich darin, daß er eine Übertragung des Namensrechts mit dinglicher Wirkung zuläßt. Vgl. *Staudinger/Habermann/Weick* (1995), § 12 Rn. 38, 43, 53, die den Namen, wenn er durch geschäftliche Verwendung zu einem wirtschaftlichen Gut geworden ist, als - dinglich übertragbares - Immaterialgüterrecht auffassen.

Identifikationsfunktion auszublenden[247]. Der überwiegende Teil der Literatur rechnete das Namensrecht aufgrund seiner engen Verknüpfung mit der Person daher zu den Individual- oder Persönlichkeitsrechten[248], einer neuen Kategorie von Rechten, welche zur dogmatischen Erfassung und Begründung einer ganzen Reihe neuer "obdachloser Rechtsbummler"[249] entwickelt wurde. Das Namensrecht sei das Recht des Individuums auf diejenige Einrichtung, welche nötig sei, um die eine Individualität von den übrigen zu scheiden, schreibt Kohler, einer der Hauptverfechter der Persönlichkeitsrechtstheorie[250]. Von einem Immaterialrecht am Namen könne keine Rede sein, "da der Name kein selbständiges Gut repräsentirt, sondern nur die Bezeichnungsqualität und Bezeichnungsfunction hat, also nicht durch seinen internen Gehalt, sondern durch die Person des Bezeichneten seinen Werth, seine Bedeutung, seinen Einfluss erhält"; "Individualrecht und nur Individualrecht" sei die Charakteristik des Namensrechts[251].

ff) Die Schaffung des Bürgerlichen Gesetzbuchs und das Namensrecht

Wenngleich sich Rechtsprechung und Literatur, wie gezeigt, schon zwei Jahrzehnte vor Inkrafttreten des BGB im Grundsatz darin einig waren, daß das Privatrecht den Namen als subjektives Recht schütze, suchte man im ersten Entwurf zum BGB erstaunlicherweise vergeblich nach einer gesetzlichen Normierung des Namensschutzes[252]. Namensrechtliche Regelungen fanden sich nur vereinzelt im Hinblick auf den Erwerb und den Verlust des Namens im Zusammenhang mit familienrechtlichen Vorgängen[253]. In den Motiven

---

247 *Klippel*, S. 179; auch *Brexel*, S. 122.

248 *Opet* AcP 87 (1897), 313, 406 m.w.N. in Fn. 207; *Brexel*, S. 128 ff.; *Adler*, S. 5 ff.; *Klippel*, S. 180 ff. m.w.N. insbesondere in Fn. 191 und 192. Nach *Edlbacher*, S. 25; *Klippel*, S. 492, kann die Zuordnung des Namensrechts zu den Persönlichkeitsrechten um das Jahr 1900 als herrschend bezeichnet werden. Konsequent ist das Namensrecht nach dieser Theorie seiner Substanz nach nicht übertragbar. So schon *Kohler*, S. 15; vgl. ferner *Staudinger/Habermann/Weick* (1995), § 12 Rn. 43 m.w.N.

249 *Kaerger*, S. 198 f.

250 *Kohler*, S. 14.

251 *Kohler*, S. 14 f.

252 Zum folgenden *Brexel*, S. 114 ff.; *Klippel*, S. 238 ff.; *Marx*, S. 7 f.

253 Entwurf eines Bürgerlichen Gesetzbuches für das Deutsche Reich, 1888, §§ 1274 (Familienname der Ehefrau), 1455 (die geschiedene Ehefrau behält den Familiennamen des Ehemannes), 1497 (Familienname des ehelichen Kindes), 1569 (Familienname des unehelichen Kindes), 1622 (Auswirkungen der Adoption auf den Familiennamen). Vgl. Motive Band 4, S. 1005.

heißt es dazu, Theorie und Praxis seien sich noch nicht hinreichend einig; es sei deshalb bedenklich, der wissenschaftlichen Entwicklung vorzugreifen[254]. Gründe dieser Zurückhaltung waren wohl die Befürchtung, die Anerkennung eines Persönlichkeitsrechts am Namen könne eine Kettenreaktion auslösen, da ein Präzedenzfall für die Anerkennung eines allgemeinen Persönlichkeitsrechts geschaffen würde[255], ferner mangelnder Kontakt der Redaktoren zur wirtschaftlichen und weiteren juristischen Praxis[256] und schließlich die in der Ablehnung zum Vorschein tretenden Schwierigkeiten der einflußreichen Pandektenwissenschaft, für die im Verlauf des 19. Jahrhunderts entstehenden absoluten Rechte wie das Namensrecht einen adäquaten Platz im System zu finden[257]. Es verwundert nicht, daß dieser Entwurf in der Literatur auf starken Widerstand stieß[258] und schließlich lenkte der Gesetzgeber ein und schuf die noch heute unverändert geltende Bestimmung des § 12 BGB.

gg) Die Anerkennung der Persönlichkeitsrechtslehre durch das Reichsgericht

Kurz vor Inkrafttreten des BGB schloß sich das Reichsgericht, dessen uneinheitliche Judikatur zunächst noch die Unsicherheit darüber widerspiegelte, wo

---

254 Motive, Band 4, S. 1005 f.

255 *Götting*, S. 79.

256 *Klippel*, S. 244.

257 *Klippel*, S. 244.

258 Vgl. die Nachweise bei *Brexel*, S. 115. Wie sehr der erste Entwurf älteren namensrechtlichen Vorstellungen verhaftet ist, zeigt ein genauere Analyse der Ausführungen zum Namensrecht (Motive, Band 4, S. 1005 f.): Zwar gebe es eine allerdings nur auf familienrechtlicher Grundlage beruhende Befugnis zur Führung eines bestimmten Familiennamens, die ein subjektives Recht absoluten Charakters darstelle. Zu dessen Schutz genüge aber die Feststellungsklage und im Falle einer unerlaubten Handlung eine Schadensersatzklage. Ein Unterlassungsanspruch für die Fälle der Verletzung eines Namensrechts, die nicht mit einer Schadensersatzklage verfolgt werden könne, sei bewußt nicht geregelt, um die wissenschaftliche Entwicklung des Namensrechts nicht vorwegzunehmen. Es handele sich hierbei zudem um seltene Fälle von geringer praktischer Bedeutung, die bereits durch das öffentliche Recht (vgl. § 360 Nr. 8 StGB) geregelt seien. Hier zeigt sich der Einfluß der römisch-rechtlichen Vorstellung einer bloß betrugsrechtlichen Relevanz des Namens (siehe oben b) und der philosophisch motivierten Sicht *Einerts* vom "Unwerth des Namens" (siehe oben bb), wonach das Namenswesen lediglich öffentlich-rechtlichen Charakter habe. Treffend faßte von *Liszt* die Kritik am Entwurf in den Satz: "Soll überall der Landrat und der Schutzmann helfen?" (zitiert nach *Brexel*, S. 115).

das Namensrecht im System des Privatrechts seinen Platz habe[259], der im Schrifttum herrschenden Ansicht an, bei dem in § 12 BGB geschützten Recht handele es sich um ein Individualrecht[260]. Im Anschluß an die Rechtsprechung des Reichsgerichts ordnet auch der Bundesgerichtshof in ständiger Rechtsprechung das Namensrecht der natürlichen Person als Persönlichkeitsrecht ein[261]. Bis heute wird das Namensrecht als "Prototyp der Persönlichkeitsrechte" bezeichnet[262].

2. *Der Name im heutigen Recht*

a) *Bürgerliches und öffentliches Namensrecht*

Die "Ianusköpfigkeit" des Namens findet im heutigen Recht in der Aufspaltung des Namensrechts in ein "Recht des bürgerlichen Namens" und ein "Öffentliches Namensrecht"[263] ihren sichtbaren Ausdruck. Verschiedentlich wird die Meinung vertreten, das gesamte Namensrecht gehöre dem öffentlichen Recht an[264]. Da die verwaltungsrechtliche Natur der Vorschriften des NÄG nicht ernsthaft in Frage gestellt werden kann, geht es nur um die Einordnung der familienrechtlichen Namensvorschriften. Gegen deren Zuordnung zum Verwaltungsrecht sprechen aber die in diesen Bestimmungen gewährten Namenswahlmöglichkeiten, die typische Ausprägungen der Privatautonomie und Ausdruck der familialen Zuordnungsfunktion des Namens sind[265]; hingegen findet die Identifikationsfunktion im staatlichen Interesse[266]

---

259 Neigte das Reichsgericht in RGZ 18, 10, 19; 29, 123, 132 f., der Eigentumstheorie zu, so ließ etwa RGZ 5, 171, 173, Anklänge an die Familienrechtstheorie erkennen.

260 RGZ 42, 147, 150. Weitere Nachweise zur Rechtsprechung bei *Klippel*, 488 Fn. 10.

261 BGHZ 8, 318, 319; 25, 163, 168; 32, 103, 111.

262 *Larenz*, S. 124. Auch nach heute in der Literatur h.M ist das Recht am Namen ein Persönlichkeitsrecht, vgl. *Soergel/Heinrich*, § 12 Rz. 19 ff. m.w.N. - Einschränkend *Staudinger/Habermann/Weick* (1995), § 12 Rn. 35 ff. (Namensrecht ist Persönlichkeitsrecht nur, soweit es das Privatssphäreninteresse und Identitätsinteresse einer Einzelperson schützt). - A.A. *Klippel*, S. 497 ff., der bereits hinsichtlich des Namens der natürlichen Person eine Aufteilung in Namenspersönlichkeitsrecht und Namensimmaterialgüterrecht vornehmen will.

263 Siehe oben Fn. 218.

264 *Raschauer*, S. 33 ff., 38 f., 72 f. (mit Hinweis auf die Rechtslage in Österreich, wo das Recht des bürgerlichen Namens in toto dem Verwaltungsrecht zugerechnet wird, S. 38 ff.); *Brintzinger*, StAZ 1970, 89.

265 Siehe oben I 3 c bb.

266 Siehe oben I 3 a.

in den Normen des PStG und des NÄG ihren Niederschlag[267]; die familienrechtlichen Namensregelungen gehören daher dem bürgerlichen Recht an[268].

Die jüngste Reform des Familiennamensrechts[269] hat dieses Rechtsgebiet verkompliziert; sie hat gezeigt, "was deutsche Gründlichkeit vermag"[270].
Das private Namensrecht regelt den Ersterwerb des Namens des ehelichen, § 1616 BGB[271], und des nichtehelichen Kindes, § 1617 Abs. 1 BGB[272]. Eine zweite Kategorie[273] bürgerlich-rechtlicher Bestimmungen knüpft an familienrechtliche Vorgänge an; sie haben insoweit akzessorischen Charakter. Namensveränderungen kraft Kindschaftsrechts ergeben sich aus den Vorschriften betreffend die Legitimation (§§ 1720, 1737, 1740f Abs. 2, § 1740g BGB), die Einbenennung des nichtehelichen Kindes (§ 1618 BGB) und die Annahme als Kind (§§ 1757, 1767 Abs. 2 i.V.m § 1757 BGB; vgl. wegen der namensrechtlichen Wirkungen der Aufhebung der Adoption § 1765 BGB). Von den namensändernden Bestimmungen des Eherechts sind insbesondere diejenigen über die Eheschließung (§ 1355 Abs. 1 bis 4, 6 BGB) und die Namens-

267 Die öffentlich-rechtliche Pflicht zur Namensführung folgt aus §§ 11 Abs. 1 Nr. 1; 12 Abs. 2 Nr.1; 15 Abs. 1 S. 2; 21 Abs. 1 Nr. 1 und 4; 25 Abs. 2 S. 1; 37 Abs. 1 Nr. 1 PStG; §§ 1, 4, 9 NÄG. Vgl. auch § 111 OWiG.

268 *Klippel*, S. 365 f.; *Klippel* FamRZ 1984, 244 f.; *Staudinger/Hepting*, Art. 10 EGBGB Rn. 4.

269 Zu dieser siehe oben I 3 c bb.

270 Vgl. den Titel des Beitrags von *Henrich*, IPRax 1986, 333 (Die Namensführung von Ehegatten nach dem IPR-Gesetz oder: Was deutsche Gründlichkeit vermag).

271 Vgl. für den Fall der nachträglichen Namensänderung bei den Eltern gem. 1355 § Abs. 3 S. 2 BGB die durch das Namensrechtsänderungsgesetz neu geschaffene Regelung des § 1616a BGB.

272 Wegen der Wirkung einer Änderung des Familiennamens der Mutter des nichtehelichen Kindes vgl. § 1617 Abs. 2 bis 4 BGB. Mit der anstehenden Reform des Kindschaftsrechts und der Aufgabe des Statusunterschieds wird voraussichtlich auch das Namensrecht erneut geändert werden; vgl. *Coester* FuR 1994, 1, 6. Inzwischen liegt ein unveröffentlichter Referentenentwurf des Bundesministeriums der Justiz vom 29. Mai 1995 vor; vgl. *Coester* FamRZ 1995, 1245.

273 Die gewählten Einteilungsprinzipien differieren: Vgl. (zum alten Recht vor der Entscheidung des BVerfG vom 5. März 1991 [Fn. 51] und dem Familiennamensrechtsgesetz von 1993) etwa *Henrich*, S. 5, 13 ff. (I. Geburtsname: 1. Der Ersterwerb des Namens, 2. Unmittelbare Änderungen des Geburtsnamen; 3. Änderungen des Geburtsnamens aufgrund einer Namensänderung der Eltern; II. Ehenamen); *Soergel/Heinrich*, § 12 BGB Vorbemerkung und Rz. 37 ff. (I. Familienname: 1. Erwerb, 2. Änderung aufgrund familienrechtlicher Vorgänge [a) Kindschaftsrecht b) Eherecht]). In Bezug auf die Änderungen des Familiennamens nennt *Ficker*, Das Recht des bürgerlichen Namens, S. 41, als weiteres Einteilungsprinzip die Unterscheidung danach, ob die Namensänderung Folge des familienrechtlichen Akts (Fälle der Änderung des Personenstands, z.B. Adoption, Legitimation, Eheschließung) oder Inhalt des Akts (Fälle der bloßen Namensänderung, z.B. Einbenennung, Namenswechsel der geschiedenen Ehefrau) ist.

gestaltung bei Verwitwung und Scheidung (§ 1355 Abs. 5 und 6 BGB) zu nennen[274].

Das öffentliche Namensrecht findet sich hauptsächlich[275] im NÄG[276]. Bei der Auslegung des Gesetzes ist für die Praxis die aufgrund § 13 NÄG erlassene NamÄndVwV[277] besonders wichtig. Die Änderung des Familiennamens ist nur im behördlichen Verfahren möglich[278]. Sie setzt gem. § 1 NÄG einen Antrag[279] voraus, dem nur stattgegeben werden kann, wenn ein "wichtiger Grund" vorliegt, § 3 NÄG. Die öffentlich-rechtliche Namensänderung hat daher Ausnahmecharakter[280]. Für die vorliegende Arbeit ist vor allem die Bestimmungen des unbestimmten Rechtsbegriffs[281] "wichtiger Grund" in § 3a

274 Bei Eheaufhebung gilt § 37 Abs. 1 EheG i.V.m § 1355 Abs. 5 BGB. Im Fall der Ehenichtigkeit ist Familienname wieder der vor der nichtigen Ehe geführte; vgl. *Palandt/Diederichsen*, § 23 EheG Rn. 3. Der Entwurf eines "Eheschließungsrechtsgesetzes" (BR-Drucks. 79/96 und BT-Drucks. 13/4898) sieht die Rückführung des Eheschließungsrechts in das BGB vor; vgl. *Hepting*, StAZ 1996, 257, 258. Die im Zusammenhang hiermit geplanten Rechtsänderungen sollen zu einem Wegfall der Unterscheidung zwischen Ehenichtigkeit und Eheaufhebung führen zugunsten der Aufhebung als einheitlicher Fehlersanktion. Auch für die Fälle bislang nichtiger Ehen wird sich damit der Grundsatz der die Auflösung der Ehe überdauernden Namenskontinuität durchsetzen; vgl. § 1318 Abs. 1 BGB in der Fassung des Entwurfs i.V.m. § 1355 Abs. 5 BGB (siehe dazu auch die Entwurfsbegründung, BT- Drucks. a.a.O., S. 21); *Barth/Wagenitz*, FamRZ 1996, 833, 842.

275 Daneben § 111 Abs. 1 OWiG sowie die Vorschriften über die Eintragung der Namen in die Personenstandsbücher: Heiratsbuch, § 11 Nr. 1 und 2 PStG; Familienbuch, §§ 12 Abs. 2 Nr. 1und 2, 14 Abs. 1 Nr. 7, 15 Abs. 1 S. 2 Abs. 2 Nr. 4, 15c PStG; Geburtenbuch, §§ 21 Abs. 1 Nr. 1, 4 und 5, 30 Abs. 1, 31a PStG; Sterbebuch, §§ 37 Abs. 1 Nr. 1, 2 und 4 PStG.

276 Gesetz über die Änderung von Familiennamen und Vorname vom 5. Jan.1938 (RGBl. I S. 9/BGBl. III. Nr. 401 - 1), zuletzt geändert durch Gesetz vom 12. Sept. 1990 (BGBl. I S. 2002). Zur Entstehung dieses Gesetzes siehe unten Kap. F I 1.

277 Allgemeine Verwaltungsvorschrift zum Gesetz über die Änderung von Familiennamen und Vornamen vom 11. Aug. 1980, BAnz. Nr. 153a vom 20. Aug. 1980 (StAZ 1980, 291), geändert durch die AVwV vom 18. April 1986, BAnz. Nr. 78 vom 25. April 1986 (StAZ 1986, 183). Diese Verwaltungsanordnung bindet die Verwaltung, aber nicht die Gerichte; vgl. BVerwG StAZ 1970, 57 (ständige Rechtsprechung); *Staudinger/Habermann/Weick* (1995), § 12 Rn. 150; Loos, S. 47.

278 Vgl. zum Namensänderungsverfahren z.B. *Soergel/Heinrich*, § 12 Rn. 86 f. Eine auf die Bedürfnisse der Behördenpraxis zugeschnittene Einführung mit den einschlägigen Gesetzesbestimmungen, Rechtsverordnungen, Verwaltungsvorschriften und Urkundenmustern bieten *Frauenstein/Kümmel/Reichard*.

279 Die für die Entgegennahme des Antrags zuständige sowie die für die Entscheidung über den Antrag zuständige Behörde ergibt sich aus den aufgrund § 13a NÄG erlassenen Rechtsverordnungen der Länder; vgl. die Zusammenstellung bei *Frauenstein/Kümmel/Reichard*, S. 59 ff.

280 MüKo/*Schwerdtner*, BGB, § 12 Rn. 8.

281 BVerwG StAZ 1959, 289, 291; 1970, 57 (ständige Rechtsprechung).

NÄG bedeutsam. Diese durch die Novelle vom 29. Aug. 1961 in das NÄG eingefügte Bestimmung diente, auch wenn das ihrem Wortlaut nicht unmittelbar entnommen werden kann, in erster Linie dazu, daß Angehörige des früheren (vorwiegend deutschstämmigen) Adels in osteuropäischen Staaten ihre durch Maßnahmen der Nachfolgestaaten des zaristischen Rußlands und der österreichisch-ungarischen Doppelmonarchie verbotenen Adelsbezeichnungen in Deutschland wieder zu Recht führen durften[282]. Das Namensfeststellungsverfahren gem. § 8 NÄG ermöglicht die allgemein verbindlich wirkende[283], behördliche Feststellung des einer Person gesetzlich zukommenden Familiennamens. Änderung oder Feststellung des Familiennamens sind zu registrieren[284].

b) Das Namensrecht vor den Gerichten

Namensrechtliche Streitigkeiten werden vor den Verwaltungsgerichten ausgetragen, wenn sie die verwaltungsrechtlichen Bestimmungen des NÄG zum Gegenstand haben (§ 40 Abs. 1 S.1 VwGO). Soweit es um die Berichtigung von Einträgen in die Personenstandsbücher geht, sind gem. §§ 45 ff. PStG die Gerichte der freiwilligen Gerichtsbarkeit zur Entscheidung berufen.

aa) Das Berichtigungsverfahren (§ 47 PStG)

Rechtsstreite bei der Eintragung von Namen in die Register der Standesämter entstehen zumeist, wenn ein Beteiligter oder die Aufsichtsbehörde einerseits und der Standesbeamte andererseits im Zusammenhang mit der Beurkundung etwa einer Geburt oder einer Eheschließung unterschiedliche Auffassungen über die richtige Registrierung des Namens eines Beteiligten haben, insbesondere über die Berechtigung zur Führung einer Adelsbezeichnung als Bestandteil des Familiennamens[285]. Der Standesbeamte wird den Namen entsprechend seiner Rechtsauffassung in die Personenstandsbücher eintragen. In vielen Fällen wird sodann der Beteiligte einen Berichtigungsantrag gem. § 47

---

282 Siehe unten Kap. F vor I und III.
283 Vgl. BVerwG StAZ 1960, 151, 152; *Loos*, S. 126.
284 Vgl. z.B. §§ 30 Abs. 1, 14 Abs. 1 Nr. 7, 15 Abs. 2 Nr. 4 PStG; § 9 NÄG.
285 Vgl. *Pfeiffer/Strickert*, PStG, § 47 Rn. 9 h).

PStG[286] beim zuständigen[287] Amtsgericht stellen[288], oder die gleichfalls gem. § 47 Abs. 2 S. 1 PStG antragsberechtigte Aufsichtsbehörde[289] wird die rechtliche Beurteilung des Standesbeamten nicht teilen und daher einen solchen Antrag stellen[290]. In beiden Fällen werden die Antragsteller vortragen, der Eintrag sei unrichtig. Eine Berichtigung kommt nur dann in Betracht, wenn der Eintrag von Anfang an unrichtig war. Wird der Eintrag dagegen später unrichtig, so ist kein Berichtigungsverfahren durchzuführen. Dann liegt nämlich eine Änderung des ursprünglich - richtig beurkundeten - Tatbestands (etwa des Namens) vor, deren Eintragung in die Standesregister sich nach anderen Bestimmungen (insbesondere §§ 14, 15, 29b, 30, 31, 31a PStG) richtet[291].

bb) Die Namensänderung (§§ 3, 3a NÄG) und die Namensfeststellung (§ 8 NÄG)

Vor die Verwaltungsgerichte gelangen namensrechtliche Streitigkeiten, wenn sich ein Bürger im Wege der Versagungsgegenklage (§ 42 Abs. 1 VwGO) gegen die Ablehnung seines Antrags auf Änderung seines Familiennamens gem. §§ 1, 3, 3a NÄG wendet. Der Begriff der Namensänderung umfaßt nicht nur einen Namenswechsel oder die Beifügung eines weiteren Namens, sondern auch die Änderung im Lautklang (etwa "Schulze" statt "Schulz") oder sogar nur in der Schreibart (etwa "Meier" statt "Mayer")[292]. Die Beifügung der Adelsbezeichnungen "von", "Graf" usw.[293] zum Familiennamen stellt damit

---

286 Vgl. zum gerichtlichen Verfahren § 48 PStG, der die Bestimmungen des FGG für anwendbar erklärt. Inbesondere hat das Gericht also den Sachverhalt von Amts wegen zu ermitteln, § 12 FGG. Siehe auch *Hepting/Gaaz*, PStG, § 48 Rdnr. 4 ff.; *Pfeiffer/Strickert*, PStG, § 47 Rn.1 ff. (zum Begriff der "Beteiligten" a.a.O., Rn. 17); § 78 DA.

287 § 50 PStG; wegen des weiteren Instanzenzugs §§ 48, 49 PStG. Vgl. dazu etwa BayObLG StAZ 1981, 184.

288 Z.B. LG Verden StAZ 1990, 143.

289 Die insoweit zuständigen Landesbehörden werden durch Verordnungen der Länder bestimmt; vgl. § 70a Abs. 1 Nr. 2 PStG und die in der Gesetzessammlung "Schönfelder Deutsche Gesetze" bei § 70a PStG abgedruckten Fundstellen dieser Verordnungen.

290 Z.B. LG Würzburg StAZ 1959, 15.

291 *Hepting/Gaaz*, PStG, Vorbem. vor §§ 45 - 50 Rdnr. 3 m.w.N.

292 *Loos*, S. 30.

293 Siehe oben Kap. A.

ebenso wie - grundsätzlich[294] - die Übersetzung ausländischer Adelsbezeichnungen[295] eine Namensänderung dar. Ebenso vor den Verwaltungsgerichten ausgetragen werden Rechtsstreitigkeiten betreffend die Feststellung des Familiennamens gem. § 8 NÄG. Bei dieser Fallkonstellation begehrt zumeist der betroffene Bürger klagweise die Aufhebung der seinen Familiennamen von Amts wegen feststellenden Bescheide und die Verpflichtung der Behörde zum Erlaß einer Verfügung, in der als Familienname der nach Ansicht des betroffenen Bürgers rechtmäßige Familienname festgestellt wird (§§ 42 Abs.1, 44, 79 Abs. 1 Nr. 1 VwGO)[296]. Es kommt auch vor, daß ein Bürger von sich aus die Feststellung seines Familiennamens gem. § 8 Abs. 1 NÄG beantragt und diesen Antrag nach Ablehnung durch die Behörde vor den Verwaltungsgerichten weiterverfolgt[297].

Gegenstand der Namensänderungsstreitigkeiten ist, ob ein "wichtiger Grund" i.S.v. §§ 3, 3a NÄG vorliegt. Als Vorfrage ist aber zu prüfen, ob der Antrag überhaupt auf eine Namensänderung zielt. Das ist nur dann der Fall, wenn der dem Antragsteller gesetzlich zukommende und der beantragte, "neue" Familienname (sog. Zielname[298]) voneinander abweichen. Stimmen dagegen der dem Antragsteller gesetzlich zukommende und der beantragte Familienname überein, ist richtige Verfahrensart die Namensfeststellung nach § 8 Abs. 1 NÄG[299]. Welcher Name dem Antragsteller gesetzlich zukommt, richtet sich in den meisten Fällen nach den bürgerlich-rechtlichen Namensbestimmungen[300].

---

294 Zur sehr umstrittenen Frage der Übersetzbarkeit ungarischer Adelsbezeichnungen siehe unten Kap. G III 2 c.

295 Siehe Kap. E II und IX.

296 Z.B. BVerwG StAZ 1966, 167. Soweit die oberste Landesbehörde nach § 6 S. 2 NÄG die Entscheidung getroffen hat, bedarf es eines Vorverfahrens nicht, § 68 Abs. 1 Nr. 1 VwGO. HessVGH StAZ 1966, 19, ließ gegen einen Feststellungsbescheid nach § 8 NÄG Anfechtungsklage und Klage auf Feststellung des vom Kläger begehrten Familiennamens zu. Siehe zur Rechtsprechung des Bundesverwaltungsgerichts, das die Subsidiaritätsklausel des § 43 Abs. 2 VwGO bei Klagen gegen Träger öffentlicher Gewalt in Übernahme der älteren Rechtsprechung der Zivilgerichte zu § 256 ZPO grundsätzlich nicht anwendet, die Nachweise bei *Kopp*, VwGO, § 43 Rn. 28; *Hufen*, § 18 Rn. 8 ff. Doch dürfen mit dieser Klage auch nach Ansicht des Bundesverwaltungsgerichts nicht die für die an sich gegebenen Klagen - also hier die Versagungsgegenklage gem. § 42 Abs. 1 VwGO - geltenden Sonderregelungen, §§ 68 ff. VwGO (Vorverfahren, Klagefrist), unterlaufen werden.

297 Z.B. HessVGH VerwRspr 31, Nr. 56 (S. 273); OVG Rheinland-Pfalz StAZ 1984, 105; VGH Baden- Württemberg StAZ 1985, 254.

298 *Raschauer*, S. 218.

299 BVerwG StAZ 1984, 103; VGH Baden-Württemberg, StAZ 1992, 380, 381.

300 Anders, wenn der Familienname schon einmal Gegenstand einer öffentlich-rechtlichen Namensfeststellung oder - änderung gewesen ist; vgl. *Loos*, S. 127.

Diese sind daher auch in verwaltungsgerichtlichen Verfahren über eine Namensänderung von Bedeutung. Gerade in Fällen betreffend die Führung einer Adelsbezeichnung, die Auslandsberührung aufweisen, ist aber die Frage, welchen Namen der Antragsteller von Gesetzes wegen zu führen hat, vielfach zweifelhaft. In Verwaltungsprozessen über Adelsbezeichnungen äußert sich diese Ungewißheit im materiellen Recht darin, daß der Kläger im Hauptantrag die behördliche, allgemeinverbindliche Feststellung des begehrten Familiennamens gem. § 8 NÄG und im Hilfsantrag die Namensänderung gem. § 3 NÄG verfolgt[301].

Welcher Familienname registriert ist, ist in diesem Zusammenhang nicht entscheidend. Denn die Eintragung des Familiennamens in die Personenstandsbücher hat nur deklaratorische Bedeutung[302]. Regelmäßig wird der Eintrag richtig sein, d.h. den der betreffenden Person im Zeitpunkt der Eintragung gesetzlich zukommenden Familiennamen wiedergeben. Dann wird der Antragssteller zutreffend den Weg des Namensänderungsverfahrens beschreiten. Zur Stellung eines Änderungsantrags dort, wo ein Feststellungsantrag richtige Antragssart wäre, kann es etwa dann kommen, wenn der Familienname des Antragstellers unrichtig in den Personenstandsbüchern, einer Einbürgerungsurkunde oder einem Staatsangehörigkeitsausweis wiedergegeben ist und der

301 Z.B. OVG Rheinland-Pfalz StAZ 1984, 105; VGH Baden-Württemberg StAZ 1985, 254; OVG Lüneburg StAZ 1956, 217. Vgl. auch den Hinweis von *Ambrosius*, StAZ 1964, 61, 65.

302 Die Eintragungen in die Personenstandsbücher besitzen keine rechtserzeugende Kraft, sondern sind lediglich Beurkundungen mit deklaratorischer Wirkung, deren Unrichtigkeit jederzeit nachgewiesen werden kann (§ 60 Abs. 2 S. 1 PStG). Vgl. OLG Frankfurt StAZ 1960, 257, 258; BayObLG StAZ 1981, 184, 185; *Pfeiffer/Strickert*, PStG, § 60 Rn. 7.
Ebenso kommt Namensbezeichnungen in Einbürgerungsurkunden, Reisepässen oder Urkunden, die dem Nachweis der Staatsangehörigkeit dienen, in namensrechtlicher Hinsicht keine konstitutive Bedeutung zu; vgl. BVerwG StAZ 1963, 40, 41; auch BVerwG StAZ 1958, 323, 324; 1960, 74, 75 (zum Staatsangehörigkeitsausweis); BVerwG StAZ 1960, 150 (zur Einbürgerungsurkunde); *Loos*, S. 127; *Brintzinger*, S. 93, 104; § 57 Abs. 3 S. 8 DA. - A.A.: OVG Münster StAZ 1964, 166, 167 mit ablehnender Besprechung *Rietdorf* StAZ 1965, 21; VGH Baden-Württemberg NJW-RR 1995, 1412, 1413 (obiter dictum); BayObLG NJW-RR 1987, 965, 966 (für den, wie das Gericht betont, besonderen Fall der bewußten Namensänderung in der Einbürgerungsurkunde bei Eindeutschung Volksdeutscher in den deutsch besetzten Gebieten Polens); *Seeler*, Gutachten 31/19, S. 163, 168; *Hecker*, Gutachten 31/20, S. 170, 179 f.; *ders.*, Gutachten 31/15, S. 120, 128 f.
Auch die unrichtige Angabe des Namens eines Adoptierenden im Adoptionsdekret hat keine konstitutive, den Namen des Adoptierten ändernde Wirkung; vgl. BayObLG StAZ 1993, 294. Siehe zu dieser Entscheidung auch unten Kap. D Fn. 349.

Antragsteller dies (oder diese Möglichkeit) nicht erkennt[303] und daraus den falschen Schluß zieht, daß, um den begehrten Familiennamen tragen zu dürfen, eine Namensänderung erforderlich sei, tatsächlich jedoch der begehrte Familienname mit dem dem Antragsteller gesetzlich zukommenden Familiennamen übereinstimmt.

Lautet der Klagantrag nur auf Änderung des Familiennamens und stimmen der dem Kläger gesetzlich zukommende und der beantragte Familienname überein, so muß das Verwaltungsgericht eine Auslegung des klägerischen Antrags gem. § 88 VwGO in Betracht ziehen[304] und zwar dahin, daß tatsächlich ein Antrag auf Namensfeststellung gem. § 8 Abs. 1 NÄG gewollt war[305].

cc) Das Verhältnis der Verfahren nach § 47 PStG und § 8 NÄG zueinander

Die Klärung der Frage, in welchem Verhältnis Berichtigungsverfahren nach § 47 PStG und Namensfeststellungsverfahren nach § 8 NÄG zueinander stehen, setzt bei den unterschiedlichen Zweckbestimmungen der Verfahren an.

Bestehen Zweifel darüber, welchen Familiennamen ein Deutscher oder ein Staatenloser, der seinen Wohnsitz oder gewöhnlichen Aufenthalt in Deutschland hat, zu führen berechtigt ist, kann auf Antrag eines Beteiligten oder von Amts wegen mit Wirkung für und gegen alle festgestellt werden, welchen Familiennamen die Person zu führen berechtigt ist[306]. Zweifel i.S. des § 8 NÄG ist jedes bei natürlicher Betrachtung und bei objektiver Würdigung aller Tatsachen sich ergebende Bedenken hinsichtlich der Namensführung[307]. Solche Zweifel treten auf, wenn die tatsächlichen Unterlagen oder die der Behörde zur Verfügung stehenden Rechtsquellen nicht ausreichen, um eindeutig

---

303 Zumeist in der - unzutreffenden (siehe die vorige Fn.) - Annahme, die Angaben in den genannten Urkunden hätten in namensrechtlicher Hinsicht konstitutive Bedeutung.

304 Zum umgekehrten Fall (nur Feststellungsantrag statt richtigerweise Änderungsantrag) vgl. VGH Baden-Württemberg StAZ 1971, 115, 116; zum ganzen *Kopp*, VwGO, § 88 Rn. 1 ff.

305 Vgl. OVG Münster, StAZ 1963, 12, 14. Für das behördliche Verfahren gelten die gleichen Grundsätze unter dem Aspekt der § 22 S. 2 Nr. 1 2. Alt. VwVfG entsprechenden Bestimmungen in den Verwaltungsverfahrensgesetze der Länder; vgl. *Kopp*, VwVfG, § 22 Rn. 18; auch OVG Lüneburg StAZ 1956, 217.

306 Siehe dazu NamÄndVwV Dritter Teil.

307 BVerwG StAZ 1959, 292, 293.

auszusprechen, welcher Name der von Rechts wegen zu führende ist[308]; es genügt aber nicht, daß zwischen den Beteiligten nur differierende Auffassungen über die Anwendung einer bekannten Rechtsnorm bestehen, dagegen die zur Ermittlung des Namens notwendigen Tatsachen feststehen oder durch Beweiserhebung[309] ermittelt werden können[310]. Ziel des Verfahren nach § 8 NÄG ist lediglich, festzustellen, welches der richtige Name des Betroffenen ist[311]; den Charakter eines konstitutiven Hoheitsakts im Sinne einer behördlichen Namensgebung[312] hat es nicht; § 8 NÄG räumt der Behörde Handlungs-, jedoch kein Entscheidungsermessen ein[313]. Die Feststellung des richtigen Namens ist also deklaratorisch und wirkt, weil sich ihre Rechtswirkung darin erschöpft, zu gewährleisten, daß jeder den ihm aus Rechtsgründen zukommenden Familiennamen führt, anders als die Namensänderung[314], ex tunc[315]. Konsequent können im Feststellungsverfahren Billigkeitsgesichtspunkte nicht berücksichtigt werden; diese Möglichkeit bietet nur das Änderungsverfahren[316].

Demgegenüber dient das Berichtigungsverfahren gem. § 47 PStG der Ordnung der Personenstandsregister; mit ihm soll erreicht werden, daß der Eintrag mit den zweifelsfrei festgestellten Standestatsachen übereinstimmt[317]. Es kommt in Betracht, wenn der Namenseintrag - von Anfang an[318] - unrichtig war und als solcher erkannt wurde und zu belegen ist[319]. Aus dieser begrenzten Zweckbestimmung folgt, daß die Prüfung, ob der eingetragene Familienname eines

---

308 Nr. 70 Satz 1 NamÄndVwV.

309 Siehe § 8 Abs. 1 Satz 2 NÄG i.V.m. § 3 Abs. 2 NÄG.

310 BayVGH BayVBl. 1957, 160; BayObLG StAZ 1962, 75.

311 BVerwG StAZ 1960, 151, 152; vgl. auch NamÄndVwV Nr. 73 Satz 1.

312 So aber BayVGH BayVbl. 1957, 160; BayObLG StAZ 1971, 278, 280 f.

313 BVerwG StAZ 1960, 151, 152; VGH Baden-Württemberg NJW-RR 1995, 1412, 1413; *Loos*, S. 130; *Raschauer*, S. 245 f.

314 *Soergel/Heinrich*, § 12 Rz. 88 f.; *Loos*, S. 130.

315 *Loos*, S. 130; *Soergel/Heinrich*, § 12 Rz. 14; *Raschauer*, S. 245 f.

316 BVerwG StAZ 1981, 277, 278 f.; VGH Baden-Württemberg StAZ 1985, 254, 255; BayObLG NJW-RR 1987, 965, 966; *Loos*, S. 127 f.; *Soergel/Heinrich*, § 12 Rz. 77. - A.A.: OVG Münster StAZ 1964, 166, 167 mit ablehnender Besprechung *Rietdorf* StAZ 1965, 21.

317 OLG Stuttgart StAZ 1966, 143; OLG Frankfurt StAZ 1985, 12 f.

318 Siehe oben aa.

319 OLG Stuttgart StAZ 1966, 143, 144; OLG Frankfurt StAZ 1985, 12 f.; *Soergel/Heinrich*, § 12 Rz. 16. Ist das nicht möglich, muß der Richter eine ablehnende Entscheidung treffen oder das Verfahren zur Durchführung einer Namensfeststellung gem. § 8 NÄG aussetzen; vgl. BayObLG StAZ 1962, 75, 76; OLG Karlsruhe StAZ 1972, 347, 348.

Beteiligten zum Eintragungszeitpunkt unrichtig war, Rechtswirkung nur im Einzelfall und nur zwischen den Beteiligten entfaltet[320], ferner, daß das Berichtigungsverfahren auf die materielle Rechtslage, anders als die Namensfeststellung gem. § 8 NÄG[321], nämlich darauf, welche Standestatsache - mit Wirkung für und gegen alle - richtig ist, keinen Einfluß hat[322].

Unproblematisch ist nach dem Gesagten das Verhältnis des Berichtigungsverfahrens zum Namensänderungsverfahren. Ersteres befindet über die Richtigkeit des Namenseintrags zum Eintragungszeitpunkt; letzteres ändert den Namen nur pro futuro[323]; es ist daher nicht notwendig, ein Berichtigungsverfahren im Hinblick auf ein schwebendes Namensänderungsverfahren auszusetzen[324].

Aus den unterschiedlichen Zielen, die § 8 NÄG einerseits und § 47 PStG andererseits verfolgen, ergibt sich, daß diese beiden Verfahren selbständig nebeneinander stehen; es ist daher nicht zulässig, einen Berichtigungsantrag mit der Begründung abzulehnen, daß zunächst ein Namensfeststellungsverfahren durchzuführen sei[325]. Die Berichtigung eines bereits gem. § 8 NÄG festgestellten Familiennamens ist allerdings ausgeschlossen; hier ist nur eine erneute Namensfeststellung[326] möglich[327]. Umgekehrt steht die Berichtigung einer späteren Feststellung, daß der beurkundete oder berichtigte Name dem Betreffenden nicht zusteht, in keiner Weise entgegen[328]. Gem. § 8 Abs. 3 NÄG kann die zuständige Behörde in diesem Fall aber bis zur Feststellung des Familiennamens nach Absatz 1 die Aussetzung des Berichtigungsverfahrens verlangen[329]. Die unterschiedlichen Zwecke der beiden Verfahrensarten finden in den Beweisanforderungen ihren Niederschlag. Gelangt die Behörde im Namensfeststellungsverfahren nicht zu einem eindeutigen Ergebnis über

---

320 Vgl. *Loos*, S. 129 f.

321 Durch die ihr verliehene Allgemeinverbindlichkeit wirkt die Feststellung wie eine konstitutive Entscheidung. Das nimmt ihr nicht den deklaratorischen Charakter; vgl. BVerwG StAZ 1960, 151, 152.

322 OLG Stuttgart StAZ 1966, 143.

323 Zu den registerrechtlichen Konsequenzen vgl. §§ 30 Abs. 1, 14 Abs. 1 Nr. 7, 15 Abs. 2 Nr. 4 PStG; § 9 NÄG.

324 BayObLG StAZ 1954, 250, 251.

325 OLG Stuttgart StAZ 1966, 143.

326 Vgl. zu dieser *Loos*, S. 131.

327 *Hepting/Gaaz*, PStG, § 47 Rdnr. 27.

328 OVG Münster StAZ 1963, 69.

329 Die Gültigkeit dieser Bestimmung bezweifeln *Hepting/Gaaz*, PStG, § 47 Rdnr. 28.

den zu führenden Namen, dann ist derjenige Namen festzustellen, für den nach dem Ergebnis die meisten Anhaltspunkte sprechen[330]. Es ist nicht erforderlich, daß sich ein Name als der "richtige" beweisen läßt. Denn dann bedürfte es keiner Namensfeststellung, vielmehr wäre die Berichtigung der Personenstandsbücher - sollten diese abweichende Beurkundungen enthalten - der richtige Weg[331].

330 BVerwG StAZ 1959, 292, 294; VGH Baden-Württemberg NJW-RR 1995, 1412, 1413; *Loos*, S. 129; Nr. 72 Satz 1 NamÄndVwV.

331 VGH Baden-Württemberg NJW-RR 1995, 1412, 1413. Vgl. zu den strengen Beweisanforderungen im Berichtigungsverfahren OLG Stuttgart StAZ 1966, 143.

C. Der Adel als Stand

Wer in Deutschland im 19. Jahrhundert eine Adelsbezeichnung führte, gehörte grundsätzlich dem Adel an[1]. Eine besondere Klasse des Adels, die keine Adelsbezeichnung trug, gab es nicht[2]. Der Adel, der auch nach seiner Abschaffung als Einrichtung des öffentlichen Rechts durch Art. 109 Abs. 3 S. 1 WRV[3] als soziale Gruppe weiterexistiert, zerfällt in Deutschland in zwei nach ihrer Entstehung grundverschiedene Stände, nämlich den hohen und den niederen Adel[4].

I. Der hohe Adel

Die Wurzeln des deutschen Hochadels liegen in karolingischer Zeit[5]; mit dem alten germanischen Uradel, der sich in gegenseitigen Kämpfen aufgerieben hatte oder dem aufkommenden fränkischen Königtum zum Opfer gefallen war, das keine gleichberechtigten adeligen Geschlechter neben dem seinen duldete, steht er in keinem historischen Zusammenhang[6]. Ausgangspunkt seiner

---

1 Nach *Freiherr Schenck zu Schweinsberg*, S. 14; *Rademacher*, S. 50; WStVerwR "Adel", S. 61 Sp. 2, wurde ein Adel ohne Adelsbezeichnung in neuerer Zeit nicht mehr anerkannt. A.A. mit Beispielen *Rensch*, S. 7 Fn. 19, der aber einräumt, daß ein Adel ohne Adelsbezeichnung kaum vorkam. Vgl. ferner *Opet*, 24. DJT (1898), Band 3 (Gutachten), S. 191, 195; *Kekule von Stradonitz*, 25. DJT (1901), Band 3 (Verhandlungen), S. 61. Ausnahmsweise konnten in Bayern und Sachsen Zugehörigkeit zum Adel und Befugnis zur Führung einer Adelsbezeichnung auseinanderfallen: Nach Art. 21 des bayerischen Adelsedikts war der Gebrauch des Adelstitels bei Übernahme niederer Lohndienste sowie durch die Ausübung eines Gewerbes bei offenem Kram und Laden oder eines eigentlichen Handwerks suspendiert; vgl. *Freiherr Schenck zu Schweinsberg*, S. 13; *Mantey* AöR 13 (1898), 20, 34; *Rensch*, S. 89; BayObLG StAZ 1930, 355; LG Landau StAZ 1959, 152, 153. In der Literatur wurde teilweise (z.B. von *Rensch*, S. 89 f.) behauptet, die Vorschrift habe modernem Rechtsbewußtsein widersprochen und sei durch Gewohnheitsrecht aufgehoben worden. § 8 des sächsischen Gesetzes, die Einrichtung eines Adelsbuches und die Führung des Adels und der Adelszeichen betreffend, vom 19. Sept. 1902 (vgl. *Freiherr Schenck zu Schweinsberg*, S. 13 Fn. 45 und *Rensch*, S. 91 Fn. 39), ließ den Verzicht auf die Adelsbezeichung ohne gleichzeitigen Verzicht auf den Adel zu.

2 Anders dagegen z.B. in Rußland,wo der überwiegende Teil des Adels untituliert war. Siehe unten Kap. G II 3 a.

3 Siehe unten Kap. D II 1.

4 Der Gesetzgebung des alten Reiches war der Begriff des hohen Adels fremd. Erst Art. 14 der Deutschen Bundesakte von 1815 verwendet ihn. Vgl. *Conrad*, Deutsche Rechtsgeschichte, Band 2, S. 208.

5 *Bornhak*, Deutsches Adelsrecht, S.11.

6 *Mikliss*, S. 19. - A.A. *Conrad*, Deutsche Rechtsgeschichte, Band 1, S. 116.

Entstehung bildet die Grafschaftsverfassung der Karolinger[7], welche an die bereits in merowingischer Zeit entstandene engere Königsgefolgschaft, die Vasallität[8], anknüpfte. Das Grafenamt, welches zunächst eine beliebig besetzbare Position darstellte, wurde im allgemeinen an einheimische Angehörige bestimmter Familien aus dem Kreise der freien Grundbesitzer vergeben. Dies hatte zur Konsequenz, daß das Grafenamt - einschließlich der mit ihm verbundenen Benefizien[9] - in der Folgezeit vererblich wurde; es setzte ein Feudalisierungsprozeß ein, in dem ein Amt und die damit verbundenen Hoheitsrechte auf der einen Seite und ein bestimmter zugehöriger größerer Grundbesitz auf der anderen Seite zu einer untrennbaren Einheit verschmolzen[10]; der Amtsadel fränkischer Zeit entwickelte sich zum Erbadel fort[11]. Herzogtümer, Markgrafschaften, Grafschaften, sämtlich Ämter auf Grundlage der karolingischen Grafschaft[12], gelangten somit in die Hände adeliger Familien. Unmittelbar vor dem Investiturstreit war diese Entwicklung abgeschlossen; das Verständnis des Grafenamts als persönlicher Königsdienst, welches im Frankenreich dem hohen Adel sein Gepräge gegeben hatte, war geschwunden und königliche Grafschaften waren endgültig zu Erblehen und festem Besitz eines abgegrenzten Kreises "grafenbarer Familien" geworden[13]. Nach dem Untergang der Hohenstaufen wurde der Besitz mit Ausnahme der seit der goldenen Bulle Karls IV. von 1356 unteilbaren eigentlichen Kurlande teilbar und mit dem Land ging auch der Titel nicht mehr nur auf einen einzigen, sondern auf sämtliche Familienangehörige über[14].

Das Wormser Konkordat von 1122, das den Konflikt zwischen Kaisertum und Papsttum beilegte, bedeutete das Ende des ottonischen Staatskirchentums[15]. Auch die bischöflichen Reichsbeamten, die mit reichen Kirchengütern belehnt worden waren, entglitten nun dem Einfluß des Kaisers und stiegen zu Reichsvasallen mit unentziehbarem Anspruch auf die Hoheitsrechte empor[16]. Dieser

---

7 Zu dieser *Bosl*, in: *Gebhardt*, Band 1, S. 604.

8 *Mikliss*, S. 19 f.

9 *Mikliss*, S. 20. Zu Lehenswesen und Lehensrecht vgl. *Bosl*, in: *Gebhardt*, Band 1, S. 606 f.

10 *Bornhak*, Deutsches Adelsrecht, S. 11.

11 *Bosl*, in: *Gebhardt*, Band 1, S. 604.

12 *Bornhak*, Deutsches Adelsrecht, S. 12.

13 *Mikliss*, S. 22.

14 *Bornhak*, Deutsches Adelsrecht, S. 13 f.; *Mikliss*, S. 57.

15 Zu diesem *Bosl*, in: *Gebhardt*, Band 1, S. 627 f.

16 *Bosl*, in: *Gebhardt*, Band 1, S. 639 f.

auf Deutschland beschränkte Typ des geistlichen Fürsten blieb jedoch wegen des Zölibats für die Ständebildung ohne dauernde Bedeutung und wurde teilweise in der Reformationszeit, im übrigen durch den Reichsdeputationshauptschluß im Jahr 1803 abgeschafft[17].

Erstmals in dem lehnsrechtlichen Verfahren, durch das Heinrich der Löwe im Jahr 1180 seine Reichslehen, die Herzogtümer Bayern und Sachsen, verlor[18], wurden die Fürsten unter der Bezeichnung *principes* urkundlich erwähnt[19]. Um diese Zeit kam es zur Abschließung des Reichsfürstenstands, die in der Heerschildordnung Friedrich Barbarossas ihren Ausdruck fand[20]. Nur die *reichsunmittelbaren* Vasallen der ersten beiden dem an der Spitze stehenden König folgenden Heerschilden, die geistlichen und weltlichen Reichsfürsten, waren dem König gleichwertig und empfingen ihre Lehen direkt vom diesem; Grafen und freie Herren hingegen erhielten ihr Lehen nicht mehr unmittelbar aus der Hand des Königs; sie waren von den Reichsfürsten mediatisiert und rechtlich vom König abgeschnitten. Die Abschließung des Fürstenstandes gegenüber der Ritterschaft und die Auflösung der hohen wie niederen Adel umfassenden sozialen Gemeinschaft des Rittertums im Spätmittelalter[21], fand ihren sichtbaren Ausdruck in der Ausbildung eines Ebenbürtigkeitsrechts[22]. Dieses war seinerseits die Grundlage des seit dem 14. Jahrhundert entstehenden sog. hochadeligen Hauses, welches der Bekämpfung des Ansehen und Macht der Gesamtfamilie bedrohenden Teilungsunwesens diente[23]. Diese

---

17 *Bornhak*, Deutsches Adelsrecht, S. 12.

18 *Jordan*, in: *Gebhardt*, Band 1, S. 322 ff.

19 *Mikliss*, S. 24. Fürst war ursprünglich der allgemeine Begriff; zum Titel wurde diese Bezeichnung erst nach 1648; vgl. *Bornhak*, Deutsches Adelsrecht, S. 16.

20 *Bosl*, in: *Gebhardt*, Band 1, S. 648; *Mikliss*, S. 24 f.

21 *Bosl*, in: *Gebhardt*, Band 1, S. 675.

22 Der um das Jahr 1250 entstandene Sachsenspiegel enthält noch keine die Ebenbürtigkeit betreffenden Regelungen. Anders dagegen der Schwabenspiegel aus der Zeit um 1280, nach dem der Herrenstand nur im Herrenstand heirate; vgl. *Bornhak*, Deutsches Adelsrecht, S. 16. Im niederen Adel galt dagegen der Grundsatz: "Rittersweib hat Rittersrecht"; vgl. *Conrad*, Deutsche Rechtsgeschichte, Band 2, S. 214. Zum Ebenbürtigkeitsrecht siehe unten Kap. D IV 3.

23 *Bornhak*, Deutsches Adelsrecht, S. 15, 32; *Mikliss*, S. 35; *Brintzinger*, S. 93, 98 f. Die in den Hausrechten niedergelegte Unteilbarkeit von Land und Leuten ließ aber die Vererblichkeit der Titel (mit Ausnahme des Kurfürstentitels, den in den aufgrund der Goldenen Bulle von 1356 unteilbaren Kurlanden nur der Inhaber der Kurwürde trug) auf alle Abkömmlinge unberührt; vgl. *Bornhak*, Deutsches Adelsrecht, S. 15; *Mikliss*, S. 57. So entstanden leere Titel, die nicht mehr mit einem Besitz oder Amt verbunden waren; vgl. *Rensch*, S. 33; *Mikliss*, S. 58.

Form einer autonomen Korporation prägte den deutschen Hochadel bis in die neuere Zeit[24].

Friedrich II. mußte schließlich im Jahr 1220 den geistlichen Fürsten in der *confoederatio cum principibus ecclesiasticis* und im Jahr 1231 den weltlichen Fürsten in dem *statutum in favorem principum* wichtige, vormals dem Reich zustehende Hoheitsrechte überlassen; im Interregnum zogen die Fürsten die letzten Regalien des Reiches an sich; die dem Reich abgerungene *Landeshoheit* der Fürsten gipfelte schließlich im *jus territorii et superioritatis*, das ihnen mit dem Westfälischen Frieden zugesprochen wurde[25].

Reichsunmittelbarkeit und Landeshoheit waren grundsätzlich die Voraussetzung der *Reichsstandschaft*, d.h. Sitz und Stimme auf dem Reichstag[26], welche das dritte Erfordernis des hohen Adels im heiligen römischen Reich deutscher Nation bildete[27]. Ab 1582 ruhte die Reichsstandschaft allerdings nicht mehr auf der belehnten Person, sondern auf dem Land[28]. Diese Verdinglichung der Reichsstandschaft hatte zur Folge, daß Erbteilung nicht zur Stimmenvermehrung im Reichstag führte; die Erben hatten dann zusammen nur eine Stimme[29].
Adelige Häuser, die bereits vor 1582 in den Reichsfürstenstand gelangt waren, bezeichnet man als altfürstlich, diejenigen, die diese Stellung erst nach 1582 erlangt hatten, als neufürstlich[30]. Seit der Wahlkapitulation Ferdinands IV.

---

24 *Mikliss*, S. 35 ff. Das "Haus" war juristische Person (nach *Rensch*, S. 143 f. Fn. 8, war das str.) und befugt, vermögens-, familien- (auch namens-) und erbrechtliche Fragen durch Setzung eigenen, alle Hausmitglieder bindenden Rechts zu regeln. Grundlage dieses Sonderrechts des Hochadels waren hausgesetzliche oder observanzmäßige Vorschriften, subisidiär gemeines deutsches Fürstenrecht; vgl. *von Gierke*, Deutsches Privatrecht, Band 1, S. 399; *Bornhak*, Deutsches Adelsrecht, S. 31 ff. (zu den unterschiedlichen Formen hausgesetzlicher Regelungen); *Rensch*, S. 3. Das BGB ließ diese Autonomie der landesherrlichen und der ihnen gleichgestellten Häuser sowie der Mediatisierten (bei diesen jedoch nicht für das Gebiet des gesamten Zivilrechts, sondern nur hinsichtlich der Familienverhältnisse und der Güter) unberührt; vgl. Art. 57, 58 Abs. 1 EGBGB; *Bornhak*, Deutsches Adelsrecht, S. 39. Vgl. zum ganzen auch *Rehm*, Modernes Fürstenrecht, S. 84 ff., 142 ff. Zur Rechtslage nach 1919 siehe unten Kap. D Fn. 88.

25 *Mikliss*, S. 27.

26 *Rensch*, S. 2.

27 *Conrad*, Deutsche Rechtsgeschichte, Band 2, S. 211. Nur die Thurn und Taxis besaßen ohne Landeshoheit kraft des Amtslehens des Reichspostmeisteramts die Reichsstandsschaft; vgl. *Bornhak*, Deutsches Adelsrecht, S. 18.

28 *Mikliss*, S. 30.

29 *Bornhak*, Deutsches Adelsrecht, S. 17.

30 *Bornhak*, Deutsches Adelsrecht, S. 17.

von 1653 genügte zur Aufnahme in den Reichsfürstenstand nicht mehr nur die Verleihung eines entsprechenden Adelstitels durch den Kaiser; die Reichsstandschaft war ab diesem Zeitpunkt an die Aufnahme des Betreffenden in eine Grafenbank bzw. in die Reichsfürstenbank geknüpft, die nur bei Nachweis eines entsprechenden reichsunmittelbaren Territoriums gewährt wurde[31].

Mit dem Reichsdeputationshauptschluß von 1803 und der Gründung des Rheinbunds im Jahr 1806, dem unter dem Druck eines Ultimatums Napoleons am 6. Aug. 1806 die Niederlegung der Kaiserkrone durch Franz II. folgte, erhielten die Reichsfürsten volle Souveränität[32]. Neben den Landesherren entstand mit der Mediatisierung hunderter kleiner reichsunmittelbarer Herrschaften eine zweite Gruppe innerhalb des hohen Adels, die Mediatisierten[33]. Diese reichsfürstlichen oder reichsgräflichen Familien bildeten einen rechtlich geschlossenen Stand, dem keine neuen Mitglieder mehr zuwachsen konnten, denn die Voraussetzungen der Zugehörigkeit zu diesem Personenkreis - Reichsunmittelbarkeit, Reichsstandschaft und Landeshoheit der betreffenden Familie zur Zeit des alten Reiches - knüpften an eine untergegangene Rechtsordnung an[34]. Diesen auch als Standesherren bezeichneten Adeligen[35] sowie den ihnen durch Beschluß der deutschen Bundesversammlung oder Landesgesetz gleichgestellten Familien gewährten Art.14 der Deutschen Bundesakte von 1815[36] und die in dessen Ausführung ergangenen Landesgesetze Autonomie hinsichtlich der Familienverhältnisse und Güter sowie den Fortbestand ihrer Ebenbürtigkeit[37] mit den noch regierenden Häusern[38]. Im Laufe des 19. Jahrhunderts wurde die rechtliche Behandlung der Standesherren jedoch immer mehr der des übrigen niederen Adels angeglichen[39].

---

31 *Conrad*, Deutsche Rechtsgeschichte, Band 2, S. 211; *Bornhak*, Deutsches Adelsrecht, S. 18; *Mikliss*, S. 31.

32 *Conrad*, Deutsche Rechtsgeschichte, Band 2, S. 59 ff.

33 Zu diesen WStVerwR "Mediatisierte (Standesherren)", S. 825 ff.; *Bornhak*, Preußisches Staatsrecht, Band 1, S. 316 ff. jeweils m.w.N.

34 *Mikliss*, S. 32; *Bornhak*, Deutsches Adelsrecht, S. 68; *Rensch*, S. 66 f.

35 Siehe die Auflistung der Familien im WStVerwR "Mediatisierte (Standesherren)", S. 830 ff.

36 Wortlaut der Bestimmung abgedruckt im WStVerwR "Mediatisierte (Standesherren)", S. 825 Sp. 1.

37 Siehe zum Ebenbürtigkeitsrecht unten Kap. D IV 3.

38 Das BGB ließ diese Vorrechte - wie bisher nach Maßgabe der Landesgesetze - bestehen; vgl. Art. 58 Abs. 1 EGBGB; auch *Rensch*, S. 2 f.

39 Vgl. Brockhaus-Enzyklopädie, "Adel", S. 132 Sp. 2.

Neben den Mediatisierten büßte eine weitere Gruppe des Hochadels im Verlaufe des 19. Jahrhunderts ihre öffentlich-rechtliche Sonderstellung weitgehend ein: im Jahr 1866 verloren die sog. Depossedierten[40] ihre zur Souveränität entwickelte Landeshoheit[41]. Diese Familien[42], ferner die fürstlichen Häuser Hohenzollern und die herzoglich-holsteinische Familie, waren den landesherrlichen Häusern teilweise gleichgestellt, insbesondere bezüglich der Familienrechte und ihres Verhältnisses zur Staatsverwaltung[43].

II. Der niedere Adel

Der niedere Adel hat mit dem hohen Adel nur den Namen[44] gemein. Er ist "rechtlich ein Aliud und sozial eine Kopie" des hohen Adels[45]. Sein Ursprung liegt in den diensthörigen Ministerialen des Kaisers und der Großen des Reiches, denen - begünstigt durch Rittertum und Lehenswesen - im wesentlichen im 13. Jahrhundert, vollends im 14. Jahrhundert, der Aufstieg in die Freiheit gelang[46]. Im Rittertum, das in der Zeit der Kreuzzüge seine Blüte erlebte, wurden die Ministerialen, die ihrem Herrn den als besonders ehrenvoll geltenden Hof- und Waffendienst schuldeten, in die höfische Kultur eingebunden; der Ritterstand war dabei zunächst noch ein bloßer Berufsstand, dem unfreie Ministeriale wie freie Vasallen gleichermaßen angehörten[47]. Allmählich entwickelte sich aus der Ministerialenschicht der freie Geburts-

40 Zu diesen WStVerwR "Depossedierte", S. 559 ff.; *Bornhak*, Preußisches Staatsrecht, Band 1, S. 359 ff. jeweils m.w.N.

41 *Bornhak*, Deutsches Adelsrecht, S. 76 ff.

42 Es handelte sich um die Herrscherhäuser, deren Territorien von Preußen nach 1866 annektiert wurden: das hannoverische Königshaus, das kurhessische und das herzoglich-nassauische Fürstenhaus.

43 Diese Sonderrechte fanden ihre Grundlage nicht in Art. 14 der Deutschen Bundesakte, sondern im Gewohnheitsrecht und in einzelnen gesetzlichen Bestimmungen des Reichsrechts und des preußischen Rechts; vgl. Art. 57 EGBGB; Gesetz vom 25. März 1904 (RGBl. S. 149); WStVerwR "Depossedierte", S. 559 f.; *Bornhak*, Deutsches Adelsrecht, S. 77; *Rehm*, Modernes Fürstenrecht, S. 452 ff.

44 Die Bezeichnung "Adel" findet sich seit dem 16. Jahrhundert; vgl. *Bornhak*, Deutsches Adelsrecht, S. 19. Noch § 21d des VI. Badischen Konstitutionsedikt (BadRegBl. 1808 S. 145 ff., 161 ff.) bezeichnet hohen und niederen Adel als "Herren-" und "Ritterstand" (zitiert nach *Rensch*, S .16).

45 *Mikliss*, S. 39.

46 *Bornhak*, Deutsches Adelsrecht, S. 19 ff.; *Mikliss*, S. 40; *Rensch*, S. 16.

47 *Bosl*, in: *Gebhardt*, Band 1, S. 675; *Bornhak*, Deutsches Adelsrecht, S. 21 f.; *Mikliss*, S. 41.

stand der Ritterschaft[48], den der ritterliche Waffendienst über die Gemeinfreien erhob[49]. Bedeutsam für die Genese der Ritterschaft war zudem das Lehnswesen, in dem sich der Unterschied zwischen den unvererblichen und nicht unterverleihbaren Dienstlehen und den echten Lehen insbesondere zur Zeit der Staufer verlor, und die Dienstlehen, die den Ministerialen ursprünglich personenbezogen gegen die Verpflichtung zum Kriegsdienst verliehen worden waren, ebenso wie die echten Lehen erblich wurden[50]. Das Streben nach Dienstlehen bewog vor allem im 12. Jahrhundert zahlreiche ritterbürtige Freie zum Übertritt in den Ministerialenstand[51]. Zusammen mit denjenigen Mitgliedern des Herrenstandes (etwa den Dohna), denen es nicht gelungen war, einen Platz an der unmittelbar in rechtlicher Beziehung zum König stehenden Spitze der Lehenspyramide zu erlangen und die damit nicht zum hohen Adel gehörten, bildete die Ritterschaft einen freien, erblichen Adelsstand, den niederen Adel[52].

Bis zum Ende des alten Reiches lassen sich in der Folgezeit zwei Entwicklungslinien ausmachen. Der überwiegende Teil des niederen Adels gelangte in die Lehnsabhängigkeit landesherrlicher Territorialgewalt; er wurde zum landsässigen niederen Adel. Nur eine kleine Gruppe, die aus der Reichsministerialität hervorgegangene Reichsritterschaft, behauptete gegenüber den mediatisierenden Bestrebungen der größeren Territorialherren ihre Reichsunmittelbarkeit , ohne allerdings jemals die Reichsstandschaft zu gewinnen[53]. Mit dem Ende des Reiches verlor sie den besonderen kaiserlichen Schutz und damit ihre gegenüber dem übrigen niederen Adel hervorgehobene Stellung; die ihnen in Art. 14 der deutschen Bundesakte zugesicherten Residualrechte waren, wie die der Standesherren, nur nach Maßgabe der landesgesetzlichen Regelungen garantiert, die für die Angehörigen der früheren Reichsritterschaft am Ende des 19. Jahrhunderts im wesentlichen nichts anderes vorsahen, als für den landständischen Adel[54].

---

48 *Rensch*, S. 16.

49 *Bornhak*, Deutsches Adelsrecht, S. 20.

50 *Bosl*, in: *Gebhardt*, Band 1, S. 649 f.; *Mikliss*, S. 44 f.

51 *Rensch*, S. 16.

52 *Bornhak*, Deutsches Adelsrecht, S. 21; *Mikliss*, S. 42; *Rensch*, S. 16.

53 *Bornhak*, Deutsches Adelsrecht, S. 27; *Conrad*, Deutsche Rechtsgeschichte, Band 2, S. 202 ff.; *Bosl*, in: *Gebhardt*, Band 1, S. 675; *Mikliss*, S. 44.

54 Vgl. *Mikliss*, S. 45, 54 f. ; *Bornhak*, Deutsches Adelsrecht, S. 43; *Conrad*, Deutsche Rechtsgeschichte, Band 2, S. 213 f.; WStVerwR "Adel", S. 61. Die diesem sog. Reichsadel in einigen Bundessstaaten in Bezug auf Familienverhältnisse und Güter noch

Nach 1350 trat mit der Nobilitierung per Diplom nach französischem Vorbild der Briefadel neben den Geburtsadel[55]. Erhebungen in den Adelsstand waren beim hohen Adel unüblich[56]; mit der bereits erwähnten Wahlkapitulation Ferdinands IV. von 1653 verlor der Kaiser die Möglichkeit, dem hohen Adel durch Verleihung der entsprechenden Titel neue Mitglieder hinzuzufügen; solche reichsfürstlichen oder reichsgräflichen sog. Personalisten gehörten zum niederen Adel[57]. Bis zum Untergang des alten Reiches gehörte die Adelsverleihung zu den *jura reservata exclusiva* des Kaisers[58]; er allein galt als *fons nobilitatis*. Dieses Recht konnte der Kaiser jedoch übertragen, was regelmäßig durch Verleihung des Pfalzgrafenamtes geschah; bei Thronvakanz übten die Reichsvikare das kaiserliche Recht der Nobilitierung aus[59]. Seit dem 17. Jahrhundert entstand ein landesherrliches Recht der Adelsverleihung[60]; wer auf diese Weise in den Adelstand erhoben wurde, war vom Rechtskreis des Reiches abgeschnitten, gehörte also dem niederen Adel an[61]. Gleichzeitig schränkten die Landesherren das Recht zur Führung eines anderswo erworbenen Adels ein[62]. Ab dem Ende des 18. Jahrhunderts wurde das Adelsrecht

---

verbliebene beschränkte Autonomie wahrte das BGB - wie bisher - nach Maßgabe der Landesgesetze; vgl. Art. 58 Abs. 2 EGBGB; *Rensch*, S. 4.

55 *Rensch*, S. 5; *Mikliss*, S. 51; WStVerwR "Adel", S. 56 Sp. 2. Als Uradel, der gewöhnlich als Gegenbegriff zum Briefadel genannt wird, bezeichnet man die Nachfahren des mittelalterlichen Ritteradels, die ihr Geschlecht bis vor das Jahr 1400 zurückverfolgen können ; vgl. *E. Lehmann*, S. 25; Rensch, S. 4. Siehe auch *Freifrau von Hoyningen-Huene*, S. 11, mit dem Hinweis, daß die Herausgeber der Genealogischen Taschenbücher (Gotha) diese Unterscheidung hinsichtlich des niederen Adels in neuerer Zeit aufgegeben haben.

56 *E. Lehmann*, S. 25 f.

57 Vgl. *Bornhak*, Deutsches Adelsrecht, S. 18. Seitdem finden sich die höheren Adelsbezeichnungen auch beim niederen Adel; vgl. *Bornhak*, Deutsches Adelsrecht, S. 25; *Mikliss*, S. 58. Erst ab dem 17. Jahrhundert wurde es üblich, bei Adelserhebungen (die regelmäßig mit der Zuerteilung eines Titels oder der Präpostionen "von", "auf", "zu" einherging, wenngleich reichsrechtlich und wohl auch partikularrechtlich die Erhebung in den Adelsstand auch ohne gleichzeitige Gestattung , die Präposition als Adelsbezeichnung zu führen, möglich blieb; vgl. *Opet*, 24. DJT (1898) , Band 3 (Gutachten), S. 191, 195) dem Betreffenden statt des bisherigen bürgerlichen Namens einen neuen Familiennamen zu verleihen (z.B. von Meyenberg statt Meyer); vgl. *Freiherr von Bülow*, 24. DJT (1898), Band 3 (Gutachten), S. 117, 136.

58 Die Adelsverleihung erfolgte gegen Gebühr; vgl. *Bornhak*, Deutsches Adelsrecht, S. 25 Fn. 1; *Rehm*, Prädikat- und Titelrecht, S. 12; *Freiherr Schenck zu Schweinsberg*, S. 19.

59 *Conrad*, Deutsches Rechtsgeschichte, Band 2, S. 208; *Bornhak*, Deutsches Adelsrecht, S. 24 f.; *Mikliss*, S. 51.

60 Zu den Nobilitierungs- und Standeserhöhungsverfahren in Preußen in der Zeit nach 1855 vgl. neuerdings *von Kalm*, S. 70 ff.

61 *Mikliss*, S. 51; *Conrad*, Deutsche Rechtsgeschichte, Band 2, S. 208 f.; *Rensch*, S. 68.

vielfach Gegenstand landesherrlicher Gesetzgebung[63]. Diese bildete den Auftakt zu der im 19. Jahrhundert folgenden Beseitigung der noch bestehenden[64] Adelsvorrechte[65], so daß dem niederen Adel gegen Ende des 19. Jahrhunderts als einziges, praktisch bedeutsames Vorrecht nur die Befugnis zur Führung einer Adelsbezeichnung verblieb[66]. Mit dem Ende des Reiches ging die *fons nobilitatis* auf sämtliche Bundesfürsten über; auch nach 1871 lag das Recht zur Erhebung in den Adelsstand bei den Landesherren[67]; der Kaiser des neuen deutschen Reichs hatte diese Befugnis nicht[68].

62 So etwa in Preußen § 13 II 9 ALR: "Kein Unterthan des Staats soll ohne Erlaubnis seines Landesherrn, Standeserhöhungen bei fremden Staaten suchen; oder deren, welche ihm etwa aus eigener Bewegung von selbigen verliehen werden, in hiesigen Landen sich bedienen"; vgl. *Mantey* AöR 13 (1898), 20, 31 Fn. 6; *Conrad*, Deutsche Rechtsgeschichte, Band 2, S. 209; *Bornhak*, Deutsches Adelsrecht, S. 25. Zur Rechtslage nach Untergang des alten Reiches siehe *Rensch*, S. 74 f.

63 Vgl. *Bornhak*, Deutsches Adelsrecht, S. 41 ff. Die erste derartige Kodifikation findet sich in II 9 ALR ("Von den Rechten und Pflichten des Adelsstandes") ; als zweites Gesetzeswerk folgte das Edikt über den Adel im Königreich Bayern als Beilage zur bayerischen Verfassungsurkunde von 1818. WStVerwR "Adel", S. 64 Sp. 2, gibt Hinweise auf die einzelnen adelsrechtlichen Kodifikationen der Länder. Da nur die bis zum Inkrafttreten der WRV am 14. Aug. 1919 erworbenen Adelsbezeichnungen gem. Art. 109 Abs. 3 S. 2 WRV Bestandteil des Familiennamens geworden sind, kommt es auf das zu diesem Zeitpunkt geltende Adelsrecht an (siehe unten Kap. D IV 1 und 6 b bb). Auf diese Weise wurde von den Gerichten insbesondere das bayerische Adelsedikt bis in die jüngere Zeit hinein zur Entscheidung adelsnamensrechtlicher Streitigkeiten herangezogen; vgl. BayObLG StAZ 1926, 131; 337; 1930, 355; 1972, 12.

64 Von der Mitwirkung an der Staatsleitung war der landsässige Adel schon im Zeitalter des Absolutismus ausgeschlossen worden; insbesondere war es der erstarkenden fürstlichen Zentralgewalt gelungen, die Steuerbewilligung des älteren Ständestaates zu beseitigen; vgl. *Mikliss*, S. 43. Seit dieser Zeit rekrutierten die absoluten Monarchen vornehmlich aus den Reihen des landsässigen Adels die Führungskräfte in Armee und Verwaltung; vgl. *Bornhak*, Deutsches Adelsrecht, S. 24. So erklärte etwa § 1 II 9 ALR den Adel für "den ersten Stand im Staate; ihm liegt, nach seiner Bestimmung, die Vertheidigung des Staates sowie die Unterstützung der äusseren Würde und innern Verfassung desselben hauptsächlich ob"; er war nach § 35 II 9 ALR "zu den Ehrenstellen im Staate, wozu er sich geschickt gemacht hat, vorzüglich berechtigt"; vgl. *Mantey* AöR 13 (1898), S. 20, 30. Zu diesen traditionellen Domänen des Adels im deutschen Kaiserreich und in der Weimarer Republik; vgl. *Freifrau von Hoyningen-Huene*, S. 185 ff.; 267 ff.

65 *Mikliss*, S. 52 ff.; *Bornhak*, Deutsches Adelsrecht, S. 42.

66 *Freiherr Schenck zu Schweinsberg*, S. 9. Zu den am Ende des Kaiserreichs noch bestehenden Vorrechten des niederen Adels siehe oben Einführung Fn. 3.

67 *Conrad*, Deutsche Rechtsgeschichte, Band 2, S. 209. Zu den Einzelheiten der Adelsverleihung in den deutschen Gliedstaaten nach 1871 vgl. *Rensch*, S. 66 ff.

68 Nicht als Deutscher Kaiser, sondern nur als König von Preußen konnte er Adelsverleihungen vornehmen; vgl. *H.E. Müller*, S. 63; *E. Lehmann*, S. 26.

Neben Geburts- und Briefadel läßt sich noch ein dritter Adelstypus ausmachen: der persönliche Adel (Personaladel)[69], der nur dem Träger selbst (teilweise auch seiner Ehefrau) zukam und mit dessen Tod erlosch. Er war eine Schöpfung der Rheinbundkönigreiche und fand sich in Süddeutschland (z.B. die Ritterklasse[70] in Bayern)[71].

---

69 Siehe zu diesem auch unten Kap. D III 4.

70 Dieser Adel konnte unter bestimmten Voraussetzungen erblich werden; vgl. §§ 5, 6 des bayerischen Adelsedikts.

71 *Bornhak*, Deutsches Adelsrecht, S. 63 f.; WStVerwR "Adel", S. 61 Sp. 1.

D. Der adelige Name im deutschen Sachrecht

I. Die bis zum Inkrafttreten der WRV herrschende Auffassung: Keine Anwendbarkeit der namensrechtlichen Bestimmungen des BGB auf Adelsbezeichnungen[1]

1. Überblick

Schon bei Schaffung des BGB war die Frage aufgeworfen worden, ob die Adelsbezeichnung, insbesondere das einfache "von", Teil des Familiennamens oder Adelstitel, d.h. bloßes Adelszeichen sei[2]. Zwei Deutsche Juristentage stritten darüber[3]. War die Adelsbezeichnung "integrirender Bestandtheil[4]" des Familiennamens - handelte es sich also bei ihr um einen zum bürgerlichen Recht zählenden Regelungsgegenstand -, so unterlag sie den namensrechtlichen Vorschriften des BGB - die diesbezüglichen adelsrechtlichen Sonderbestimmungen der Bundesstaaten[5] waren dann aufgrund des Kodifikationscharakters des BGB gem. Art. 55 EGBGB außer Kraft getreten; war die Adelsbezeichnung dagegen (öffentlich-rechtlicher) Adelstitel - betrafen also die diesbezüglichen, besonderen Regelungen des Landesadelsrechts eine öffentlich-rechtliche Materie - so richteteten sich Erwerb und Verlust der Adelsbezeichnung auch nach Inkrafttreten des BGB nach Landesadelsrecht[6].

---

1 BGB i.d.F. vom 18. Aug. 1896, RGBl. S. 195: §§ 1355, 1616, 1706 Abs. 1, 1758 Abs. 1 S. 1, 1772 S. 1 (im Wortlaut wiedergegeben oben Kap. A Fn. 24) sowie §§ 1577, 1719, 1736. Nur die Bestimmung des § 12 BGB wurde für (wenigstens analog) anwendbar gehalten (siehe unten Fn. 24 und 82).

2 Wohl erstmals durch *Freiherrn von Bülow*, DJZ 1 (1896), 432 ff.; vgl. dazu die Erwiderung von *Mantey*, AöR 13 (1898), 20 ff.

3 24. DJT (1898), Band 3, mit den Gutachten *Freiherr von Bülow*, S. 117 ff., *Krückmann*, S. 151 ff., *Opet*, S. 191 ff.; 25. DJT (1901), Band 3 mit den Verhandlungen (Berichterstatter: *von Gierke*, S. 43 ff., 336 ff. und *Wilke*, S. 54 ff.), Diskussion und Resolution (S. 73).

4 *Von Gierke*, 25. DJT (1901), Band 3 (Verhandlungen), S. 43, 48.

5 Nur Bremen erkannte aufgrund von Art. 17 der Verfassungsurkunde vom 17. Nov. 1875 bei seinen Staatsangehörigen keinen Adel an; vgl. *Mantey*, AöR 13 (1898), 20, 26 Fn. 3; *von Owstien* StAZ 1929, 257.

6 Vgl. *Mantey*, AöR 13 (1898), S. 20, 41, 68 ff.

Der 25. Deutsche Juristentag sprach sich für die letztgenannte Ansicht aus[7], die bis zum Inkrafttreten der WRV auch die herrschende Auffassung in Rechtssprechung und Literatur sowie die Verwaltungspraxis war[8].

Knapp zwei Jahrzehnte später[9] entschied Art. 109 Abs. 3 S. 2 WRV die Streitfrage dann jedoch im Sinne der auf dem Juristentag unterlegenen Meinung der Minderheit[10]: "Adelsbezeichnungen gelten nur als Teil des Namens und dürfen nicht mehr verliehen werden." Diese Bestimmung gilt heute gem. Art. 123 GG als einfaches Bundesrecht fort[11]. Sie bildet die Grundlage des heutigen Adelsnamensrechts.

2. *Einzelheiten*

Die Kernpunkte der vorgenannten Kontroverse innerhalb der deutschen Rechtswissenschaft zur Zeit der Jahrhundertwende sollen im folgenden dargestellt werden.

Hierbei kann der hohe Adel ausgeklammert werden. Gem. Art. 57, 58 Abs. 1 EGBGB galten nämlich die Vorschriften der Hausverfassungen oder Landesgesetze weiter[12]. Die vom BGB abweichenden Bestimmungen über Erwerb und Verlust nicht nur der Adelsbezeichnung, sondern teilweise des Namens

---

7 25. DJT (1901), Band 3 (Verhandlungen), Antrag *von Gierke*, S. 53 f., S. 73 (Resolution): "Durch das Bürgerliche Gesetzbuch werden die Vorschriften über den Uebergang und die Führung von Adelszeichen nicht berührt. Die höheren Adelstitel, wie Freiherr, Graf, Fürst, Herzog, sind bloße Adelszeichen, nicht Namensbestandtheile. Ueberwiegende Gründe sprechen dafür, bei adeligen Familiennamen auch das einfache "von" heute als bloßes Adelszeichen zu betrachten." Mit Namensbestandteil ist Familiennamensbestandteil gemeint; vgl. *von Gierke* a.a.O., S. 49. Satz 1 wurde einstimmig, Satz 2 und 3 wurden mit überwiegender Mehrheit angenommen.

8 Vgl. die Nachweise bei *Rensch*, S. 32 Fn. 70, 35 Fn. 78, 40 Fn. 95; zu Preußen *Johannes Conrad*, S. 11 ff.; ferner OVG Lüneburg StAZ 1956, 217, 218; *Brintzinger* DÖV 1963, 129.

9 Geradezu prophetisch muten insoweit die Äußerungen von *Krückmann*, 24. DJT (1898), Band 3 (Gutachten), S. 151, 174 an.

10 So hatte z.B. *Freiherr von Bülow*, 24. DJT (1898), Band 3 (Gutachten), S. 117, 129 ff., das einfache "von" jedenfalls bei den uradeligen Familien als Bestandteil des Familiennamens einordnen wollen.

11 Siehe oben Einführung.

12 Zum Privatfürstenrecht siehe die Nachweise unten Fn. 236.

überhaupt[13], waren also weiterhin anwendbar. Über diesen Punkt bestand Einigkeit[14]. Auf die Frage, ob die Adelsbezeichnungen des hohen Adels Bestandteil des Familiennamens waren, kam es nicht an[15].

Der Streit betraf somit nur den niederen Adel. Hier lagen die Dinge schwieriger. Über den Adel selbst schwieg das BGB. Es hatte zudem - abgesehen von den Vorbehalten wegen des besonderen Familien- und Güterrechts der ehemaligen Reichsritterschaften und der ihr gleichgestellten Familien des niederen Adels, Art. 58 Abs. 2 EGBGB, sowie der die Familienfideikommisse betreffenden Regelung des Art. 59 EGBGB und der einige rheinisch-westfälische Ritterfamilien betreffenden Bestimmung des Art. 216 EGBGB - zugunsten des niederen Adels keinerlei Vorbehalte für die Landesgesetzgebung gemacht.

Die Frage, ob die Adelsbezeichnungen des niederen Adels Teil des bürgerlichrechtlichen Familiennamens oder öffentlich-rechtlicher Adelstitel seien, fand deshalb besonderes Interesse, weil sie mit der Frage, ob der niedere Adel auch gegen Ende des 19. Jahrhunderts in Deutschland noch eine Gruppe bevorrechtigter Personen bildete, eng verbunden war.
Das erschien nach der Aufhebung der meisten seiner Vorrechte in den deutschen Staaten[16] zweifelhaft. Allgemein wurde aber angenommen, daß der niedere Adel, wenn nicht als Stand[17], so doch wenigstens noch als eine Ein-

---

13 So galt z.B. in standesungleichen (morganatischen) Ehen zu "linken Hand" Namensungleichheit; Frau und Kinder entbehrten nicht nur der Adelsbezeichnung des hochadeligen Vaters, sondern erwarben auch den Familiennamen desselben nicht. Vgl. §§ 192 f., 873 ff. II 1 ALR; *von Gierke*, Deutsches Privatrecht, Band 1, S. 401 ff., 404 ff., 718 f.; *Rehm*, Prädikat- und Titelrecht, S. 239 ff., 304 ff.; *Freiherr Schenck zu Schweinsberg*, S. 26. - A.A. *Opet*, 24. DJT (1898), Band 3 (Gutachten), S. 191.

14 Z.B. 24. DJT (1898), Band 3 (Gutachten), *Krückmann*, S. 151, *Freiherr von Bülow*, S. 117, 150; *von Gierke* 25. DJT (1901), Band 3 (Verhandlungen), S. 43, 47; *Rensch*, S. 9.

15 *Rensch*, S. 9. Jedenfalls waren sie aber Namensteile; vgl. *Rensch*, S. 147 Fn. 17.

16 In Preußen inbesondere durch Art. 4 der Verfassungsurkunde vom 31. Jan. 1850: "Alle Preußen sind vor dem Gesetz gleich, Standesvorrechte finden nicht statt (...)". Diese Bestimmung wurde für den hohen Adel außer Kraft gesetzt durch Gesetz vom 10. Juni 1854. Wegen dieser und ähnlicher Bestimmungen vgl. *Freiherr von Bülow*, 24. DJT (1898), Band 3 (Gutachen), S. 117, 122; *Mantey*, AöR 19 (1898), S. 20, 68 ff. Zu den verbliebenen Vorrechten siehe oben Einführung Fn. 3.

17 Ob der niedere Adel noch einen "Stand im Rechtssinne" darstellte, war strittig. - Dagegen z.B. *Mantey*, AöR 13 (1898), 20, 71 (kein Stand im publizistischen Sinne); *Freiherr von Bülow*, 24. DJT (1898), Band 3 (Gutachten), S. 117, 122 ff., 126 m.w.N. (kein Stand für das Gebiet des öffentlichen Rechts; wohl aber habe der niedere Adel noch Wirkungen auf dem Gebiet des Privatrechts). - Dafür z.B. *Krückmann*, 24. DJT (1898), Band 3 (Gutachten), S. 151, 172 f. (wenn nicht im öffentlichen Sinne, so

richtung des öffentlichen Rechts[18] bezeichnet werden konnte; sein wichtigstes Vorrecht war das subjektiv-öffentliche Recht auf die Adelsbezeichnung, welches sich in erster Linie gegen den Staat richtete und auf ungestörte Führung der Adelsbezeichnung ging[19]. Daß dieses Recht im Bereich staatlicher Hoheit wurzelte, kam insbesondere beim Briefadel im Verleihungsakt zum Ausdruck[20]; die Adelsverleihung war als Kronrecht nicht privatrechtlicher Natur, sondern eines der Ehrenrechte des Souveräns, die ihm aufgrund seiner besonderen staatsrechtlichen Stellung zukamen[21].

Dem widersprach nicht, daß die Rechtsprechung - in einem ersten Schritt auf dem Weg zur allgemeinen Anerkennung eines privaten Rechts am Familiennamen - für Feststellungs- und Unterlassungsklagen zum Schutz des Rechts einer bestimmten adeligen Familie auf Führung des Titels den Zivilrechtsweg eröffnet hatte[22]. Hiervon hatte nämlich das Reichsgericht die Frage der Zugehörigkeit zum Adel als einem besonderem Stand unterschieden; diese rechnete es dem öffentlichen Recht zu[23]. Das nach Inkrafttreten des BGB

---

doch Stand im privatrechtlichen Sinne); *von Gierke*, 24. DJT (1898), Band 3 (Gutachten), S. 43, 46; *Freiherr Schenck zu Schweinsberg*, S. 9; *H.E. Müller*, S. 11 ff. - *Opet*, 24. DJT (1898), Band 3 (Gutachten), S. 191 ff., entschied diese Frage für die einzelnen Gliedstaaten verschieden: soweit dem niederen Adel nur noch landesprivatrechtliche Vorrechte verblieben und diese gem. Art. 55 EGBGB außer Kraft träten, sei derselbe kein Stand im Rechtssinn mehr; anders, soweit ihm noch öffentlich-rechtliche Vorrechte verblieben seien; diese an sich durch ihre systematische Klarheit überzeugende Ansicht ging aber wohl an der Rechtswirklichkeit vorbei (vgl. die Kritik von *von Gierke*, 25. DJT (1901), Band 3 (Verhandlungen), S. 43, 46).

Uneinheitlich das RG: In RGZ 5, 171, 174, bemerkte es obiter, den dem niederen Adel angehörigen Familien stünden "keinerlei dem öffentlichen Rechte angehörige Vorrechte" zu, in RGZ 2, 145, 147, hingegen führte das Gericht aus: "Die Vorrechte des Adels, als eines besonderen Standes, beruhen zwar der Mehrzahl nach auf dem öffentlichen Rechte, sind aber politischer Natur".

Vgl. zum ganzen *Rensch*, S. 10 Fn. 2. Angesichts der sehr feinen und nicht immer widerspruchsfreien Begriffsbildung zutreffend die Kritik von *von Gierke*, a.a.O., S. 45, der den Streit, ob man den niederen Adel überhaupt noch als "Stand" im Rechtssinn bezeichnen dürfe, als "bloßen Wortstreit" bezeichnet.

18 *Mantey*, AöR 13 (1898), 20, 68 ff.; *Rensch*, S. 10 ff.

19 *Rensch*, S. 12, der es mit dem Recht auf Führung anderer Titel oder auf das Tragen von Orden vergleicht.

20 *Rensch*, S. 11. Der Text eines preußischen Diplomkonzepts ist abgedruckt bei *Kekule von Stradonitz*, 25. DJT (1901), Band 3 (Verhandlungen), S. 59, 60. Vgl. zu den Nobilitierungs- und Standeserhöhungsverfahren in Preußen in der Zeit nach 1855 *von Kalm*, S. 70 ff.

21 *Mantey*, AöR 13 (1898), 20, 73.

22 Siehe hierzu oben Kap. B II 1 e dd; *Klippel*, S. 172 f.

23 Seit RGZ 2, 145, 147, ständige Rechtsprechung. Vgl. RGZ 5, 171, 173 f.; 29, 123, 124; 39, 302; JW 1904, 53; 1905, 166.

durch § 12 BGB geschützte[24] Recht am adeligen Namen war zwar ein subjektives Privatrecht. Es setzte jedoch ein zu schützendes Recht schon voraus. Deshalb litt seine privatrechtliche Natur nicht dadurch, daß sich Erwerb und Verlust des Adelsnamens nach öffentlich-rechtlichem Landesadelsrecht richteten[25]. Umgekehrt änderte die Tatsache, daß wegen des Rechts des einzelnen auf Führung des Adels eine Klage vor den bürgerlichen Gerichten zulässig war, ebensowenig wie die Tatsache, daß das öffentliche Recht gewisse Tatbestände, an die es den Erwerb oder Verlust des Adels knüpfte, dem Privatrecht entnahm, etwas daran, daß das Adelsinstitut im Ganzen im wesentlichen dem öffentlichen Recht angehörte[26].

---

24 Die Frage des Schutzes der Adelsbezeichnung durch § 12 BGB liegt außerhalb des Themas dieser Arbeit. Nur soweit sie im Zusammenhang mit der Anerkennung eines privaten Rechts am Namen eine Rolle spielt, wird sie erörtert (siehe oben Kap. B II 1 e dd). Die - direkte oder analoge - Anwendbarkeit des § 12 BGB auf die Adelsbezeichnung wurde überwiegend bejaht. Ersterer Ansicht war die Rechtsprechung (z.B. RG JW 1904, 53; 1905, 166), letzterer weite Teile der Literatur (z.B. *Planck/Knoke*, 4. Aufl. 1913, Band 1, S. 38). Vgl. zum ganzen *Klippel*, S. 447 f.
Bei unbefugtem Gebrauch einer Adelsbezeichnung lag freilich in den meisten Fällen zugleich ein unbefugter Gebrauch des Familiennamen vor - so, wenn "von Schwarz" gegen "Weiß", der sich "von Schwarz" nannte, Klage erhob. Selbstständige Bedeutung kam dem Schutz der Adelsbezeichnung daher nur zu, wenn dem adeligen Kläger der gleiche Familienname wie dem nichtadeligen Beklagten zustand, so, wenn "von Weiß" gegen "Weiß" klagen wollte, der sich "von Weiß" nannte; vgl. *Rensch*, S. 294 Fn. 1. Bei unbefugtem Gebrauch einer Adelsbezeichnung gab § 12 BGB aber nur demjenigen Adeligen ein Recht zu klagen, dem außer der Adelsbezeichnung auch der von dem beklagten Nichtadeligen (befugt oder unbefugt) geführte Familienname zukam, nicht dagegen jedem, der ein Recht auf die gleiche Adelsbezeichnung hatte; vgl. *Rensch*, S. 295. "Von Weiß" konnte also weder gegen "Schwarz" noch gegen "Grau" klagen, wenn diese sich "von Schwarz" nannten. Geschützt wurde nämlich nicht der Adelsstand, sondern die Adelsbezeichnung als ein das Individuum kennzeichnendes Namensteil; vgl. *Rensch*, S. 295 Fn. 7 und schon *Einert* oben Kap. B Fn. 222.
Zum ganzen auch *Freiherr Schenck zu Schweinsberg*, S. 25 und RGZ 29, 123 ff., wo dem klagenden "von Orelli" das Recht zugesprochen wurde, gegen den Beklagten vorzugehen, der den Namen "Orelli" beanspruchte. Zur Rechtslage seit Inkrafttreten der WRV siehe unten Fn. 82.

25 *Rensch*, S. 11 f., der in diesem Zusammenhang auf S. 12 Fn. 6a darauf verweist, daß auch der durch öffentlich-rechtliche Namensänderung erworbenen Name durch § 12 BGB geschützt sei (ebenso *Freiherr Schenck zu Schweinsberg*, S. 24). Die Mehrheit der zweiten Kommission charakterisierte das Recht am adeligen Namen als ein "auf öffentlich-rechtlicher Grundlage beruhendes Privatrecht"; vgl. Protokolle *Mugdan*, Band 4, S. 735 unten.

26 So die Ansicht der Mehrheit der zweiten Kommission; vgl. Protokolle *Mugdan*, Band 4, S. 735 unten. Die Aufnahme von Vorschriften über den Stand von Ehefrau und Kindern in das BGB wurde daher abgelehnt; vgl. Protokolle a.a.O. und S. 1019. Siehe schon Motive, Band 4, S. 106 f., wonach die Bestimmungen des Standes im "publicistischen Sinne", insbesondere des Adelsstandes, dem öffentlichen Recht angehörten und deshalb nicht im BGB zu treffen seien.

Aus dem Fortbestand des niederen Adels als Einrichtung des öffentlichen Rechts ergab sich nach überwiegender Auffassung, daß beim adeligen Namen zwei Zunamensbestandteile unterschieden werden mußten[27]: Auch eine dem niederen Adel angehörende Person hatte einen den namensrechtlichen Bestimmungen des BGB unterliegenden Familiennamen (Geschlechtsnamen[28]); dessen Funktion bestand darin, die agnatische Zugehörigkeit zu einer Familie sichtbar zu machen. Daneben führte ein Mitglied des niederen Adels eine Adelsbezeichnung; diese diente dazu, die Zugehörigkeit zu einer Standeskategorie auszudrücken; sie war damit öffentlich-rechtliches Standeszeichen, also Adelstitel[29]. Sowohl der Familienname eines Adeligen, wie auch sein Adelstitel waren Namen in dem Sinne, daß sie die Individualität ihres Trägers kennzeichneten[30]. Wie sogleich im einzelnen darzulegen sein wird, bildete somit bei einem Angehörigen des titulierten niederen Adels, etwa dem Freiherrn von Bülow, "Freiherr von" den Adelstitel, "Bülow" den Familiennamen, bei den Namen des untitulierten niederen Adels, z.B. "von Schwerin", "von" den Adelstitel, "Schwerin" den Familiennamen.

Daß die Adelsbezeichnungen des titulierten niederen Adels Adelstitel waren, somit nicht Teil des Familiennamens, entsprach allgemeiner Ansicht[31]: Diese Titel kamen - anders als das "von" - bei bürgerlichen Familien nicht vor[32]; nach ihrer Entstehungsgeschichte handelte es sich bei ihnen überwiegend[33] um Amtsbezeichnungen (z.B. "Graf", "Herzog" und "Fürst"); später waren sie vererblich und schließlich zu leeren Titeln geworden[34] ; aber nie waren sie mit dem adeligen Familiennamen zusammengewachsen, was etwa durch die

27 Ungenau daher Satz 3 der Resolution (siehe oben Fn. 7).

28 Vgl. *Brintzinger*, DÖV 1964, 621, 623.

29 *Mantey*, AöR 13 (1898), S. 20, 27, 32; *Freiherr Schenck zu Schweinsberg*, S. 15 f.; *Rensch*, S. 22 m.w.N. in Fn. 39.

30 Vgl. *Rensch*, S. 35. Nach richtiger Ansicht kam es daher auch vor Inkrafttreten der WRV für die Anwendbarkeit des § 12 BGB (siehe oben Fn. 24) nicht darauf an, ob die Adelsbezeichnung Teil des Familiennamens war: jedenfalls war sie Teil des gem. § 12 BGB geschützten Namens (so überzeugend: *Freiherr Schenck zu Schweinsberg*, S. 24).

31 *Rensch*, S. 33 ff. (mit Nachweisen in Fn. 78); ebenso S. 2 der oben in Fn. 7 zitierten Resolution.

32 Siehe die Ausführungen zum sog. "Scheinadel" oben Kap. A.

33 Eine Ausnahme bildet der Titel "Ritter", der schon seinem Ursprung nach die Zugehörigkeit seines Trägers zum Ritterstand gekennzeichnet hatte, und der Titel "Freiherr" der ursprünglich auf den Besitz eines freien Grundeigentum hingewiesen hatte; vgl. z.B. *von Gierke*, 25. DJT (1901), Band 3 (Verhandlungen), S. 43, 49 f.

34 Siehe oben Kap. C Fn. 23.

Tatsache belegt wurde, daß es z.B. in manchen Familien eine freiherrliche und eine gräfliche Linie gab, in wieder anderen nur das Familienoberhaupt die höhere Titutulatur führte[35], endlich die Form des Titels bei männlichen und weiblichen Familienangehörigen wechselte[36].

Nach herrschender[37], wenngleich nicht unbestrittener[38], Auffassung war auch das einfache "von" (bzw. "zu" oder "auf") des niederen Adels nicht Bestandteil des Familiennamens, sondern Adelstitel.
Im Gegensatz zu den Adelsbezeichnungen des niederen Adels ließ sich dies nicht ohne weiteres mit der historischen Herkunft des "von" begründen. Die Entstehung des "von"[39] fällt mit der Ausbildung zweigliedriger Namen zusammen[40]. Als angesichts von Bevölkerungszunahme und fortschreitender Wirtschaftsentwicklung der Vorname zur genauen Kennzeichnung seines Trägers nicht mehr ausreichte, wurden Zunamen üblich, die außer von der Wohnstätte, Beruf oder Hof oder ähnlichem von einem Ortsnamen oder dem Familiengut abgeleitet wurden; der Orts- oder Besitztumsname wurde dabei mit der Präposition "von", "zu", "auf" verwendet. Da der Grundbesitz die wirtschaftliche Basis seiner Führungsposition bildete[41], wurde diese Art der Namensbildung beim Adel allgemein üblich[42]; sie fand sich aber auch bei nichtadeligen Familien[43]. Beim Uradel war das "von" demnach nicht verliehe-

---

35 Siehe unten III 4.

36 *Von Gierke*, 25. DJT (1901), Band 3 (Verhandlungen), S. 43, 50; *Rensch*, S. 33 ff.; *Freiherr Schenck zu Schweinsberg*, S. 16 f. Siehe unten III 3.

37 Vgl. die oben in Fn. 7 zitierte Resolution sowie *von Gierke* 25. DJT (1901), Band 3 (Verhandlungen), S. 43, 50 ff.; *Mantey*, AöR 13 (1898), 20, 32 ff., 39; *Freiherr Schenck zu Schweinsberg*, S. 17; *von Birckhahn*, S. 5 f.; *Rensch*, S. 32 Fn. 70 m.w.N.

38 Immerhin hatten sich zwei der Gutachter des 24. DJT, nämlich *Krückmann*, S. 151 ff., 161, und *Freiherr von Bülow*, S. 117, 149 (jedenfalls für das uradelige "von"), im gegenteiligen Sinne geäußert.

39 Vgl. zum folgenden *Freiherr von Bülow*, 24. DJT (1898), Band 3 (Gutachten), S. 117, 133 ff.; *von Gierke*, 25. DJT (1901), Band 3 (Verhandlungen), S. 43, 50 f.; *Freiherr von Wendland*, S. 7 ff.; *Freiherr Schenck zu Schweinsberg*, S. 17 ff.; *Rensch*, S. 17 ff.

40 Siehe oben Kap. B II 1 a.

41 Zur Bodenbezogenheit als Element adeligen Standesbewußtseins siehe oben Kap. B I 4 a.

42 Zur Anfügung des Gutsnamens an den Adelsnamens nach § 45 II 9 ALR vgl. *Peters* StAZ 1970, 85.

43 Siehe die Ausführungen zum sog. "Scheinadel" oben Kap. A.

ner Adelstitel, sondern Teil des von einer Ortsbezeichnung abgeleiteten Familiennamens[44].
Anders verhielt es sich dagegen bei dem ab dem 14. Jahrhundert aufkommenden Briefadel. Hier wurde es etwa ab Mitte des 17. Jahrhunderts üblich, dem Nobilitierten die Führung des "von" im Adelsbrief zu gestatten. In diesem Fall war das "von" ersichtlich verliehener Adelstitel. Einer sich allmählich ausbildenden allgemeinen Übung folgend setzten indessen auch Angehörige des Uradels, deren Namen von einem Tier oder Amt abgeleitet war, ihrem Namen das "von" hinzu; gleiches galt für Personen, die später - in der Regel zusammen mit dem Erwerb eines adeligen Besitztums - in den Adel eintraten[45]. Nach und nach setzte sich so die ursprünglich auf den Briefadel beschränkte Betrachtung, das "von" sei Adelstitel, auch für das uradelige "von" durch. Kraft Gewohnheitsrecht wandelte sich im Uradel das "von" aus einem Bestandteil des Familiennamens in einen Adelstitel[46].

II. Die Adelsbezeichung als Teil des Familiennamens[47]

1. Struktur des Art. 109 Abs. 3 WRV

Das heutige Recht der Adelsbezeichnungen ruht auf Art. 109 Abs. 3 WRV[48]. Satz 1 dieses Artikels entfaltete, wie sich aus Wortlaut ("sind aufzuheben") und Entstehungsgeschichte ergibt, keine unmittelbare Wirkung[49]: Soweit aufzuhe-

---

44 *Freiherr von Bülow* 24. DJT (1898), Band 3 (Gutachten), S. 117, 134, 137.

45 *Freiherr von Bülow* 24. DJT (1898), Band 3 (Gutachten), S. 117, 135 f.

46 *Rensch*, S. 19 ff. Dementsprechend behandelte die Landesgesetzgebung das adelige "von" anders als den Familiennamen (Geschlechtsnamen) eines Adeligen; so war etwa ein einseitiger Verzicht auf den Adel (und damit auf die mit diesem verbundene Adelsbezeichnung) möglich, während die Namensänderung behördlicher Genehmigung bedurfte; vgl. *Freiherr Schenck zu Schweinsberg*, S. 16. Zu abweichenden Erklärungsmodellen, jedoch sämtlich mit dem gleichen Ergebnis, nämlich, daß auch auf das adelige "von" bisheriges Landesadelsrecht anzuwenden war; vgl. *Mikliss*, S. 59 ff. m.w.N.

47 Wegen der zu Art. 109 Abs. 3 WRV erschienenen Dissertationen siehe die Nachweise oben Einführung Fn. 20.

48 Die Bestimmung lautet: "Öffentlich-rechtliche Vorrechte und Nachteile der Geburt oder des Standes sind aufzuheben. Adelsbezeichnungen gelten nur als Teil des Namens und dürfen nicht mehr verliehen werden."

49 *Anschütz*, Art. 109 Anm. 4 (S. 530); *Freiherr Schenck zu Schweinsberg*, S. 34; *Bornhak*, Deutsches Adelsrecht, S. 95, 106, 153; *H.E. Müller*, S. 22; *Rademacher* S. 59 ff.; *Happel*, S. 36; RGZ 103, 190, 192, 194; 109, 243, 252; *Rensch*, S. 128 f.

bende Vorrechte[50] auf Reichsrecht beruhten, war er Programmsatz für die Reichsgesetzgebung, soweit sie ihre Grundlage im Landesrecht fanden, Handlungsanweisung an die Gesetzgebung der Länder[51]. Die Aufhebung der "öffentlich-rechtlichen Vorrechte des Standes oder der Geburt", also solcher Vorrechte, die auf einer bevorzugten Stellung im öffentlichen Recht fußten[52], durch die Verfassung selbst unterblieb im Hinblick auf die damit verbundenen praktischen Schwierigkeiten[53]. Infolge der Aufhebung der Vorrechte des Adels durch die Länder[54] wurden hoher wie niederer Adel als Rechtseinrichtung beseitigt[55]. Seine historische, soziologische und gesellschaftliche Bedeutung konnte das Gesetz dem Adel nicht nehmen; auch bestand auf dem Gebiet des Privatrechts, das durch Art. 109 Abs. 3 S. 1 WRV nicht berührt wurde, im Rahmen der Vertragsfreiheit nach wie vor die Möglichkeit, bestimmte Rechte (z.B. Stiftungsgenuß) an die Zugehörigkeit zum Adel nach dem bis zum Inkrafttreten der WRV geltenden Recht zu knüpfen[56].

50 Siehe zu diesen oben Einführung Fn. 3.

51 *Rensch*, S. 128.

52 *Rensch*, S. 127; *Baring*, FischersZ 51 (1920), 225, 272. Erfaßt wurden somit auch an sich privatrechtliche Vorrechte, die im öffentlichen Recht ihre Grundlage hatten; vgl. *Freiherr Schenck zu Schweinsberg*, S. 34.

53 *Rensch*, S. 128 f.

54 *Rensch*, S. 131 ff., gibt einen Überblick über die Landesgesetzgebung, soweit diese namensrechtliche Bestimmungen enthielt. Exemplarisch sei auf die preußische Gesetzgebung verwiesen: Hier war am 3. Nov. 1919 die Verordnung der preußischen Staatsregierung betreffend die Annahme des vollen Familiennamens durch uneheliche, an Kindes Statt angenommene und für eheliche erklärte Kinder adeliger Personen (Preußische Gesetzsammlung S. 179) ergangen, die allerdings bereits durch die Verordnung vom 12. Mai 1922 (Preußische Gesetzsammlung S. 115) zum 1. Juli 1922 - ohne rückwirkende Kraft (RGZ 109, 243, 254) - aufgehoben wurde, so daß nur diejenigen die Adelsbezeichnung ihrer Mutter oder ihres Adoptivvaters erwarben, die bis zum 1. Juli 1922 von der Befugnis Gebrauch gemacht hatten.
Die Verordnung hatte folgenden Wortlaut: "Preußische Staatsangehörige, die beim Inkrafttreten der Reichsverfassung infolge unehelicher Geburt den Familiennamen ihrer adeligen Mutter oder auf Grund ihrer Annahme an Kindes Statt den Familiennamen des adeligen Annehmenden ohne Adelsbezeichnung führen, und ihre die preußische Staatsangehörigkeit besitzenden Abkömmlinge sind berechtigt, ihrem Namen die Adelsbezeichnung der Mutter oder des Annehmenden durch Erklärung vor dem zuständigen Standesbeamten hinzuzufügen."
Von den Bestimmungen des preußischen Adelsgesetzes (Gesetz über die Aufhebung des Adels und die Auflösung der Hausvermögen vom 23. Juni 1920 - Preußische Gesetzsammlung S. 367), das ausführlich die Aufhebung der verbliebenen Adelsvorrechte regelte und verschiedenen anderen Ländern als Vorbild diente, war in namensrechtlicher Hinsicht lediglich § 22 (betreffend die Adelsbezeichnungen bevorrechtigter Familienmitglieder) von Bedeutung (wegen des Wortlauts des 22 Abs. 1 S. 2 siehe unten III 4). Vgl. zum ganzen *von Kalm*, S. 237 f.

55 *Baring*, FischersZ 51 (1920), 225, 273, 293; *Rensch*, S. 141.

56 *Baring*, FischersZ 51 (1920), 225, 278; *Freiherr Schenck zu Schweinsberg*, S. 35; *Anschütz*, Art. 109 Anm. 4 (S. 531); *Rensch*, S. 142 f.

Mit der Schaffung des Satz 2 des Art. 109 Abs. 3 WRV, der gem. Art. 123 GG als einfaches Bundesrecht fortgilt[57], griff die verfassungsgebende Nationalversammlung hingegen eines der gem. Satz 1 aufzuhebenden Vorrechte heraus, nämlich dasjenige auf die Führung der Adelsbezeichnung, und regelte es mit unmittelbarer Wirksamkeit[58]. Entstehungsgeschichtlich stellt Satz 2 einen Kompromiß zwischen adelsfeindlichen und konservativen Strömungen innerhalb der Nationalversammlung dar[59]. Satz 2 enthält ein Verbot der Neuverleihung von Adelsbezeichnungen, womit er nichts anderes tut, als das in Satz 1 enthaltene Programm umzusetzen[60]. Der Kompromißcharakter dieser Bestimmung kommt im ersten Teil des Satzes 2 zum Vorschein: Zwar wollte man mit dem Ende der Monarchie den Adel als eigenständiges öffentlich-rechtliches Rechtsinstitut beseitigen; so weit wie in Österreich[61] oder der Tschechoslowakei[62], wo man den Adel und mit ihm die Adelsbezeichnungen verboten hatte, mochte die Mehrheit[63] der verfassungsgebenden Nationalversammlung indessen nicht gehen. Weil man den Angehörigen des früheren Adelsstandes nicht ihre überkommenen Adelsbezeichnungen, Teile ihres Namens[64], nehmen wollte, beließ man ihnen die Adelsbezeichnung[65], entkleidete diesselbe jedoch ihrer öffentlich-rechtlichen Natur, indem man sie den für den Familiennamen geltenden, allgemeinen Bestimmungen, insbesondere denen des BGB, unterwarf[66]. Hierdurch gewähr-

57 Siehe oben Einführung.

58 *Anschütz*, Art. 109 Anm. 5 (S. 532); *Freiherr Schenck zu Schweinsberg*, S. 35; *Bornhak*, Deutsches Adelsrecht, 95, 106, 153; *Happel*, S. 7; RGZ 103, 190, 192, 194; *Rensch*, S. 129.

59 *Brintzinger*, S. 93, 118 m.w.N. in Fn. 161 bis 163; *ders.*, DÖV 1964, 621, 622; vgl. ferner *Freifrau von Hoyningen-Huene*, S. 34 f.; *von Kalm*, S. 237 Fn. 4.

60 *Rensch*, S. 129.

61 Siehe unten Kap. G II 1.

62 Siehe unten Kap. G II 2.

63 Ein Antrag der Mehrheits- und Unabhängigen Sozialdemokraten, der auf eine Abschaffung des Adels und ein damit einhergehendes Verbot der Führung von Adelsbezeichnungen abzielte, wurde in der Nationalversammlung abgelehnt; vgl. *von Kalm*, S. 237 Fn. 4, und *Rensch*, S. 129 Fn. 6, je m.w.N.

64 Vgl. den Abgeordneten der verfassungsgebenden Nationalversammlung *Dr. Heinze* (DVP): "... Es wäre doch ein staatlicher Zwang allerschlimmster Art, wenn man die Leute zwingen würde, ihre Individualrechte abzustreifen und sich anders zu nennen, als sie heißen. (...) Man greift damit in wohlerworbene Rechte, in Namensrechte ein, und das kann man unter keiner Umständen gutheißen." (zitiert nach RGZ 113, 107, 109 f.).

65 Vgl. *Freiherr Schenck zu Schweinsberg*, S. 35; *Rensch*, S. 129 f.

66 Vgl. die Begründung des Entwurfs des preußischen Adelsgesetzes (siehe oben Fn. 54): "Nach Abs. 3 Satz 2 des Art. 109 RV haben die bisherigen Adelsbezeichnungen nur als Teil des Namens zu gelten. Sie haben damit die Eigenschaft als Ausdruck der Zugehörigkeit zu einem besonderen Stand - der nicht mehr anerkannt wird - verloren.

leistete die WRV zugleich die Weiterführung der bei ihrem Inkrafttreten vorhandenen Adelsbezeichnungen als Teil des Familiennamens. Die Länder durften die Führung der Adelsbezeichnung nicht verbieten[67]. Es war ihnen aber nicht verwehrt, gestützt auf die ihnen - bis zum Inkrafttreten des einheitlich für das gesamte Reich geltenden NÄG im Jahr 1938[68] - zustehende Gesetzgebungskompetenz bezüglich der Namensänderung und Namensfeststellung[69] einzelne durch Art. 109 Abs. 3 S. 2 WRV entstandene Zweifelsfragen zu regeln[70].

2. *Bedeutung der Wendung "nur als Teil des Namens"*

Allerdings hatten Zweifel darüber bestanden, was die Reichsverfassung meinte, wenn sie anordnete, die Adelsbezeichnungen gälten "nur als Teil des Namens". Teilweise war versucht worden, den Anwendungsbereich der Vorschrift einzuengen, indem vorgebracht worden war, die Reichsverfassung habe die Adelsbezeichnungen nur zum Teil des Namens erklärt, nicht aber zum Teil des Familiennamens, jene seien also ein Namensteil eigener Art geblieben[71]. Daraus war dann der Schluß gezogen worden, das Landesadelsrecht sei weiter für die Übertragung maßgebend, nach seiner Aufhebung[72] habe gesellschaftliche Sitte und Gewohnheit die früheren Regeln übernommen;

Dagegen sind sie, soweit sie Namensbezeichnungen waren, durch die Reichsverfassung dem demokratischen Grundsatz der gleichen Behandlung aller entsprechend aufrechterhalten worden, da der Namensschutz gleichmäßig allen Deutschen zusteht. Dies ist der Sinn und Zweck jener Vorschrift der Reichsverfassung, wie ihre Entstehungsgeschichte ergibt" (zitiert nach RGZ 113, 107, 111).

67 *Rensch*, S. 157.

68 Siehe unten Kap. F I 1.

69 Vgl. *Brintzinger*, DÖV 1964, 621, 626.

70 Daher ist § 22 Abs. 1 S. 2 des preußischen Adelsgesetzes (wegen des Wortlauts siehe unten III 4) gültig (vgl. *von Birkhahn*, S. 29; zur Rechtsgültigkeit des preußischen Adelsgesetzes StGH in RGZ 111 Anh. 1; BVerwG StAZ 1966, 167, 168). Unzutreffend ist also die noch von *Graf von Bernstorff*, DÖV 1964, 78, 80 f., vertretene Ansicht, der Landesgesetzgeber sei nicht befugt gewesen, eine vom Reichs(verfassungs)gesetzgeber abweichende Regelung zu treffen; nach dem Grundsatz, daß Reichsrecht entgegenstehendes Landesrecht bricht (vgl. Art. 13 Abs. 1 WRV), sei § 22 Abs. 2 S. 1 des preußischen Adelsgesetzes unwirksam. Ebenso war die Verordnung der preußischen Staatsregierung vom 3. Nov. 1919 betreffend die Annahme des vollen Familiennamens durch uneheliche, an Kindes Statt angenommene und für eheliche erklärte Kinder adeliger Personen rechtsgültig (vgl. RGZ 109, 243, 253 ff.; *von Birckhahn*, S. 22 ff.; *Rensch*, S. 217; siehe oben Fn. 54).

71 So vor allem *Freiherr Schenck zu Schweinsberg*, S. 36.

72 Siehe zu den aufgehobenen Bestimmungen den Nachweis oben Einführung Fn. 4.

allerdings könne im Hinblick auf das Verbot der Adelsverleihung die früher etwa bei Ehelicherklärung oder Adoption erforderliche Genehmigung[73], da diese eine Adelsneuverleihung dargestellt hätte, nicht mehr erteilt werden[74]. Dieser Ansicht war jedoch mit Recht entgegengehalten worden, sie klammere sich zu sehr an den Wortlaut[75] und sei angesichts der Tatsache, daß schon vor Inkrafttreten der WRV alle Adelsbezeichnungen Teile des Namens i.S. der Bezeichnung der Individualität[76] gewesen seien, gekünstelt[77]; die Reichsverfassung habe gerade für die Adelsbezeichnung mit sofortiger Geltung einheitliches Recht schaffen wollen[78]; eine Gleichstellung des adeligen mit dem bürgerlichen Namen sei indessen nur möglich, wenn die Adelsbezeichnung Teil des Familiennamens sei[79].

Schon zu Zeiten der Weimarer Republik war somit herrschende Meinung, daß die Adelsbezeichnung Teil des Familiennamens war[80], mithin sich auch die

---

73 Siehe hierzu unten IV 5 b bb und c.

74 *Freiherr Schenck zu Scheinsberg*, S. 53, 64 f., 71, 75.

75 *Rensch*, S. 148.

76 So z.B. *Rensch*, S. 35.

77 *H.E. Müller*, S. 50: "Was hätte denn die Vorschrift des Art. 109 Abs. 3 Satz 2 RVerf. für einen Sinn, wenn nichts am bisherigen Zustande geändert werden sollte? " Die Reichsverfassung habe nicht nur eine bloße "theoretische Erläuterung" geben wollen.

78 *Baring*, FischersZ 51 (1920), 225, 276.

79 *Rensch*, S. 149. In gesetzessystematischer Hinsicht ist auf Abs. 1 des Art. 109 WRV zu verweisen: "Alle Deutschen sind vor dem Gesetze gleich." Allerdings band diese Bestimmung nur Verwaltung und Rechtsprechung, nicht die Gesetzgebung; vgl. *Anschütz*, Art. 109 Anm. 1 f., (S. 522 ff.), str. Anders heute Art. 1 Abs. 3 GG. Zu ähnlichen, ebenfalls vereinzelt gebliebenen Ansichten betreffend die Rechtswirkungen des Art. 109 Abs. 3 S. 2 WRV, die darauf zielten, die Adelsbezeichnung wie bisher besonderen Regeln zu unterstellen; vgl. *Rensch*, S. 150 ff. m.w.N.

80 *Baring*, FischersZ 51 (1920), 225, 246 f.; *Opet*, DJZ 25 (1920), 135, 137; *Freiherr von Wendland*, S. 62 f., 69; *Adler*, S. 20; *von Owstien*, StAZ 1928, 361; *Rademacher*, S. 60 f.; *Anschütz*, Art. 109 Anm. 5 (S. 532); *Rensch*, S. 149, 151; RGZ 103, 190, 194. Siehe hierzu den Erlaß des Reichsministeriums des Innern im Einvernehmen mit dem Reichsjustizministerium vom 10. Okt. 1921 an die für Namensänderungen zuständigen Ministerien der Länder (wegen des Wortlauts siehe oben Einführung), der die Streitfrage für die Verwaltungspraxis entschied; vgl. *Rensch*, S. 151 f. Der Begriff "adeliger Familienname" ist allerdings unglücklich, da der Streit nicht die Frage betraf, ob der Familienname (Geschlechtsname) einer dem früheren Adel angehörenden Person den allgemeinen namensrechtlichen Bestimmungen unterlag (das war unstreitig), sondern, ob die Adelsbezeichnung Teil des Familiennamen war. "Adeliger Familienname" meint hier "adeliger Name", also Familienname unter Einschluß der Adelsbezeichnung. Konsequent wurde 1935 der früher in § 360 Nr. 8 StGB geregelte strafrechtliche Schutz des Adels gegen Anmaßung von Adelsprädikaten (i.S.v. Adelbezeichnungen; siehe oben Kap. A) abgeschafft. § 360 Nr. 8 StGB selbst ist 1975 weggefallen. Heute findet die allgemeine Bestimmung des § 111 OWiG Anwendung: wer eine ihm nicht zu-

Adelsbezeichnung nach den Grundsätzen des allgemeinen Namensrechts - in Sonderheit nach denen des BGB - übertrug. Daran hat sich bis heute nichts geändert[81]. Der Streit, ob die Adelsbezeichnung Teil des Familiennamens oder Adelstitel sei, war für die Zukunft entschieden[82].

3. *Geltung des Art. 109 Abs. 3 S. 2 WRV für den gesamten früheren Adel*

Art. 109 Abs. 3 S. 2 WRV gilt für alle Adelsbezeichnungen ohne Unterscheidung des hohen oder niederen Adels[83].

Für den niederen Adel folgte, da ihm gegen Ende des 19. Jahrhunderts keine namensrechtlich relevanten, privatrechtlichen Vorrechte mehr verblieben waren[84], schon aus dieser Tatsache, daß seine Adelsbezeichnungen als Teile des Familiennamens den namensrechtlichen Bestimmungen des BGB unterlagen.

---

kommende Adelsbezeichnung führt, macht unrichtige Angaben über seinen Familiennamen; vgl. *Staudinger/Habermann/Weick* (1995), § 12 Rn. 10 m.w.N.

81 Z.B. *Palandt/Heinrichs*, § 12 Rn. 6; *Staudinger/Habermann/Weick* (1995), § 12 Rn. 5 ff.; *Soergel/ Heinrich*, § 12 Rz. 5; *Hepting/Gaaz*, § 12 Rdnr. 14 (*Gaaz*). Siehe auch § 57 Abs. 3 DA.

82 *Opet*, DJZ 25 (1920), 135, 137; *Rensch*, S. 154 (Die Ansicht, das "von" sei - auch beim niederen Adel - Teil des Familiennamens, hatte auch nach dem 25. DJT noch Anhänger gefunden; vgl. etwa die 1907 erschienene Dissertation von *Hurwitz*, S. 12 f.). Die direkte Anwendbarkeit des § 12 BGB auf die Adelsbezeichnung als Teil des Familiennamens ist somit seit Inkraftreten der WRV unzweifelhaft; vgl. *Rensch* S. 295 f. m.w.N. in Fn. 8; *Klippel*, S. 448; aus jüngerer Zeit z.B. *Palandt/Heinrichs*, § 12 Rn. 6; *Soergel/Heinrich*, § 12 Rz. 5. Allerdings dürfte eine isoliert gegen die Anmaßung einer Adelsbezeichnung gerichtete Klage (§ 12 S. 1 2. Alt. BGB) eines "von Weiß" gegen einen "Schwarz", der sich unbefugt "von Schwarz" nennt, - wie im alten Recht (siehe oben Fn. 24) - keinen Erfolg haben. Der unbefugte Gebrauch eines sog. Sammelnamens ist nicht geeignet, zur Verletzung eines schutzwürdigen Interesses zu führen (vgl. *Soergel/Heinrich*, § 12 Rz. 188); die Adelsbezeichnung "von" hat hier den Charakter eines Sammelnamens. Anders liegt der Fall aber wohl, wenn "von Weiß" gegen "Weiß" klagt, der sich unbefugt "von Weiß" nennt - vorausgesetzt der tatsächlich existierende Adelsname "von Weiß" habe nur eine zahlenmäßig überschaubare Anzahl von Trägern - , weil der Beklagte dann durch die Beifügung des "von" den Eindruck erweckt, zu der Familie "von Weiß" zu gehören. Unberührt bleiben die Bestimmungen des öffentlichen Rechts (§ 111 OWiG) oder ggf. des Strafrechts (§ 263 StGB). Vgl. hierzu auch OLG München ZUM 1996, 526 (Verwendung eines adeligen Namens in einer Fernsehserie).

83 *Staudinger/Habermann/Weick* (1995), § 12 Rn. 12; *Baring*, FischersZ 51 (1920), 225, 239 f.;
RGZ 103, 190, 194; *Rensch*, S. 162.

84 In namensrechtlicher Hinsicht grundsätzlich ohne Bedeutung waren die Vorbehalte wegen des besonderen Familien- und Güterrechts der ehemaligen Reichsritterschaften und der ihr gleichgestellten Familien des niederen Adels, Art. 58 EGBGB, sowie der die

Ob hingegen die Adelsbezeichnungen des hohen Adels schon auf Grund des Art. 109 Abs. 3 S. 2 WRV dem allgemeinen Namensrecht unterfielen[85], war wegen des bisher zu seinen Gunsten geltenden Vorbehalts der Art. 57, 58 EGBGB zweifelhaft. Teilweise wurde die Auffassung vertreten[86], aus der Tatsache, daß die Adelsbezeichnungen des hohen Adels Teil des Familiennamens geworden seien, ergebe sich noch nicht eine Änderung der überkommenen Grundsätze für ihre Übertragung, da nach bisherigem Recht der Gemahlin und den Kindern eines Hochadeligen aus unebenbürtiger oder ohne die erforderliche Einwilligung des Familienhauptes geschlossener Ehe nicht nur - wie beim niederen Adel - die Adelsbezeichnung, sondern überhaupt Familienname und Haustitel des Gemahls bzw. Vaters gefehlt hätten[87]. Nach dieser Ansicht folgte die Anwendbarkeit des allgemeinen Namensrechts auf den hohen Adel erst daraus, daß die Länder in Ausführung des Art. 109 Abs. 3 S. 1 WRV das in Art. 57, 58 EGBGB vorbehaltene Sonderrecht des Hochadels aufgehoben hatten, denn hierdurch war den Hausrechten[88] des hohen Adels die Grundlage entzogen[89], insbesondere das Ebenbürtigkeitsrecht[90] wurde damit beseitigt[91].

Familienfideikommisse betreffenden Regelung des Art. 59 EGBGB und der einige rheinisch-westfälische Ritterfamilien betreffenden Bestimmung des Art. 216 EGBGB

85 So *Baring*, FischersZ 51 (1920), 225, 240; *H.E. Müller*, S. 22 ff., 47; *Rademacher*, S. 61.

86 *Rensch*, S. 163. Siehe auch *Staudinger/Habermann/Weick* (1995), § 12 Rn. 12.

87 Siehe oben Fn. 13.

88 Nach Wegfall der Autonomie und damit des hochadelige Hauses (zu diesem siehe oben Kap. C Fn. 24) mußten die Familien des deutschen Hochadels zur Aufrechterhaltung ihres korporativen Charakters rechtsfähige Familienvereine gründen, deren Mitgliederbestand sie im Sinne der bisherigen Hausgesetzgebung begrenzen konnten; vgl. *Rensch*, S. 147 f. Fn. 8; *H.E. Müller*, S. 21 f. - Zur verfassungsrechtlichen Problematik im Spannungsfeld von Art. 9 Abs. 1 GG und Art. 3 Abs. 2 GG bei Beendigung der Mitgliedschaft in einem Adelsverband bei Ehenamenswahl der Frau anläßlich der Eheschließung mit einem Nichtadeligen vgl. BVerfG FamRZ 1989, 1047.

89 So insbesondere *Rensch*, S. 163 ff., mit Hinweisen zur Landesgesetzgebung auf S. 167 Fn. 68. Art. 57, 58 EGBGB sind demnach nicht aufgehoben, sondern gegenstandslos geworden; vgl. *Freiherr Schenck zu Schweinsberg*, S. 38, sowie den Hinweis in der Gesetzessammlung "Schönfelder - Deutsche Gesetze" bei Art. 57, 58 EGBGB.

90 Siehe dazu unten IV 3.

91 *Rensch*, S. 167.

4. Keine sichere Kennzeichnung der Zugehörigkeit zum Adel als sozialer Gruppe durch die früheren Adelsbezeichnungen

Die Schaffung des Art. 109 Abs. 3 S. 2 WRV verschärfte aus Sicht des reichsdeutschen Adels das "Problem" des sog. "Scheinadels"[92]. Die Mehrheit des Adels, welche die Endfassung des Art. 109 Abs. 3 S.2 WRV mit Erleichterung zur Kenntnis genommen hatte[93], übersah, daß mit den Vorrechten des Adels auch sein jahrhundertealtes, gesondertes Adelsnamensrecht für die Zukunft abgeschafft worden war. Nunmehr konnte eine Person eine Adelsbezeichnung führten, ohne deshalb adelig im Sinne des alten Adelsrecht zu sein (sog. Scheinadelige)[94]; es kam zu einer starken Vermehrung der Adelsbezeichnungen[95].

Mit Recht ist darauf hingewiesen worden, daß der Begriff des "Scheinadels" tendenziös ist[96], weil er voraussetzt, daß die Erhaltung des bis zum Inkrafttreten der WRV bestehenden Rechtszustands wünschenswert gewesen sei[97]. Die Beseitigung der Adelsvorrechte mußte jedoch notwendig das bedeutsamste, dem niederen noch Adel verbliebene öffentlich-rechtliche Vorrecht, nämlich das subjektiv-öffentliche Recht auf die Adelsbezeichnung, umfassen. Mochte die Adelsfeindlichkeit der Mehrheit der verfassungsgebenden Nationalversammlung auch nicht so weit gegangen sein, die Führung der Adelsbezeichnung zu verbieten, so gebot sie doch die Gleichstellung von adeligem und bürgerlichem Namen, die dazu führte, daß die Adelsbezeichnung in Zukunft kein sicheres Zeichen mehr für die Zugehörigkeit ihres Trägers zum Adel als sozialer Gruppe war; hätte man die Adelsbezeichnung auf den Kreis

---

92 *Von Kalm*, S. 241 f. Siehe zum Begriff oben Kap. A. Der Erörterung dieses Themas wird in den kurz nach Inkrafttreten der WRV erschienen Beiträgen mitunter ein gesondertes Kap. gewidmet; vgl. z.B. *H.E. Müller*, S. 63 ff.; *Baring*, FischersZ 51 (1920), 225, 244 ff.

93 *Freifrau von Hoyningen-Huene*, S. 34.

94 Insbesondere war nunmehr ein Erwerb der Adelsbezeichnung in den Fällen der nichtehelichen Abstammung von einer adeligen Mutter, der Adoption und der Legitimation möglich. Siehe im einzelnen unten IV 4 b, 5 b, 5 c.

95 *Rensch*, S. 153. Zur Befürchtung, "verlumpte Adelige" würden nunmehr gegen Geldzahlung Nichtadelige adoptieren, damit letztere die Adelsbezeichnung erhalten; vgl. z.B. *Bornhak*, Deutsches Adelsrecht, S. 101 f.

96 Zur Fragwürdigkeit des Begriffs "Adelsbezeichnung" siehe oben Kap. A.

97 *Rademacher*, S. 95.

ihrer derzeitigen Träger und deren Abkömmlinge beschränkt, so hätte man den gesellschaftlichen Wert des adeligen Namens nur erhöht[98].

5. *Adelsbücher*

Der "Scheinadel" war keine neue Erscheinung; schon vor 1918 hatte es Träger scheinbar adeliger Namen gegeben, die nicht zum Adel gehörten[99]. Um eine effektive Adelskontrolle zu ermöglichen, bestanden vor 1918 in einigen[100] deutschen Bundesstaaten Adelsbücher[101]. Die Eintragung der Adeligen in solche Matrikel hatte beweisrechtliche Bedeutung[102]; konstitutiv für die Zugehörigkeit zum Adel war sie nicht. Die Berechtigung zur Führung der Adelsbezeichnung wurde teilweise von der Eintragung in eine Adelsmatrikel abhängig gemacht; das Recht auf die Adelsbezeichnung blieb davon aber unberührt, nur seine Ausübung wurde suspendiert[103]. Daher kam die Adelsbezeichnung nach Inkrafttreten der WRV[104] als Familiennamensteil grundsätzlich auch Nichtimmatrikulierten Adeligen zu[105]. In dem von der

---

98 *Rensch*, S. 153.

99 Siehe zum adeligen "von" , das in den preußischen Militärranglisten - zur Unterscheidung vom nichtadeligen "von" - mit "v." abgekürzt wurde, oben Kap. A Fn. 51 und oben I.

100 Nicht in Preußen, wo diesbezügliche Bestrebungen nicht über die Planungsphase hinausgelangten; vgl. *von Kalm*, S. 182 f., 244.

101 Nämlich in Bayern, Sachsen, Württemberg und Baden; vgl. *von Kalm*, S. 182. Siehe hierzu auch die Mitteilung des Bayerischen Staatsministeriums der Justiz vom 23. Juli 1979, StAZ 1980, 106, betreffend die beim bayerischen Hauptstaatsarchiv verwahrten Aktenbestände, insbesondere die Akten der im Jahr 1919 aufgelösten Dienststelle des Reichsherolds beim Bayerischen Staatsministerium des Königlichen Hauses und des Äußeren einschließlich der bis 1919 geführten Bayerischen Adelsmatrikel. Zu den Adelsbehörden siehe unten IV 2.

102 In Bayern erbrachte ein beglaubigter Matrikelauszug vollen Beweis für den Adel der Familie (§ 8 Abs. 2 des bayerischen Adelsedikts); ebenso bewies in Baden die Eintragung in die Adelsmatrikel den Adel; gleiches galt in Sachsen von der Eintragung in das Adelsbuch (§1 Abs. 2 des sächsischen Adelsgesetzes); vgl. *Rensch*, S. 71 ff.

103 So durften in Bayern die dem Adel zustehenden Rechte einschließlich des Rechts auf Führung der Adelsbezeichnung nur bei Eintrag des Adels in die Adelsmatrikel ausgeübt werden; andernfalls waren sie suspendiert (§§ 8 Abs. 1, 9 Abs. 1 des bayerischen Adelsedikts); auch in Baden bedingte die Eintragung in die Adelsmatrikel die Ausübung der Adelsrechte, namentlich die Führung der Adelsbezeichnung; dagegen war in Sachsen die Eintragung in das dortige Adelsbuch nicht Voraussetzung für die Adelsführung. Vgl. zum ganzen *Rensch*, S. 71 ff. m.w.N.

104 Zu den Bestrebungen, die Adelsmatrikel nach Abschaffung des Adels auf privater Basis fortzuführen vgl. *Rensch*, S. 144 ff.; *Freifrau von Hoyningen-Huene*, S. 65 ff.; *von Kalm*, S. 241 ff.

105 Siehe aber im einzelnen unten IV 6 b bb.

"Stiftung Deutsches Adelsarchiv" herausgegebenen "Genealogische[n] Handbuch des Adels" erscheinen alle Personen, die nicht auf Grund ehelicher Abstammung den Namen des Vaters führen, außerhalb des eigentlichen Familienartikels und im Nonpareilledruck[106].

Für die Verwaltungspraxis der Standesbeamten und ihrer Aufsichtbehörden bestimmt § 57 Abs. 3 S. 8 DA: "Einbürgerungsurkunden[107] und Adelshandbücher sind kein ausreichender Beweis für die Führung früherer Adelsbezeichnungen". Ebenso sind Gutachten des Deutschen Adelsarchivs[108] alleine keine beweiskräftigen Urkunden für die Anlegung eines Familienbuchs i.S.v. §§ 15b Abs. 1 S. 2 i.V.m. 5 Abs. 3 S. 1 PStG[109]. Jedoch sind solche Gutachten bei der Sachverhaltsermittlung für die Gerichte im Berichtigungsverfahren gem. § 48 Abs. 1 PStG i.V.m. §§ 12, 15 FGG, im verwaltungsgerichtlichen Verfahren gem. §§ 86, 96, 98, 108 VwGO, für die Namensänderungsbehörden gem. § 3 Abs. 2 NÄG und den § 24 VwVfG entsprechenden landesgesetzlichen Regelungen von Bedeutung[110].

---

106 Der "Gotha" (zur Herkunft dieser Bezeichnung *Francke*, StAZ 1934, 395) hält - nach Abschaffung der Adelsvorrechte, insbesondere des gesonderten Namensrechts - daran fest, daß sich die Zugehörigkeit zum Adel "im rein historisch-genealogischen Sinne" nach dem bis 1919 geltenden Recht richtet: "In diesem Adelsrecht gab es eine Vererbung des Adels nur durch legitime, eheliche Abstammung vom biologischen Vater, *nicht* dagegen *durch Adoption* oder andere juristische Übertragungsformen. (...) Familien oder Einzelpersonen, die - aus welchen Gründen auch immer - mit dieser Darstellungsform nicht einverstanden sind und damit zu erkennen geben, daß sie sich den historischen Grundsätzen über die Vererbung des Adels nicht mehr einordnen wollen, können nicht aufgenommen werden, da wir uns nicht in der Lage sehen, von diesen grundsätzlichen Erwägungen hinsichtlich der historischen Gegebenheiten abzugehen. Wir betonen abschließend ausdrücklich, daß unsere Darstellung das heute geltende Namensrecht nicht berührt, vielmehr lediglich die Zugehörigkeit zum historischen Adel nach adelsrechtlichen Gesichtspunkten in genealogischer Form feststellt" (Genealogisches Handbuch des Adels, Band 108 der Gesamtreihe/Genealogisches Handbuch der adeligen Häuser: Adelige Häuser B, Band XXI, Limburg 1995 - Hervorhebung im zitierten Text).

107 Zu diesen siehe oben Kap. B Fn. 302.

108 Deren praktische Bedeutung zeigen z.B. die Mitteilung des Bayerischen Staatsministeriums der Justiz vom 23. Juli 1979, StAZ 1980, 106 und die Hinweise in LG Landau StAZ 1959, 152; OLG Frankfurt StAZ 1985, 12, 13; *Palandt/Heinrichs*, § 12 Rn. 6; *Brintzinger*, S. 93, 100 Fn. 57a. Ein allgemeiner Erfahrungssatz, daß die Rechtslage auf dem Gebiet des Adelsnamensrecht nach 1945 so verworren und schwierig geworden sei, daß es stets eines Sachverständigengutachtens bedürfe, läßt sich jedoch nach Ansicht von BayObLG StAZ 1954, 250, 251, nicht aufstellen.

109 *Peters*, StAZ 1964, 280.

110 Siehe z.B. die Entscheidungen LG Landau StAZ 1959, 152; OLG Stuttgart StAZ 1966, 143.

6. Keine Rückwirkung des Art. 109 Abs. 3 S. 2 WRV

Hinsichtlich adeliger Namen, die am 14. Aug. 1919 bestanden, hatte Art. 109 Abs. 3 S. 2 WRV insoweit eine Änderung des Familiennamens kraft Gesetzes bewirkt, als der Familienname eines früheren Adeligen - zu dem nach bisheriger h.M. keine der Adelsbezeichnungen gehört hatte - nun um die Adelsbezeichnung erweitert worden war[111]. Nach außen hin war die Namensänderung zunächst nicht sichtbar, weil der ehemals Adelige seine Adelsbezeichnung weiterführte, wenn auch nicht mehr als Adelstitel, so doch als Teil seines Familiennamens; erst wenn die Frage seines Familiennamens zum Anknüpfungspunkt namensrechtlicher Bestimmungen wurde, war die Namensänderung zu erkennen, z.B. wenn nunmehr ein Nichtadeliger durch Adoption den Familiennamen (unter Einschluß der Adelsbezeichnung) des adeligen Adoptivvaters erwarb[112].

Zweifelhaft war hingegen, ob gem. Art. 109 Abs. 3 S. 2 WRV eine Namensänderung auch für Personen eingetreten war, die bei Inkrafttreten der WRV eine Adelsbezeichnung nicht geführt hatten, ob mit anderen Worten die Reichsverfassung hier zu einem Neuerwerb adeliger Namen geführt hatte[113]. Das wäre der Fall gewesen, wenn Art. 109 Abs. 3 S. 2 WRV die Adelsbezeichnungen mit rückwirkender Kraft zu Teilen des Familiennamens erklärt hätte. Dann wären namensrechtlich erhebliche Vorgänge wie Geburt, Eheschließung, Adoption, die in die Zeit vor dem 14. Aug. 1919 fielen, nachträglich nach den namensrechtlichen Bestimmungen des BGB zu beurteilen gewesen, die in wichtigen Punkten von denen des Landesadelsrechts abwichen[114]. Art. 109 Abs. 3 S. 2 hätte nicht nur pro futuro, sondern rückwirkend eine Namensänderung bewirkt.

Diese Ansicht vertrat vor allem Opet[115]. Er behauptete, Art. 109 Abs. 3 S. 2 WRV habe das bisherige Landesadelsrecht in der Weise authentisch interpre-

---

111 *Rensch*, S. 154; *Baring*, FischersZ 51 (1921), 225, 249.

112 *Von Birckhahn*, S. 11 f. spricht daher von einer "unsichtbaren Änderung aller adeligen Namen".

113 Sehr anschaulich die Formulierung von *von Birckhahn*, S. 11: Eine Änderung bereits bestehender Namen sei ein Eingriff in die "Statik", eine Änderung der Regeln hinsichtlich der Übertragung des adeligen Namens ein Eingriff in die "Dynamik" des Rechts des adeligen Namens.

114 Siehe im einzelnen unten IV.

115 DJZ 25 (1920), 136, 137 f.

tiert, daß Adelsbezeichnungen nur Teile des Familiennamens darstellten, so daß auf namensgebende Ereignisse vor dem 14. Aug. 1919 - auch für die Zeit vor Inkrafttreten des BGB[116] - rückwirkend die allgemeinen namensrechtlichen Bestimmungen anzuwenden seien[117].

Zu ähnlichen Ergebnissen gelangte eine Meinung, die den Neuerwerb des adeligen Namens als eine Konsequenz der bereits erwähnten, bei *bestehenden* adeligen Namen eingetretenen Namensänderung ansah. Diese gesetzliche Namensänderung sei in ihrer Wirkung der behördlichen Namensänderung vergleichbar. Wie bei einer behördlichen Namensänderung[118] würden daher die Familiennamen der minderjährigen Abkömmlinge mitgeändert[119]. Den adeligen Namen neu erworben hätte danach, soweit sie zum Zeitpunkt des Inkrafttretens der WRV minderjährig waren, z.B. das nichteheliche Kind einer Adeligen, das ohne gleichzeitige Adelsverleihung durch einen Adeligen an Kindesstatt angenommene Kind, sowie die etwa vorhandenen Ehefrauen oder minderjährigen Abkömmlinge solcher Personen[120].

Allgemein wird jedoch eine Rückwirkung bis heute abgelehnt[121].

Den hohen Adel konnte die Ansicht, daß gem. Art. 109 Abs. 3 S. 2 1. Halbs. WRV auch für die Vergangenheit Adelsbezeichnungen so anzusehen seien, als ob sie Bestandteil des Familiennamens gewesen wären, ohnehin nicht betreffen. Denn sein Sonderrecht - unter Einschluß der namensrechtlichen Bestimmungen - , das in dem durch Art. 57, 58 EGBGB vorbehaltenen Landes- oder Hausrecht niedergelegt war, wurde erst durch die Landesgesetzgebung - jedoch ohne rückwirkende Kraft - abgeschafft[122]. Demnach durften beispielweise unebenbürtige Gemahlinnen Hochadeliger oder Kinder derselben, deren Eheschließung oder Geburt in die Zeit vor dem 14.

---

116 Vgl. dazu *Rensch*, S. 191.

117 Vgl. hierzu im einzelnen *von Birckhahn*, S. 16 ff.

118 Vgl. heute § 4 NÄG.

119 *Bernreuther*, BayZ 1919, 415, 417; vgl. auch *von Blume*, DJZ 26 (1921), 126 f.; *Raschauer*, S. 130; *Rensch*, S. 195.

120 Beispiele nach *Rensch*, S. 196.

121 OVG Lüneburg StAZ 1956, 217, 218; *Raschauer*, S. 130 f.; RGZ 103, 190, 194 f.; 109, 243, 252; LG Rostock JW 1921, 421; OLG Karlruhe JFG 2 (1925), 137, 141; BayObLG StAZ 1926, 337, 338; 1933, 155, 156; *Rensch*, S. 190 ff.; *Rademacher*, S. 61 f.; *Staudinger/Habermann/Weick* (1995), § 12 Rn. 7.

122 *Rensch*, S. 192, 200. Siehe oben 3.

Aug. 1919 fiel, auch nach diesem Zeitpunkt nicht den adeligen Namen ihres Gemahls bzw. Vaters führen[123].

Gegen die Annahme einer Rückwirkung des Art. 109 Abs. 3 S. 2 Halbs. 1 WRV beim niederen Adel - sei es über die Argumentationsfigur einer authentischen Interpretation des Landesadelsrechts, sei es über einen Vergleich mit der behördlichen Namensänderung[124] - sprechen schon Entstehungsgeschichte[125] und Gesetzesaufbau[126]. Entscheidend widerstreitet dieser Ansicht der allgemeine Grundsatz, daß Gesetzen keine rückwirkende Kraft zukommt, es sei denn, sie selbst legten sich diese ausdrücklich bei[127].

Auch unter der Reichsverfassung stand demnach vor dem 14. Aug. 1919 geborenen nichtehelichen Kindern der adelige Name ihrer Mutter, vor diesem Zeitpunkt angenommenen Kindern der Name des adeligen Annehmenden nicht zu[128].

---

123 Nach h.M. wurden unebenbürtige Verbindungen somit (in namensrechtlicher Hinsicht) nicht "saniert"; RGZ 103, 190, 194 f.; *Raschauer*, S. 130 m.w.N.; vgl. auch die Nachweise bei *Rensch*, S. 202 Fn. 35. - A.A. aber *Rensch*, S. 200 ff., der meint, nur die volle Aufhebung des Sonderrechts entspreche den Absichten der WRV; eine Aufrechterhaltung der Namensungleichheit würde vielfach als unzeitgemäß und ungerecht empfunden.

124 *Von Blume*, DJZ 26 (1921), 126 f., meint allerdings, ein Fall der Rückwirkung liege überhaupt nicht vor. Dagegen zu Recht *Adler*, JW 1921, 619 f.

125 *Rensch*, S. 194, weist darauf hin, daß die Frage der Rückwirkung in den Beratungen der Nationalversammlung nicht erwähnt worden sei. Angesichts der adelsfeindlichen Tendenz des Art. 109 Abs. 3 S. 2 WRV überzeugend auch die Bemerkung von *Raschauer*, S. 131, es sei dem Verfassungsgeber der WRV nicht zusinnbar, daß er den Kreis der Träger adeliger Namen erweitern wollte.

126 Art. 109 Abs. 3 S. 2 Halbs. 2 WRV und Art. 109 Abs. 3 S. 1 WRV sind ebenfalls in die Zukunft gerichtet; vgl. *Rensch*, S. 194.

127 Vgl. OVG Lüneburg StAZ 1956, 217, 218; *Adler* JW 1921, 619 f.; *von Birckhahn*, S. 19.

128 Durchbrochen wurde dieser Grundsatz durch § 1 Abs. 1 der preußischen Verordnung vom 3. Nov. 1919, die aber nur wenig mehr als 2 1/2 Jahre in Geltung gewesen war, ehe sie aufgehoben wurde (siehe oben Fn. 54): Mangels Rückwirkung des Art. 109 Abs. 3 S. 2 WRV besaß diese Verordnung konstitutive Wirkung (vgl. *Rensch*, S. 213). Siehe zur Gesetzgebungskompetenz Preußens oben 1 bei Fn. 70.

III. Die Führung des adeligen Namens nach heutigem Recht in problematischen Fällen

1. Stellung der Adelsbezeichnung nach dem Vornamen - Keine Abkürzung der Adelsbezeichnung "von" - Adelsprädikate

Da die Adelsbezeichnung gem. Art. 109 Abs. 3 S. 2 WRV zu einem Teil des Familiennamens geworden ist, muß sie dem Vornamen folgen: Es heißt daher nicht - wie vor Inkrafttreten der WRV - "Graf Otto von R.", sondern "Otto Graf von R."[129].
Die Adelsbezeichnung "von" darf - anders als vor 1919 - nicht mehr mit "v." abgekürzt werden[130].
Adelsprädikate wie "Königliche Hoheit" sind keine Namensteile[131].
Wie ein Runderlaß des Preußischen Staatsministeriums[132] zeigt, wurden diese Rechtsänderungen zunächst vielfach ignoriert.

2. Unzulässigkeit der Führung der Bezeichnungen "Erbprinz", "Erbfürst","Erbgraf" und "Reichsfürst", "Reichsgraf", "Reichsfreiherr", "Reichsritter"

Nach altem Adelsrecht hießen die Thronfolger beim hohen Adel[133] "Erbprinz", "Erbfürst" und "Erbgraf". Diese Titel[134] kennzeichneten die Sukzsessionsrechte, nicht aber die Zugehörigkeit zum Adel. Sie sind daher nicht zu Bestandteilen des Familiennamens geworden[135].

---

129 *Rensch*, S. 267; RGZ 113, 107, 115; *Soergel/Heinrich* § 12 Rz. 7. Vgl. auch die preußische Verordnung über den Namen der Mitglieder der vormals landesherrlichen Familie vom 27. Nov. 1923 (Preußische Gesetzsammlung S. 548) und heute § 57 Abs. 3 S. 1 DA.

130 *Loos*, S. 81; *von Owstien*, StAZ 1928, 361, 362; a.A. *Soergel/Heinrich*, § 12 Rz. 7. Siehe hierzu auch oben Kap. A Fn. 51.

131 *Loos*, S. 85 f.; *Staudinger/Coing*, 11. Aufl., § 12 Rn. 12; vgl. § 1 Abs.2 Zif. 3 des preußischen Adelsgesetzes (oben Fn. 54); § 57 Abs. 3 S. 7 DA.

132 Runderlaß des Preußischen Staatsministeriums vom 5. Sept. 1928, StAZ 1928, 322.

133 Grundlage des Sonderrechts des Hochadels waren hausgesetzliche oder observanzmäßige Vorschriften, subisidiär gemeines deutsches Fürstenrecht. Siehe oben Kap. C Fn. 24.

134 Hierzu ausführlich *Rehm*, Prädikat- und Titelrecht, S. 257 ff.

135 *Rensch*, S. 185; *Freiherr von Wendland*, S. 65. Das ist auch heutige standesamtliche Praxis; vgl. *Peters* StAZ 1967, 225.

Es ist umstritten, ob die Vorsilbe "Reichs-" vor den Adelsbezeichnungen "Fürst", "Graf", "Freiherr" oder "Ritter" zum Bestandteil des Familiennames geworden ist. Beim mediatisierten Adel sollte diese Vorsilbe die ehemalige landesherrliche Stellung zum Ausdruck bringen. Beim niederen Adel - reichsfürstlichen und reichsgräflichen Personalisten sowie Angehörigen der Reichsritterschaften[136] - sollte die frühere Reichsunmittelbarkeit, die den Reichsadel vom landsässigen Adel schied, gekennzeichnet werden[137].
Rensch lehnte das unter Hinweis auf § 6 der am 30. Mai 1820 erlassenen "Instruktion wegen der Ausführung des Edikts vom 21. Juni 1815, die Verhältnisse der vormals unmittelbaren deutschen Reichsstände in der Preußischen Monarchie betreffend" ab[138].
Die gleiche Ansicht vertrat Peters in einem im Jahr 1959 erschienen Beitrag[139]. Er verwies darauf, daß weder in einer der bezüglich der Adelsbezeichnungen sehr genau gefaßten Militärranglisten noch in den Gothaer Taschenbüchern bis zum Ende der Monarchie eine solche Unterscheidung vorgenommen worden sei, was auf entsprechende Anweisungen der Heroldsämter schließen lasse; da Peters annahm, daß die Akten des früheren preußischen Heroldsamts während des zweiten Weltkriegs wahrscheinlich vernichtet worden seien, zog er zur Stützung seiner Ansicht einen Erlaß des Kaiserlichen Österreichischen Ministerium des Innern vom 19. Okt. 1880[140] heran, der

---

136 Nach *Rehm*, Modernes Fürstenrecht, S. 163, sollen diese seit Mitte des 18. Jahrhunderts sämtlich, auch ohne besondere Verleihung, den Titel "Reichsfreiherren" geführt haben.

137 Siehe oben Kap. C.

138 Gesetz-Sammlung für die Königlichen Preußischen Staaten S. 81. Die Bestimmung lautet: "Die Standesherren und die ebenbürtigen Mitglieder ihrer Familien sind berechtigt, die vor Auflösung der deutschen Reichsverbindung innegehabten Titel und Wappen zu führen, jedoch mit Hinweglassung solcher Worte und Symbole, durch welche einzig ihr Verhältnis zu dem deutschen Reiche, oder ihre vormalige Eigenschaft reichsständischer oder reichsunmittelbarer regierender Landesherren, bezeichnet ward." Grundlage dieser Instruktion war die am 21. Juni 1815 ergangene "Königliche Verordnung betreffend die Verhältnisse der vormals unmittelbaren teutschen Reichsstände in den Preußischen Staaten" (Gesetz-Sammlung für die Königlichen Preußischen Staaten S. 105). Diese Verordnung setzte Art. 14 der Deutschen Bundesakte (siehe oben Kap. C) um, der nur programmatische Bedeutung hatte; vgl. OLG Stuttgart StAZ 1966, 143, 144.

139 StAZ 1959, 333; im Anschluß an *Peters* gleicher Ansicht: *Loos*, S. 84.

140 In dem Erlaß (Z 460a V. Z. 80, S. 198) wird ausgeführt, daß die Vorsetzung des Wortes "Reichs" vor den eigentlichen Adelstitel, wie auch die Bezeichnung "Des heil. röm. Reiches" Graf, Freiherr oder Ritter sich dermal als eine nicht mehr zeitgemäße und durch nichts gerechtfertigte Ausschmückung darstelle, weil das frühere römische Reich nicht mehr bestehe und der ehemalige Reichsadel keinerlei Vorzug vor dem erbländischen Adel genieße (nach *Peters* StAZ 1959, 333).

bedeutsam sei, da die Erhebung in den Reichsadel Vorrecht des in Wien residierenden Kaisers gewesen sei; auch der Preußische Justizminister habe in einem Erlaß vom 22. Nov. 1920[141] unter Verweis auf § 6 der obenerwähnten Instruktion und einen Erlaß des Minsters des Königlichen Hauses vom 11. März 1837 die Auffassung vertreten, die Führung des Titels "Reichsgraf" sei in Preußen nicht statthaft gewesen, nicht das Wort "Reichsgraf" sondern "Graf" gelte daher nach Art. 109 Abs. 3 S. 2 WRV als Teil des Namens.

Dagegen lehnte es das Oberlandesgericht Stuttgart mit Beschluß vom 6. Juli 1965[142], der, soweit ersichtlich, einzigen obergerichtlichen Entscheidung zu dieser Frage, ab, die Registrierung des Antragsgegners als "Reichsgraf von L." zu berichtigen[143]. Ein direkter Vorfahr des Antragsgegners war durch Leopold II., Kaiser des Heiligen römischen Reiches deutscher Nation in Wien, in den Reichsgrafenstand erhoben worden.
Das Gericht meinte, es sei zweifelhaft, ob den Vorfahren des Antragsgegners, die preußischem Adelsrecht unterlegen hätten, seit Auflösung des Deutschen Reiches im Jahre 1806 mit rechtsverbindlicher Wirkung verboten worden sei, den Adelstitel "Reichsgraf" zu führen, und, falls dieses Verbot bestanden habe, ob es durchgeführt worden oder nicht in der Praxis stillschweigend außer Kraft gesetzt worden sei; jedenfalls komme eine unvordenkliche Verjährung[144] in Betracht.
Insbesondere habe § 6 der schon erwähnten Instruktion nach seinem Wortlaut nur die vormaligen Reichsfürsten betroffen, nicht dagegen den niederen Reichsadel, dem der Antragsteller als reichsgräflicher Personalist angehörte[145]. Der in dem Erlaß des Preußischen Justizministers vom 22. Nov. 1920 erwähnte Erlaß des Ministers des Königlichen Hauses vom 11. März 1837 sei in der Gesetz-Sammlung für die Königlichen Preußischen Staaten der Jahre 1837 ff. nicht enthalten, weshalb zweifelhaft sei, ob der Erlaß, so er

141 III d 3390 (nach *Peters* StAZ 1959, 333).
142 OLG Stuttgart StAZ 1966, 143.
143 Aufmerksam wurde der Standesbeamte durch eine Mitteilung des Deutschen Adelsarchivs, einer privaten Institution; vgl. OLG Stuttgart, StAZ 1966, 143.
144 Zu dieser siehe unten IV 6 a cc.
145 S. 144 f. Seit der Wahlkapitulation Ferdinands IV. von 1653 setzte die Aufnahme in den Reichsfürstenstand - neben der Verleihung eines entsprechenden Adelstitels durch den Kaiser - voraus, daß der Betreffende in eine Grafenbank bzw. in die Reichsfürstenbank aufgenommen wurde, was nur bei Nachweis eines entsprechenden reichsunmittelbaren Territoriums geschah. Siehe oben Kap. C.

überhaupt ergangen sei, verbindliche Kraft gehabt habe[146]. Es sei daher - wie auch die Aufführung einiger Adelsgeschlechter im Gothaischen genealogischen Taschenbuch der Gräflichen Häuser aus dem Jahr 1855 mit der Vorsilbe "Reichs" zeige[147] - nicht ausgeschlossen, daß diese Führung des Adelstitels mindestens geduldet worden sei.

Zu beachten ist aber, daß die Entscheidung im Rahmen eines gerichtlichen Berichtigungsverfahrens gem. § 47 PStG erging; die Berichtigung wurde abgelehnt, weil das Gericht es nicht als erwiesen ansah, daß das alte Recht die Führung der Vorsilbe "Reichs" als Teil des Titels verbot. Über den Ausgang eines auf die Feststellung des Namens "Reichsgraf von X." gerichteten Verfahrens nach § 8 NÄG ist damit nichts gesagt[148].

Die Streitfrage kann heute auch deshalb nicht als abschließend geklärt betrachtet werden, weil im damaligen Verfahren die diesbezüglichen Akten des Heroldsamts[149] - in der irrigen Annahme[150], diese seien im zweiten Weltkrieg vernichtet worden - nicht berücksichtigt wurden[151].

3. *Zulässigkeit der männlichen und weiblichen Namensform von Adelsbezeichnungen*[152]

a) *Grundsatz*

Den Streit darüber, ob die Adelsbezeichnungen - auch nachdem Art. 109 Abs. 3 S. 2 WRV diese zu Namensteilen erklärt hatte - wie bisher in verschiedenen

---

146 S. 145.

147 S. 145.

148 S. 144. Zum Verhältnis der Verfahren nach § 47 PStG und § 8 NÄG zueinander siehe oben Kap. B II 2 b cc.

149 Zum Heroldsamt siehe unten Fn. 249.

150 OLG Stuttgart, StAZ 1966, 143, 145. Vgl. den Hinweis der Schriftleitung StAZ 1966, 145.

151 Vgl. *Peters* StAZ 1969, 166. Wie dem Beitrag zu entnehmen ist, hat das deutsche Adelsarchiv auch nach der Entscheidung des OLG Stuttgart an seiner Ansicht, die Bezeichnung "Reichsgraf" sei unzulässig, festgehalten.

152 Wegen der Probleme, die sich aus der Abwandlung der Adelsbezeichnung nach dem Geschlecht im Zusammenhang mit Wiederannahme des vor der Ehe geführten Namens nach Scheidung und Adoption ergeben siehe unten IV 5 a bb und c. Zur Zulässigkeit der Abwandlung ausländischer Adelsbezeichnungen nach dem Geschlecht siehe unten Kap. E III.

Geschlechtsformen gebraucht werden durften, hat Klippel als "absurde Kontroverse" bezeichnet[153]. Das geht aber wohl zu weit. Einer früheren "Freifrau Anna von X." war es nicht gleichgültig, ob sie ihren alten Namen beibehielt oder ob sie nunmehr den Namen "Anna Freiherr von X." führen mußte[154].

Es ging um die Frage der weiteren Führung der nach Geschlecht und Familienstand abgewandelten Adelsbezeichnungen, nämlich "Freiin" bzw. "Baronesse" für Ledige, "Freifrau" bzw. "Baronin" für Verheiratete statt "Freiherr" bzw. "Baron", "Komtesse" für Ledige, "Gräfin" für Verheiratete statt "Graf", "Fürstin" statt "Fürst", "Herzogin" statt "Herzog" sowie "Prinzessin" statt "Prinz"[155].

Das Bayerische Oberste Landesgericht hatte die Wandelbarkeit der Adelsbezeichnungen in die weibliche Form bejaht[156]; das Kammergericht[157] stellte sich auf den entgegensetzten Standpunkt und unterbreitete den ihm vorliegenden Fall dem Reichsgericht[158], welches es nicht beanstandete, daß weibliche Angehörige einer vormals adeligen Familie ihr Geschlecht in der Adelsbezeichnung zum Ausdruck bringen[159].
Der Entstehungsgeschichte des Art. 109 Abs. 3 S. 2 WRV entnahm das Reichsgericht, daß das Recht der bisherigen Adeligen, ihre früheren adeligen Namen weiterzuführen, nicht habe beeinträchtigt werden sollen[160]; man habe den adeligen Namen in seiner bisherigen Form aufrechterhalten wollen und es bestehe kein Grund zu der Annahme, daß man die Form, in der er nach bisherigem Sprachgebrauch geführt worden sei, habe beseitigen, insbesondere habe verbieten wollen, daß auch künftig die Frau eines Grafen sich Gräfin und

153 *Klippel*, S. 448 Fn. 8.

154 Die zahlreichen Nachweise bei *Rensch*, S. 254 ff., zur Rechtsprechung und Literatur aus der Zeit nach 1919 zeigen, daß die Debatte mit großem Engagement geführt wurde. Angesichts der außerrechtlichen und rechtlichen Namensfunktionen (siehe oben Kap. B I 2 bis 4) ist das kaum verwunderlich. Auch die namensrechtlichen Reformen der Zeit nach 1945 (siehe zu diesen oben Kap B I 3 c bb) stießen stets auf großes Interesse.

155 Siehe oben Kap. A.

156 BayObLG JW 1926, 257.

157 Vorlagebeschluß des Kammergerichts vom 15. Jan. 1926. Die Begründung des Kammergerichts ist mitgeteilt in RGZ 113, 107, 108 f.

158 Vgl. hierzu den bereits mit nationalsozialistischer Ideologie befrachteten Beitrag von *von Owstien*, StAZ 1933, 395, 396.

159 RGZ 113, 107, 114.

160 S. 110 ff.

die Frau eines Freiherrn sich Freifrau nenne[161]. Zwar gehe die Anwendung der weiblichen Form ursprünglich darauf zurück, daß es sich bei den Adelsbezeichnungen um Standestitel handelte. Aber sie seien eben auch Namensbezeichnungen geworden und die Äußerungen der gesetzgebenden Körperschaften ergäben, daß man insoweit an dem bisherigen Zustand nichts habe ändern wollen[162]. Dem stehe die Unveränderlichkeit des Namens nach den nunmehr auch auf die Adelsbezeichnungen als Teil des Familiennamens anwendbaren Bestimmungen der §§ 1355, 1616 BGB nicht entgegen, weil diese Vorschriften nur bestimmten, daß die Frau den Familiennamen des Mannes erhalte, aber nicht in welcher Form der Name zu führen sei; diese Frage sei keine Rechtsfrage, sondern eine Frage des Sprachsgebrauchs[163]. Wenn auch durch die weitere Führung der weiblichen Namensformen für Nichtwissende der Schein des Fortbestehens eines adeligen Geburtsnamens hervorgerufen werde, so sei dies eine Folge der Aufrechterhaltung des adeligen Namens und würde durch die vom Kammergericht für richtig gehaltene Form "Frau Graf" usw. nicht vermieden[164].
Der Fall sei den polnischen Namen auf -ki vergleichbar, die nach preußischer Praxis in der der polnischen Sprache entsprechenden weiblichen Form -ka amtlich anerkannt würden[165].

Die vom Reichsgericht vertretene Ansicht, daß der Gebrauch verschiedener Geschlechtsformen der Adelsbezeichnung rechtlich zulässig sei, war bereits gegen Ende der Weimarer Republik herrschend[166] und ist es bis in die heutige Zeit geblieben[167].

---

161 S. 112.

162 S. 112.

163 S. 112. Dieser Aspekt hat heute - nachdem der Gesetzgeber einen einheitlichen Familiennamen nicht mehr erzwingt (siehe oben Kap. B I 3 c bb) - stark an Bedeutung verloren.

164 S. 112

165 S. 113. Auf die Fragwürdigkeit dieser Analogie verweist zu Recht *Goslich* StAZ 1931, 121, 122; der preußischen Verwaltungspraxis lagen vor allem politische Erwägungen im Verhältnis zur polnischen Minderheit in Preußen zugrunde. Heute besteht diese Praxis nicht mehr; vgl. z. B. *Staudinger/Hübner*, § 1355 Rn. 24; MüKo/*Wacke*, BGB, § 1355 Rn. 45.

166 *Baring*, FischersZ 51 (1920), 225, 239 f.; *Bornhak*, Deutsches Adelsrecht, S. 102 f.; *H.E. Müller*, S. 40 f.; *von Owstien*, StAZ 1928, 361; *Happel*, S. 18 f., 41; *Freiherr Schenck zu Schweinsberg*, S. 54; *Rademacher*, S. 73; *Rensch*, S. 254, 263 m.w.N. auch zur Gegenmeinung. - A.A. z.B. *Goslich* StAZ 1931, 121. Dieser Beitrag zeigt, daß es vor allem um eine gesellschaftspolitische Frage ging.

167 Z.B. *Soergel/Heinrich*, § 12 Rz. 7; *Staudinger/Habermann/Weick* (1995), § 12 Rn. 6; KG StAZ 1964, 132; BayObLG StAZ 1956, 12 m.w.N. Siehe auch § 57 Abs. 3 S. 2

b) *Vereinbarkeit mit Art. 3 GG*

Es ist bezweifelt worden, ob diese Rechtsanschauung mit Art. 3 GG vereinbar ist[168].

Was das Verhältnis des Trägers der männlichen Geschlechtsform einer Adelsbezeichnung zu der Trägerin der weiblichen Geschlechtsform einer Adelsbezeichnung angeht, so liegt keine Ungleichbehandlung, insbesondere keine Schlechterstellung der Frau (Art. 3 Abs. 2 S. 1 GG) vor. Denn eine einheitliche Adelsbezeichnung gibt es nicht; sie existiert eben nur in den Geschlechtsformen. Der Fall ist mit den Anredeformen "Herr" und "Frau" vergleichbar.

Diese Paralelle zeigt aber, daß die Sonderformen für ledige Trägerinnen ("Freiin" statt "Freifrau" usw.) einer Adelsbezeichnung keinen Bestand mehr haben können. Der Grundsatz der Gleichberechtigung von Mann und Frau gebietet hier eine Gleichstellung in ähnlicher Weise, wie das für unverheiratete Frauen mit der Abschaffung des "Fräulein" im amtlichen Verkehr geschehen ist. Da die Geschlechtsformen, anders als die Anredeformen, gem. Art. 109 Abs. 3 S. 2 WRV Teil des registrierten Familiennamens sind, der Name in Deutschland aber einheitlich sein muß[169], ist es nicht angängig, die Frage, welche Geschlechtsform die von Rechts wegen zu führende ist, in das Belieben der betroffenen Trägerinnen zu stellen[170]. Die Trennung zwischen "Freifrau" und "Freiin" usw. ist daher aufzugeben zugunsten des einheitlichen Gebrauchs der Bezeichnung "Freifrau" für Verheiratete und Ledige[171]. Für die standesamtliche Praxis hält § 57 Abs. 3 S. 2 DA an den überkommenen Namensformen "Freifrau" und "Freiin" fest.

DA. Kritisch *Staudinger/Coester*, 12. Aufl., § 1616 Rn. 14; *Zeyringer*, ÖStA 1980, 3, 5 f. (aus österreichischer Sicht).

168 Z.B. *Marcks* StAZ 1983, 320, 321.

169 BVerwG StAZ 1965, 188; BVerwG Buchholz 402.10 § 3 NÄG Nr. 9; auch HessVGH VerwRspr 31 (1980), Nr. 56 (S. 273, 277); OVG Rheinland-Pfalz StAZ 1984, 105, 106.

170 *Soergel/Heinrich*, § 12 Rz. 7 will den Betroffenen anscheinend ein Wahlrecht einräumen ("Nach der heute üblichen Anrede kann aber auch die ledige Tochter eines Freiherrn Freifrau heißen.").

171 Ähnlich *Peters*, StAZ 1967, 251. - A.A. noch OLG Rostock StAZ 1933, 233 und *Loos*, S. 81 f.; *Ficker*, Das Recht des bürgerlichen Namens, S. 25, 97. - Offengelassen in KG StAZ 1964, 131, 132.

Fraglich ist die Verfassungsmäßigkeit der Flexion aber unter dem Aspekt des Art. 3 Abs. 3 GG[172]. Man könnte annehmen, Träger früherer Adelsbezeichnungen und Träger von Familiennamen ohne eine solche würden ungleich behandelt. Zwar heißt die Ehefrau eines "Freiherrn von N.", wenn der Name des Mannes zum gemeinsamen Familiennamen bestimmt wird, "Freifrau von N." und der Ehemann einer "Freifrau von N.", wenn der Name der Frau zum gemeinsamen Familiennamen bestimmt wird, "Freiherr von N."[173]; die Trägerin des bürgerlichen Namens "Graf" aber nicht "Gräfin"[174], die des Namens "Müller" nicht "Müllerin", der Träger des Namens "Huhn" nicht "Hahn"[175].
Es liegt aber schon keine Ungleichbehandlung vor. Erst 1919 hat die WRV die Adelsbezeichnungen zu Teilen des Familiennamens erklärt und damit dem allgemeinen Namensrecht unterstellt. Da die Adelsbezeichnungen damals nur in Geschlechtsformen vorkam, führte dies dazu, daß den ehedem Adeligen die Adelsbezeichnung in der ihrem Geschlecht entsprechenden Namensform als ursprüngliches Namensrecht zukam[176]. Dagegen hatte sich eine solche früher auch im Bürgertum übliche Namensabwandlung bei den bürgerlichen Namen[177] seit etwa 1800 verloren[178].

c) *Insbesondere die Adelsbezeichnung "Ritter von"*

Diese Adelsbezeichnung kam in Bayern[179] und Österreich[180] vor. Für Ehefrau und Tochter des Trägers der österreichischen Bezeichnung "Ritter und Edler von" war nach altem Adelsrecht anerkannt, daß diese sich als "Edle von" bezeichnen durften; insoweit ist die Anwendung der Grundsätze der Entscheidung des Reichsgerichts vom 10. März 1926[181] unproblematisch.

---

172 Vgl. dazu *Peters*, StAZ 1976, 88.
173 So ausdrücklich MüKo/*Wascke*, BGB, § 1355 Rn. 45.
174 Beispiel nach BayObLG StAZ 1956, 12, 13.
175 Letztes Beispiel nach dem polemischen Beitrag von *Goslich* StAZ 1931, 121 ff. *Bornhak*, Deutsches Adelsrecht, S. 102, meint, das Ansinnen, die Adelsbezeichnungen nicht mehr nach dem Geschlecht zu wandeln, laufe auf eine "Verhöhnung" des Adels hinaus.
176 Vgl. BayObLG StAZ 1956, 12, 13.
177 Vgl. dazu etwa noch die Ausführungen bei *Wiarda*, S. 149 ff.
178 *H.E. Müller* S. 41.
179 *Kopp*, StAZ 1955, 42.
180 *Peters*, StAZ 1954, 188.
181 RGZ 113, 107.

Schwierigkeiten bereitet aber die rechtliche Behandlung der bayerischen Bezeichnung "Ritter von"[182]. Der bayerische Adel hatte nach § 6 des bayerischen Adelsedikts fünf Grade:
1) Fürsten, 2) Grafen, 3) Freiherrn, 4) Ritter, 5) Adelige mit dem Prädikat "von".
Im Königreich Bayern war - nach einigen Unklarheiten, in welcher Weise der Adelsstand der Frauen aus Familien der Ritterklasse bezeichnet werden sollte[183], - durch eine Entschließung des Staatsministeriums des Königlichen Hauses und des Äußeren vom 5. Nov. 1877 entschieden worden, "daß die weiblichen Mitglieder der bei der Ritterklasse immatrikulierten Familien lediglich das allgemeine Adelsprädikat "von" zu führen haben, die auf dieselben bezüglich Personalveränderungen in den Standesregistern jedoch nach wie vor bei der IV. Adels-(Ritter-) Klasse einzuberichtigen sind"[184]. Die Zugehörigkeit zur Ritterklasse war bei Frauen also verdeckt; die Adelsbezeichnung "Ritter" oder "Ritterin" kam ihnen nicht zu.

Da gem. Art. 109 Abs. 3 S. 2 WRV nur solche Adelsbezeichnungen zum Bestandteil des Familienamens werden sollten, die schon früher zum adeligen Namen gehörten - eine Neuverleihung von Adelsbezeichnung verbot die Bestimmung ausdrücklich - , war das Prädikat "Ritter" oder "Ritterin" nicht Teil des Familiennamens der weiblichen Angehörigen der früheren Ritterklasse geworden. Denn einen weiblichen Ritter hatte es im Adelsrecht niemals gegeben[185]; die Bezeichnung "Ritterin" entsprach nicht dem Sprachgebrauch. Andererseits war das Prädikat "Ritter" keine bloße persönliche Adelsbezeichnung, sondern adeliger Name der Familie. Soweit es nicht lediglich auf der Erteilung des Militär- oder Zivilstandsordens beruhte und sich deshalb nur auf die Person des Ordensempfängers allein bezog (§§ 5, 6 des bayerischen Adelsedikts)[186], zeichnete es die ganze Familie aus. Der Grundsatz, daß eine persönliche Adelsbezeichnung nicht gem. Art. 109 Abs. 3 S. 2 WRV Teil des Familiennamens wurde, sondern mit dem Tod ihres letzten Trägers erlosch[187], findet demnach auf den Titel "Ritter" keine Anwendung. Angesichts der ratio legis des Art. 109 Abs. 3 S. 2 WRV, den vormals Ade-

182 Vgl. zum folgenden BayObLG StAZ 1967, 185 ff.
183 Siehe hierzu auch *Kopp*, StAZ 1955, 42.
184 Zitiert nach BayObLG StAZ 1967, 185, 186.
185 *Peters*, StAZ 1954, 188.
186 Vgl. BayObLG StAZ 1967, 185, 186. Zum persönlichen Adel in Bayern siehe unten 4.
187 Siehe unten 4.

ligen ihre bisherigen Adelsnamen als bürgerliche Namen zu erhalten, ist es daher auch für die Folgezeit bei der unterschiedlichen Namensführung geblieben[188].

4. *Erlöschen der Adelsbezeichnungen des persönlichen Adels und des Primogenituradels mit dem Tod ihres bei Inkrafttreten der WRV letzten Trägers*[189]

Ein persönlicher Adel, der im Gegensatz zum Erb- oder Geschlechtsadel nur dem Geadelten zustand (teilweise auch seiner Ehefrau), aber mit dessen Tod erlosch[190], war nur in Württemberg und Bayern gebräuchlich[191]. In Bayern war mit der Verleihung des Militär- oder Zivilverdienstordens, z.B. des Militär-Max-Joseph-Ordens (vgl. § 5, 6 des bayerischen Adelsedikts)[192], der persönliche Adel mit dem Prädikat "Ritter von" verbunden, der sich gewohnheitsrechtlich auch auf die Frau erstreckte[193]. In Württemberg gebührte der persönliche Adel, der auf die Person des Beliehenen beschränkt war[194], mit der Bezeichnung "von" allen Inländern, welche die Staatsämter der vier obersten Rangstufen erlangten und denen der Militär-Verdienst-Orden oder eine der vier obersten Klassen des Ordens der württembergischen Krone verliehen wurde[195].

---

188 So auch *Loos*, S. 82. - A.A. noch *Rensch*, S. 264. Einen Spezialfall behandelt *Fritsche*, StAZ 1989, 80 (Wie lautet die Adelsbezeichnung bei Ehefrauen und Töchtern, wenn die Adelsbezeichnung "Ritter von" durch öffentlich-rechtliche Namensänderung Familienname wurde?). Zur Namensführung des nichtehelichen Knaben einer der früheren Ritterklasse angehörenden Frau siehe unten IV 4 b.

189 Wegen der Fragen im Zusammenhang mit einer Annahme an Kindesstatt siehe unten IV 5 c.

190 *Rensch*, S. 5.

191 *Von Owstien*, StAZ 1933, 92; WStVerwR "Adel", S. 61 Sp. 1. Vgl. zum in Preußen nur selten verliehenen persönlichen Adel §§ 32 f. II 9 ALR.

192 Vgl. BayObLG StAZ 1981, 186, 187; *Geeb/Kirchner/Thiemann*, S. 151.

193 WStVerwR "Adel", S. 61 Sp. 1; *von Owstien*, StAZ 1933, 92, 93; *Mantey*, AöR 13 (1898), 20, 33; *Rensch*, S. 42 f. Siehe auch die Bekanntmachung des Bayerischen Staatsministerium des Innern vom 29. Aug. 1968, StAZ 1968, 316, nach der Personaladelige und ihre Gattin in Bayern bis zum Ende der Monarchie das Prädikat des adeligen Ritterstandes führten, d.h. der Mann die Bezeichnung "Ritter von", die Frau das einfache "von". - Ein Ordensmitglied, dessen Vater und Großvater sich ebenfalls die genannten Auszeichnungen erworben hatten, hatte nach §§ 5, 6 des bayerischen Adelsedikts Anspruch auf taxfreie Verleihung des erblichen Adels; vgl. WStVerwR "Adel", S. 61 Sp. 1.

194 *Von Owstien*, StAZ 1933, 92, 93; *Mantey*, AöR 13 (1898), 20, 33; *Rensch*, S. 42 f.

195 *Von Owstien*, StAZ 1933, 92.

In einigen Adelsfamilien erhielt nicht jeder Abkömmling den gleichen adeligen Namen, sondern einer, etwa der älteste Sohn oder der Übernehmer des Hausguts oder Fideikommisses[196] (und seine Frau), eine höhere Adelsbezeichnung als die übrigen Familienmitglieder[197] oder neben der allgemeinen Familienbezeichnung noch eine besondere Benennung (sog. Primogenituradel)[198].

Die Beurteilung der Behandlung dieser Sonderformen früherer Adelsbezeichnungen muß wiederum bei Art. 109 Abs. 3 S. 2 WRV ansetzen. Sinn dieser Bestimmung ist einerseits, ehedem Adeligen ihre bisherigen Adelsnamen als bürgerliche Namen zu erhalten, andererseits, das Entstehen neuer adeliger Namen auszuschließen. Nur soweit Adelsbezeichnungen früher Teil des adeligen Namens waren, sollten sie weitergeführt werden[199].

Nicht bezweifeln läßt sich, daß der persönliche Adel wirklicher Adel und nicht nur bloßer Titel war[200]. Wenn aber die früheren persönlichen Adelsbezeichnungen gem. Art. 109 Abs. 3 S. 2 WRV als Teil des Familiennamens gegolten hätten, wären die allgemeinen namensrechtlichen Bestimmungen, insbesondere diejenigen über den Namenserwerb durch Abstammung, zur Anwendung gekommen. Die früheren Bezeichnungen des persönlichen Adels wären - anders als im alten Recht, in dem der persönliche Adel und mit ihm die Adelsbezeichnung nicht übertragen werden konnte - vererblich geworden. Bei der Beratung der WRV war an den persönlichen Adel überhaupt nicht gedacht worden[201]. Im Sinne der WRV wäre die Schaffung eines neuen "Geburtsscheinadel" aber nicht gewesen. Sie wäre einer Neuverleihung von Adelsbezeichnungen gleichgekommen, die Art. 109 Abs. 3 S. 2 2. Halbs. WRV ausdrücklich verbietet. Art. 109 Abs. 3 S. 2 1. Halbs. WRV muß daher restriktiv dahingehend ausgelegt werden, daß die Adelsbezeichnungen des früheren persönlichen Adels nicht Bestandteil des *Familien*namens, sondern nur

---

196 Siehe zu diesem oben Kap. B I 4 a.

197 Z.B. Fürst von Bismarck statt Graf von Bismarck-Schönhausen (nach *Rensch*, S. 54 Fn. 36).

198 So erwarb z.B. in dem Zweig Cummerow-Ivenack der Familie Freiherren von Maltzahn der Majoratsherr die Bezeichnung "Freiherr von Maltzahn Graf von Plessen (nach *Rensch*, S. 55 Fn. 37). Vgl. zum ganzen *Rensch*, S. 54 f.

199 RGZ 113, 107 ff.; BayObLG StAZ 1967, 185, 186; 1981, 186, 187.

200 Vgl. BayObLG StAZ 1981, 186, 187; BayObLGZ 22, 38, 39 f.; *von Owstien*, StAZ 1933, 92, 94.

201 *Rensch*, S. 176.

persönliche Namensteile der vormals Adeligen geworden sind[202]. Folge dieser Auffassung ist, daß die Adelsbezeichnung nach Inkrafttreten der WRV von dem bisher Berechtigten noch als Teil des persönlichen Namens weitergeführt werden durfte; sie übertrug sich aber nicht auf seine Kinder; mit dem Tod des bisher Berechtigten ist sie erloschen[203].

Dieser Ansicht kann nicht entgegengehalten werden[204], daß es auch beim Erbadel durch die Unterstellung seiner früheren Adelsbezeichnungen unter die allgemeinen Bestimmungen des Namensrechts zu einer Vermehrung der Adelsbezeichnungen kam. Es darf nämlich nicht außer acht gelassen werden, daß es sich - auch bei einer nunmehr zulässigen Übertragung der Adelsbezeichnung durch Adoption oder nichteheliche Geburt - um Adelsbezeichnungen handelte, die schon bisher geeignet und bestimmt waren, auf alle Abkömmlinge des Trägers überzugehen, während beim persönlichen Adel die Adelsbezeichnungen eben nur auf eine bestimmte Person der Familie beschränkt waren[205].

Erst durch eine Entscheidung des BVerwG[206] endgültig entschieden wurde dagegen die Frage, welche Folgen Art. 109 Abs. 3 S. 2 WRV für die besonderen Bezeichnungen bevorrechtigter Familienmitglieder hatte. Diese Sonderform des Adels vereinigte in sich Elemente des persönlichen wie des erblichen Adels. Dem persönlichen Adel glich der Primogenituradel, weil er sich auf ein Mitglied der adeligen Familie beschränkte; dem Erbadel ähnelte er darin, daß er, zumeist erst nach dem Tod des Rechtsvorgängers, auf das bevorrechtige Familienmitglied weiterübertragen wurde[207].

§ 22 Abs. 1 S. 2 des preußischen Adelsgesetzes bestimmte: "Stand zur Zeit des Inkrafttretens der Reichsverfassung einem Familienangehörigen vor den ande-

---

202 H.M.: BayObLGZ 22, 38 ff.; BayObLG StAZ 1981, 186, 187 f.; *Loos*, S. 84; *Raschauer*, S. 30 f.; *Soergel/Heinrich*, § 12 Rz. 6; *Staudinger/Habermann/Weick* (1995), § 12 Rn. 9; aus der älteren Literatur: *von Owstien*, StAZ 1933, 92; *Rademacher*, S. 70; *Rensch*, S. 175 m.w.N.; ebenso § 57 Abs. 3 S. 5 DA. - A.A. MüKo/*Hinz*, BGB, § 1616 Rn. 10; *Staudinger/Coester*, 12. Aufl., § 1616 Rn. 14; *Ficker*, Das Recht des bürgerlichen Namens, S. 25 (ohne Begründung).

203 *Rensch*, S. 177 f.

204 So wohl MüKo/*Hinz*, BGB, § 1616 Rn. 10.

205 BayObLGZ 22, 38, 42 f.

206 StAZ 1966, 167 mit Anmerkung *Brintzinger*, S. 344. Die Entscheidung erregte damals großes Aufsehen; vgl. die Hinweise bei *Brintzinger*, S. 344 Fn. 1 und StAZ 1966, 167 Fn. 1.

207 Vgl. *Rensch*, S. 180, 54.

ren Familienangehörigen eine besondere Bezeichnung zu, so darf er diese Bezeichnung für seine Person auf die Dauer der bisherigen Berechtigung beibehalten, sofern sie nicht dem Ausdrucke der durch die Ereignisse des November 1918 beseitigten Landeshoheit diente"[208].

Fraglich war, ob § 22 Abs. 1 S. 2 des preußischen Adelsgesetzes, zu dessen Erlaß Preußen befugt war[209], auch für diejenigen Ländern des Reiches, in denen eine vergleichbare gesetzliche Regelung fehlte, als zutreffende Auslegung des Art. 109 Abs. 3 S. 2 WRV herangezogen werden konnte. Es stellt sich also die Frage, wie die Primogeniturtitel unmittelbar nach Art. 109 Abs. 3 S. 2 WRV rechtlich zu beurteilen sind.

Zwei von § 22 Abs. 2 S. 1 des preußischen Adelsgesetzes abweichende Auslegungen des Art. 109 Abs. 3 S. 2 WRV wurden vertreten.

Ficker meinte - allerdings ohne nähere Begründung - , Art. 109 Abs. 3 S. 2 WRV führe zu einem Erwerb des Primogeniturtitels als Teil des Familiennamens durch alle Angehörigen des Geschlechts[210]. Diese Auslegung des Art. 109 Abs. 3 S. 2 WRV ist aber unzutreffend, weil sie im Widerspruch zu dem in Art. 109 Abs. 3 S. 2 2. Halbs. WRV ausgesprochenen Verbot der Neuverleihung von Adelsbezeichnungen steht. Für die früheren Primogeniturtitel gilt insoweit nichts anderes, als für den früheren persönlichen Adel[211].

Teilweise wurde behauptet, Art. 103 Abs. 3 S. 2 WRV habe das Recht der bisherigen Adeligen, ihre Namen weiterzuführen, nicht beeinträchtigen wollen; Weiterführung wie bisher könne aber nur bedeuten, daß auch nach Inkrafttreten der WRV ein Übergang der Erstgeburtstitel stattgefunden habe, und zwar wie bisher nur auf die nach früherem Adelsrecht Berechtigten[212].

---

208 Siehe oben Fn. 54. In Thüringen und Schaumburg-Lippe existierten entsprechende Bestimmungen; vgl. *Rensch*, S. 179 f. Die Worte "für die Dauer der bisherigen Berechtigung" wurden durch Art. 36 S. 3 des preußischen Gesetzes vom 22. April 1930 (Preußische Gesetzsammlung S. 90) durch die Worte "auf Lebenszeit" ersetzt.

209 Siehe oben II 1 bei Fn. 70.

210 *Ficker*, Das Recht des bürgerlichen Namens, S. 25. Ebenso *Staudinger/Coester*, 12. Aufl., § 1616 Rn. 14, der die Frage allerdings zusammen mit dem Personaladel abhandelt, ohne auf die Besonderheiten des Primogenituradels einzugehen.

211 Vgl. *von Owstien*, StAZ 1933, 92, 94.

212 *Graf von Bernstorff*, DÖV 1964, 78, 81. Siehe dazu die Erwiderung von *Brintzinger*, DÖV 1964, 621 ff.

Auch diese Auffassung ist abzulehnen. Nach richtiger Ansicht sind die Bezeichnungen bevorrechtigter Familienmitglieder mit dem Tod des bei Inkrafttreten der WRV letzten Trägers erloschen[213]. Eine Übertragung der früheren Primogeniturtitel, insbesondere durch Abstammung, ist nach dieser Auslegung des Art. 109 Abs. 3 S. 2 WRV gänzlich ausgeschlossen. Sämtliche Abkömmlinge führen diejenige Adelsbezeichnung, die den nichtbevorrechtigten Familienmitglieder nach altem Recht zukam[214].

Schon Rensch hat zutreffend darauf hingewiesen, daß der Erstgeburts- dem Personaladel näher stand als dem Erbadel[215]. Der Erbadel und mit ihm die Adelsbezeichnung wurde nur in Ausnahmefällen nicht übertragen[216]. Dem von Art. 109 Abs. 3 S. 2 WRV verfolgten Ziel der Gleichstellung von adeligen und bürgerlichen Namen entsprach es daher am besten, diese Ausnahmefälle zu beseitigen, indem man diese Adelsbezeichnungen den allgemeinen namensrechtlichen Bestimmungen unterstellte. Dagegen bildete die Übertragung des Adels und mit ihm der Adelsbezeichnung beim Primogenituradel die Ausnahme; dem Grundsatz der Gleichbehandlung von adligen und bürgerlichen Namen wurde daher am besten Rechnung getragen, wenn man die Übertragbarkeit nunmehr gänzlich ausschloß[217]. Dem Bestreben der WRV, in bestehende Rechte nicht einzugreifen, entsprach es, daß derjenige, der die Vorzugsbezeichnung am 14. Aug. 1919 zu Recht führte, diese bis zu seinem Tode weiter führen durfte[218]. Die Aufrechterhaltung des Übergangs der Erstgeburtstitel nach dem agnatischen Primogeniturrecht war nicht möglich, denn sie

---

213 H.M.: BVerwG StAZ 1966, 167 f. (siehe auch die vorinstanzliche Entscheidung: OVG Münster, StAZ 1964, 252 f.); *Soergel/Heinrich*, § 12 Rz. 6; *Hepting/Gaaz*, PStG, § 2 Rdnr. 14 (*Gaaz*); *Loos*, S. 83; *Brintzinger*, DÖV 1964, 621, 623 ff.; StAZ 1966, 344 f.; *Rensch*, S. 179 ff. Ebenso § 57 Abs. 3 S. 6 DA. Offengelassen in BayObLG StAZ 1968, 168, 169. Nützlich für die Praxis ist die Zusammenstellung von Familien mit Primogeniturtiteln bei *Peters*, StAZ 1967, 77.

214 Die Kinder des Fürsten von Bismarck führen also den Namen Graf oder Gräfin von Bismarck-Schönhausen, die des Freiherren von Maltzahn Graf von Plessen den Namen Freiherr oder Freiin/Freifrau von Maltzahn (siehe oben Fn. 197 und 198).

215 *Rensch*, S. 180.

216 Insbesondere grundsätzlich nicht durch nichteheliche Abstammung und Adoption. Siehe unten IV 4 b und 5 c.

217 *Rensch*, S. 180; ebenso *Brintzinger*, DÖV 1964, 621, 623 f.

218 *Rensch*, S. 181. Die hier für die Bezeichnungen des früheren Primogenituradels dargestellten Grundsätze gelten entsprechend für die Personen, die von der in § 45 II 9 ALR eingeräumten Möglichkeit der Anfügung des Gutsnamens an den Adelsnamen Gebrauch gemacht hatten; vgl. *Peters*, StAZ 1970, 85; *Rensch*, S. 181 Fn. 107. Die Aufhebung dieser Bestimmung durch § 41 Nr. 3 lit. b) des preußischen Adelsgesetzes (auf diese verweist OVG Münster StAZ 1964, 252, 253) stand daher ebenfalls mit der WRV im Einklang.

hätte die Übernahme früheren adeligen Sonderrechts in das heutige Recht bedeutet und genau das wollte Art. 109 Abs. 3 WRV verhindern[219].
Nach richtiger Ansicht stellt § 22 Abs. 2 S. 1 des preußischen Adelsgesetzes eine korrekte Auslegung des Art. 109 Abs. 3 S. 2 WRV dar[220]. Die oben dargelegten Grundsätze gelten somit auch in den Ländern, die keine § 22 Abs. 2 S. 1 des preußischen Adelsgesetzes entsprechende gesetzliche Regelung geschaffen hatten[221].

5. *Keine Bestimmung früherer Adelsbezeichnungen zum Vornamen*

Das Recht, den Vornamen zu bestimmen, folgt aus dem Personensorgerecht; es steht beiden Eltern gemeinsam (§§ 1626, 1627 BGB), beim nichtehelichen Kind nur der Mutter (§1705 BGB) zu[222]. Bei der Auswahl der Vornamens sind die Eltern in Ermangelung allgemein verbindlicher Vorschriften grundsätzlich frei, so daß ihnen mittlerweile auch das Recht zugestanden wird, neue Vornamen zu erfinden[223]. Nach der Rechtsprechung des Bundesgerichtshofs darf die Namensgebung jedoch nicht die allgemeine Sitte und Ordnung verletzen; zur rechten Ordnung gehört nach Ansicht des Bundesgerichtshofs, daß "nicht willkürliche oder ganz ungebräuchliche oder zur Kennzeichnung ihrer Träger ungeeignete Bezeichnungen genommen werden"[224]. Im einzelnen ist die Rechtsprechung, die bei den Instanzgerichten Liberalisierungstendenzen aufweist[225], uneinheitlich und vieles unklar[226].

---

219 *Brintzinger*, DÖV 1964, 621, 624.

220 So schon LVG Hamburg 1954, 274, 275.

221 Vgl. *Rensch*, S. 181. In diesem Punkt mißverständlich: *Staudinger/Habermann/Weick* (1995), § 12 Rn. 9. - Die Nichtübertragbarkeit der Bezeichnungen des früheren Primogenituradels folgt, wenn nicht aus Landesrecht, dann jedenfalls unmittelbar aus Art. 109 Abs. 3 S. 2 WRV. Der Geltungsbereich des § 22 Abs. 1 S. 2 des preußischen Adelsgesetzes ist im heutigen Bundesrecht sehr eingeschränkt; die Bestimmung gilt noch in Niedersachsen sowie in den ehemals preußischen Gebieten von Baden-Württemberg, Rheinland-Pfalz und des Saarlandes; vgl. *Brintzinger* StAZ 1966, 344 f.

222 MüKo/*Hinz*, BGB, § 1616 Rn. 15; OLG Zweibrücken StAZ 1993, 79, 80 je m.w.N.

223 OLG Zweibrücken StAZ 1993, 79, 80. In Österreich und der Schweiz ist die Wahl des Vornamens dagegen gesetzlich geregelt; vgl. die Hinweise bei *Hepting/Gaaz*, PStG, § 21 Rdnr. 87.

224 BGHZ 29, 256, 259; 30, 132, 134.

225 *Soergel/Strätz*, § 1616 Rz. 13.

226 Siehe dazu die Nachweise bei MüKo/*Hinz*, BGB, § 1616 Rn. 18 ff; *Staudinger/Coester*, 12. Aufl., § 1616 Rn. 113.

Einigkeit besteht aber darüber, daß die Wahl einer früheren Adelsbezeichnung als Vorname unzulässig ist[227]. Nach h.M. sind Nachnamen als Vornamen unzulässig, da sie zur Kennzeichnung ihres Trägers ungeeignet seien; es fehle ihnen die sprachliche Qualität als Vorname und es könne zu Verwechslungen und Täuschungen kommen[228]. Coester meint, schon aus diesem Grund dürften frühere Adelsbezeichnungen, die typisierte Nachnamenbestandteile darstellten, nicht zu Vornamen bestimmt werden[229]; sie setzten den Namensträger zudem der Gefahr der Lächerlichkeit aus[230]. Entscheidend ist aber nach wie vor[231], daß Art. 109 Abs. 3 S. 2 2. Halbs. WRV, der als einfaches Bundesrecht fortgilt[232], die Neuverleihung von Adelsbezeichnungen verbietet. Es würde dem Zweck dieser namensrechtlichen Bestimmung widersprechen, wenn Eltern die Möglichkeit hätten, einen zusammengesetzten Vornamen auszuwählen, der eine frühere Adelsbezeichnung enthält[233].

IV. Die Adelsbezeichnung nach altem und neuem Recht: Eine Gegenüberstellung der wichtigsten Regelungen

1. Darstellungsmethode

Seit Inkrafttreten der WRV unterliegt der adelige Name den allgemeinen Vorschriften des öffentlichen wie des bürgerlichen Namensrechts.
Die behördliche Namensänderung ist besonders bei der Wiederherstellung von Adelsbezeichnungen bedeutsam; dieser Themenkomplex wird daher in einem gesonderten Kaptitel erörtert[234].

---

227 LG Köln, StAZ 1930, 83 ("Graf Ottomar Karl"); OLG Hamburg, StAZ 1965, 75 f. ("Prinzess Anne"); OLG Braunschweig StAZ 1978, 184 f. ("Pan" - im Polnischen bedeutet dieses Wort "Herr"); OLG Zweibrücken StAZ 1993, 79 f. ("Maximilian Lord"); *Staudinger/Coester*, 12. Aufl., § 1616 Rn. 125; MüKo/*Hinz*, BGB, § 1616 Rn. 25; *Soergel/Strätz*, § 1616 Rz. 13; *Hepting/Gaaz*, PStG, § 21 Rdnr. 97 f.; *Loos*, S. 151; *Peters*, StAZ 1968, 333 (Zu "Ritter", "Earl", "Baron").

228 MüKo/*Hinz*, BGB, § 1616 Rn. 24; *Staudinger/Coester*, 12. Aufl, § 1616 Rn. 123.

229 *Staudinger/Coester*, 12. Aufl., § 1616 Rn. 125; ähnlich *Hepting/Gaaz*, PStG, § 21 Überschrift vor Rdnr. 93; Rdnr. 97 f. (Beschränkung im öffentlichen Interesse wegen Ungeeignetheit zur individuellen Kennzeichnung).

230 *Staudinger/Coester*, 12. Aufl., § 1616 Rn. 125.

231 A.A. *Staudinger/Coester*, 12. Aufl., § 1616 Rn. 125. - Offengelassen in OLG Zweibrücken StAZ 1993, 79, 80.

232 Siehe oben Einführung.

233 OLG Hamburg StAZ 1965, 75.

234 Siehe unten Kap. F.

Im folgenden wird nur das bürgerliche Namensrecht behandelt. Grundsätzlich gelten beim Ersterwerb des adeligen Namens durch Geburt und bei Erwerb oder Verlust desselben durch familienrechtliche Vorgänge keinerlei Besonderheiten[235]. Es müssen daher nur einzelne Zweifelsfragen angesprochen werden.

Die Erörterung erfolgt in der Weise, daß den im heutigen Recht "pathologischen Fällen" jeweils die für den niederen Adel geltenden entsprechenden Regelungen des alten Landesadelsrechts[236] gegenübergestellt werden. Die Darstellung des früheren Rechtszustands ist dabei nicht nur von rechtshistorischem Wert. Denn eine Adelsbezeichnung wurde, wie gezeigt, Teil des Familiennamens, wenn sie bei Inkrafttreten der WRV am 14. Aug. 1919, also nach altem Recht, geführt werden durfte[237] und zwar grundsätzlich[238] ohne Rücksicht darauf, ob sie bisher tatsächlich geführt worden war oder nicht[239]. Über das "Einfallstor" des gem. Art. 123 GG als einfaches Bundesrecht fortgeltenden Art. 109 Abs. 3 S. 2 WRV ist das frühere Adelsrecht, welches nach

---

235 Siehe z.B. *Soergel/Heinrich*, § 12 Rz. 12, und die Auflistung der heute geltenden Bestimmungen des BGB oben Kap. B II 2 a.

236 Wegen der für den zahlenmäßig nicht ins Gewicht fallenden Hochadel geltenden Regelungen des Privatfürstenrechts - mit Ausnahme des Ebenbürtigkeitsrechts (siehe dazu unten 3) - vgl. *Rensch*, S. 42 ff.; *von Gierke*, Deutsches Privatrecht, Band 1, S. 397 ff. Wegen der bis 1918 regierenden oder der depossedierten bzw. subjizierten Fürstenhäuser vgl. insbesondere *Rehm*, Modernes Fürstenrecht, S. 142 ff. Wegen der Standesherren vgl. insbesondere *Rehm*, Prädikat- und Titelrecht (Dieses Werk - ein Gutachten im Auftrag der deutschen Standesherren zu der Frage der Entstehung und Berechtigung zur Führung der Titel Durchlaucht, Erlaucht, Erbfürst, Erbprinz, Prinz und Erbgraf - erörtert auch das Prädikat - und Titelrecht der zum Erscheinungsdatum (1905) regierenden Häuser und des nichtstandesherrlichen Adels).
Nach dem Übergang zur republikanischen Staatsform fand die Frage der Namensführung der landesherrlichen Familien in Deutschland naturgemäß großes Interesse; vgl. hierzu *Rensch*, S. 267 ff. m.w.N. Die deutschen Fürstenhäuser hatten gewohnheitsrechtlich den Namen des von ihnen beherrschten Landes angenommen; vgl. *Opet*, VerwArch 29 (1922), 31, 35 ff. Der Familienname der Mitglieder des vormaligen preußischen Königshauses lautet also (an Stelle der umfangreichen früher im "Großen Titel" enthaltenen Adelsbezeichnungen) "Prinz/Prinzessin von Preußen", nicht etwa "von Hohenzollern"; vgl. hierzu § 22 des preußischen Adelsgesetzes und die aufgrund § 39 des genannten Gesetzes ergangene preußische Verordnung über den Namen der Mitglieder der vormals landesherrlichen Familie vom 27. Nov. 1923 (Preußische Gesetzsammlung S. 548). - Dagegen führen die in Österreich verbliebenen Mitglieder des Hauses Habsburg-Lothringen den Namen "Habsburg-Lothringen" (siehe unten Kap. G II 1 bei Fn. 45).

237 Siehe oben II.

238 Zu den Landesadelsrechten, nach denen der Adel ausnahmsweise auch bei schlichtem Nichtgebrauch erlosch, sowie zur Einschränkung dieses Grundsatzes durch die heutige höchstrichterliche Rechtsprechung siehe unten 6 b bb.

239 *Rensch*, S. 158 f.; BayObLGZ 22, 340, 341 f.; BayObLG StAZ 1933, 155, 156; OLG Frankfurt StAZ 1985, 12, 13; *Raschauer*, S. 129.

herrschender Auffassung auch nach Inkrafttreten des BGB für die Frage des Erwerbs und des Verlusts einer Adelsbezeichnung maßgeblich geblieben war[240], somit auch in aktuellen Gerichtsentscheidungen von - mitunter streitentscheidender - Bedeutung[241]. Im Rahmen der vorliegenden Untersuchung genügt es, das alte Recht in seinen Grundzügen darzustellen. Die Behandlung sämtlicher teils auf Kodifikationen, teils auf gewohnheitsrechtlicher Anerkennung beruhender, Übergang und Führung des Adels und damit der Adelsbezeichnung betreffender Bestimmungen der deutschen Partikularrechte in der Zeit vor 1918 würde die Grenzen der vorliegenden Arbeit überschreiten. In zahlreichen Streitfällen wird ein Blick in die in vielen deutschen Staaten existierenden, zumeist aus dem 19. Jahrhundert stammenden, adelsrechtlichen Gesetzgebungswerke[242] genügen. Die Erörterung der bei Inkrafttreten der WRV maßgebenden, die Adelsbezeichnung betreffenden Regelungen dient in erster Linie als Folie, auf welcher die Tragweite des Art. 109 Abs. 3 S. 2 WRV, der den Schlußstrich unter ein jahrhundertealtes, vom Bürgertum abweichendes, besonderes, adeliges Namensrecht zog, besser erkennbar wird[243].

2. *Adelsstand und Adelsbezeichnung*

Gegen Ende des 19. Jahrhunderts gab es in Deutschland grundsätzlich keinen Adel ohne Adelsbezeichnung[244]. Wegen dieser Gleichsetzung von Stand und Standestitel richtete sich die Frage der Berechtigung zur Führung einer Adels-

---

240 Siehe oben I.

241 Vgl. z.B. BayObLG StAZ 1972, 12 ff.; OLG Frankfurt StAZ 1985, 12 f.

242 Siehe oben Kap. C Fn. 63.

243 Wegen der rechtlichen Doppelnatur der Adelsbezeichnung (Erwerb und Führung richteten sich nach bis 1918 h.M. nach öffentlichem Landesadelsrecht; das Recht an der Adelsbezeichnung wurde dagegen als - freilich auf öffentlich-rechtlicher Grundlage - ruhendes Privatrecht aufgefaßt; siehe oben I) wurde das Adels(namens)recht sowohl in den Lehrbüchern des Privat- als auch des Staatsrechts behandelt; vgl. die Nachweise im WStVerwR "Adel", S. 64 Sp. 2; ferner z.B. *von Gierke*, Deutsches Privatrecht, Band 1, S. 397 ff., 406 ff.; *Stobbe*, Handbuch des Deutschen Privatrechts, Band 1, S. 50 ff., Band 4, S. 366 ff.; *Bornhak*, Preußisches Staatsrecht, Band 1, S. 307 ff. Hiervon abgesehen lassen sich hauptsächlich zwei weitere Literaturgruppen unterscheiden, die speziell die adelsrechtlichen Bestimmungen erörtern: Erstens die um die Jahrhundertwende in großer Zahl erschienenen Beiträge über die Frage der Einwirkung des BGB auf Erwerb und Verlust der Adelsbezeichnung (siehe hierzu die Nachweise oben I, insbesondere die oben in Fn. 3 erwähnten Gutachten). Zweitens die in Weimarer Zeit erschienenen Dissertationen zu Art. 109 Abs. 3 WRV (siehe hierzu die Nachweise oben Einführung Fn. 20).

244 Siehe oben Kap. C Fn.1 und 2.

bezeichnung daher im allgemeinen nach den landesrechtlichen Bestimmungen über die Zugehörigkeit zum Adelsstand[245]. Die Adelsbezeichnung wurde also regelmäßig mit dem Adel erworben und mit ihm verloren[246]. Ein Erwerb des Adels war nur durch Geburt, Verehelichung oder landesherrliche Verleihung[247] möglich[248]. Seit Beginn des 19. Jahrhunderts errichteten einige Landesherren sog. Adelsbehörden, deren Aufgabe die Durchsetzung der adelsrechtlichen Bestimmungen, insbesondere die Verhinderung von Adelsschwindel, war[249]. Soweit, wie bereits erwähnt[250], zu dem gleichen Zweck Adelsbücher eingerichtet wurden, lag deren Führung regelmäßig in den Händen der Adelsbehörden.

245 Vgl. z.B § 18 des bayerischen Adelsedikts, wonach auf den Adel verzichtet werden konnte. Siehe zu dieser Bestimmung BayObLG StAZ 1972, 12 ff.

246 *Freiherr Schenck zu Schweinsberg*, S. 20. Vgl. z.B. §§ 14 f. II 9 ALR.

247 Der Hochadel stellte nach Untergang des alten Reiches einen geschlossenen Stand dar, denn Erhebung in den Stand des hohen Adels durch den Kaiser und Erlangung der Reichsstandschaft waren seitdem ausgeschlossen (siehe oben Kap. C). In bestimmten Fällen war aber der Erwerb der Mitgliedschaft in einem bestehenden hochadeligen Haus durch Verleihung möglich; vgl. *Rehm*, Modernes Fürstenrecht, S. 232 ff. Siehe auch unten 3 c.

248 Vgl. z.B. §§ 3, 4, 8, 9, 14 II 9 ALR.

249 In erster Linie ist hier das preußische Heroldsamt zu nennen (vgl. zu diesem vor allem *von Kalm*, Das preußische Heroldsamt (1855 - 1920) - Adelsbehörde und Adelsrecht in der preußischen Verfassungentwicklung). Ähnliche Adelsbehörden gab es seit 1808 in Bayern (bayerisches Reichsheroldenamt; vgl. *von Kalm*, S. 243; *Rensch*, S. 72 ff.) und seit 1903 in Sachsen ("Ausschuß für Adelssachen" - ab 1918 "Heroldsamt"; vgl. *Baring*, FischerZ 51 (1920), 225, 231 f.). Das preußische Heroldsamt war eine zur Bearbeitung von Standessachen durch Allerhöchsten Erlaß vom 14. März 1855 eingesetzte Behörde, die zum Hausministerium gehörte (vgl. *Rensch*, S. 100 f.). Es war umstritten, ob die Entscheidungen des Heroldsamts in Adelssachen die Gerichte der ordentlichen Gerichtsbarkeit banden. Nach 1900 entbrannte über die Frage der Präjudizwirkung heroldsamtlicher Entscheidungen ein heftiger Streit zwischen monarchistisch und konstitutionalistisch gesinnten Kreisen (vgl. *von Kalm*, S. 209 ff., *Rensch*, S. 98 ff.).

250 Siehe oben II 5.

3. *Exkurs: Das Ebenbürtigkeitsrecht*[251]

a) *Grundlagen*

Im hohen Adel galt ein Ebenbürtigkeitsrecht, welches sich dieser trotz zeitweiser Erschütterungen zu bewahren gewußt hatte[252]. Es unterschied ihn vom niederen Adel, für den sich ein solches Rechtsinstitut nicht hatte durchsetzen können[253].

Das Ebenbürtigkeitsrecht galt für die landesherrlichen Häuser kraft ihrer staatsrechtlichen Stellung[254]. Denjenigen Teilen des Hochadels, die nach 1803 ihre Landeshoheit verloren, sicherte Art. 14 der deutschen Bundesakte von 1815 den Fortbestand ihres Ebenbürtigkeitsrechts zu. Unmittelbar aus dieser völkervertraglichen Bestimmung konnten die Mediatisierten, da sie nicht Vertragspartner waren, keine Rechte gegen ihre Landesherren ableiten. In Ausführung von Art. 14 der deutschen Bundesakte ergingen aber landesrechtliche Bestimmungen, die den Standesherren das Weiterbestehen des Ebenbürtigkeitrechts in subjektiver (Ebenbürtigkeit mit den regierenden Häusern) wie in objektiver (Existenz hausrechtlicher Normen über Voraussetzungen und Folgen der Ebenbürtigkeit) Hinsicht garantierten[255]. Grundlage des Ebenbürtigkeitsrechts waren die Hausrechte der einzelnen Familien, also Hausgesetze oder Hausobservanz, subsidiär Privatfürstenrecht, bei einigen landesherrlichen Familien als Teil des Thronfolgerechts auch Bestimmungen der Landesverfassungen[256].

Das Ebenbürtigkeitsrecht blieb bis zum Ende des preußisch-deutschen Kaiserreichs bestehen: Soweit es Privatrecht war (z.B. die namensrechtlichen

---

251 Vgl. WStVerwR "Ebenbürtigkeit", S. 623 ff.; *Rensch*, S. 43 ff.; *Rehm*, Modernes Fürstenrecht, S. 151 ff.; ferner die in Fn. 236 genannte Literatur.

252 *Von Gierke*, Deutsches Privatrecht, Band 1, S. 399 ff.

253 Gemeinrechtlich hatte ein Ebenbürtigkeitsrecht für den niederen Adel nie gegolten. Anders aber die 1869 aufgehobene Regelung der §§ 30 - 33 II 1 ALR, wonach adlige Männer mit Frauen aus dem Bauern- oder niederen Bürgerstande ohne besondere Dispensation keine gültige Ehe eingehen konnten; vgl. *von Gierke*, Deutsches Privatrecht, Band 1, S. 410.

254 *Rensch*, S. 43.

255 Siehe oben Kap. C. In Preußen erging hierzu die Königliche Verordnung vom 21. Juni 1815 (Gesetz-Sammlung für die Königlichen Preußischen Staaten S. 81) und die Instruktion vom 30. Mai 1820 (siehe oben Fn. 138). Vgl. zu Preußen *Bornhak*, Preußisches Staatsrecht I, S. 316 ff.

256 *Von Gierke*, Deutsches Privatrecht, Band 1, S. 402; *Rensch*, S. 44 f. Siehe auch oben Kap. C Fn. 24.

Bestimmungen), behielt es aufgrund des Vorbehalts der Art. 57, 58 EGBGB auch nach Inkrafttreten des BGB seine Geltung; soweit es öffentlich-rechtliche Materien betraf, blieb es vom BGB überhaupt unberührt[257].

b) Voraussetzungen

Die Voraussetzungen einer standesgemäßen Ehe waren demnach nicht einheitlich geregelt.
Primär war die Standesgemäßheit einer Ehe nach Haus- (falls vorhanden: Landes-) recht zu beurteilen. Nach subsidiär anzuwendendem Privatfürstenrecht galt in jedem Fall die eheliche Verbindung zwischen Hochadeligen und Bürgerlichen als nicht ebenbürtig[258]. Umstritten war die Frage der Standesgemäßheit von Ehen zwischen Angehörigen des hohen und des niederen Adels. Überwiegend bejaht wurde die Ebenbürtigkeit der Verbindung eines Mitglieds einer neufürstlichen[259] oder reichsgräflichen reichsständischen Familie, d.h. bei den Reichsständen, die erst nach 1582 Sitz auf der Fürstenbank erwarben oder denen nur Sitz auf der Grafenbank zukam, mit einer Person von niederem Adel[260]. Teilweise wurde der niedere Adel dem hohen Adel insgesamt für ebenbürtig gehalten[261]. Schließlich war anerkannt, daß Mitglieder außerdeutscher christlicher Fürstenhäuser mit völkerrechtlich anerkannter Souveränität dem deutschen Hochadel ebenbürtig waren[262]. Auch die Depossedierten behielten ihre Ebenbürtigkeit[263].

---

257 *Rensch*, S. 44. Siehe oben I.

258 RGZ 2, 145, 151 ff.; 101, 173, 180; 124, 120, 126 f.; *Rehm*, Modernes Fürstenrecht, S. 162 f., 166; *von Gierke*, Deutsches Privatrecht, Band 1, S. 403.

259 Siehe zu diesem Begriff oben Kap. C I bei Fn. 30.

260 *Rehm*, Modernes Fürstenrecht, S. 162 f., 164, 166 f. (nach 1600); *Bornhak*, Deutsches Adelsrecht, S. 89; *Rensch*, S. 46 (nach 1600). - Nur die Eheschließung von Angehörigen des Hochadels untereinander für standesgemäß hielt *von Gierke*, Deutsches Privatrecht, Band 1, S. 403 f.

261 Z.B. RGZ 32, 147, 150 f.

262 *Von Gierke*, Deutsches Privatrecht, Band 1, S. 403; *Rensch*, S. 47.

263 *Bornhak*, Deutsches Adelsrecht, S. 69, 78 f., 88 f.

c) *Folgen*[264]

Eine unebenbürtige Ehe (Mißheirat) war zwar gültig, hatte aber nicht die vollen Wirkungen einer Ehe[265]. Im Gegensatz zur ebenbürtigen erwarb die unebenbürtige Frau nicht den Stand ihres Mannes und nicht die Mitgliedschaft in seinem Haus, folglich nicht Namen und Titel der Hausangehörigen; sie behielt ihren Stand und Namen[266]. Vielfach wurde ihr aber ein neuer Name verliehen[267]. Im umgekehrten Fall behielt die hochadelige Frau Stand und Namen[268]; der unebenbürtige Mann blieb von Stand und Mitgliedschaft im Haus seiner Frau ausgeschlossen[269]. Die Kinder einer morganatischen Ehe folgten der "ärgeren Hand", erhielten also im Gegensatz zu denjenigen einer ebenbürtigen Ehe weder Stand noch Mitgliedschaft im Haus des hochadeligen Elternteils, konsequent nicht Namen und Titel eines Hausangehörigen, sondern den Stand des unebenbürtigen Elternteils, soweit dieser dem niederen Adel angehörte also letzteren[270]. Abgelehnt wurde von der herrschenden Auffassung die teilweise vertretene Ansicht, daß die Kinder eines hochadeligen Vaters und einer bürgerlichen Mutter wenigstens den niederen Adel erlangten[271]. Auch Kindern aus unebenbürtiger Verbindung wurde vielfach ein anderer Name verliehen[272]. Durch Verleihung der Mitgliedschaft in dem hochadeligen Haus konnte eine Heilung der Mißheirat erfolgen[273].

---

264 Vgl. *von Gierke*, Deutsches Privatrecht, Band 1, S. 402 f.; WStVerwR "Ebenbürtigkeit", S. 623, 627 f.; *Rensch*, S. 49 f.

265 *Von Gierke*, Deutsches Privatrecht, Band 1, S. 402.

266 WStVerwR "Ebenbürtigkeit", S. 623, 627; *Rensch*, S. 49.

267 *Rensch*, S. 50; Beispiele bei *Rehm*, Prädikat- und Titelrecht, S. 205 ff.; *H.E. Müller*, S. 12 f.; RGZ 103, 190, 191.

268 Das war im 17. und 18. Jahrhundert umstritten; vgl. WStVerwR "Ebenbürtigkeit", S. 623, 627.

269 *Von Gierke*, Deutsches Privatrecht, Band 1, S. 402; WStVerwR "Ebenbürtigkeit", S. 623, 627.

270 *Rensch*, S. 51 f.; *von Gierke*, Deutsches Privatrecht, Band 1, S. 402; WStVerwR "Ebenbürtigkeit", S. 623, 627. Abweichend von dem Grundsatz, daß der Adel nur durch Männer fortgepflanzt wurden (siehe unten 4) auch den niederen Adel der Mutter.

271 WStVerwR "Ebenbürtigkeit", S. 623, 627.

272 *Rensch*, S. 52.

273 WStVerwR "Ebenbürtigkeit", S. 623, 627 Sp. 2; *von Gierke*, Deutsches Privatrecht, Band 1, S. 404; *Rensch*, S. 47; 66 f.; *Rehm*, Modernes Fürstenrecht, S. 184.

4. *Ersterwerb des Namens durch Geburt*

a) *Eheliche Abstammung*

Eheliche Kinder eines dem niederen Adel angehörenden Vaters erlangten seinen Familiennamen (seit 1900 gem. § 1616 BGB[274]) und seinen Adel und damit seine Adelsbezeichnung, auch dann, wenn die Mutter nichtadelig war[275]. Nach Inkrafttreten der WRV erwarb das Kind die frühere Adelsbezeichnung des Vaters als Teil seines Familiennamen gem. § 1616 BGB.
Heute finden §§ 1616, 1616a BGB in der Fassung des Familiennamensrechtsgesetzes von 1993 Anwendung. Haben die Eheschließenden den eine Adelsbezeichnung enthaltenden Geburtsnamen der Frau zum gemeinsamen Familiennamen bestimmt, § 1355 Abs. 2 BGB, erwirbt das Kind gem. § 1616 Abs. 1 BGB entgegen früherem Adelsrecht den adeligen Namen der Mutter. Ebenso verhält es sich, wenn die Eltern gem. § 1616 Abs. 2 BGB den Namen der Mutter zum Geburtsnamen des Kindes bestimmen.

b) *Nichteheliche Abstammung*

Das nichteheliche Kind erhielt bis 1919 nur den Familiennamen der dem niederen Adel angehörenden Mutter (nach 1900 gem. § 1706 Abs. 1 BGB[276]), nicht dagegen ihren Adel und somit nicht ihre Adelsbezeichnung[277]. Der Adel wurde also nur durch den Vater fortgepflanzt[278].

Nach Inkrafttreten der WRV dagegen erwarb das nichteheliche Kind gem. § 1706 Abs. 1 BGB den Familiennamen der Mutter unter Einschluß ihrer Adelsbezeichnung[279]. Daran hat sich im Grundsatz bis heute nichts geändert, § 1617

---

274 Wegen des damaligen Wortlauts der Bestimmung siehe Kap. A Fn. 24.

275 § 59 II 2, §§ 3, 4 II 9 ALR; *Rensch*, S. 51; *von Gierke*, Deutsches Privatrecht, Band 1, S. 407.

276 Wegen des ursprünglichen Wortlauts der Bestimmung siehe oben Kap. A Fn. 24.

277 §§ 640, 641 II 2 ALR; *Rensch*, S. 52; *Freiherr Schenck zu Schweinsberg*, S. 28; *von Gierke*, Deutsches Privatrecht, Band 1, S. 407; *Loos*, S. 85; vgl. auch *Mantey*, AöR 13 (1898), 20, 42 ff.

278 Vgl. §§ 3, 4 II 9 ALR.

279 In Preußen ermöglichte die Verordnung vom 3. Nov. 1919, die nur etwa 2 1/2 Jahre in Geltung blieb, bei Inkrafttreten der WRV bereits geborenen nichtehelichen Kindern rückwirkend die Adelsbezeichnung ihrer adeligen Mutter anzunehmen; siehe *Loos*, S. 85 und oben Fn. 54.

BGB in der Fassung des Familiennamensrechtsgesetzes von 1993[280]. Ein nichteheliches Kind einer der früheren Ritterklasse angehörenden Frau führt den Familiennamen seiner Mutter ("von N."); bei einem nichtehelichen Knaben lebt daher die frühere Adelsbezeichnung der männlichen Angehörigen ("Ritter von") nicht mehr auf[281].

5. *Erwerb oder Verlust des adeligen Namens aufgrund familienrechtlicher Vorgänge*

a) *Ehe*[282]

aa) *Eheschließung*

Durch die Ehe mit einem dem niederen Adel angehörenden Mann erwarb die Frau neben seinem Familiennamen (seit 1900 gem. § 1355 BGB[283]), auch wenn sie nicht von Adel war, den Stand ihres Mannes, also den Adel und damit die Adelsbezeichnung. Es galt der Satz: "Ritters Weib hat Ritters Recht"[284]. Auch die Witwe behielt grundsätzlich den adeligen Namen[285].

Heiratete eine Frau aus dem niederen Adel einen nichtadeligen Mann, so erhielt sie nach bürgerlichem Recht dessen Namen, nach Adelsrecht verlor sie den Adel und folglich die Adelsbezeichnung[286]. Nach dem Tod ihres Mannes

280 Zu der geplanten Aufgabe des Statusunterschieds siehe oben Kap. B Fn. 272.

281 *Kopp*, StAZ 1955, 42; *Loos*, S. 83. - A.A. *Soergel/Heinrich*, § 12 Rz. 12 (der dort zitierte Beitrag von *Marcks*, StAZ 1983, 320, behandelt einen anderen Fall [Namensform einer geborenen Freiin von C. nach Scheidung der Ehe und Wiederannahme des Geburtsnamens]). Zur Adelsbezeichnung "Ritter von" siehe oben III 3 c.

282 Zur Reform des Ehenamensrechts siehe oben Kap. B I 3 c bb. Einen Überblick über die Entwicklung des Ehenamensrecht (mit Angabe der jeweils geltenden gesetzlichen Bestimmungen) gibt *Hepting/Gaaz*, PStG, § 15 c Rdnr. 37 ff., 192 ff. (*Hepting*).

283 Wegen des ursprünglichen Wortlauts der Bestimmung siehe oben Kap. A Fn. 24.

284 § 193 II 1; § 8 II 9 ALR. Vgl. nur *von Gierke*, Deutsches Privatrecht, Band 1, S. 407; WStVerwR "Adel", S. 55, 59 Sp. 2.

285 *Rensch*, S. 43.

286 § 84 II 9, auch § 193 II 1 ALR; *von Gierke*, Deutsches Privatrecht, Band 1, S. 408; *Rensch*, S. 80 f. - A.A. z.B. *Baring*, FischersZ 51 (1920), 225, 236 f. Vgl. auch *Rensch*, S. 80 f. m.w.N. in Fn. 1.

lebte ihr Adel nicht wieder auf[287]; heiratete sie aber in weiterer Ehe einen adeligen Mann, so galt ihr Geburtsadel als niemals erloschen[288].

Nach Inkrafttreten der WRV erwarb die Frau gem. § 1355 BGB in der damals geltenden Fassung den Namen des Mannes einschließlich der Adelsbezeichnung. Nach heutigem Recht können die Eheschließenden gem. § 1355 Abs. 2 BGB auch den Geburtsnamen der Frau zum Ehenamen bestimmen; auf diesem Wege kann auch der Mann durch Eheschließung einen adeligen Namen erlangen[289].

bb) Ehescheidung

Die geschiedene, nichtadelige Frau behielt nach bürgerlichem Recht grundsätzlich den Familiennamen des Mannes, § 1577 Abs. 1 BGB in der ursprünglichen Fassung[290], nach Adelsrecht behielt sie ebenfalls dem Grundsatz nach Adel und Adelsbezeichnung des Mannes[291].

Gem. § 1577 Abs. 2 BGB konnte sie ihren Familiennamen oder, soweit sie vor der Eingehung der geschiedenen Ehe bereits verheiratet war, den Namen, den sie zur Zeit der Eingehung dieser Ehe hatte, wieder annehmen. Der allein für schuldig erklärten geschiedenen Frau konnte der Mann aber die Führung seines Namens untersagen, § 1577 Abs. 2 und 3 BGB, wodurch diese ihren Mädchennamen erhielt.

Der Grundsatz, daß der geschiedenen Frau Stand und Adelsbezeichnung des Mannes blieben, litt zwei Ausnahmen. Zum einen kehrte die für schuldig erklärte geschiedene Frau nach preußischem Recht in ihren früheren niederen Stand zurück, verlor also in diesem Fall Adel und Adelsbezeichnung[292]; nach

287 *Rensch*, S. 80 f.

288 §§ 87 II 9 ALR.

289 *Soergel/Lange*, § 1355 Rz. 6 meint in diesem Zusammenhang, daß sich der Mann durch Heirat "adeln" könne. Das kann er nicht. Einen Adel im Rechtssinn gibt es nicht mehr. Auch nach dem Selbstverständnis des Adels als sozialer Gruppe erwirbt der Mann durch die Ehe nicht den Adel im "historisch-genealogischen Sinne"; der "Gotha" hält nämlich an den alten adelsrechtlichen Regeln fest. Siehe oben Fn. 106.

290 Abgedruckt bei *Hepting/Gaaz*, PStG, § 15c Rdnr. 193 (*Hepting*).

291 §§ 738 II 1 ALR.

292 § 739 II 1 ALR; *Freiherr Schenk zu Schweinsberg*, S. 27.

Scheidung führte sie also den Namen des Mannes ohne die Adelsbezeichnung. Zum anderen ging sie ihres Adels stets dann verlustig - und zwar auch ohne für schuldig erklärt worden zu sein - ,wenn sie ihren vorehelichen Namen wieder annahm. Diese Regel, die auch in den übrigen Bundesstaaten galt, ergab sich daraus, daß die Adelsbezeichung nur zusammen mit dem Namen geführt werden konnte, zu dem sie erworben worden war; ihre Verbindung mit einem anderen Namen war unzulässig[293]. Einer "Freifrau von N., geb. X." war es also verwehrt, nach ihrer Scheidung den Namen "Freifrau von X" zu führen. Die von einem nichtadeligen Mann geschiedene adelige, allein für schuldig erklärte Frau durfte, falls ihr der Mann die Führung seines Namens untersagte, als Familiennamen nur ihren Mädchennamen ohne die Adelsbezeichnung führen[294]; war sie nämlich für schuldig erklärt worden, so kehrte sie nicht wieder in den Adelsstand zurück[295].

§ 64 EheG von 1938 übernahm im wesentlichen die bisherige Regelung des BGB; zudem gab § 65 EheG von 1938 dem Mann die Möglichkeit, beim Vormundschaftsgericht die Untersagung der Weiterführung seines Namens und damit, soweit er einen adeligen Namen trug, auch seiner Adelsbezeichnung, zu beantragen, wenn die Frau sich einer schweren Verfehlung gegen den Mann schuldig gemacht hatte oder gegen seinen Willen einen ehrlosen oder unsittlichen Lebenswandel führte. Das EheG von 1946 übernahm diese Untersagungsrechte (§§ 56, 57).

Das 1. Ehereformgesetz von 1976[296] beseitigte den Vorrang des Mannesnamens und ersetzte das Verschuldensprinzip durch das Zerüttungsprinzip.
§§ 56, 57 EheG wurden aufgehoben, und zwar auch für Altehen (vgl. Art. 12 Nr. 3 des 1. Ehereformgesetzes).

Die Streichung des § 56 EheG war notwendige Folge der Abkehr vom Verschuldensprinzip. Dagegen gebot Art. 3 Abs. 2 GG nicht die Abschaffung des § 57 EheG. Denkbar wäre es auch gewesen, der Frau ein entsprechendes Untersagungsrecht einzuräumen. Ob hieraus folgt, daß sich heute auch aus all-

---

293 *Krückmann*, 24. DJT (1898), Band 3 (Gutachten), S. 151, 164 f.; *Rensch*, S. 84, 57 Fn. 42. - A.A. *von Gierke*, 25. DJT (1901), Band 3 (Verhandlungen), S. 43, 48.

294 *Mantey*, AöR 13 (1897), 20, 27 f.; *Hurwitz*, S. 14; *Opet*, 24. DJT (1898), Band 3 (Gutachten), S. 191.

295 §§ 85, 86 II 9 ALR.

296 Siehe zu diesem oben Kap. B I 3 c bb.

gemeinen Grundsätzen des Namensschutzes oder in Analogieschlüssen zu anderen Rechtsverlusten nach schwerem Fehlverhalten (z.B. §§ 1579 Nr. 2, 2335 BGB) Untersagungsgründe nicht mehr ableiten lassen, ist umstritten. Bei der Erschleichung des Namens der Ehefrau zur Begehung von Straftaten hat das Oberlandesgericht Braunschweig[297] ein solches Verbot unter Berufung auf den Grundsatz des unredlichen Rechtserwerbs (§ 242 BGB), der die Ausübung einer rechtswidrig erlangten Rechtsposition verbietet, bejaht. Das Oberlandesgericht Celle[298] hat es dagegen in einem Fall des Gattenmordes verneint. In der Literatur herrscht Uneinigkeit. Teilweise hält man unter Berufung auf das allgemeine Rechtsmißbrauchsverbot mit dem Oberlandesgericht Braunschweig auch nach Aufhebung des § 57 EheG ein Untersagungsverbot "praeter legem" für zulässig[299], teilweise ist man der gleichen Ansicht wie das Oberlandesgerichts Celle[300]. Ausschlaggebend ist weniger, wie man die gesetzessystematische Frage, ob der Gesetzgeber mit der ersatzlosen Streichung des § 57 EheG jeglichen Untersagungsrechten eine Absage erteilen wollte oder nicht, beantwortet[301]. Vielmehr sind Untersagungsrechte heute generell deshalb abzulehnen, weil sie auf der Vorstellung vom "geliehenen Namen" basieren, dessen sich der Beliehene würdig zu erweisen hat[302]. Solchen Vorstellungen, die eng mit dem Anliegen verbunden sind, den "guten Namen" einer Familie zu bewahren, hat der Gesetzgeber jedoch durch das Familiennamensrechtsgesetz von 1993 endgültig eine klare Absage erteilt: Priorität genießt die privatautonome Namenswahl. Nicht die familiale Zuordnungsfunktion, sondern die Individualisierungs- und Darstellungsfunktion prägt die heutige rechtliche Konzeption des Familiennamens[303]. Dementsprechend erwirbt derjenige Eheschließende, dessen Geburtsname nicht Ehename wird, den Ehenamen seines Partners als eigenes, unentziehbares Persönlichkeitsrecht[304].

---

297 OLG Braunschweig FamRZ 1979, 913.

298 OLG Celle FamRZ 1992, 817 f.

299 *Staudinger/Hübner*, 12. Aufl., § 1355 Rn. 69 f.; MüKo/*Wacke*, BGB, § 1355 Rn. 42.

300 *Gernhuber/Coester-Waltjen*, S. 147 f.; *Soergel/Lange*, § 1355 Rz. 27.

301 Vgl. hierzu OLG Celle FamRZ 1992, 817, 818.

302 Vgl. *Gernhuber/Coester-Waltjen*, S. 148.

303 Siehe oben Kap. B I 3 c bb.

304 *Gernhuber/Coester-Waltjen*, S. 148. Für die Zeit vor dem Familiennamensrechtsgesetz von 1993: MüKo/*Wacke*, BGB, § 1355 Rn. 27; OLG Celle FamRZ 1992, 817, 818.

Seit dem Familiennamensrechtsgesetz von 1993 regeln § 1355 Abs. 5 und 6 BGB die Namensgestaltung bei Verwitwung und Scheidung. Die Wiederannahme einer Adelsbezeichnung als Teil des früher geführten Namens durch die geschiedene Frau erfolgt, da der adelige Name auch heute in der männlichen und weiblichen Geschlechtsform gebraucht werden darf[305], in der weiblichen Form[306]. Nimmt eine geschiedene Frau ihren vormals adeligen Mädchennamen wieder an, so kann sie das in der für verheiratete Frauen gebräuchlichen Form tun[307]. Nach der hier vertretenen Ansicht hat die Wiederannahme des adeligen Namens stets in der für verheiratete Frauen üblichen Form zu geschehen[308].

cc) Verpflichtende Vereinbarungen über die Namenswahl

Fraglich ist, ob der Träger einer Adelsbezeichnung mit seinem zukünftigen Ehegatten einen verpflichtenden Vertrag über den zu wählenden Ehenamen[309] schließen kann. Das Problem sei an folgendem Beispielsfall[310] verdeutlicht: Max Graf von N., Angehöriger einer traditionsbewußten früheren Adelsfamilie, möchte Hubertine Schulz heiraten. Beide sind sich einig, daß der Name des Mannes Ehename werden soll, Hubertine also, wie nach altem Adelsrecht, künftig den Namen Gräfin von N. führen soll. Maxens Familie ist die Sache aber nicht geheuer, und sie meint, die beiden sollten eine entsprechende rechtliche Vereinbarung schließen.

Solche pränuptialen Vereinbarungen[311], in denen sich die Eheschließenden wechselseitig verpflichten, die Namenswahl in einer bestimmten Richtung aus-

---

305 Siehe oben III 3.

306 BayObLG StAZ 1956, 12 ("Baronin").

307 KG StAZ 1964, 132 ("Freifrau" statt "Freiin"); *Marcks*, StAZ 1983, 320; AG Köln StAZ 1991, 284 ("Freifrau" statt "Freiin"). Vgl. auch LG Berlin II StAZ 1926, 162.

308 Siehe oben III 3 b.

309 Im folgenden nicht erörterte Vereinbarungen über die Wahl des Begleitnamens werden wohl überwiegend für unzulässig gehalten; vgl. hierzu *Gernhuber/Coester-Waltjen*, S. 146 m.w.N.

310 Vgl. den Hinweis bei *Diederichsen*, NJW 1976, 1169, 1170.

311 Im Rahmen eines notariellen Ehevertrags sieht *Langenfeld*, Rn. 62, für diese ein praktisches Bedürfnis, etwa, wenn der Name eines Partners mit einem Familienbetrieb verbunden ist.

zuüben, werden entweder schon für nicht verbindlich[312] oder zwar für verbindlich, jedoch nach dem Rechtsgedanken der §§ 888 Abs. 2, 894 Abs. 2 ZPO für nicht vollstreckbar gehalten[313]; Vertragsstrafen werden ebenfalls für fragwürdig gehalten[314]. Wacke will ein Verlobungsversprechen unter der auflösenden Bedingung, daß der eigene Name zum Ehenamen gewählt wird, konstruieren[315]. Nach allen Auffassungen bleibt dem enttäuschten Teil kein anderer Weg, als von der geplanten Heirat Abstand zu nehmen; die Wahl des vereinbarten Namens kann er nicht erzwingen[316].

Hingegen bestehen gegen Vereinbarungen über das Namensführungsrecht nach Scheidung grundsätzlich keine Bedenken; daß es höchstpersönlicher Natur ist, steht diesen nicht entgegen, sondern bedeutet nur, daß es persönlich ausgeübt werden muß; auch der vom anderen Ehepartner herrührende Ehename wird, wie bereits erwähnt, zu vollem eigenen Recht erworben und unterliegt daher der vertraglichen Disposition beider Ehegatten[317].
Es ist demnach beipielsweise zulässig, daß sich ein Ehegatte im Rahmen der anläßlich der Ehescheidung getroffenen Vereinbarung gegenüber dem anderen Ehegatten verpflichtet, nach der Scheidung seinen früheren Namen wieder anzunehmen[318] oder den Ehenamen fortzuführen. Zum gleichen Ziel führen ein ebenfalls nicht zu beanstandender Verzicht auf das Recht zur Fortführung des Ehenamens[319] oder auf den Namenswechsel[320]. Solche Vereinbarungen[321] werden gem. § 894 ZPO vollstreckt, da sie auf die Abgabe der entsprechenden Erklärungen gegenüber dem Standesbeamten gerichtet sind[322].

---

312 *Ruthe*, FamRZ 1976, 409, 411; *Staudinger/Hübner*, 12. Aufl., § 1355 Rn. 41; *Soergel/Lange*, § 1355 Rz. 10.

313 *Diederichsen*, NJW 1976, 1169, 1170; *Lüke*, FS Bosch, S. 627, 630.

314 *Diederichsen*, NJW 1976, 1169, 1170; MüKo/*Wacke*, BGB, § 1355 Rn. 14 (auch unter Hinweis auf § 1297 Abs. 2 BGB).

315 MüKo/*Wacke*, BGB, § 1355 Rn. 14; ähnlich *Langenfeld*, Rn. 62.

316 Zusammenfassend *Hepting*, Ehevereinbarungen, S. 84.

317 RGZ 86, 114, 116 f.; *Langenfeld*, Rn. 62; *Gernhuber/Coester-Waltjen*, S. 148.

318 RGZ 86, 114, 116 f.; *Göppinger*, Rn. 668, 671; *Langenfeld*, Rn. 63.

319 MüKo/*Wacke*, BGB, § 1355 Rn. 36.

320 *Göppinger*, Rn. 669; *Gernhuber/Coester-Waltjen*, S. 148.

321 Formulierungsvorschläge für die Praxis bei *Langenfeld*, Rn. 64 f.

322 So für den Fall des Verzichts auf das Recht zur Fortführung des Ehenamens: MüKo/*Wacke*, BGB, § 1355 Rn. 36; für den Fall der Verpflichtung, nach Scheidung wieder den früheren Namen anzunehmen: RG SeuffA 76 (1921), 87; *Langenfeld*, Rn. 63; *Göppinger*, Rn. 670 (unzutreffend dagegen der Hinweis auf § 888 ZPO).
Die amtsempfangsbedürftige Erklärung, mit der ein Ehegatte nach der Scheidung einen früheren Namen wieder annimmt, bedarf der öffentlichen Beglaubigung, § 1355 Abs. 5

Wacke will Verpflichtungen zur Namensänderung nur in unmittelbarem zeitlichem Zusammenhang mit der Scheidung zulassen; eine Verpflichtung, den Ehenamen zu einem späterem Zeitpunkt abzulegen, verstieße gegen den Grundsatz der Unwandelbarkeit des Familiennamens und sei daher nichtig[323]. Das leuchtet nicht ein. Das Gesetz sieht für die Ausübung der den geschiedenen Ehegatten in §§ 1355 Ab. 5 BGB eingeräumten Wahlrechte keine Frist vor[324]; auch ist der Familienname durch das Familiennamensrechtsgesetz von 1993 in einer Weise dynamisiert worden, die erkennen läßt, daß der Gesetzgeber den Gestaltungswünschen der Ehegatten weitgehenden Vorrang vor den mit der Unwandelbarkeit des Familiennamens verbundenen öffentlichen Interessen eingeräumt hat.

Problematisch sind die Fälle, in denen der Verzicht oder die Verpflichtung gegen Entgelt erfolgt. Gernhuber/Coester-Waltjen meinen, es läge hier nahe, § 138 BGB anzuwenden[325]. Das Reichsgericht hat in einer Entscheidung aus dem Jahr 1920 eine Vereinbarung, in der sich die Ehefrau gegen Zahlung von 6000 Mark verpflichtete, ihren Familiennamen wieder anzunehmen, nicht für sittenwidrig gehalten[326]. Richtigerweise wird man die Sittenwidrigkeit eines "Abkaufs" des Namensfortführungsrechts[327] nur annehmen können, wenn die Höhe des vereinbarten Entgelts im krassen Mißverhältnis zu den mit dem Namenswechsel verbundenen Kosten steht[328].

S. 3 i.V.m. §§ 1355 Abs. 4 S. 5, 129 BGB (vgl. *Hepting/Gaaz*, PStG, § 15c Rdnr. 232 f. [*Hepting*]). Das gleiche gilt für die Erklärung des Verzichts auf Namensänderung (vgl. *Gernhuber/Coester-Waltjen*, S. 148).
Im Falle einer auf Namensänderung gerichteten Vereinbarung hat der Berechtigte die Unterlassungsklage gem. § 12 BGB (vgl. *Göppinger*, Rn. 670; MüKo/*Wacke*, BGB, § 1355 Rn. 36). Ein solches Urteil wird ebenfalls gem. § 894 ZPO vollstreckt (vgl. *Hepting/Gaaz*, PStG, § 15c Rdnr. 231 [*Hepting*]).

323 MüKo/*Wacke*, BGB, § 1355 Rn. 37. Ebenso für unzulässig hält *Wacke* aus diesem Grund bedingte Verpflichtungen. Dagegen hat RGZ 86, 114 ff., eine Vereinbarung, in der sich die Frau verpflichtete, ihren früheren Namen wieder anzunehmen, falls der geschiedene Mann wieder heiratet, nicht beanstandet.

324 Die Namenswahlerklärungen können daher auch noch lange Zeit nach der Scheidung abgegeben werden (vgl. *Hepting/Gaaz*, PStG, § 15c, Rdnr. 223 (*Hepting*); *Soergel/Lange*, § 1355 Rz. 27). Ebensowenig wie eine Verwirkung des Rechts, einen Begleitnamen zu wählen, § 1355 Abs. 4 BGB, dürfte eine Verwirkung der in Art. 1355 Abs. 5 BGB gewährten Erklärungsrechte in Frage kommen (so für § 1355 Abs. 4 BGB *Gernhuber/Coester-Waltjen*, S. 145 f.; a.A. für § 1355 Abs. 4 BGB MüKo/*Wacke*, BGB, § 1355 Rn. 20).

325 S. 148.

326 RG SeuffA 76 (1921), 87. Nach MüKo/*Wacke*, § 1355 Rn. 36, sollen die Parteien "adligen Kreisen" angehört haben; der abgedruckten Entscheidung kann das indessen nicht entnommen werden.

327 So die plastische Formulierung von MüKo/*Wacke*, BGB, § 1355 Rn. 36.

328 Vgl. *Göppinger*, Rn. 671; MüKo/*Wacke*, BGB, § 1355 Rn. 36.

b) *Legitimation*

aa) *Nachfolgende Ehe*

Gem. § 1719 BGB in der ursprünglichen Fassung erlangte ein nichteheliches Kind dadurch, daß sich der dem niederen Adel angehörende Vater mit der Mutter verheiratete, mit der Eheschließung die rechtliche Stellung eines ehelichen Kindes und damit den Familiennamen des Vaters, § 1616 BGB. Nach Adelsrecht erwarb es zudem den niederen Adel und damit die Adelsbezeichnung des Vaters[329].
Seit Inkrafttreten der WRV erwarb das Kind gem. § 1719 BGB die Adelsbezeichnung als Teil des väterlichen Familiennamens. Heute gilt § 1720 BGB in der Fassung des Familiennamensrechtsgesetzes von 1993.

bb) *Ehelicherklärung*

Nach §§ 1736, 1616 BGB in der ursprünglichen Fassung erlangte das nichteheliche Kind auch in den Fällen der Legitimation durch Staatsakt den Familiennamen seines Vaters.
Ob das Kind eines dem niederen Adel angehörenden Vaters auch dessen Adel und Adelsbezeichnung erhielt, wurde von den Partikularrechten unterschiedlich beantwortet. Im allgemeinen war zum Erwerb des Adels entweder Genehmigung des Landesherrn oder ausdrückliche Verleihung[330] notwendig[331]. In Preußen erwarb das legitimierte Kind Adel und Adelsbezeichnung des Vaters[332]; der König behielt sich aber, weil die Legitimation damit einer

---

329 § 5 II 9 ALR; auch § 596 II 2 ALR; *von Gierke*, Deutsches Privatrecht, Band 1, S. 407; *Freiherr von Bülow*, 24. DJT (1898), Band 3 (Gutachten), S. 117, 143; *Opet*, 24. DJT (1898), Band 3 (Gutachten), S. 191, 207; *Freiherr von Wendland*, S. 69; *Freiherr Schenck zu Schweinsberg*, S. 29; *Rensch*, S. 56 mit Nachweisen zu den nichtpreußischen Partikularrechten. Der Grundsatz galt auch im gemeinen Recht; vgl. WStVerwR "Adel", S. 55, 59 Sp. 2. Anderes galt nur in Schleswig-Holstein; vgl. *Freiherr Schenck zu Schweinsberg*, S. 29

330 So verlangte § 2 des bayerischen Adelsedikts für den Adelserwerb explizite, königliche Bewilligung im Rescript, die als Neuverleihung galt, ferner die Einwilligung der Agnaten; vgl. *Rensch*, S. 58; *von Gierke*, Deutsches Privatrecht, Band 1, S. 407 Fn. 8.

331 Vgl. die Nachweise bei *Rensch*, S. 58 Fn. 47.

332 Arg. 603 II 2 ALR; *Rensch*, S. 57. - Str. (a.A. z.B. *Opet*, 24. DJT (1898), Band 3 (Gutachten), S. 191, 192, 207; *Baring*, FischersZ 51 (1920), 225, 226 f.). § 5 II 9 ALR behandelte nur die adelsrechtlichen Folgen der legitimatio per matrimonium subsequens. Eine Regelung betreffend die staatliche Ehelicherklärung fehlte in dem das

Erhebung in den Adelsstand gleichkam, in diesen Fällen, anders als sonst, die Entschließung über die Ehelichkeitserklärung vor[333]. Gemeinrechtlich sprach die Vermutung für die volle Wirkung der Legitimation, also nicht nur Tilgung des Makels nichtehelicher Geburt, sondern Eintritt in die Familie des Vaters, wodurch der Adel übertragen wurde[334].
Seit dem 14. Aug. 1919 erhielt das durch Staatsakt legitimierte Kind gem. §§ 1736, 1616 auch die Adelsbezeichnung als Teil des väterlichen Familiennamens. Heute sind §§ 1737, 1740f Abs. 2, § 1740g BGB in der Fassung des Familiennamensrechtsgesetzes von 1993 anzuwenden.

c) Adoption[335]

Das BGB, das bis zum Adoptionsgesetz vom 2. Juli 1976[336] wie das ALR dem Vertragssystem folgte[337], bestimmte in § 1757, daß das angenommene Kind die rechtliche Stellung eines ehelichen Kindes des Annehmenden erlangt. Gehörte der Annehmende dem niederen Adel an, so erwarb es folglich dessen Familiennamen, § 1616 BGB. Bei Adoption durch eine Frau erhielt der Angenommene den Familiennamen der Frau, § 1758 Abs. 1 S. 1 BGB[338], wenn diese in Folge ihrer Verheiratung einen anderen Namen führte, den Familiennamen, den die Frau vor der Verheiratung geführt hatte, § 1758 Abs. 1 S. 2 BGB, bei Annahme durch ein Ehepaar den Namen des Mannes, § 1757 Abs. 2, 1616 BGB.
Sollte der Adel und damit die Adelsbezeichnung nicht auf das angenommene Kind übergehen, bestanden bei einer Adoption durch einen Adeligen keine besonderen Voraussetzungen. Trotz des insoweit mißverständlichen Wortlauts des Anh. § 100 zu § 667 II 2 ALR[339] bedurfte der Adoptionsvertrag in

---

Adelsrecht behandelnden 9. Titel des 2. Teils des ALR. Der landesherrliche Genehmigungsvorbehalt ergab sich faktisch aus der adelsrechtlichen Praxis; vgl. im einzelnen *von Kalm*, S. 124 ff.

333 Vgl. *Rensch*, S. 58; zur Beteiligung des Heroldsamts in diesen Fällen: *von Kalm*, S. 124 ff.

334 *Von Gierke*, Deutsches Privatrecht, Band 1, S. 407 und 407 Fn. 8.

335 Zur Rechtslage in Österreich vgl. *Raschauer*, S. 125 ff.

336 BGBl. I 1749.

337 Siehe § 666 II 2 ALR und § 1741 BGB in der Urfassung.

338 Hierin lag die eigenständige Bedeutung des § 1758 Abs. 1 S. 1 BGB gegenüber § 1757 BGB, da § 1616 BGB ("Das Kind erhält den Familiennamen des Vaters") auf die Mutter nicht anwendbar war.

339 Auszugsweise wiedergegeben bei *Rensch*, S. 61.

Preußen nach allgemeiner Auffassung nur dann zusätzlich der landesherrlichen Erlaubnis, wenn eine Übertragung des Adels beabsichtigt war (vgl. § 684 II 2 ALR); wurde sie versagt, blieb der Adoptionsvertrag wirksam; der Adoptierte führte in diesem Fall jedoch nur den Familiennamen des annehmenden Adeligen ohne die Adelsbezeichnung[340].

Nicht durch den Adoptionsvertrag, eine privaten Verfügung, konnte dagegen der Adel und damit die Berechtigung zur Führung der Adelsbezeichnung des Annehmenden übertragen werden[341]; hierzu bedurfte es eines landesherrlichen Gnadenaktes[342]; dies galt sogar, wenn das Adoptivkind selbst adeliger Herkunft war[343]. Auch nach den übrigen Partikularrechten und gemeinem Recht bedurfte es zum Übergang des Adels auf den Angenommenen landesherrlicher Genehmigung oder Verleihung[344].

Nach Inkrafttreten der WRV erwarb das angenommene Kind nach den oben dargestellten Bestimmungen des BGB die Adelsbezeichnung als Teil des Familiennamens.

---

340 *Von Kalm*, S. 117 f.; *Rensch*, S. 61.

341 RGZ 38, 202, 204 ff.

342 Zur Mitwirkung des preußischen Heroldsamts hieran vgl. *von Kalm*, S. 115 ff.

343 Die Adelsbezeichung durfte nämlich nur zusammen mit dem Namen geführt werden, zu dem sie erworben worden war; ihre Verbindung mit einem anderen Namen war unzulässig (siehe oben 5 a bb bei Fn. 293). Durch die Adoption erwarb der Adoptierte aber den Familiennamen des Annehmenden. Der Adelsverlust war also eine Folge des Namenswechsels. Wollte also Graf von N. Gräfin von A. adoptieren, so durfte sich letztere bis zur Erteilung der landesherrlichen Genehmigung nur "N.", nicht "Gräfin von N." nennen; vgl. *von Kalm*, S. 116; *Rensch*, S. 87.
Den Namenswechsel und damit den Verlust des Adels und seiner Adelsbezeichnung vermeiden konnte ein adeliger Adoptierter sowohl im Falle seiner Adoption durch einen Adeligen wie durch einen Nichtadeligen demnach, wenn er seinen adeligen Namen gem. § 1758 Abs. 2 BGB dem durch die Adoption erworbenen Namen hinzufügte (so ausdrücklich § 685 II 2 ALR). Vielfach schloß der Adoptionsvertrag das aber aus. Dann mußte er um landesherrlichen Erlaubnis einkommen. Adoptierte also Graf von N. Gräfin von A., so durfte sie sich "N. - Gräfin von A." nennen, nahm Herr Schulze Gräfin von A. an Kindes statt an, so durfte sie sich "Schulze - Gräfin von A." nennen; vgl. *von Kalm*, S. 116; *Rensch*, S. 85 ff.

344 So galt nach § 2 des bayerischen Adelsedikts die königliche Erlaubnis als Neuverleihung; ferner mußte zum Erwerb der adeligen Titel und Wappen der Agnatenkonsens hinzutreten ; vgl. hierzu BayObLG StAZ 1933, 155, 156. Siehe ferner *Mantey*, AöR 13 (1898), 25, 55 ff. (mit eingehenden Hinweisen auf die Landesrechte und das gemeine Recht); RGZ 38, 202, 204 ff.; OVG Lüneburg StAZ 1956, 217, 218; *von Gierke*, Deutsches Privatrecht, Band 1, S. 407; *ders.*, 25. DJT (1901), Band 3 (Verhandlungen), S. 43, 46; *Opet*, 24. DJT (1898), Band 3 (Gutachten), S. 191 f.; *Freiherr Schenck zu Schweinsberg*, S. 29; *Rensch*, S. 63.

Der Adoptionsvertrag war aber nichtig, wenn die Absicht fehlte, ein echtes Eltern-Kind-Verhältnis herzustellen und die Parteien nur die Übertragung des adeligen Namens wollten (sog. Adelsadoption). Aus § 117 Abs. 1 BGB ergab sich die Nichtigkeit nur, wenn die Vertragsschließenden nicht beabsichtigten, ein Rechtsverhältnis zu schaffen, durch das der Angenommene die rechtliche Stellung eines ehelichen Kindes des Annehmenden erhalten sollte. Daß es den Parteien dabei in erster Linie darum ging, dem Anzunehmenden den adeligen Familiennamen zu verschaffen, schloß nicht aus, daß auch die übrigen gesetzlichen Wirkungen der Kindesannahme ernstlich gewollt waren; nur ein reiner "Namenskauf", in dem der Wille der Parteien ausschließlich auf die Namensübertragung gerichtet war, wurde daher als nichtiges Scheingeschäft angesehen[345]. Auch wenn die Parteien die äußere Form und die gesetzlichen Folgen ernstlich wollten, konnte der Adoptionsvertrag wegen Verstoßes gegen die guten Sitten gem. § 138 Abs. 1 BGB nichtig sein. Das Anstandsgefühl aller billig und gerecht Denkenden war verletzt, wenn die Vertragsparteien aus sittlich nicht zu billigenden Motiven handelten oder sittlich zu mißbilligende Zwecke verfolgten. Das wurde angenommen, wenn die Rechtseinrichtung der Annahme an Kindes statt, die eigentlich der Befriedigung ideeller Bedürfnisse dienen sollte, dazu mißbraucht wurde, um aus Eitelkeit den adeligen Namen des Annehmenden zu erlangen bzw. den eigenen adeligen Namen "zu Geld zu machen"[346].

Seit dem Übergang zur Dekretadoption durch das Adoptionsgesetz von 1976[347] kann ein Volljähriger nur als Kind angenommen werden, wenn die Annahme sittlich gerechtfertigt ist, § 1767 Abs. 1 1. Halbs. BGB, was jedenfalls dann der Fall ist, wenn ein Eltern-Kind-Verhältnis tatsächlich schon besteht, § 1767 Abs. 1 2. Halbs. BGB. Nicht familienbezogene Zwecke, wie der Wunsch, einen adeligen Namen zu erwerben oder fortzuführen, dürfen nur Nebenzweck der Annahme sein; der Adoption eines Erwachsenen, mit der allein der Zweck verfolgt wird, dem Anzunehmenden einen Adelsnamen zu ver-

345 Vgl. *Staudinger/Engler*, 11. Aufl., § 1756 Rn. 5 f. m.w.N., *Rensch*, S. 233 m.w.N. in Fn. 19. Das zu beweisen erwies sich vielfach als unmöglich; vgl. z.B. RGZ 114, 338, 339.

346 Vgl. z.B. RGZ 114, 338, 340 f. (Dort war der Adoptionsvertrag wirksam, da die annehmende "Gräfin B. de la R.", eine ältere, vereinsamte, nicht sehr weltgewandte "Stiftsinsassin", der vorgespiegelten Zuneigung ihres Adoptivsohns Glauben geschenkt hatte); OLG Hamm StAZ 1958, 179. Ferner: *Staudinger/Engler*, 11. Aufl., § 1756 Rn. 8 f.; *Rensch*, S. 236 ff. je m.w.N.

347 Siehe oben Fn. 336.

schaffen, fehlt die von § 1767 Abs. 1 BGB geforderte sittliche Rechtfertigung[348]. Wurde aber die Annahme als Kind ausgesprochen, § 1768 BGB, so sind Adoptionen, in Fällen, in denen nach früherem Recht der Annahmevertrag nichtig gewesen wäre, uneingeschränkt gültig; eine Aufhebung von Amts wegen ist ausgeschlossen (vgl. § 1771 BGB)[349].

Der Übergang des adeligen Namens durch Adoption im heutigen Recht richtet sich nach §§ 1757, 1765, 1767 Abs. 2 BGB. Der Angenommene erwirbt den Namen so, wie ihn ein Kind erwerben würde; Bezeichnungen des früheren persönlichen Adels, die aufgrund der gebotenen restriktiven Auslegung des Art. 109 Abs. 3 S. 2 WRV nur zu Teilen des persönlichen Namens, nicht aber des Familiennamens wurden, können daher nicht durch Adoption übertragen werden[350]. Gleiches muß für die früheren Primogeniturtitel gelten[351]. In Anwendung der oben dargelegten allgemeinen Grundsätze über die Abwandlung der Adelsbezeichnung nach dem Geschlecht[352] führt der von dem Träger einer Adelsbezeichnung Adoptierte die Adelsbezeichnung in der seinem Geschlecht entsprechenden Form[353].

In Bayern galt zeitweise eine Sonderregelung. Art. 118 Abs 3 S. 2 der bayerischen Verfassung vom 2.12.1946[354] bestimmte: "Adelsbezeichnungen gelten nur als Bestandteil des Namens; sie dürfen nicht mehr verliehen und können durch Adoption nicht mehr erworben werden." Diese Vorschrift stand in klarem Widerspruch zu Art. 109 Abs. 3 S. 2 WRV i.V.m. §§ 1757, 1758 BGB, wonach der Annehmende auch die Adelsbezeichnung als Teil des

---

348 BayObLG FamRZ 1993, 236; vgl. auch MüKo/*Lüderitz*, BGB, § 1767 Rn. 13.

349 Vgl. *Staudinger/Frank*, 12. Aufl., § 1767 Rn. 25. Nach BayObLG StAZ 1993, 294, führt auch die unrichtige Wiedergabe des Namens des Adoptierenden (in casu "Baron/Freiherr von") nicht zur Nichtigkeit des Adoptionsdekrets. Denn der Name des Adoptierten betrifft lediglich eine Rechtsfolge der Adoption (§ 1757 Abs. 1 BGB), nicht aber die den Gegenstand der konstitutiven richterlichen Entscheidung bildende Adoption selbst. Konsequent führt die unrichtige Wiedergabe daher auch nicht zu einer Änderung des Namens des Adoptierten. Siehe dazu auch oben Kap. B Fn. 302.

350 BayObLG StAZ 1981, 186 ("Ritter von"); MüKo/*Lüderitz*, BGB, § 1757 Rn. 4a; *Soergel/Liermann*, § 1757 Rz. 5; *Staudinger/Frank*, 12. Aufl., § 1757 Rn. 7; *Hepting/Gaaz*, PStG, § 30 Rdnr. 350 (*Hepting*); vgl. auch BayObLG StAZ 1984, 339, 340. Zu den Bezeichnungen des persönlichen Adels siehe oben III 4.

351 Zu diesen siehe oben III 4.

352 Siehe oben III 3.

353 Vgl. *Peters*, StAZ 1967, 225. Der von einer Gräfin von N. Angenomme heißt demnach "Graf von N."

354 GVBl. S. 333.

Familiennamens des Annehmenden erwarb[355]. Die Bestimmung entsprach altem Adelsrecht und wurde daher von der Vereinigung des Adels in Bayern sehr begrüßt[356]. Nach dem Zusammenbruch des Deutschen Reiches war der bayerische Verfassungsgeber befugt, diese unmittelbar geltende Regelung zu treffen[357]. Mit dem Zusammentritt des ersten deutschen Bundestages am 7. Sept. 1949 wurde Art. 118 Abs. 3 S. 2 der bayerischen Verfassung, soweit er von § 1758 BGB abwich, gem. Art. 123 Abs. 1, Art. 125 Nr. 2 GG (partikuläres) einfaches Bundesrecht mit Geltung in Bayern[358]; das Familiennamensrecht als Teil des bürgerlichen Rechts ist nämlich Gegenstand der konkurrierenden Gesetzgebung des Bundes, Art. 74 Nr. 1 GG[359]. Nicht schon

---

355 So zutreffend *Knopp*, NJW 1961, 1566. - A.A. (nur der Durchführung von Art. 109 WRV dienende Vorschrift) *Graf von Bernstorff*, NJW 1961, 633, 635.

356 Vgl. den Hinweis auf ein Gutachten der Vereinigung des Adels in Bayern e.V. vom 7. Aug. 1961 in BayObLG StAZ 1964, 159, 162.

357 Vgl. Art. 125 Ziff. 2 GG; BVerfGE 7, 330, 337; BayObLG StAZ 1964, 159, 161; *Knopp*, NJW 1961, 1566.

358 Nach Ansicht von BayObLG StAZ 1964, 159, 161 f., stand der Fortgeltung des Art. 118 Abs. 3 S. 2 der bayerischen Verfassung Art. 3 Abs. 1 GG nicht entgegen (vgl. Art. 123 Abs. 1 GG); zwar würden der von dem Träger eines bürgerlichen Namens und der von dem Träger eines früheren adeligen Namens Adoptierte ungleich behandelt, weil letzterer nur den "Namenskern", nicht aber die Adelsbezeichnung erwerbe; die Ungleichbehandlung sei aber sachlich gerechtfertigt, denn "Namenskern" und Adelsbezeichnung unterscheide ihre Individualisierungskraft und ihre gesellschaftliche Bedeutung; auch würden Adelsbezeichnungen gem. Art. 109 Abs. 3 S. 2 WRV als Namensbestandteil *gelten* (Hervorhebung durch das Gericht) ; das von Art. 118 Abs. 3 S. 2 der bayerischen Verfassung verfolgte Ziel, dem Mißbrauch der Adoption zum Erwerb früherer Adelsbezeichnungen aus gesellschaftlichem Geltungsbedürfnis einen Riegel vorzuschieben, und eine Verleihung von Adelsbezeichnungen zu verhindern, sei daher nicht zu beanstanden.
Diese Ansicht vermag indes nicht zu überzeugen: Die WRV hat mit Art. 109 Abs. 3 S. 2 WRV den adeligen Namen in allen seinen Bestandteilen dem bürgerlichen Namen gleichgestellt; damit wurde der Programmsatz des Art. 109 Abs. 3 S. 1 WRV, wonach alle Vorrechte des Adels aufzuheben seien, für den Bereich des Namensrechts mit unmittelbarer Geltung verwirklicht; daß es dabei zu einer Vermehrung der Adelsbezeichnungen kam, hat der Verfassungsgeber sogar gewollt, da anderenfalls deren gesellschaftlicher Wert erhöht worden wäre (siehe oben II 4); wenn sich das Bayerische Oberste Landesgericht zur Rechtfertigung der Ungleichbehandlung auf die höhere gesellschaftliche Bedeutung der Adelsbezeichnung beruft, so schafft die Beschränkung der Adelsbezeichnungen auf einen exklusiven Kreis im Sinne alten Adelsrechts durch den aufrechterhaltenen Art. 118 Abs. 3 S. 2 der bayerischen Verfassung erst das Problem, dem diese Vorschrift nach Meinung des Gerichts entgegenwirken soll; Mißbrauchsfällen der sog. Adelsadoption konnte durch Anwendung der allgemeinen Bestimmungen der §§ 117, 138 BGB oder durch Versagung der Bestätigung des Adoptionsvertrags wirksam begegnet werden; adeligen Sondernamensrecht bedurfte es dazu nicht; Art. 118 Abs. 3 S. 2 der bayerischen Verfassung war also nach der hier vertretenen Auffassung wegen Verstoßes gegen Art. 3 Abs. 1 GG unwirksam.

359 BayObLG StAZ 1964, 159, 161.

mit Neufassung des § 1758 BGB[360] durch das Gleichberechtigungsgesetz vom 18. Juni 1957[361], also mit Wirkung vom 1. Juli 1958, sondern erst durch Art. 9 I Abs. 4 des Familienrechtsänderungsgesetzes vom 11. Aug. 1961[362] mit Wirkung vom 1. Jan. 1962 wurde Art. 118 Abs. 3 S. 2 der bayerischen Verfassung außer Kraft gesetzt[363].

6. *Adelsbezeichnung und Zeitablauf*

Schwierigkeiten bereitet die Frage, welche Auswirkungen das Verstreichen eines längeren Zeitraums auf die Berechtigung zur Führung einer Adelsbezeichnung hat. Zwei Fallgruppen haben die Gerichte immer wieder beschäftigt[364]. In der ersten Konstellation ergreift die Verwaltung die Initiative, sei es, daß die Aufsichtsbehörde im Wege eines Antrags nach § 47 PStG die Berichtigung eines adeligen in einen nichtadeligen Namen erstrebt[365], sei es, daß die höhere Verwaltungsbehörde im Verfahren nach § 8 NÄG von Amts wegen mit allgemein verbindlicher Wirkung den Namen des Betroffenen ohne die Adelsbezeichnung feststellt[366]. In diesen Fällen wird der Namensträger einwenden, er habe den registrierten - adeligen - Namen über Jahrzehnte gutgläubig geführt. Im zweiten Falltypus dagegen wird der Namensträger aktiv: er beantragt nach § 47 PStG die Berichtigung seines eingetragenen Namens in einen adeligen Namen[367] oder betreibt ein Namensfeststellungsverfahren gem. § 8 NÄG mit der Begründung, sein Name sei von seinen Vorfahren zwar über lange Zeit hindurch ohne Adelsbezeichnung geführt worden, von Rechts wegen stehe ihm aber der Name in der adeligen Form zu[368].

Vielfach berufen sich die Betroffenen in diesem Zusammenhang auf die adeligen Namensbezeichnungen in Einbürgerungsurkunden, Staatsangehörigkeits-

---

360 So *Schnitzerling* NJW 1960, 566. - A.A. *Graf von Bernstorff*, NJW 1961, 633, 635.
361 BGBl. I S. 609.
362 BGBl. I S. 1221.
363 BayObLG StAZ 1964, 159, 162; *Knopp*, NJW 1961, 1566; *Loos*, S. 85. Vgl. hierzu auch die Bekanntmachung des Bayerischen Staatsministerium der Justiz vom 19. Oktober 1961, StAZ 1961, 337.
364 Siehe zu den namensrechtlichen Verfahren den Überblick oben Kap. B II 2 b.
365 Z.B. OLG Frankfurt StAZ 1985, 12; OLG Stuttgart StAZ 1966, 143.
366 Z.B. HessVGH StAZ 1966, 19.
367 Z.B. LG Landau StAZ 1959, 152.
368 Z.B. VGH Baden-Württemberg StAZ 1985, 254.

ausweisen oder Reisepässen; in namensrechtlicher Hinsicht kommt diesen Urkunden aber keine konstitutive Bedeutung zu[369]. Zu unzutreffenden Namensbezeichnungen in solchen Papieren kam es insbesondere nach den beiden Weltkriegen: unter den überwiegend deutschstämmigen Emigranten, Flüchtlingen oder Vertriebenen aus Osteuropa befanden sich nicht wenige Adelige, denen - zumeist bereits nach dem ersten Weltkrieg - in den osteuropäischen Nachfolgestaaten des zaristischen Rußlands und Österreich-Ungarns die Führung ihrer Adelsbezeichnungen verboten wurde; da aber nach herrschender deutscher Rechtsauffassung die Adelsbezeichnungen ausländischer Staatsangehöriger nur Namensteile sind, diese somit dem Personalstatut unterfallen[370], war stets zu prüfen, ob dieser Personenkreis entsprechend den für die Namensführung maßgeblichen Bestimmungen der ausländischen adelsbeseitigenden Gesetzgebung die Adelsbezeichnungen verloren hatte - eine internationalprivatrechtliche Frage, der etwa bei den zahlreichen Einbürgerungen in den Wirren der Nachkriegszeit vielfach aus begreiflichen Gründen nicht nachgegangen wurde[371].

Die Frage, welche rechtliche Bedeutung der Tatsache beizumessen ist, daß eine Adelsbezeichnung in einer Familie über längere Zeit - möglicherweise mehrere Generationen - geführt bzw. nicht geführt wurde, wird in der einschlägigen Judikatur meist nur kurz abgehandelt. Nicht selten begnügen sich die Gerichte mit dem Hinweis, es gebe keine Namensersitzung und auch keinen gewohnheitsrechtlichen Erwerb des Namens[372]. Mit Recht ist aber darauf hingewiesen worden, daß der deklaratorische[373] Eintrag in das Standesregister dem Namensträger eine Art Besitzstand schafft[374], in den eine Registerberichtigung nach § 47 PStG oder § 8 NÄG i.V.m. § 9 NÄG eingreift. Die Problematik soll daher im folgenden genauer untersucht werden.

---

369 Siehe dazu schon oben Kap. B Fn. 302.

370 Vgl. nur *Brintzinger*, S. 93, 100 f.; *Firsching/von Hoffmann*, IPR, § 7 Rn. 20. Siehe im einzelnen unten Kap. E.

371 Vgl. den Hinweis in BayObLG StAZ 1972, 12, 16; 1966, 170, 171.

372 HessVGH StAZ 1966, 19, 20; OLG Stuttgart StAZ 1956, 118, 119.

373 Siehe oben Kap. B II 2 b bb.

374 *Adler*, S. 59.

a) *Zur Frage des Erwerbs der Adelsbezeichnung*

aa) *Ersitzung und Gewohnheitsrecht*

Nach allgemeiner Auffassung ist eine Ersitzung des Namens ausgeschlossen[375]. Im gemeinen Recht war diese Frage strittig gewesen[376]. Jedenfalls durch das BGB wurde dieser Erwerbsmodus ausgeschlossen[377]. Es kennt nur den Erwerb durch Ersitzung in Ansehung von Eigentum und von Rechten an Sachen (§§ 937, 1033, 900 BGB); Sachen i.S.d. BGB sind nur körperliche Gegenstände (§ 90 BGB); das Namensrecht fällt aber nicht unter den Eigentumsbegriff[378] und stellt auch, da der Name kein körperlicher Gegenstand ist, kein Recht an einer Sache dar. Seit die Adelsbezeichnung mit Inkrafttreten der

---

375 Vgl. *Loos*, S. 129; *Raschauer*, S. 241; *Adler*, S. 59 ff.; *Kopp*, S. 25; *Staudinger/Habermann/Weick* (1995), § 12 Rn. 333; *Soergel/Heinrich*, § 12 Rz. 45; HessVGH StAZ 1966, 19, 20; OLG Stuttgart StAZ 1956, 118, 119; BayObLG StAZ 1972, 12, 16; NJW-RR 1987, 965, 966; Hamburg OLGZ 1981, 148, 151; RG SeuffA 59 (1904), 305, 308; LG Würzburg StAZ 1987, 140, 141; *Opet* AcP 87 (1897), 313, 359; *Rensch*, S. 77. - Gleiches gilt im österreichischen Recht; vgl. §§ 43, 1455, 1458 ABGB; *Edlbacher*, S. 41. - Im französischen Recht wurde eine "Namensersitzung" in analoger Anwendung sachenrechtlicher Bestimmungen diskutiert (vgl. *Kohler* ArchBürgR 5 (1891), 77, 102, 105) dann aber abgelehnt; vgl. *Opet* AcP 87 (1897), 313, 360.
Unzutreffend ist die in HessVGH StAZ 1966, 19, 20, geäußerte Ansicht, in OVG Münster StAZ 1964, 166, 167, sei in einem "krassen Ausnahmefall" eine Namensersitzung anerkannt worden; vgl. *Edlbacher*, S. 41 f. Diese Entscheidung des OVG Münster, die nie rechtskräftig geworden, sondern durch einen Beschluß des BVerwG auf Grund einer vergleichsweise vereinbarten Klagerücknahme für unwirksam erklärt worden ist (vgl. Anmerkung *Rietdorf*, StAZ 1965, 21; *Loos*, S. 127 f.), handelt nicht von Ersitzung, sondern von der sehr fragwürdigen Hilfskonstruktion einer "Zuerkennung des Namensbestandteils "von" bei der Einbürgerung" aus Gründen des Vertrauensschutzes. Das zu § 8 NÄG ergangene Urteil des Oberverwaltungsgerichts vermengt Namensfeststellung und Namensänderung: in casu stand dem Kläger das begehrte "von" nicht zu, sein Name konnte nicht - wie im Urteil geschehen - mit "von N.", sondern nur mit "N." festgestellt werden. Die langjährige gutgläubige Namensführung hätte das Gericht nur im Rahmen einer Namensänderung gem. § 3 NÄG zugunsten des Klägers berücksichtigen können; vgl. *Raschauer*, S. 242 Fn. 24; oben Kap. B II 2 b cc. Siehe hierzu auch Nr. 50, 53 Abs. 4 NamÄndVwV; *Loos*, S. 65 f., 57 f.; *Soergel/Heinrich*, § 12 Rz. 45, 77; BVerwG Buchholz 402.10 § 3a NÄG Nr. 2; BVerwG StAZ 1981, 277, 278 f.; VGH Baden- Württemberg StAZ 1985, 254, 255; VG Bremen StAZ 1987, 107, 108 (zur Frage, wann die langjährige gutgläubige Führung eines unrichtigen Namens eine Änderung des Familiennamens "S." in "S.v.d.H." rechtfertigt); unten Kap. F II 4.

376 RGZ 7, 279, 283; *Opet* AcP 87 (1897), 313, 359. Nach RG SeuffA 59 (1904), 305, 308, soll im gemeinen Recht die ordentliche wie die außerordentliche Ersitzung nur solche Rechtsobjekte ergriffen haben, an denen Besitz möglich ist.

377 Vgl. zum folgenden *Opet*, AcP 87 (1897), 313, 360; RG SeuffA 59 (1904), 305, 308; *Rensch*, S. 77.

378 Siehe oben Kap. B II 1 e ee.

WRV als Teil des Familiennamens den allgemeinen namensrechtlichen Regeln unterliegt, ist ihre Ersitzung also ausgeschlossen.

Die Frage, ob die Ersitzung einer Adelsbezeichnung in der Zeit vor 1919 möglich war, beurteilt sich (da die Adelsbezeichnung nach der zu dieser Zeit überwiegenden Auffassung nicht Teil des Familiennamens war[379]) nicht nach allgemeinem Namensrecht, sondern nach Adelsrecht. Der Adel und mit ihm die Adelsbezeichnung konnte aber nur durch Geburt, Eheschließung oder Verleihung erworben werden; eine Erwerbung des Adels durch Ersitzung war dem sächsischen und preußischen wie dem gemeinen deutschen Adelsrecht unbekannt[380]. Nach zutreffender Ansicht enthält auch § 19 II 9 ALR[381] keinen Fall der Adelsersitzung[382], sondern nur eine mit dem Vorbehalt des Gegenbeweises geltende Vermutung, daß der tatsächlich geführte Adel rechtmäßig sei[383].

Auch gewohnheitsrechtlich kann ein adeliger Name nicht erworben werden[384].

379 Siehe oben I.

380 *Baring*, FischersZ 51 (1920), 225, 261; *Rensch*, S. 78.

381 "Wer entweder selbst, oder wessen Vorfahren Vier und vierzig Jahre hindurch sich adlicher Prädikate und Vorrechte ruhig bedient, und also ein ausdrückliches oder stillschweigendes Anerkenntniß des Staats für sich hat, für den streitet die rechtliche Vermuthung, daß ihm der Geschlechtsadel wirklich zukomme."

382 So aber *Mantey*, AöR 13 (1898), 20, 34.

383 *Baring*, FischersZ 51 (1920), 225, 241, 261; *Bornhak*, Deutsches Adelsrecht, S. 62; *Loos*, S. 129; *Rensch*, S. 78 f.; vgl. auch OLG Stuttgart StAZ 1966, 143, 145; KG StAZ 1934, 342, 343.

384 BayObLG StAZ 1961, 43, 45 f.; 1972, 12, 16; NJW-RR 1987, 965, 966; HessVGH StAZ 1966, 19, 20; OLG Stuttgart StAZ 1956, 118, 119; *Soergel/Heinrich*, § 12 Rz. 45 m.w.N. Soweit ersichtlich enthält nur die Entscheidung des BayObLG StAZ 1961, 43 ff., eingehendere Ausführungen. Dort ging es um die Frage, ob Baltendeutsche vormals estnischer Staatsangehörigkeit nach ihrer Einbürgerung in Deutschland zur Führung ihrer in Estland verlorenen Adelsbezeichnungen berechtigt waren; die strengen Voraussetzungen der Entstehung eines solchen Gewohnheitsrechts - regelmäßige Übung während einer nicht unerheblichen Zeitspanne und Herausbildung einer allgemeinen, auch von Behörden und Gerichten geteilten, durch Übung manifestierten Norm - verneinte das Gericht unter Hinweis auf anderslautende Äußerungen des Bayerischen Staatsministeriums des Inneren und in der Literatur.

bb) *Verwirkung des Antragsrechts der Standesamtsaufsichtsbehörde gem. § 47 PStG auf Berichtigung der Personenstandsbücher*

In Betracht zu ziehen ist aber eine Verwirkung des Antragsrechts der Standesamtsaufsichtsbehörde gem. § 47 PStG auf Berichtigung der Personenstandsbücher durch Zeitablauf[385]. Verwirkung bedeutet, daß dem Inhaber die Ausübung seines Rechts versagt wird, weil er über längere Zeit hindurch sein Recht nicht geltend gemacht und dadurch bei dem anderen Teil den Eindruck erweckt hat, mit dem Gebrauch des Rechts werde in Zukunft nicht mehr zu rechnen sein; sie bildet einen Unterfall der unzulässigen Rechtsausübung wegen widersprüchlichen früheren Verhaltens[386]. Gegenstand der Verwirkung können grundsätzlich alle subjektiven Rechte sein[387], nicht aber das Recht am eigenen Namen[388]. Das Rechtsinstitut der Verwirkung findet auch im öffentlichen Recht und im Prozeßrecht Anwendung[389]; ebenso ist es im Verfahren der freiwilligen Gerichtsbarkeit anerkannt[390]. Bei der Verwirkung müssen "Zeitmoment", d.h die Nichtausübung des Rechts über einen längeren Zeitraum, und "Umstandsmoment", also die Schaffung eines Vertrauenstatbestands durch das Verhalten des Rechtsinhabers, zusammmenkommen[391]. Wie alle aus § 242 BGB abgeleiteten Rechtsbehelfe hat das Rechtsinstitut der Verwirkung Ausnahmecharakter und ist nur mit größter Zurückhaltung anzuwenden[392]. Im Namenswesen sind schon an den erforderlichen Zeitablauf hohe Anforderungen zu stellen[393]: die Behörden sind nicht in der Lage, die Namensführung der zahlreichen Zuwanderer alsbald auf ihre Berechtigung nachzuprüfen[394]; das gilt vor allem für Registrierungen in der Zeit nach dem ersten und zweiten Weltkrieg, in der die Behörden bei der großen Zahl aus

385 Vgl. BayObLG StAZ 1972, 12, 16.
386 MüKo/*Roth*, BGB, § 242 Rn. 360.
387 MüKo/*Roth*, BGB, § 242 Rn. 362.
388 MüKo/*Roth*, BGB, § 242 Rn. 409. Nur der Anspruch gem. § 12 BGB unterliegt der Verwirkung; vgl. *Staudinger/Habermann/Weick* (1995), § 12 Rn. 334 ff.
Als absolutes Recht unterliegt das Namensrecht selbst auch nicht der Verjährung, wohl aber der bei Beeinträchtigung daraus erwachsende Anspruch nach § 12 BGB (vgl. § 194 Abs. 1 BGB), der allerdings mit jeder Verletzung neu entsteht (so schon *Rensch*, S. 80; vgl. ferner *Soergel/Walter*, § 194 Rz. 5).
389 *Palandt/Heinrichs*, § 242 Rn. 92; MüKo/*Roth*, BGB, § 242 Rn. 403.
390 BGHZ 20, 198, 206; BayObLG StAZ 1972, 12, 16.
391 MüKo/*Roth*, BGB, § 242 Rn. 365 ff.
392 MüKo/*Roth*, BGB, § 242 Rn. 373.
393 Vgl. BayObLG StAZ 1972, 12, 16. Das Gericht lehnte eine Verwirkung des Antragsrechts der Standesamtsbehörde durch Zeitablauf (in casu 36 Jahre) ab.
394 BayObLG StAZ 1966, 170, 171.

Osteuropa zuwandernder oder geflohener Personen nicht in der Lage waren, eine etwaige falsche Namensführung ohne weiteres sofort zu erkennen und zu verhindern[395]; zudem gibt es, wie dargelegt, weder eine Namensersitzung noch einen gewohnheitsrechtlich anerkannten Satz, daß eine Adelsbezeichnung bei langjähriger unbeanstandeter Führung nicht mehr aus den Standesbücher entfernt werden dürfte[396]; schließlich kann eine Namensänderung nur nach den Regelungen des NÄG erfolgen[397]. In der Praxis dürfte damit die theoretisch denkbare Verwirkung des Antragsrechts der Standesamtsaufsicht nach § 47 PStG auf Berichtigung der Personenstandsbücher keine Bedeutung haben[398].

cc) Unvordenkliche Verjährung

Das Oberlandesgericht Stuttgart hat in einer Entscheidung aus dem Jahre 1965 eine unvordenkliche Verjährung in Betracht gezogen[399], und zwar im Hinblick auf die über 172 Jahre währende ununterbrochenen Führung der Vorsilbe "Reichs" in dem Adelstitel und Namen "Reichsgraf von L."[400].

Das gemeinrechtliche Rechtsinstitut der unvordenklichen Verjährung, welches auf das kanonische Recht zurückgeht[401], setzt voraus, daß ein Rechtszustand ununterbrochen seit unvordenklicher Zeit angedauert hat. Das ist der Fall, wo erstens positiv die Erinnerung der jetzt lebenden Generation besteht, daß der Zustand stets so und nicht anders war und zweitens negativ das lebende Geschlecht auch durch seine Vorfahren nicht von einem anderen Zustand Kunde hat[402].

In einer Entscheidung aus dem Jahr 1955 hat der Bundesgerichtshof die Voraussetzungen der unvordenklichen Verjährung dahin präzisiert, es sei erforderlich, daß der beanspruchte Zustand über vierzig Jahre als Recht be-

---

395 Vgl. BayObLG StAZ 1972, 12, 16.
396 Vgl. BayObLG StAZ 1972, 12, 16.
397 LG Hamburg StAZ 1954, 11, 112; BayObLG StAZ 1972, 12, 16.
398 Vgl. Hamburg OLGZ 1981, 148, 151; LG Würzburg StAZ 1987, 140, 141.
399 OLG Stuttgart StAZ 1966, 143, 145.
400 Siehe dazu schon oben III 2.
401 *Staudinger/Peters* (1996), Vorbem. zu §§ 194 ff. Rn. 36.; *von Gierke*, Deutsches Privatrecht, Band 1, S. 313 f.
402 *Von Gierke*, Deutsches Privatrecht, Band 1, S. 316 ("Gedächtnis zweier Menschenalter"); *Windscheid*, Lehrbuch des Pandektenrechts, Band 1, S. 364 ff. (§ 113).

sessen worden sei und sich weitere vierzig Jahre vorher niemand an einen anderen Zustand seit Menschengedenken erinnern könne[403].
Die unvordenkliche Verjährung gibt es auch im öffentlichen Recht[404], mithin auch im öffentlichen Namensrecht. Im Gegensatz zur Ersitzung stellt sie keinen Erwerbstitel, sondern nur eine den Beweis für das Bestehen eines Rechtsverhältnisses ersetzende Vermutung dar[405].

Vor Inkrafttreten der WRV enthielt § 19 II 9 ALR[406] für den preußischen Adel eine an die unverdenkliche Verjährung anknüpfende Bestimmung[407]. Außerhalb Preußens galt für Adel und Adelsbezeichnung der allgemeine Grundsatz der unvordenklichen Verjährung[408].

Seit dem 14. Aug. 1919 unterliegt die Adelsbezeichnung den allgemeinen namensrechtlichen Regeln; seither ist das allgemeine Rechtsinstitut der unvordenklichen Verjährung uneingeschränkt anwendbar[409].

---

403 BGHZ 16, 234, 238 f. m.w.N. Die Berechnung des Menschenalters zu vierzig Jahren geht auf das kanonische Recht zurück; vgl. *von Gierke*, Deutsches Privatrecht, Band 1, S. 316.

404 *Wolff/Bachof/Stober*, Verwaltungsrecht, Band 1, S. 478 (§ 37 Rn. 11 ff.); *Forsthoff*, Verwaltungsrecht, Band 1, S. 193.

405 *Von Gierke*, Deutsches Privatrecht, Band 1, S. 313 ff.; *Soergel/Walter*, Vor § 194 Rz. 19; *Wolff/Bachof/Stober*, Verwaltungsrecht, Band 1, S. 478; *Forsthoff*, Verwaltungsrecht, Band 1, S. 193. Dies ist h.M. - Nach a.A. soll durch den Ablauf der unvordenklichen Zeit ein bisher nicht vorhandenes Rechtsverhältnis erzeugt werden; vgl. z.B. *Windscheid*, Lehrbuch des Pandektenrechts, Band 1, S. 365 Fn. 4 (§ 113) m.w.N. zu beiden Auffassungen. Mißverständlich hierzu *Rensch*, S. 78 f.

406 Wegen des Wortlauts dieser Bestimmung siehe oben Fn. 381.

407 *Rensch*, S. 78 f. Die Berufung auf diese Vorschrift erfolgte in der adelsrechtlichen Praxis in einem gesonderten Gnadenverfahren unter Mitwirkung des Heroldsamts; vgl. im einzelnen *von Kalm*, S. 103 ff.

408 *Von Gierke*, Deutsches Privatrecht, Band 1, S. 317; vgl. OLG Stuttgart StAZ 1966, 143, 145. - A.A. *Rensch*, S. 78.

409 Durch das Inkrafttreten des BGB ist die Geltung des gemeinrechtlichen Grundsatzes der Unvordenklichkeit für den Namen nicht berührt worden. Zwar gilt die unvordenkliche Verjährung im Privatrecht nur in den dem Landesrecht vorbehaltenen Materien weiter, Art. 55 EGBGB (vgl. *Staudinger/Peters* (1996), Vorbem. zu §§ 194 ff. Rn. 36). Jedoch geht es um die Frage der richtigen Führung des Namens, also um die öffentlichrechtliche Ordnungsfunktion des Namens. Ohne diese Frage zu problematisieren, wendet auch OLG Stuttgart StAZ 1966, 143, 145, die Unvordenklichkeit auf "Adelstitel und Namen" an. *Adler*, S. 60 f., spricht von einen Erwerb des Namens durch Unvordenklichkeit in dem Sinne, daß der Nachweis unbefugter Namensführung nach langer Zeit wegen des Fehlens von Personenstands- bzw. Kirchenbüchern nur selten möglich ist und es deshalb bei dem tatsächlich geführten und verzeichneten Namen verbleibt. Siehe dazu das Gutachten des sächsischen Ausschusses für Adelssachen vom 24. April 1904, FischersZ 32 (1907), 330 ff., in dem es um die Berechtigung zur Führung des Namens "von Ende" ging, der in den Kirchenbüchern "nur" bis zum Jahre

dd) *Ergebnis*

Als Ergebnis läßt sich festhalten, daß die tatsächliche unbeanstandete Führung einer Adelsbezeichnung keine rechtsbegründende[410] Wirkung hat[411].

b) *Zur Frage des Verlusts der Adelsbezeichnung*

aa) *Verzicht*

Auf Adel und Adelsbezeichnung konnte der Adelsträger durch einseitige, ausdrückliche und unwiderrufliche Erklärung gegenüber dem Staat verzichten[412]. Seine Rechtsgrundlage fand der Verzicht, der sich nicht auf die zur Zeit des Verzichts bereits vorhandenen Kinder des Betreffenden oder deren Abkömmlinge erstreckte[413], in Baden zudem nicht auf die zu diesem Zeit-

---

1684 nachweisbar war. Obwohl der Name ursprünglich "vom Ende" gelautet haben dürfte, vertrat der Ausschuß in seinem Gutachten die Ansicht, daß dem Betroffenen das Recht, den bisherigen Namen fortzuführen, nicht aberkannt werden dürfe; das Gesetz schütze ihn im Besitze des ererbten Familiennamens.
Im Sinne einer unvordenklichen Verjährung kann man wohl die folgende Passage der Entscheidung BVerwG StAZ 1981, 277, 278, auffassen, auch wenn das Gericht diesen Begriff nicht verwendet: "So wie die Namensfeststellung von der Ordnungsfunktion des Namens her gerechtfertigt ist, findet sie auch in der Ordnungsfunktion des Namens eine Schranke. Denn aus der Ordnungsfunktion des Names kann sich unter besonderen Umständen auch einmal ergeben, daß ein ursprünglich "richtiger", dann aber über lange Zeiträume im Privat- oder Behördenverkehr nicht mehr verwendeter, sozusagen in Vergessenheit geratener Namen schließlich auch rechtlich von dem im Verkehr tatsächlich geführten Namen verdrängt wird mit der Folge, daß dieser zunächst "falsche" nun zum richtigen - und damit nach § 8 NamensÄndG festzustellenden - Namen wird. Ein (ursprünglich falscher) Name erhält seine Legitimation nicht zuletzt dadurch, daß er beständig (auch) von den Behörden verwendet worden ist, die im Rahmen ihrer Aufgaben gerade auch auf die richtige Namensführung des Bürgers zu achten haben; dies sind vor allem Standesämter, Melde- und Paßbehörden. Verleihen sie mit dem generationenwährenden Gebrauch des "falschen" Namens diesem immer wieder den Anschein, der "richtige" Name zu sein, so kommt einmal der Tag, an dem es von der Ordnungsfunktion des Namens als Mittel zur Unterscheidung und Individualisierung seines Trägers her widersinnig erscheint, diesen Namen durch die amtliche Feststellung des ursprünglichen Namens wieder zu eliminieren." Ebenso VGH Baden-Württemberg NJW-RR 1995, 1412, 1413.

410 Die Unvordenklichkeit ist nur eine Rechtsvermutung. Siehe oben bei Fn. 405.

411 Vgl. BayVGH BayVBl. 1957, 160, 162; BayObLG StAZ 1961, 43, 46; 1966, 170, 171; VGH Baden- Württemberg NJW-RR 1995, 1412, 1413.

412 *Von Gierke*, Deutsches Privatrecht, Band 1, S. 408; WStVerwR "Adel", S. 60 Sp. 1; BayObLG StAZ 1926, 131, 132 (auch nach gemeinem deutschen Adelsrecht förmlicher Verzicht erforderlich); *Rensch*, S. 91.

413 WStVerwR "Adel", S. 60 Sp. 1; *Bornhak*, Deutsches Adelsrecht, S. 61; *Rensch*, S. 92 Fn. 43 m.w.N. zu den einzelnen adelsrechtlichen Bestimmungen, die teilweise auf Er-

punkt mit dem Verzichtenden verheiratete Frau[414], in den Bestimmungen des Adelsrechts[415], soweit keine gesetzliche Regelung vorlag im Gewohnheitsrecht[416]. In Sachsen[417] war auch ein Verzicht nur auf die Adelsbezeichnung, ohne Aufgabe des Adels, möglich[418].

Seit Inkrafttreten der WRV ist ein Verzicht des Namensträgers auf die Adelsbezeichnung, die Teil seines Familiennamens ist, nicht mehr möglich; diese kann nur im Wege der Namensänderung nach dem NÄG entfallen[419]. Einer solchen Änderung des adeligen in einen nichtadeligen Namen steht - im Gegensatz zu dem Fall der Erlangung einer adeligen Namensform durch Namensänderung[420] - das Verbot der Neuverleihung von Adelsbezeichnungen gem. Art. 109 Abs. 3 S. 2 2. Alt. WRV nicht entgegen[421]. Aus dem Gesagten folgt zugleich, daß den Träger einer Adelsbezeichnung die öffentlich-rechtliche Verpflichtung zur Führung seines vollständigen Familiennamens unter Einschluß der Adelsbezeichnung trifft[422].

---

zeugung (so z.B. § 8 Abs. 1 S. 4 des sächsischen Adelsgesetzes), teilweise auf Geburt des Kindes (so z.B. § 18 Abs. 2 des bayerischen Adelsedikts) abstellten.

414 WStVerwR "Adel", S. 60 Sp. 1; *Rensch*, S. 92 Fn. 44 (VI. badisches Konstitutionsedikt § 21).

415 *Rensch*, S. 91 Fn. 39 (§ 18 des bayerischen Adelsedikts (vgl. hierzu BayObLG StAZ 1972, 12, 14 f.) und § 8 des sächsischen Adelsgesetzes). Vgl. auch *von Gierke*, Deutsches Privatrecht, Band 1, S. 408.

416 Vgl. hierzu vor allem *Mantey*, AöR 13 (1898), 20, 35 f.; auch *Freiherr Schenck zu Schweinsberg*, S. 16; *von Gierke*, Deutsches Privatrecht, Band 1, S. 408; WStVerwR "Adel", S. 60 Sp. 1; *Bornhak*, Deutsches Adelsrecht, S. 61; *Rensch*, S. 91.

417 Nicht aber, wie *Loos*, S. 86, fälschlicherweise annimmt, in Bayern.

418 Siehe oben Kap. C Fn. 1.

419 Vgl. BayObLGZ 30, 227, 230; *Rensch*, S. 253; *Freiherr von Wendland*, S. 73; *Baring*, FischersZ 51 (1920), 225, 266; *Rensch*, S. 253 f.; *Soergel/Heinrich*, § 12 Rz. 5; *Staudinger/Habermann/Weick* (1995), § 12 Rn. 14; *Loos*, S. 86; *Ficker*, Öffentliches Namensrecht, S. 68. Auch das Weglassen des "von" ist eine Namensänderung; vgl. *Soergel/Heinrich*, § 12 Rz. 7.

420 Siehe dazu unten Kap. F II.

421 Vgl. *Baring*, FischersZ 51 (1920), 225, 266; *Rensch*, S. 253; OVG Lüneburg 10 L 4913/93 (Mitgeteilt in F.A.Z. vom 17. Aug. 1995, S. 12, Lieber ein "normaler" Mensch als Freiherr, Deutschland und die Welt).

422 § 111 OwiG; *Soergel/Heinrich*, § 12 Rz. 17. Siehe ferner unten Schlußbetrachtung Fn. 29.

bb) Nichtgebrauch

Vom förmlichen Verzicht zu unterscheiden ist der schlichte Nichtgebrauch des Adels. Dieser zog grundsätzlich weder nach gemeinem Adelsrecht[423] noch nach den in einigen Bundesstaaten existierenden gesetzlichen Bestimmungen[424] den Verlust des Adels nach sich[425]. In einigen Staaten war die Wiederannahme des Adels nach längerem Nichtgebrauch (sog. "Adelsverdunkelung") von einer behördlichen Zustimmung abhängig. So mußte in Preußen derjenige, in dessen Familie der Adel in zwei Generationen nicht gebraucht worden war, gegenüber dem Heroldsamt seine Befugnis zur Führung des Adels nachweisen[426]; nach der eindeutigen Regelung des § 94 II 9 ALR wurde der rechtliche Bestand des Adels durch den bloßen Nichtgebrauch jedoch nicht berührt[427]. Lediglich in Bayern und in Sachsen erlosch der Adel im Falle des Nichtgebrauchs; Voraussetzung war der Nichtgebrauch des Adels über zwei Generationen, in Bayern zudem die Nichtimmatrikulation[428] der Familie während dieser Zeitspanne[429]. Soweit kein Fall des Adelsverzichts, sondern bloßer Nichtgebrauch einer Adelsbezeichnung vorliegt, darf und muß dieselbe heute dem Grundsatz nach als Teil des Familiennamen geführt werden. Denn nach Art. 109 Abs. 3 S. 2 WRV gelten solche Adelsbezeichnungen als Teil des Familiennamens, die bei Inkrafttreten der WRV nach den bisherigen adelsrechtlichen Bestimmungen geführt werden durften[430]; nicht zutreffend ist die in diesem Zusammenhang gelegentlich geäußerte Ansicht, daß nur derjenige Name maßgebend sei, der am 14.8.1919 tatsächlich geführt wurde[431].

---

423 WStVerwR "Adel", S. 60 Sp. 1; *Bornhak*, Deutsches Adelsrecht, S. 61; *von Gierke*, Deutsches Privatrecht, Band 1, S. 408; *Rensch*, S. 96; BayObLG StAZ 1926, 131, 132; KG StAZ 1934, 264.

424 So z.B. ausdrücklich § 94 II 9 ALR.

425 OLG Frankfurt StAZ 1985, 12, 13; LG Landau StAZ 1959, 152, 153.

426 § 95 II 9 ALR, Anhang § 120 II 9 ALR i.V.m. dem Allerhöchsten Erlaß vom 16. Aug. 1854 (Gesetz- Sammlung für die Königlichen Preußischen Staaten S. 516).

427 Das Heroldsamt entschied also bei zweifelhaftem Adel rein deklaratorisch, ob der Adel noch bestand; vgl. KG StAZ 1934, 264. Vereinzelt wurde allerdings die Erlaubniserteilung einer Neuverleihung gleichgeachtet; vgl. die Nachweise bei *Rensch*, S. 97.

428 Siehe zu den Adelsbüchern oben II 5.

429 *Rensch*, S. 209; WStVerwR "Adel", S. 60 Sp. 1.; vgl. zu Bayern LG Landau StAZ 1959, 152, 153.

430 Siehe oben 1.

431 So z.B. VGH Baden-Württemberg StAZ 1985, 254, 256; *Simader/Diepold*, C/161. Gegen diese Meinung, die im Wortlaut des Art. 109 Abs.3 S.2 WRV keine Stütze findet, wendet sich zu Recht OLG Frankfurt StAZ 1985, 12, 13 m.w.N. Ursache des Streits ist wohl eine mißverständliche Formulierung in BVerwG StAZ 1969, 185, 186. Dort hatte das Gericht zunächst zutreffend festgestellt, daß nach Art. 109 Abs. 3 WRV

Adelige in Bayern und Baden, deren Adel nicht immatrikuliert war, obwohl in diesen Ländern der Eintrag in eine Adelsmatrikel Voraussetzung für die Führung der Adelsbezeichnung war[432], sind seit Inkrafttreten der WRV befugt, ihre Adelsbezeichnung als Teil des Familiennamens zu führen; denn in diesen Fällen war das Recht auf die Adelsbezeichnung nur suspendiert, nicht aber erloschen[433]. Gleiches gilt für solche Adelige, auf welche die Regelung des § 21 des bayerischen Adelsedikts über die Suspension des Adels, deren Geltung umstritten war[434], zur Anwendung kam[435].

In der Praxis führt die strikte Anwendung des Grundsatzes, daß es für die Frage, ob eine Adelsbezeichnung i.S.v. Art. 109 Abs. 3 S. 2 WRV als Teil des Familiennamens gilt, nur darauf ankommt, ob der Familie des Namensträgers bei Inkrafttreten der WRV nach dem bisherigen Recht der Adel und damit die Adelsbezeichnung zustand, zu fragwürdigen Ergebnissen. So hat die Rechtsprechung in einigen Fällen die Berichtigung eines registrierten nichtadeligen in einen adeligen Namen selbst dann noch zugelassen, wenn in einer adeligen Familie eine Adelsbezeichnung seit den letzten Jahrzehnten des 18. Jahrhunderts[436] oder gar seit der ersten Hälfte des 18. Jahrhunderts[437] nicht mehr geführt worden war.

Neuerdings zeigen sich in der Rechtsprechung restriktivere Tendenzen. Schon in einem Beschluß aus dem Jahr 1923 hatte das Bayerische Oberste Landesgericht angenommen, ein mehr als zweihundert Jahre lang fortgesetzter Nichtgebrauch des Adels begründe die Vermutung, daß der Adel im Laufe dieser Zeit durch Verzicht oder aus ähnlichem Grunde erloschen sei[438]; in einer Entscheidung im Jahr 1926 hatte das Gericht darauf hingewiesen, daß die Tat-

---

nur noch solche Adelsbezeichnungen, die bisher rechtmäßig geführt worden seien, weitergeführt werden dürften, dann aber hinzugefügt, Namensteil sei eine Adelsbezeichnung jedenfalls dann nicht geworden, wenn sie bis zum Inkrafttreten der WRV lange Zeit nicht geführt worden sei. Dazu kritisch *Raschauer*, S. 129 Fn. 5 Abs. 3.

432 Siehe oben II 5.

433 *Rensch*, S. 209 f. Anders aber, wie dargelegt, in Bayern, falls die nichtimmatrikulierte Familie den Adel in zwei Generationen nicht gebraucht hatte.

434 Siehe oben Kap. C Fn. 1.

435 *Baring*, FischersZ 51 (1920), 225, 236; vgl. auch *Rensch*, S. 210.

436 BayObLG StAZ 1926, 131, 132 (Hier hatte sich allerdings in der Familie des Antragsstellers der Gebrauch des Adelswappens erhalten, welches dem 1601 vom Kaiser in den Reichsadel erhobenen Vorfahren mitverliehen worden war).

437 LG Landau StAZ 1959, 152.

438 BayObLGZ 22, 340, 343 f.

sache, daß lange Zeit hindurch die Vorfahren des Antragstellers von dem Adel keinen Gebrauch gemacht hätten, "an und für sich ohne rechtliche Bedeutung" sei, wenn sie auch eine hohe Wahrscheinlichkeit dafür begründe, daß der Adel verlorengegangen sei[439].

Ausgangspunkt der neueren Rechtsprechung ist ein Urteil des Bundesverwaltungsgerichts aus dem Jahr 1968[440], in dem das Gericht ausgesprochen hatte, Adelsbezeichnungen, die bis zum Inkrafttreten der WRV "lange Zeit" nicht geführt worden seien, seien nicht gem. Art. 109 Abs. 3 S. 2 WRV zu Namensteilen geworden. Dem hat sich das Bayerische Oberste Landesgericht in einer Entscheidung aus dem Jahr 1979[441] ebenso wie die Literatur[442] angeschlossen. Das Oberlandesgericht Frankfurt hat das Erfordernis des langen Zeitraums dahin präzisiert, daß eine mindestens zwei Generationen vor Inkrafttreten der WRV nicht geführte Adelsbezeichnung nicht Bestandteil des Namens i.S.v. Art. 109 Abs. 3 S. 2 WRV geworden sei[443].

Für diese Einschränkung des Grundsatzes, daß es für die Frage, ob eine Adelsbezeichnung i.S.v. Art. 109 Abs. 3 S. 2 WRV als Namensteil gilt, allein darauf ankommen soll, ob die Familie des Namensträgers bei Inkrafttreten der WRV nach dem altem Recht zur Führung von Adel und Adelsbezeichnung berechtigt war, sprechen vor allem praktische Gründe[444].
Grundsätzlich ist in Zweifelfällen diejenige Form des Familiennamens maßgebend, welche die Vorfahren zu dem Zeitpunkt geführt haben, als die willkürliche Änderung der Namen verboten wurde. Die Anknüpfung an diesen soge-

---

439 BayObLG StAZ 1926, 131.

440 BVerwG StAZ 1969, 184 (Weder der Kläger noch sein Vater und Großvater hatten die Adelsbezeichnung im Rechtsverkehr geführt). Ablehnend *Raschauer* 129 Fn. 5 Abs. 3.

441 BayObLG StAZ 1981, 184, 185 (Die Familie des Antragstellers hatte die Adelsbezeichnung zumindest seit dem Jahr 1842 nicht mehr geführt). Das Gericht begründete seinen Beschluß wie folgt: Sei die Adelsbezeichnung lange Zeit nicht geführt worden, so sei durch eine ständig beobachtete Übung zum Aussdruck gebracht worden, daß seine Annahme für immer ausgeschlossen sein solle. Auf den von ihm zitierten *Rensch*, S. 208 f., kann es sich dabei allerdings nicht berufen.

442 *Soergel/Heinrich*, § 12 Rz. 5; *Staudinger/Habermann/Weick* (1995), § 12 Rn. 8, 346; *Loos*, S. 81.

443 OLG Frankfurt StAZ 1985, 12, 13.

444 Vgl. OLG Frankfurt StAZ 1985, 12, 13. Das Gericht läßt offen, ob insoweit der materiellrechtliche Grundsatz der Verwirkung oder die Vermutung, daß ein jahrelanger Gebrauch oder Nichtgebrauch eines Namens mit der namensrechtlichen Rechtslage übereinstimmt, zugrundezulegen ist. Vgl. auch BVerwG StAZ 1981, 277, 278 (oben Fn. 409); VGH Baden-Württemberg NJW-RR 1995, 1412, 1413.

nannten "Versteinerungszeitpunkt"[445] hilft indes bei adeligen Namen nicht weiter[446]. Denn streitig ist regelmäßig nicht der (frühere) adelige Familienname (Geschlechtsname), sondern die Adelsbezeichnung. Das Recht zur Führung derselben war aber in der Zeit vor 1919 an die Adelszugehörigkeit geknüpft; maßgebend war das alte Adelsrecht. Entsprechend der primären Funktion der Adelsbezeichnung im alten Recht, die Standeszugehörigkeit zu kennzeichnen, kam es hier nicht zu einer Versteinerung. So konnte beispielweise auf den Adel und damit die Adelsbezeichnung verzichtet werden. Selbst wenn also die Adelsbezeichnung zum Versteinerungszeitpunkt in einer Personenstandsurkunde aufgeführt war, konnte sie doch in der Folgezeit etwa durch Verzicht verloren gegangen sein. Um nun eine Gleichbehandlung der Träger adeliger und nichtadeliger Namen zu erreichen, erscheint eine Beschränkung auf zwei Generationen als sachgerecht: Die Prüfung, ob einer Person eine Adelsbezeichnung zukommt, erstreckt sich (wenn man pro Generation vierzig Jahr rechnet) etwa bis 1830 und damit ungefähr soweit zurück, wie bei nichtadeligen Namen. Ebenso wie der Versteinerungszeitpunkt beim nichtadeligen Namen so vermeidet die dargelegte Beschränkung beim adeligen Namen einen regressus ad infinitum[447].

445 Siehe oben Kap. B II 1 d bei Fn. 172.
446 Vgl. OLG Frankfurt StAZ 1985, 12, 13.
447 Vgl. *Raschauer*, S. 241 f.

E. Der adelige Name im deutschen IPR

I. Einführung

"Das deutsche Internationale Namensrecht, verstanden als die Gesamtheit der namensrechtlichen Vorschriften für Fälle mit Auslandsberührung, ist eine verhältnismäßig komplizierte und aufwendig geregelte Materie"[1]. Um so wichtiger erscheint es, die folgende Darstellung strikt auf die für den adeligen Namen typischen, internationalprivatrechtlichen Fragen zu beschränken.

Zwei Beispiele mögen in die Problematik einführen. Im ersten Fall[2], entschieden im Berichtigungsverfahren gem. §§ 47 ff. PStG[3], ging es um die Frage, wie der Familienname des Beschwerdeführers als Trauzeuge im Heiratsbuch beurkundet werden sollte. Der Standesbeamte hatte diesen mit "Baron von Sch." eingetragen. Der in Estland geborene Beschwerdeführer war nach der Entstehung des Freistaates Estland im Jahre 1918 estnischer Staatsbürger geworden. Er hatte in Estland auch Wohnsitz und Aufenthalt gehabt. Durch Einbürgerung in der Freien Hansestadt Bremen hatte er 1931 die deutsche Staatsangehörigkeit erworben. Schon 1920 waren in Estland Adelsbezeichnungen schlechthin abgeschafft worden[4].
Im Berichtigungsverfahren erging auch die zweite Entscheidung[5] , in der sich das Landgericht mit der Frage auseinandersetzen mußte, welchen Namen die Mitglieder des früheren österreichisch-ungarischen Herrscherhauses führen. Zweifelhaft war vor allem, mit welchem Familiennamen der Vater des Kindes, österreichischer Staatsbürger, in das Geburtenbuch einzutragen war. In Österreich waren 1919 alle Adelsbezeichnungen beseitigt worden[6].

Am häufigsten sind Sachverhalte wie im ersten Beispiel. Kennzeichnend für diese "Einbürgerungsfälle" ist, daß der Betroffene - regelmäßig ein aus Osteuropa stammender (ehedem) Adeliger - nach Erwerb der deutschen Staats-

1 *Von Bar*, IPR, Band 2, Rn. 61.
2 Nach BayObLG StAZ 1961, 43.
3 Siehe zu den Verfahrensarten im Namensrecht allgemein oben Kap. B II 2 b.
4 Siehe im einzelnen unten Kap. G II 4 a.
5 Nach LG Würzburg StAZ 1959, 16.
6 Siehe im einzelnen unten Kap. G II 1.

angehörigkeit[7] in Konflikt mit den deutschen staatlichen Stellen, sei es wie im ersten Beispielsfall im Verfahren gem. §§ 47 ff. PStG, sei es im Namensfeststellungsverfahren gem. § 8 NÄG[8], über die Frage gerät, ob und bejahendenfalls in welcher Form er seine Adelsbezeichnung führen darf. Wie der zweite - seltenere[9] - Fall zeigt, können deutsche Gerichte im Rahmen eines registerrechtlichen Berichtigungsverfahrens[10] auch die Berechtigung eines Ausländers zur Führung eines bestimmten Adelsnamens überprüfen[11].

II. Maßgeblichkeit des Personalstatuts

Im deutschen IPR gilt der bereits vom Reichsgericht[12] anerkannte Grundsatz, daß der Name einer natürlichen Person dem Recht des Staates unterliegt, dem die Person angehört[13]. Schon vor 1986 war einhellige Auffassung, daß das bis dahin nicht ausdrücklich im EGBGB geregelte Namensrecht als Persönlichkeitsrecht[14] entsprechend Art. 7 EGBGB (a.F.) nach dem Personalstatut (i.d.R. also nach dem Heimatrecht) des Namensträgers zu beurteilen sei[15]. In dem durch das IPR-Reformgesetz im Jahr 1986[16] geschaffenen Art. 10 Abs. 1 EGBGB (i.V.m. Art. 5 Abs. 1 und 2 EGBGB) wurde das Heimatprinzip ge-

---

7 Zum Erwerb des deutschen Personalstatuts aufgrund Art. 116 Abs. 1 2. Alt. GG oder aufgrund Flüchtlingsrecht siehe unten X 1 a.

8 Z.B. OVG Rheinland-Pfalz StAZ 1984, 105.

9 Ein weiteres Beispiel ist OLG Frankfurt StAZ 1960, 257. Diese Entscheidung betraf aber nur Verfahrensfragen, in der Sache selbst wurde nicht entschieden

10 Dem Verfahren nach dem NÄG unterliegen dagegen grundsätzlich nur Deutsche. Siehe unten VI.

11 Eine solche Berichtigung des Personenstandsregisters stellt keinen unzulässigen Eingriff in ein fremdes öffentliches Recht dar. Sie hat nämlich auf Deutschland begrenzte, bloß deklaratorische Bedeutung; vgl. den Hinweis bei *Brintzinger*, S. 93, 182, und oben Kap. B II 2 b bb.

12 RGZ 29, 123, 127; 95, 268, 272 ("Die Vorschriften der Art. 7 flg. EG z. BGB sind von dem Gedanken beherrscht, daß das Personalstatut als Regel und das Gebietsstatut (Art. 28) als Ausnahme anzusehen sind").

13 *Firsching/von Hoffmann*, IPR, § 7 Rn. 12 ff.; *Kegel*, IPR, S. 432 ff.; *von Bar*, IPR, Band 2, Rn. 65 ff.

14 Siehe oben Kap. B II 1 e ee und gg.

15 *Palandt/Heldrich*, 44. Aufl., Anh zu Art. 7 EGBGB Anm. 2a); *Soergel/Kegel*, 11. Aufl., Anh nach Art. 7 Rz. 6; BGH StAZ 1983, 273, 274; BayObLG StAZ 1957, 95, 96; 1965, 126, 127; 1966, 170, 171; IPG 1969 Nr. 1 (Heidelberg), S. 1, 2.

16 Gesetz vom 25. Juli 1986 (BGBl. I S. 1142).

setzlich verankert[16a]. Die Reform des internationalen Namensrechts durch das Familiennamensrechtsgesetz von 1993[17] hat hieran nichts geändert[18].

III. Qualifikation der Adelsbezeichnung als Namensteil

Seit Inkrafttreten der WRV wird die Adelsbezeichnung nach deutschem IPR als Teil des Namens[19] qualifiziert und unterliegt daher wie der Name dem Personalstatut (i.d.R. also dem Heimatrecht) ihres Trägers[20].

16a Bis zu dieser Neuregelung umstritten gewesen war allerdings die Anknüpfung der Fälle des Erwerbs und Verlusts des Namens aufgrund familienrechtlicher Tatbestände. Überwiegend waren diese Fälle als Wirkung des entsprechenden familienrechtlichen Verhältnisses betrachtet worden. Konsequent hatte nach dieser Ansicht das für die Wirkungen familienrechtlicher Vorgänge maßgebende Recht auch über den Namen entschieden. So hatte z.B. der Ehename dem Ehewirkungsstatut unterstanden (BGHZ 44, 121, 124: "Das sonst für das Namensrecht maßgebende Personalstatut muß zurücktreten, wenn es sich darum handelt, ob durch eine Eheschließung eine Namensänderung eingetreten ist."). Die Grundregel der Maßgeblichkeit des Personalstatuts war damit in der Praxis zum bloßen Lippenbekenntnis geworden (vgl. *Brintzinger* StAZ 1970, 118, 120; *Soergel/Kegel*, 11. Aufl., Anh nach Art. 7 Rz. 12). Die Entscheidung des BGH vom 12. Mai 1971 (StAZ 1971, 216) markierte eine Tendenzwende hin zu einer erneuten Betonung des Personalstatuts, die in die Neuschaffung des Art. 10 EGBGB im Jahre 1986 mündete. Der in Abs. 1 dieser Bestimmung statuierte Grundsatz der Maßgeblichkeit des Personalstatuts gilt auch für den Namenserwerb und -verlust aufgrund familienrechtlicher Vorgänge. Allerdings wird dieser Grundsatz für den Ehenamen und den Kindesnamen durch weitreichende Wahlmöglichkeiten ausgehöhlt; Art. 10 Abs. 2 bis 6, 220 Abs. 4 und 5 EGBGB i.d.F. des IPR- Reformgesetzes von 1986, Art. 10 Abs. 2 bis 4 i.d.F. des Familienrechtsänderungsgesetzes von 1993. Vgl. zum ganzen *Palandt/Heldrich*, Art. 10 EGBGB Rn. 9; *Hepting/Gaaz*, PStG, § 15c Rndr. 237 ff., 266 ff. (*Hepting*); *Staudinger/Hepting*, Art. 10 EGBGB Rn. 57 ff.; 109 ff.; 170 ff.; *Soergel/Schurig*, Art. 10 EGBGB Rz. 1 ff.; *von Bar*, IPR, Band 2, Rn. 65 ff.; *Kegel*, IPR, S. 433 f., 443.

17 Siehe oben Kap. B Fn. 52.

18 Die Änderungen betreffen die Rechtswahlmöglichkeiten nach Art. 10 EGBGB; vgl. dazu z.B. *Hepting*, StAZ 1994, 1; *Henrich*, IPRax 1994, 174. Die dabei entstehenden Zweifelsfragen sind jedoch von keiner adelsnamensspezifischer Relevanz.

19 Siehe zur parallelen Problematik im deutschen Sachrecht oben Kap. D II.

20 *Kegel*, IPR, S. 443; *von Bar*, IPR, Band 2, Rn. 92; *Firsching/von Hoffmann*, IPR, § 7 Rn. 20; *Palandt/Heldrich*, Art. 10 EGBGB Rn. 7; *Erman/Hohloch*, Art. 10 Rdz. 10; *Hepting/Gaaz*, PStG, § 2 Rdnr. 14 (*Gaaz*); *Loos*, S. 87; *Brintzinger*, S. 93, 99 ff.; IPG 1973 Nr. 2 (München), S. 7, 8; 1976 Nr. 3 (Hamburg), S. 12, 13; *Bungert*, IPRax 1994, 109; *von Freymann*, ZfOR (WGO) 1 (1927), 265, 266; *Soergel/Kegel*, 11. Aufl., Anh nach Art. 7 Rz. 1 mit umfangreichen Nachweisen zur Rechtsprechung bis 1983. Vgl. aus der neueren Rechtsprechung BayObLG StAZ 1989, 345, 346; 1991, 43, 44.

Staatsangehörige der Länder, in denen der Adel als Stand zwar abgeschafft ist, die Betroffenen die Adelsbezeichnung aber als Bestandteil des Namens weiterführen dürfen[21], sind hierzu auch in Deutschland berechtigt.
Hat der Heimatstaat des Namensträgers Adel und Adelsbezeichnung abgeschafft[22], so darf die Adelsbezeichnung auch in Deutschland nicht geführt werden.
Sind Adel und Adelsbezeichnung nicht abgeschafft, stellt sich folgendes Problem: Einerseits gibt das inländische Recht keine Berechtigung, den Fortbestand des Adels in einem anderen Staat zu leugnen und dessen Adelsbezeichnungen nur noch als Namensbestandteile anzusehen[23]. Andererseits widerspräche es dem deutschen *ordre public* (vgl. Art. 6 EGBGB i.V.m. Art. 123 GG i.V.m. Art. 109 Abs. 3 S. 1 WRV), derartige Adelsbezeichnungen als solche, d.h. im Sinne ihrer öffentlich-rechtlichen Funktion, die Zugehörigkeit zu einem bevorrechtigten Stand zu kennzeichnen[24], in die deutschen Personenstandsbücher einzutragen[25]. Das Dilemma wird aufgelöst, indem solche Adelsbezeichnungen im inländischen Rechtsverkehr *wie* Namensbestandteile behandelt werden. Es spricht nichts dagegen, in ihrem Bestand unangetastete ausländische Adels*bezeichnungen* (nicht den Adel !) in Deutschland zu registrieren. Dies setzt allerdings voraus, daß sie im Heimatstaat wie Bestandteile des Familiennamens gebraucht werden können (vgl. Art. 109 Abs. 3 S. 2 WRV)[26]; ein Indiz hierfür ist die Eintragung in die dortigen Personenstandsbücher[27].

Auch die sprachliche Form, in der die ausländische Adelsbezeichnung zu führen ist, richtet sich nach dem betreffenden ausländischem Recht. Hier gilt entsprechend einem allgemein anerkannten Grundsatz des Namensrechts, daß die Übersetzung ausländischer Adelsbezeichnungen in eine korrespondierende deutsche Fassung unzulässig ist[28]. Eine solche Übersetzung könnte nur bei

---

21 So z.B. - neben Deutschland - in Italien. Siehe oben Kap. A Fn. 45.

22 So z.B. Österreich oder die (frühere) Tschechoslowakei. Siehe unten Kap. G II 1 und 2.

23 Vgl. *Schrembs*, StAZ 1955, 137.

24 Siehe zur Rechtslage in Deutschland vor der Abschaffung des Adels oben Kap. D I.

25 BayObLG StAZ 1991, 43, 44. Vgl. auch *Ficker*, Das Recht des bürgerlichen Namens, S. 178 f.

26 BayObLGZ StAZ 1991, 43, 44; *Staudinger/Hepting*, Art. 10 EGBGB Rn. 27; *Koerner*, StAZ 1951, 180, 181; *Pfeiffer/Strickert*, PStG, § 1 Rn. 14; *Hepting/Gaaz*, PStG, § 2 Rdnr. 14 (*Gaaz*); *Brintzinger*, S. 93, 98. Vgl. ferner § 57 Abs. 4 DA.

27 *Staudinger/Hepting*, Art. 10 EGBGB Rn. 27.

28 Z.B. OLG Tübingen StAZ 1953, 233; OVG Münster StAZ 1964, 197, 198; BayObLG StAZ 1957, 95, 97; 1965, 126, 127; 1989, 345, 347; 1991, 43, 44; OLG Hamburg

Vorliegen eines wichtigen Grundes im Wege behördlicher Namensänderung erfolgen, § 3 NÄG[29]. Besonderheiten bestehen bei ungarischen Adelsbezeichnungen[30].

Soweit das Heimatrecht den Gebrauch der Adelsbezeichnung in einer dem Geschlecht der betreffenden Person entsprechenden Form vorsieht, darf die Adelsbezeichung auch in Deutschland in dieser Form geführt werden. Insoweit sind die für deutsche Adelsbezeichnungen geltenden Grundsätze[31] entsprechend heranzuziehen. Die Verwaltungsvorschrift des § 57 Abs. 6 DA ist im Hinblick auf § 57 Abs. 4 S. 1 DA und Art. 3 Abs. 2 GG dahin auszulegen, daß auch die weiblichen Abwandlungen ausländischer Adelsbezeichnungen, soweit diese einen Bestandteil des Familiennamens bilden, einzutragen sind[32].

IV. Anknüpfung familienrechtlicher Vorfragen

Ob familienrechtliche Vorfragen selbständig oder unselbständig anzuknüpfen sind, ist umstritten. Knüpft man etwa die Frage, ob die einen Namen vermittelnde Ehe gültig ist, unselbständig an, so wird dieses präjudizielle Rechts-

StAZ 1990, 135, 136; *Staudinger/Hepting*, Art. 10 EGBGB Rn. 28; *Hepting/Gaaz*, PStG, § 2 Rdnr. 14a (*Gaaz*); *Soergel/Heinrich*, § 12 Rz. 7; *Loos*, S. 87; *Raschauer*, S. 327; *Kegel*, IPR, S. 443; *Brintzinger*, S. 93, 116 f.; IPG 1976 Nr. 3 (Hamburg), S. 12, 15; *Beitzke* StAZ 1990, 138; für die Zeit vor 1945: *Rensch*, S. 34 f. Fn. 75 Abs. 3; *Baring*, FischersZ 51 (1920), 225, 242, 258. Vgl. auch § 57 Abs. 4 DA.

29 Siehe unten Kap. F II.

30 Siehe unten Kap. G III 2 c.

31 Siehe oben Kap. D III 3.

32 Kritisch *Staudinger/Coester*, 12. Aufl., § 1616 Rn. 14. Vgl. AG Braunschweig StAZ 1971, 339, wonach die deutsche Frau eines deutschen Trägers der niederländischen Adelsbezeichnung "Jonkheer" nur diese, nicht jedoch die weibliche Form ("Jongvrouwe") führen darf. Da der gem. § 1355 BGB namensgebende Ehemann (wie seine Ehefrau) die deutsche Staatsangehörigkeit von Geburt an besaß, hätte ermittelt werden müssen, ob der Vorfahre des Mannes bei seiner Einbürgerung nach seinem insoweit maßgebenden niederländischen Heimatrecht (siehe zur Frage des Statutenwechsels unten IX) die Adelsbezeichnung als Bestandteil des Namens führen durfte und ob Flexion stattfand . Das Gericht tat das nicht. *De Groot*, StAZ 1974, 103, und *van Sasse van Ysselt*, StAZ 1972, 119, verneinen den ersten Teil dieser Frage unter Hinweis auf gesellschaftlichen Brauch; aus den Beschlüssen der niederländischen Monarchie vom 13. Feb. 1815 und vom 16. Jan. 1822, nach denen die Adelsbezeichnungen in alle persönlichen und öffentlichen Akten einzutragen sind, könne das nicht abgeleitet werden. Das leuchtet nicht ein (vgl. auch *Janocha* StAZ 1971, 339) angesichts der Neigung der deutschen Rechtsprechung bei der Qualifikation der ausländischen Rechtsvorschriften über die Namensführung der amtlichen Form den Vorzug vor der Umgangsform zu geben (vgl. *Brintzinger*, S. 93, 111). Nicht nachvollziehbar ist, wie beide Autoren dann doch noch zur Eintragung der Adelsbezeichnung in der weiblichen Form kommen.

verhältnis nach den Kollisionsnormen des nach Art. 10 Abs. 1 EGBGB berufenen Rechts beurteilt, nicht nach deutschem Kollisionsrecht[33]. Nun beruhen Namenserwerb oder Namensverlust einer natürlichen Personen im allgemeinen auf familienrechtlichen Vorgängen, so daß das Hauptaugenmerk des IPR des Namens naturgemäß derartigen Fällen gilt.
Die eingangs erwähnten Beispiele machen indessen deutlich, daß dieser Streit in den Fällen, in denen es um adelige Namen geht, nicht im Vordergrund steht. Denn internationalprivatrechtlich tritt der Adelsname hauptsächlich im Zusammenhang mit Namensänderungsvorgängen durch Staatsangehörigkeitswechsel und solchen aufgrund (ausländischen) öffentlichen Rechts in Erscheinung. In diesen Fällen ist es - jedenfalls seit Inkrafttreten der WRV[34] - h.M. gewesen, daß das Recht zur Führung einer Adelsbezeichnung dem Recht des Staates unterliegt, dem der Namensträger angehört[35].

V. Intertemporales Recht

Seit Inkrafttreten der Neuregelung des IPR im Jahr 1986 stellt sich vielfach die intertemporalrechtliche Frage, ob altes oder neues Kollisionsrecht anzuwenden ist. Art. 220 Abs. 1 EGBGB sagt dazu: "Auf vor dem 1. September 1986 abgeschlossene Vorgänge bleibt das bisherige Internationales Privatrecht anwendbar." In der Fassung des IPR-Reformgesetzes von 1986 enthielten Abs. 4 und 5 desselben Artikels zudem Regelungen zum Ehenamen bzw. zum Namen des ehelichen Kindes. Beide Absätze, sachrechtliche Angleichungsvor-

---

33 Rechtsprechung und weite Teile der Literatur hatten solche Vorfragen (vgl. zum Begriff etwa *Soergel/Kegel*, 11. Aufl., vor Art. 7 EGBGB Rz. 76) früher selbständig angeknüpft (vgl. *Palandt/Lauterbach*, 28. Aufl., Anh zu Art. 7 EGBGB Anm. 2; *Soergel/Kegel*, 11. Aufl, vor Art. 7 EGBGB Rz. 78 je m.w.N.). Dagegen wird heute - mit Ausnahme der Beurteilung der ehelichen Abstammung (vgl. BGH FamRZ 1986, 984) - überwiegend der unselbständigen Vorfragenanknüpfung der Vorzug gegeben (vgl. *Soergel/Schurig*, Art. 10 EGBGB Rz. 87 ff. (kritisch); *Staudinger/Hepting*, Art. 10 EGBGB Rn. 77 f.; *Palandt/Heldrich*, Art. 10 Rn. 2).

34 Siehe unten VII.

35 Siehe die Nachweise oben in Fn. 20. Vgl. auch IPG 1987/88 Nr. 2 (München), S. 7, 10; 1976 Nr. 3 (Hamburg), S. 12, 14.

schriften des deutschen Rechts[36], wurden durch das Familiennamensrechtsgesetz von 1993 gestrichen[37].
"Abgeschlossene Vorgänge" i.S.d. unverändert gebliebenen Art. 220 Abs. 1 EGBGB sind solche, die einen Wechsel bewirkt haben, d.h. ein Recht oder eine Rechtsstellung haben entstehen, sich ändern, über- oder untergehen lassen[38]. Wenn aufgrund des vom alten IPR berufenen Sachrechts vor dem 1. Sept. 1986 ein solcher Wechsel eingetreten war, dann hat es damit sein Bewenden. Abgeschlossen sein muß also nicht die Anknüpfung des Vorgangs, sondern der - im Sachrecht geregelte - Vorgang selbst, d.h. es müssen alle Tatbestandsmerkmale der nach altem IPR anwendbaren Sachnorm vor dem 1. Sept. 1986 erfüllt worden sein[39]. Fälle des Erwerbs oder der Änderung des Familiennamens, die auf einem vor dem 1. Sept. 1986 vollständig verwirklichten familienrechtlichen Tatbestand beruhen, sind somit grundsätzlich nach bisherigem IPR zu beurteilen[40]. Wie die weitere Namensführung anzuknüpfen ist, richtet sich nach dem im jeweiligen Zeitpunkt maßgebenden IPR[41].
In den seit Inkrafttreten des IPR-Reformgesetz von 1986 zur Adelsbezeichnung ergangenen Entscheidungen haben intertemporale Fragen - soweit ersichtlich[42] - keine Rolle gespielt. Dort ging es um Erwerbs- oder Änderungsvorgänge, die vor dem 1. Sept. 1986 eingetreten waren. Es war mithin altes Kollisionsrecht anzuwenden. Da zudem, wie schon erwähnt, in der Mehrzahl der den adeligen Namen betreffenden Fälle Namensänderungsvorgänge durch Staatsangehörigkeitswechsel bzw. durch (ausländisches) öffentliches Recht streitig sind, hat das IPR-Reformgesetz von 1986 keine Änderungen gebracht: Die Maßgeblichkeit des Personalstatuts war in derartigen Fällen vor wie nach der IPR-Reform unbestritten[43].

---

36 *Hepting/Gaaz*, PStG, § 15c Rdnr. 256 (*Hepting*); § 21 Rdnr. 219 k (*Hepting*); *von Bar*, IPR, Band 2, Rn. 96 f.; *Palandt/Heldrich*, Art. 220 EGBGB Rn. 9.

37 Zu den Hintergründen vgl. *Hepting/Gaaz*, PStG, § 15c Rdnr. 261 (*Hepting*); § 21 Rdnr. 219i (*Hepting*). Vgl. ferner Art. 7 § 5 des Familiennamensrechtsgesetz von 1993.

38 *Kegel*, IPR, S. 45. Vgl. auch *Hepting*, StAZ 1987, 188.

39 *Hepting* StAZ 1987, 188, 189.

40 Vgl. OLG Hamm NJW-RR 1988, 323, 324; OLG Hamm StAZ 1990, 260, 261.

41 Vgl. *Palandt/Heldrich*, Art. 220 EGBGB Rn. 5; MüKo/*Birk*, BGB, 2. Aufl., Art. 220 Rn. 13; *Staudinger/Hepting*, Art. 10 EGBGB Rn. 62 f. Beispiele zum Ehenamen bei *Hepting*, StAZ 1987, 188, 194 f.

42 Vgl. etwa BayObLG StAZ 1989, 345; BayVGH StAZ 1989, 77; LG Verden StAZ 1990, 143; OLG Hamburg StAZ 1990, 135; BayObLG StAZ 1991, 43; auch BayVGH StAZ 1994, 13; IPG 1987/88 Nr. 2 (München), S. 7, 9 f.

43 Vgl. z.B. VGH Baden-Württemberg StAZ 1992, 380, wo die Einbürgerung der Kläger im Jahre 1988 erfolgte. Siehe zum Statutenwechsel unten IX.

VI. Internationales privates und internationales öffentliches Namensrecht

Im deutschen Recht dient der Name sowohl öffentlichen wie privaten Interessen[44]. In Fällen mit Auslandsberührung zerfällt das internationale Namensrecht dementsprechend, wie das Sachrecht[45], in einen privatrechtlichen Teil - das IPR des Namens - und in einen öffentlichenrechtlichen Teil - das internationale öffentliche Recht des Namens (Verwaltungsrecht).

Auch nach internationalem Verwaltungsrecht bestimmen sich Namenserwerb und Namensführung grundsätzlich nach dem Recht des Staates, dem die Person angehört[46]. Dem liegt der Gedanke zugrunde, daß nur dem Heimatstaat die "Namenshoheit" über seine Staatsangehörigen zusteht[47].

Wo die Grenze zwischen IPR und internationalem Verwaltungsrecht verläuft, ist eine dogmatische Grundfrage[47a]. Ihre Beantwortung wird dadurch erschwert, daß das internationale öffentliche Recht weithin noch ein "dunkles Gebiet" ist[47b]. Festhalten läßt sich aber, daß dieses Recht lediglich Auskunft darüber gibt, ob deutsches öffentliches Sachrecht anwendbar ist. Es kennt keine Verweisungen auf "ausländisches öffentliches Recht"[47c], regelt mit anderen Worten nicht, welches Recht anwendbar sein soll, wenn das eigene Recht nicht anwendbar ist[47d]. Denn der deutsche Staat handelt hoheitlich nur durch dasjenige Recht, welches für die Staatsgewalt steht, nämlich deutsches öffentli-

---

44 Siehe zu den Namensfunktionen oben Kap. B I.

45 Siehe oben Kap. B II 1 e cc und 2 a.

46 *Ficker*, Öffentliches Namensrecht, S. 69; *Ambrosius* StAZ 1964, 61, 62; *Wengler* JZ 1966, 179, 180; *Staudinger/Coing*, 11. Aufl., § 12 Rn. 32, 86; BGH StAZ 1971, 216, 217; *Palandt/Heldrich*, Art. 10 EGBGB Rn. 8. Als Vorteil der Anknüpfung an das Personalstatut wird deshalb hervorgehoben, daß sie es ermöglicht, öffentliches (Ausstellung von Ausweispapieren durch den Heimatstaat) wie privates Namensrecht einheitlich nach der gleichen Rechtsordnung zu beurteilen; vgl. *Firsching/von Hoffmann*, IPR, § 7 Rn. 13; *Palandt/Heldrich*, Art. 10 EGBGB Rn. 1; MüKo/*Birk*, BGB, 2. Aufl., Art. 10 EGBGB Rn. 9.

47 *Staudinger/Hepting*, Art. 10 EGBGB Rn. 54. Vgl. auch schon *Neumeyer*, Internationales Verwaltungsrecht, Band 4, S. 115.

47a Vgl. grundlegend dazu *Vogel*, S. 194 ff., 215 ff., 241 ff., 270 ff., 298 ff. (aus verwaltungsrechtlicher Sicht); ferner *von Bar*, IPR, Band 1, Rn. 242 ff.

47b So noch *Kegel*, IPR, 6. Aufl., S. 93.

47c *Von Bar*, IPR, Band 1, Rn. 244.

47d *Firsching/von Hoffmann*, IPR, § 1 Rn. 131.

ches Recht[47e]. Wesen des internationalen Verwaltungsrecht ist mithin seine "Einseitigkeit"[47f]. Ob das internationale öffentliche Recht dementsprechend aussschließlich aus Sachnormen für internationale Sachverhalte besteht[47g] oder aus - allerdings nur einseitigen - Kollisionsnormen[47h], ändert nichts am praktischen Ergebnis: Der Vorgang der Anwendung ausländischen Rechts im Inland, sei dieses privatrechtlicher, sei dieses öffentlich-rechtlicher Natur, also die auch für die inländische Rechtspflege verbindliche Ausgestaltung eines Rechtsverhältnisses mit der Rechtsfolge einer ausländischen Rechtsnorm, ist allein Sache des IPR[47i].

Zum internationalen öffentlichen Namensrecht zählt daher die Frage, auf welche Personen das NÄG anwendbar ist[48]. Hier gilt der Grundsatz: Deutsche Behörden sind nur für die Änderung und Feststellung des Namens deutscher Staatsangehöriger i.S.d. Art. 116 Abs. 1 GG zuständig, ferner des Namens Staatenloser oder heimatloser Ausländer, wenn sie ihren gewöhnlichen Aufenthalt, sowie Asylberechtigter oder ausländischer Flüchtlinge, wenn sie ihren Wohnsitz im Inland haben[49].

47e *Vogel*, S. 237; *von Bar*, IPR, Band 1, Rn. 247 f.

47f *Neumeyer*, Internationales Verwaltungsrecht, Band 4, S. 105; *Vogel*, S. 239 (m.w.N. auf S. 194 f. Fn. 2 und 3); *von Bar*, IPR, Band 1, Rn. 248, 250.

47g So z.B. *von Bar*, IPR, Band 1, Rn. 244 und insbesondere Rn. 250.

47h So z.B. *Firsching/von Hoffmann*, IPR, § 1 Rn. 131.

47i *Von Bar*, IPR, Band 1, Rn. 243 f.

48 *Von Bar*, IPR, Band 2, Rn. 98.

49 § 1 NÄG i.V.m. Nr. 2 Abs. 2 NamÄndVwV. Vgl. *Raschauer*, S. 206 f.; MüKo/ *Schwerdtner*, BGB, § 12 Rn. 5; *Loos*, S. 32 ff., 124 (kritisch zur Einbeziehung Statusdeutscher durch die Verwaltungspraxis, S. 33); *Staudinger/Hepting*, Art. 10 EGBGB Rn. 52 (jedoch zweifelhaft, ob es auch h.M. ist, daß die hiesigen Behörden nur für die Änderung bzw. Feststellung des Namens deutscher Staatsangehöriger (also nicht Deutscher, ohne deutsche Staatsangehörigkeit, Art. 116 Abs. 1 2. Alt. GG) zuständig sind; Nr. 2 Abs. 2 NamÄndVwV, auf den die Kommentierung verweist, bezieht sich ausdrücklich auf Deutsche i.S.d. Art. 116 Abs. 1 GG). Nach der Sonderregel der Nr. 2 Abs. 3 NamÄndVwV dürfen die deutschen Behörden zudem bei Ehegatten, von denen einer ausländischer Staatsangehöriger ist, bei bestehender Ehe den von ihnen nach deutschem Recht geführten Ehenamen in den Geburtsnamen des Ehegatten ändern, dessen Name nicht der Ehename ist. - Siehe zu den flüchtlingsrechtlichen Regelungen und der kollsionsrechtlichen Bedeutung des Art. 116 Abs. 1 2. Alt. GG unten X 1 a. - In Bezug auf Angehörige eines Konventionsstaates des Istanbuler CIEC-Übereinkommens vom 4. Sept. 1958 (BGBl. II 1961 S. 1076 mit BGBl. II 1962 S. 45) - es gilt im Verhältnis zu Frankreich, den Niederlanden, zur Türkei, zu Österreich, Italien, Spanien, Luxemburg und Portugal (vgl. die Nachweise bei *Jayme/Hausmann*, 8. Aufl., S. 46 Fn. 1) - hat sich Deutschland verpflichtet, keine Namensänderungen vorzunehmen, es sei denn, daß diese Personen zugleich die deutsche Staatsangehörigkeit besitzen (vgl. Art. 2 des Abkommens).

Die Zugehörigkeit dieser Frage zum internationalen Verwaltungsrecht verschleiert, wer meint, deutsche Behörden seien für die Namensänderung zuständig, soweit das *Personalstatut* des Namensträgers das deutsche Recht sei[49a]. Denn der Begriff des Personalstatuts rechnet zum internationalen *Privat*recht. Richtig ist allerdings, daß § 1 NÄG i.V.m. Nr. 2 Abs. 2 NamÄndVwV offenkundig diejenigen Personen erfassen will, für die auch im IPR bei der Anknüpfung des Personalstatuts Sondervorschriften bestehen[49b]. Teilweise wird die Bezeichnung "Personalstatut" daher wohl als Oberbegriff für den in § 1 NÄG i.V.m. Nr. 2 Abs. 2 NamÄndVwV genannten Personenkreis verwendet[49c]. Maßgebend für die internationalöffentlichrechtliche Frage, welche Personen dem NÄG unterliegen, ist jedoch allein der Tatbestand[49d] des § 1 NÄG i.V.m. Nr. 2 NamÄndVwV[49e]. Auf die Grundsätze des internationalen Rechts der freiwilligen Gerichtsbarkeit kommt es in diesem Zusammenhang nicht an[49f].

49a Vgl. z.B. *Soergel/Schurig*, Art. 10 EGBGB Rz. 11; *Palandt/Heldrich*, Art. 10 EGBGB Rn. 8; *Ferid*, IPR, S. 177; *Firsching/von Hoffmann*, IPR, § 7 Rn. 21.

49b Vgl. *Hepting/Gaaz*, PStG, § 30 Rdnr. 540 (*Hepting*).

49c So etwa bei *von Bar*, IPR, Band 2, Rn. 99: "Zu einer behördlichen Namensänderung kommt es im Inland aber auch schon nach autonomem deutschen Recht grundsätzlich immer nur dann, wenn der Antrag von einer Person gestellt wird, deren Personalstatut das deutsche Recht ist (§ 1 NÄG i.V.m. Nr. 2 NamÄndVwV). Es geht also um Deutsche i.S.v. Art. 116 Abs. 1, um Staatenlose, Flüchtlinge und anerkannte Asylberechtigte mit gewöhnlichem Aufenthalt in der Bundesrepublik."

49d Vgl. hierzu schon *Neumeyer*, Internationales Verwaltungsrecht, Band 4, S. 104 f.

49e Diese norminterpretierende Verwaltungsvorschrift bindet die Gerichte zwar nicht (siehe oben Kap. B Fn. 277), ist aber von großer praktischer Bedeutung. Vgl. wegen weiterer Einzelfragen der Anwendbarkeit des NÄG auf Ausländer die Nachweise bei *Soergel/Schurig*, Art. 10 EGBGB Rz. 11 Fn. 48.

49f A.A. *Soergel/Schurig*, Art. 10 EGBGB Rz. 11: "Dem Namensstatut nach [Art. 10] Abs. 1 unterliegt auch die nicht auf familienrechtlichen Tatbeständen beruhende *Namensänderung*, soweit sie *privaten Interessen dient*, (...). So sind nach dem Heimatrecht des Betroffenen (oder seinem sonstigen Personalstatut, ...) zu beurteilen von diesem zugelassene Namensänderungen *durch Rechtsgeschäft*, und bei Namensänderungen durch *Behördenakt* in Deutschland ist bei Deutschen das NÄG anzuwenden. Bei solchen Namensänderungen sind aber auch die Grundsätze des *internationalen Rechts der freiwilligen Gerichtsbarkeit* zu beachten. So sind *deutsche Behörden* jedenfalls für die Änderung des Namens von Personen mit deutschem Personalstatut zuständig. (...)" (Hervorhebung im Text).
Zutreffend ist, daß jene Grundsätze Bedeutung erlangen, wenn es um die Anerkennung einer Namensänderung durch eine *ausländische* Entscheidung i.S.v. § 16a FGG in Deutschland geht. Dies ist, wie gezeigt, keine Frage internationalen öffentlichen Namensrechts, sondern internationalen Privatrechts (vgl. auch sogleich bei Fn. 50).
Derartige ausländische (Gerichts-) Entscheidungen (etwa Adoptionsbeschlüsse) betreffen aber regelmäßig Namensänderungen durch familienrechtliche Vorgänge. Eine Anwendung des § 16a FGG auf ausländische namensändernde *Behörden*entscheidungen außerhalb familienrechtlicher Vorgänge kommt dagegen nicht in Betracht (vgl.

Um internationales Privatrecht geht es dagegen bei der Frage, ob eine ohne Mitwirkung deutscher Behörden und außerhalb familienrechtlicher Vorgänge veranlaßte Namensänderung aus der Sicht des deutschen Rechts wirksam ist[50]. Hierzu ist zu sagen: Die Änderung des Namens eines Deutschen durch eine ausländische Behörde wird in Deutschland nicht anerkannt[50a]; Deutsche können ihre Namen nur durch deutsche Behörden ändern lassen[51]. Wie eine behördliche Namensänderung wirkt die Adelsverleihung an einen Deutschen durch einen ausländischen Souverän; sie findet in Deutschland deshalb ebenfalls keine Anerkennung[52]. Die Führung des Adels außerhalb Deutschlands nach Maßgabe ausländischen Rechts ist dagegen aus Sicht des deutschen Rechts unbedenklich[53]. Ebensowenig kann sich ein Deutscher darauf berufen, daß nach der Rechtsordnung seines Aufenthaltsstaates jedermann berechtigt sei, seinen Namen frei zu ändern; dieses Recht wird nämlich, unbeschadet des privatautonomen Charakters der Namensänderung selbst, öffentlich-rechtlich

---

Hepting/Gaaz, PStG, § 30 Rdnr. 545 (*Hepting*); so aber anscheinend *Soergel/Schurig* , a.a.O.). Denn solche Behörden werden in aller Regel keine Stellung innehaben, die derjenigen deutscher Gerichte entspricht. Das jedoch ist Voraussetzung einer analogen Anwendung des § 16a FGG (vgl. *Bumiller/Winkler*, FGG, § 16a Anm. 1). *Von Bar*, IPR, Band 2, Rn. 101, hat § 16a FGG daher nicht, wie *Soergel/Schurig*, a.a.O., Fn. 46 und 49, meint, übergangen (vgl. auch *von Bar*, IPR, Band 2, Überschrift vor Rn. 98: "Namensänderungen außerhalb familienrechtlicher Vorgänge").

50 *Von Bar*, IPR, Band 2, Rn. 98.

50a Der Begriff "Anerkennung" wird vorliegend nicht im Sinne eines Verwaltungsakts einer deutschen Behörde verwendet (etwa der "Anerkennung" ausländischer Zeugnisse oder Diplome). Vielmehr geht es um die Anerkennung der privatrechtlichen *Wirkung* ausländischer Hoheitsakte; "Anerkennung" meint insoweit die Ermittlung und Anwendung der deutschen Kollisionsnorm, die das auf den Namen einer Person anwendbare Recht benennt, und diese IPR-Vorschrift gilt für privatrechtliche wie öffentlich-rechtliche Phänomene des verwiesenen Rechts. Vgl. *von Bar*, IPR, Band 1, Rn. 253 ff.

51 Art. 10 EGBGB i.V.m. § 1 NÄG. BayObLG StAZ 1993, 387, 388; *von Bar*, IPR, Band 2, Rn. 100; *Staudinger/Hepting*, Art. 10 EGBGB Rn. 52 m.w.N. - Anderes gilt für deutsch-ausländische Doppelstaater, die neben der deutschen zugleich die Staatsangehörigkeit eines Landes besitzen, das Vertragsstaat des CIEC-Namensrechtsübereinkommens (siehe oben Fn. 49) ist (vgl. Art. 3 und 5 des Abkommens und Nr. 5 NamÄndVwV).

52 Vgl. BVerwG StAZ 1960, 76.

53 Art. 109 Abs. 4 bis 6 WRV verbot nur die *Annahme* ausländischer Orden und Titel. § 5 Abs. 1 S. 1 des Gesetzes über Titel, Orden und Ehrenzeichen vom 26. Juli 1957 (BGBl. I S. 844) bestimmt:"Ein Deutscher darf Titel, Orden und Ehrenzeichen von einem ausländischen Staatsoberhaupt oder einer ausländischen Regierung nur mit Genehmigung des Bundespräsidenten *annehmen*" (Hervorhebung durch den Verfasser). Sieht man in der Verleihung einer Adelsbezeichnung "einen vom Willen des Beliehenen unabhängigen Gnadenakt" (RGZ 109, 243, 253), dann wird die Verleihung der Adelsbezeichnung auch ohne Annahme durch den Beliehenen wirksam.

qualifiziert[54]. Der Annahme einer Adelsbezeichnung auf diesem Wege versagt das deutsche Recht die Anerkennung.
Dagegen wird die Namensänderung eines Ausländers, wenn sie entsprechend den Rechtsregeln seines Heimatstaates vorgenommen wurde, vom deutschen Recht anerkannt[55]. Das gilt auch dann, wenn sein Heimatrecht am Grundsatz der freien Namenswahl festhält[56].

Im internationalen öffentlichen Namensrecht spielt die Adelsbezeichnung keine große Rolle. In der Regel geht es um den adeligen Namen einer Person, die - oder deren Vorfahr, von der sie ihren Namen ableitet, - durch Einbürgerung die deutsche Staatsangehörigkeit erlangt hat. Dieser Name soll gem. § 8 NÄG festgestellt, gem. §§ 3, 3a NÄG geändert oder gem. § 47 ff. PStG in den Registern berichtigt werden. Die Zuständigkeit der deutschen staatlichen Stellen in diesen Verfahren[57] ist unzweifelhaft gegeben. Die Probleme adelsnamensrechtlicher Fälle mit Auslandsbezug betreffen im wesentlichen die ausländische (adelsabschaffende) Gesetzgebung, Namensänderungsvorgänge also, die nicht der deutschen Hoheitsgewalt, somit nach der soeben getroffenen Feststellung dem IPR zuzurechnen sind[58].

VII. IPR und altes Adelsrecht

Bis zur Abschaffung der Monarchie war der Adel in Deutschland eine Einrichtung des öffentlichen Rechts; er stand in einem besonders gestalteten Zuge-

54 OLG Hamm OLGZ 1975, 275, 277 ff.; BayObLG FamRZ 1990, 93, 94 (obiter dictum); *von Bar*, IPR, Band 2, Rn. 100; *Henrich*, S. 93 f.; *Staudinger/Hepting*, Art. 10 EGBGB Rn. 45. Vgl. auch BVerwGE 31, 28, 29; Nr. 4 NamÄndVwV. Privatautonome Namensänderungen sind vor allem im englischen Rechtskreis gestattet. Siehe dazu oben Kap. B Fn. 155.

55 *Palandt/Heldrich*, Art. 10 EGBGB Rn. 8 m.w.N.

56 Vgl. *von Bar*, IPR, Band 2, Rn. 101; *Staudinger/Hepting*, Art. 10 EGBGB Rn. 53; OLG Hamburg StAZ 1980, 285. - A.A. MüKo/*Birk*, BGB, 2. Aufl., Art. 10 EGBG Rn. 29. Allerdings kann der ordre public einer Anerkennung durch das deutsche Recht entgegenstehen; vgl. LG Heidelberg IPRax 1989, 52, mit Anmerkung *Henrich* (Wiederannahme einer österreichischen Adelsbezeichnung durch eine nunmehr englische Staatsbürgerin im Wege privatautonomer Namensänderung; in casu wurde Art. 6 EGBGB aber abgelehnt). - In England ist (selbstverständlich) nur die Annahme einer nichtenglischen Adelsbezeichnung zulässig, da die Verleihung (englischer) Adelstitel der Krone vorbehalten ist; vgl. *Meyer-Witting*, S. 104 ff., insbesondere S. 109 f.

57 Zum Berichtigungsverfahren siehe den Hinweis oben Fn. 11.

58 A.A. anscheinend *Staudinger/Hepting*, Art. 10 EGBGB Rn. 55, 51, 5.

hörigkeitsverhältnis zu Monarch und Staat; wichtigstes ihm noch verbliebenes Vorrecht war dasjenige auf die Adelsbezeichnung[59]. Vor diesem historischen Hintergrund muß man eine früher teilweise vertretene[60] und auch in Beiträgen neuerer Zeit mitunter erwähnte[61] Meinung sehen, nach der sich die Befugnis, eine Adelsbezeichnung zu führen, nach dem Recht des Adel und Adelsbezeichnung (einstmals) verleihenden Staates richten sollte (Ursprungs- oder Verleihungsstatut). Nach monarchistischem Staatsverständnis lag es nahe, für die Beantwortung der den Adel und seine Titel betreffenden Rechtsfragen auf die *fons nobilitatis*[62] zu verweisen[63]. Diese Meinung ist indes kaum praktikabel. Bei älteren Adelsfamilien gleicht die Bestimmung des Ursprungsstatuts wegen der inzwischen eingetretenen staatsrechtlichen und politischen Veränderungen einem ebenso mühsamen wie aussichtslosem Unterfangen[64]. Das Problem verliert allerdings an Schärfe, wenn man den Standpunkt einnimmt, daß ein völkerrechtlich anerkannter Wechsel der Staatszugehörigkeit eines Gebiets zur Folge hatte, daß der dort ansässige Adel (Indigenatsadel) in den Adel des erwerbenden Staates einverleibt wurde, mithin sein Ursprungsstatut wechselte[65]. Nach dieser Ansicht decken sich allerdings Ursprungs- und Personalstatut in den meisten Fällen.

Die Lehre vom Verleihungsstatut ist, wie dargelegt, ganz der historischen Vorstellung verhaftet, daß das mit dem Adel verliehene Recht, eine bestimmte Adelsbezeichnung zu führen, auf der von der Person des Monarchen abgeleiteten öffentlich-rechtlichen Privilegierung beruht. Im geltenden Recht geht es

---

59 Siehe oben Kap. D I 2.

60 *Neumeyer*, Internationales Verwaltungsrecht, Band 1, S. 285 ff., insbesondere S. 296; *Freiherr von Wendland*, S. 38; RGZ 103, 190, 193; LG Mannheim StAZ 1929, 315, mit Gutachten von *von Brentano*; *Sievers*; StAZ 1931, 295, 298; *Rensch*, S. 185 ff.; *Schrembs*, StAZ 1955, 137. -

61 *Bungert* StAZ 1991, 273 f.; IPRax 1994, 109 f.

62 Siehe zu diesem Begriff oben Kap. C II bei Fn. 58.

63 Dennoch ging man auch schon im Kaiserreich überwiegend von der Maßgeblichkeit des Personalstatuts aus. So bestimmte § 7 des sächsischen Adelsgesetzes: "Die Berechtigung von Nichtsachsen zur Führung eines Adelszeichens richtet sich nach den Vorschriften des Staates, welchem sie angehören." Vgl. *Kekule von Stradonitz*, AöR 18 (1903), 191, 204 ff., 207; Erlaß des Innenministeriums Baden-Württemberg vom 17. März 1955, StAZ 1955, 92. Ist das Verleihungsprinzip noch ganz monarchistischem Denken verhaftet (und damit potentiell supranational), so reflektiert das Staatsangehörigkeitsprinzip das Anwachsen nationalstaatlichen Denkens am Ausgang des 19. Jahrhunderts.

64 OVG Münster OVGE 12, 43, 43, 45 f.

65 *Neumeyer*, Internationales Verwaltungsrecht, Band 1, S. 304 ff.; vgl. auch *Brintzinger*, S. 93, 101.

demgegenüber nur um die privatrechtlich[66] ausgestaltete Befugnis, eine Adelsbezeichnung als Teil des Namens zu führen. Für die Berechtigung zur Führung einer Adelsbezeichnung ist daher - wie bei allen übrigen Namen - an der Maßgeblichkeit des Personalstatuts[67] festzuhalten[68].

VIII. Renvoi[69]

Art. 10 Abs. 1 EGBGB ist Gesamtverweisung[70] i.S.d. Art. 4 Abs. 1 EGBGB[71]. Auch vor dem IPR-Reformgesetz war gem. Art. 27 EGBGB (a.F.) eine eventuelle Rück- oder Weiterverweisung zu befolgen[72], da das Namensrecht als Persönlichkeitsrecht entsprechend Art. 7 EGBGB (a.F.) nach dem Personalstatut (i.d.R. also nach dem Heimatrecht) beurteilt wurde[73].

---

66 Siehe oben Kap. B II 1 e.

67 Siehe oben II und III.

68 OVG Münster OVGE 12, 43, 46; StAZ 1961, 191; BayObLG StAZ 1972, 12, 14; OVG Hamburg StAZ 1958, 125, 126; *Brintzinger*, S. 93, 101.

69 Wegen des den Namen betreffenden Kollisionsrechts ausländischer Staaten siehe die Hinweise bei den einzelnen Ländern (unten Kap. G) sowie *Bergmann/Ferid*, Internationales Ehe- und Kindschaftsrecht; *von Bar*, Ausländisches Privat- und Privatverfahrensrecht in deutscher Sprache (Systematische Nachweise aus Schrifttum, Rechtsprechung und Gutachten 1980 - 1992); *ders.*, IPR Band 1, Rn. 514 ff.; *Soergel/Kegel*, 11. Aufl., Anh nach Art. 7 EGBGB Rz 1.

70 *Kegel*, IPR, S. 284, verwendet den Ausdruck "IPR-Verweisung": Verwiesen werde nur entweder auf das fremde Sachrecht oder auf das fremde IPR ohne das übrige fremde Sachrecht.

71 *Staudinger/Hepting*, Art. 10 EGBGB Rn. 75; *Hepting/Gaaz*, PStG, § 15c Rdnr. 270 (*Hepting*); *Palandt/Heldrich*, Art. 10 EGBGB Rn. 3; *von Bar*, IPR, Band 2, Rn. 82 m.w.N. Bei den folgenden Absätzen des Art. 10 EGBGB über die Wahlmöglichkeiten von Ehegatten und Kindern handelt es sich dagegen um Sachnormverweisungen (Art. 4 Abs. 2 EGBGB); vgl. *Staudinger/Hepting*, Art. 10 EGBGB Rn. 75; *Palandt/Heldrich*, Art. 10 EGBGB Rn. 3; *von Bar*, IPR Band 2, Rn. 82. Umstritten ist allerdings, ob Art. 10 Abs. 4 (vor dem Familiennamensrechtsgesetz von 1993: Abs. 6) EGBGB eine Rechtswahl oder eine bloße Alternativanknüpfung bestimmt; vgl. *Hepting/Gaaz*, PStG, § 31a Rdnr. 281 (*Hepting*); *Staudinger/Hepting*, Art. 10 EGBGB Rn. 232 m.w.N.

72 Vgl. IPG 1969 Nr. 1 (Heidelberg), S. 1, 2; *Henrich*, S. 39, 83, 99, 107, 111; *Soergel/Kegel*, 11. Aufl., Anh nach Art. 7 EGBGB Rz. 7; *Palandt/Heldrich*, 44. Aufl., Art. 27 EGBGB Anm. 1 bis 3 m.w.N. Nach h.M. war im Fall einer Rückverweisung stets deutsches Sachrecht anzuwenden; IPR-Rückverweisungen waren abzubrechen (a.A. z.B. *Kegel*, IPR, 3. Aufl., S. 146). Ebenso sollte die Weiterverweisung durch ein ausländisches IPR unmittelbar zur Anwendung des betreffenden fremden Sachrechts führen . Letzteres war sehr str. (a.A. z.B. *Kegel*, IPR, 3. Aufl., S. 149 f.). Art. 4 Abs. 1 S. 2 EGBGB sagt heute eindeutig, daß IPR-Rückverweisungen abgebrochen werden, ferner, daß Weiterverweisungen zu beachten sind. Ob dagegen die Weiterverweisung ihrerseits als Gesamt- oder Sachnormverweisung aufzufassen ist, ist nicht geregelt (vgl. dazu im einzelnen *Firsching/von Hoffmann*, IPR, § 6 Rn. 97 ff.).

73 Siehe oben II bei Fn. 15.

Ein Renvoi kann seine Ursache zum einen in abweichenden Anknüpfungsmomenten haben. Deutschland knüpft das Namensrecht an die Staatsangehörigkeit des Namensträgers, Art. 10 Abs. 1 EGBGB i.V.m. Art. 5 Abs. 1 und 2 EGBGB. Andere Staaten knüpfen das Namensrecht als Teil des Personalstatuts[74] an den Wohnsitz ("domicile") des Namensträgers. Beruft Art. 10 Abs. 1 EGBGB das Recht eines solchen Staates und ist der Namensträger in Deutschland domiziliert[75], dann kommt es zu einer Rückverweisung auf deutsches Recht.

Zu einem Renvoi kann es zum anderen dann kommen, wenn eine Rechtsfrage im ausländischen IPR anders als qualifiziert wird als im deutschen IPR[76].

Internationalprivatrechtliche Entscheidungen zum adeligen Namen nehmen zu dieser Frage nicht Stellung[77]. Dafür lassen sich zwei Gründe nennen:

Erstens geht es in der Regel um die Namensführung nach Deutschland eingebürgerter[78] (ehedem) Adeliger, die früher die Staatsangehörigkeit eines osteuropäischen Landes besessen haben. Die meisten Staaten Kontinentaleuropas folgen dem Staatsangehörigkeitsprinzip[79]. Das Nebeneinander von Staatsangehörigkeits- und Domizilprinzip scheidet somit als Ursache eines renvoi aus. Selbst wenn die fremde Rechtsordnung dem Domizilprinzip anhängt, kommt es nicht zu einer Rück- oder Weiterverweisung, wenn - wie häufig - Domizil und Staatsangehörigkeit des adeligen Namensträgers zusammenfallen[80].

---

74 Hier verstanden als "the law applicable to status and capacity"; vgl. dazu und zu den verschiedenen Bedeutungen des Begriffs "Personalstatut" *von Bar*, IPR, Band 1, Rn. 23.

75 Ob das der Fall ist, beurteilt sich nach der ausländischen Rechtsordnung; vgl. z.B. *Firsching/von Hoffmann*, IPR, § 5 Rn. 68.

76 Das ausländische IPR denselben Sachverhalt also in einer anderen "Schublade aufbewahrt" (so prägnant *von Bar*, IPR, Band 1, Rn. 588).

77 Einzige Ausnahme bildet - soweit ersichtlich - OVG Münster StAZ 1964, 197. Vgl. auch IPG 1987/1988, Nr. 2 (München), S. 7, 11; 1969 Nr. 1 (Heidelberg), S. 1, 2; 1973 Nr. 2 (München), S. 7, 8; *Bungert*, StAZ 1991, 273, 274.

78 Zum Statutenwechsel siehe unten IX.

79 An den Wohnsitz knüpfen an: Frankreich und Belgien (im Erb- und Ehegüterrecht), Irland, Dänemark, Norwegen, die Schweiz und die Staaten des anglo-amerikanischen Rechtskreises (England und die anderen Staaten des Commonwealth of Nations sowie Irland und die USA); vgl. *Kegel*, IPR, S. 323 f.; *Rabel*, The Conflict of Laws, Band 1, S. 117 ff.

80 So in OVG Münster StAZ 1964, 197.

Knüpfen beide Rechtsordnungen die persönlichen Angelegenheiten (Personalstatut) einer Person an die Staatsangehörigkeit, so kann es, wie dargelegt, dennoch zu einem renvoi kommen, wenn das fremde IPR das Namensrecht nicht zum Personalstatut zählt. So unterstellen einige ausländische Rechtsordnungen namensrechtliche Tatbestände, die auf familienrechtlichen Vorgängen beruhen, dem besonderen Statut dieses familienrechtlichen Vorgangs[81]. Selbst in einem derartigen Fall kommt es, soweit es sich um adelige Namen handelt, in den einschlägigen Entscheidungen im allgemeinen nicht zu einer Rück- oder Weiterverweisung. Denn dort geht es, wie bereits erwähnt, nicht um Namenserwerb oder Namensänderung aufgrund familienrechtlicher Verhältnisse, sondern aufgrund Staatsangehörigkeitswechsels oder (ausländischen) öffentlichen Rechts. Insoweit trifft von Overbecks rechtsvergleichende Feststellung zu: "It is generally admitted in private international law that as a rule questions relating to the name are governed by the personal law"[82].

IX. Statutenwechsel

Der (vormals) adelige "Neubürger"[83] und sein Name bildet, wie verschiedentlich erwähnt, den Mittelpunkt der in diesem Kapitel zu behandelnden internationalprivatrechtlichen Probleme. Die Einbürgerung verändert mit der Staatsangehörigkeit das für die Frage der Berechtigung zur Führung einer Adelsbezeichnung maßgebliche[84] Anknüpfungsmoment. Es kommt zu einem Wechsel des anwendbaren Rechts (Statutenwechsel im engeren Sinne)[85].

---

81 Beispiele bei *Henrich*, S. 39 f., 84, 99, 107, 111, 114 f. Ebenso die früher in Deutschland h.M. Siehe oben Fn. 16a.

82 *Von Overbeck*, S. 29. Im Hinblick auf die vielfach familienrechtliche Qualifikation namensrechtlicher Tatbestände aber sogleich einschränkend: " The exceptions are however, more frequent in practice than the rule." Vgl. auch *Raape*, IPR, S. 645 ("Wohl alle Staaten werden grundsätzlich annehmen, daß ein Mensch so heiße, wie es sein Heimatrecht bestimme, auch die Staaten des Domizilprinzips."); *Edlbacher*, S. 45.

83 *Ferid*, Der Neubürger im internationalen Privatrecht, 1949.

84 Siehe oben II und III.

85 *Neuhaus*, Grundbegriffe, S. 293 ff.; MüKo/*Sonnenberger*, BGB, 2. Aufl., Einleitung EGBGB Rn. 500 ff.; *Firsching/von Hoffmann*, IPR, § 5 Rn. 98: Unter den Begriff des Statutenwechsels im weiten Sinne fällt auch eine Novellierung des anwendbaren Kollisionsrechts (zur intertemporalen Frage siehe oben V). Beide Fallkategorien ähneln einander darin, daß an die Stelle bisherigen Kollisionsrechts ein anderes tritt. Ob jedoch die Gemeinsamkeiten soweit reichen, daß Problemlösungen ohne weiteres von der einen auf die andere Fallkategorie übertragen werden dürfen, ist umstritten (dafür: *von Bar*, IPR, Band 1, Rn. 303 f.; dagegen: MüKo/*Sonnenberger*, BGB, 2. Aufl., Einleitung EGBGB Rn. 501 ff.). Bei Staatenlosen, sog. "Statusdeutschen" (Art. 116 Abs. 1 2.

Das deutsche IPR enthält keine allgemeinen Vorschriften zur Frage der intertemporalen Auswirkungen eines Statutenwechsels. Nur für einzelne Teilbereiche, zu denen das Namensrecht nicht gehört, verfügt das deutsche Kollisionsrecht über ausdrückliche Regelungen[86]. Die Auswirkungen eines Statutenwechsels auf den Namen einer Person müssen daher unter Rückgriff auf die allgemeinen Grundsätze[87] ermittelt werden. Hierzu ist wie folgt zu unterscheiden[88]:

Liegt ein abgeschlossener Tatbestand vor, dann bleibt das Recht maßgebend, welches zum Zeitpunkt der Verwirklichung des Tatbestands galt. Der Erwerb des Namens ist ein mit der Namenserteilung abgeschlossener Tatbestand und richtet sich daher nach dem zur Zeit des Namenserwerbs geltenden Recht[89]. Der unter dem früheren Statut erworbene (oder verlorene) Name bleibt folglich auch unter dem neuen Statut erworben (oder verloren)[90].
Handelt es sich um einen Dauertatbestand[91], d.h. um einen Tatbestand, der zur Zeit des Statutenwechsels zwar bereits vollständig erfüllt ist, der aber über diesen Zeitpunkt hinaus fortwirkt[92], so gilt der Grundsatz, daß "alle zurückliegenden Sachverhalte einschließlich ihrer bisherigen Wirkungen dem früheren Statut unterworfen bleiben, dagegen die künftigen Wirkungen sich nach

---

Alt. GG) und Personen, die den flüchtlingsrechtlichen Bestimmungen unterliegen, führt ausnahmsweise ein Wechsel des Aufenthaltsorts bzw. des Wohnsitzes zu einem Statutenwechsel. Siehe hierzu unten X 1 a.

86 Die Fortgeltung des alten Statuts ordnen an: Art. 7 Abs. 2, 26 Abs. 5 S. 1 und 2, 27 Abs. 2 S. 2 EGBGB (Art. 3 Abs. 2 S. 2 des Römischen EWG-Übereinkommens über das auf vertragliche Schuldverhältnisse anzuwendende Recht vom 19. Juni 1980 (EVÜ) - BGBl. 1986 II S. 809); Rückwirkung des neuen Statuts bestimmt Art. 27 Abs. 2 S. 1 EGBGB (Art. 3 Abs. 2 S. 1 EVÜ). In der bis 1986 geltenden Fassung des EGBGB beschäftigten sich mit dieser Frage Art. 7 Abs. 2, 14 Abs. 2, 15 Abs. 1 und 2, 17 Abs. 1, 2 und 3, 18, 19, 20, 21, 22 und 24; vgl. *Ferid*, Der Neubürger im internationalen Privatrecht, S. 18.

87 Vgl. zu diesen MüKo/*Sonnenberger*, BGB, 2. Aufl., Einleitung EGBGB Rn. 492 ff., *Neuhaus*, Grundbegriffe, S. 295 ff.; *Ferid*, Der Neubürger im internationalen Privatrecht, S. 25 ff.; *Firsching/von Hoffmann*, IPR, § 5 Rn. 102 ff.

88 Vgl. zum folgenden vor allem BGHZ 63, 107, 110 ff.

89 BGHZ 63, 107, 111.

90 *Soergel/Kegel*, 11. Aufl., Anh nach Art. 7 EGBGB Rz. 11 m.w.N.

91 *Ferid*, Der Neubürger im internationalen Privatrecht, S. 26 f. Vielfach wird das wenig aussagekräftige Adjektiv "gemischt" verwendet; vgl. z.B. MüKo/*Sonnenberger*, BGB, 2. Aufl., Einleitung EGBGB Rn. 493 ("gemischte Rechte, Rechtslagen und Rechtsverhältnisse"); *Neuhaus*, Grundbegriffe, S. 297 ("gemischte Rechtsverhältnisse"); *Firsching/von Hoffmann*, IPR, § 5 Rn. 105 ("gemischte Tatbestände").

92 *Ferid*, Der Neubürger im internationalen Privatrecht, S. 26 f.; *Neuhaus*, Grundbegriffe, S. 297.

dem neuen Statut richten"[93]. Das durch den Namenserwerb erlangte subjektive Recht einer Person auf die Führung ihres Namens stellt einen solchen Dauertatbestand dar[94]. Ob dieser durch einen Eingangsstatutenwechsel des Namensträgers für die Zukunft eine Veränderung erfährt, richtet sich mithin nach deutschem Recht. Dort gilt der allgemeine, im Vertrauensschutz wurzelnde Satz[95], daß ein nach bisherigem Statut entstandenes subjektives Recht im Zweifel als ein wohlerworbenes weiterbesteht, gleichgültig ob dieses Recht aus demselben Tatbestand auch unter der Herrschaft des neuen Rechts hätte entstehen können[96]. Der Name bleibt also vom Statutenwechsel unbeeinflußt (Grundsatz der Namenskontinuität)[97]. Auch diese Verweisung auf das Heimatrecht des Namensträgers als Konsequenz des Bestandschutzes des Namens beim Statutenwechsel ist Gesamtverweisung auf das dortige Kollisionsrecht[98].
Unter der Herrschaft des neuen Rechts kann sich der Name allerdings aufgrund neuer Tatbestände (z.B. durch behördliche Namensänderung) ändern[99].

Ein (vormals) adeliger Neubürger darf nach alledem in Deutschland eine Adelsbezeichnung nur führen, wenn er dazu im Zeitpunkt seiner Einbürgerung nach seinem Heimatrecht berechtigt war; er tritt mit dem Namen in die deutsche Rechtsordnung ein, der ihm nach seinem Heimatrecht zuletzt zustand[100]; die Adelsbezeichnung kann in Deutschland nur als Namensbestand-

---

93 *Neuhaus*, Grundbegriffe, S. 298.

94 BGHZ 63, 107, 111. Zweifelnd aber *Staudinger/Hepting*, Art. 10 EGBGB, Rn. 94, 49: Eine "Änderung der Namensführung" sei nichts anderes als der Erwerb eines neuen Namens, und ihre Zulässigkeit rechtfertige sich allein aus der Herrschaft des neuen Statuts. Der Unterscheidung zwischen Namenserwerb als abgeschlossenen Tatbestand und Namensführung als Dauertatbestand bedürfe es nicht.

95 MüKo/*Sonnenberger*, BGB, 2. Aufl., Einleitung EGBGB Rn. 493.

96 BGHZ 63, 107, 111 f.; vgl. auch BGH StAZ 1983, 273, 275; BayObLG StAZ 1984, 67, 68; 1989, 345, 346.

97 *Staudinger/Hepting*, Art. 10 EGBGB Rn. 85; *Kegel*, IPR, S. 440; *Firsching/von Hoffmann*, IPR, § 7 Rn. 14; *Palandt/Heldrich*, Art. 10 EGBGB Rn. 10 f.; auch *Edlbacher*, S. 49 f.; *Raschauer*, S. 326. Vgl. auch aus der Begründung des neuen IPR zu Art. 10 EGBGB BT-Drucks. 10/504 S. 47: "Bei Statutenwechsel ist im Ordnungsinteresse an Namensklarkeit grundsätzlich trotz der wandelbaren Anknüpfung nach Art 10 Abs. 1 der einmal erworbene Name unter dem neuen Statut als fortbestehend anzusehen".

98 Vgl. den klarstellenden Hinweis in IPG 1987/88 Nr. 2 (München), S. 7, 11.

99 *Soergel/Kegel*, 11. Aufl., Anh nach Art. 7 EGBGB Rz. 11.

100 VGH Baden-Württemberg, StAZ 1992, 380, 381; OLG Hamburg StAZ 1990, 135, 136; BayObLG StAZ 1989, 345, 346 f.; BVerwG StAZ 1984, 105, 104; OVG Rheinland-Pfalz StAZ 1984, 105; BayObLG StAZ 1962, 75, 77; 1965, 126, 128; OVG Münster StAZ 1964, 166, 167; *Loos*, S. 87; *Bungert* StAZ 1991, 273, 275 f.; IPRax 1994, 109, 110.

teil geführt werden[101]. Im Fall der Abschaffung von Adel und Adelsbezeichnung durch den Heimatstaat folgt daraus: Hat der Neubürger die Staatsangehörigkeit vor der Abschaffung gewechselt, so bleibt ihm seine Adelsbezeichnung in der deutschen Rechtsordnung als Namensbestandteil erhalten; bei Staatsangehörigkeitswechsel nach der Abschaffung ist er dagegen auch in Deutschland nicht zur Führung seiner früheren Adelsbezeichnung befugt[102].

Daß der Namensträger mit dem ihm nach seinem Heimatrecht zuletzt zustehenden Namen in die deutschen Rechtordnung tritt, bedeutet, daß die ausländische Adelsbezeichnung in Deutschland nur in der sprachlichen Form geführt werden darf, die das betreffende ausländische Recht vorsieht. Eine Übersetzung - außerhalb eines behördlichen Namensänderungsverfahrens - ist grundsätzlich[103] unzulässig[104].

Der (adelige) Name, den eine Person trägt, wurzelt in der Vergangenheit; er wird von Generation zu Generation weitergegeben[105]. Das führt dazu, daß auch ein Staatsangehörigkeitswechsel und damit ein Statutenwechsel in früheren Generationen berücksichtigt werden muß. Hat sich das ausländische Kollisionsrecht zwischenzeitlich geändert, so stellt sich die Frage, ob altes oder

---

101 Da das deutsche Recht die Adelsbezeichnung nur noch als Namensteil anerkennt, muß, soweit der Heimatstaat den Adel als Stand nicht abgeschafft hat, die nach ausländischem Recht aus dem Adelsrecht fließende Befugnis zur Führung der Adelsbezeichnung in der Weise dem deutschen Recht angepaßt werden, daß die Adelsbezeichnung in Deutschland nur als Namensteil, nicht aber als namensrechtliche Folge des adeligen Sonderstatus, geführt werden darf. Einer solchen Transposition bedarf es nicht, wenn der Heimatstaat, wie Deutschland, den Adelsstand beseitigt und die Adelsbezeichnung nur als Namensbestandteil beibehalten hat. Paralellen zur sachenrechtlichen Problematik (Typenzwang und fremde eigentumsmäßige Splitterrechte/Verwertungsrechte), die den Gegenstand von Hinnahmetheorie und Transpositionslehre bilden (vgl. dazu *Firsching/von Hoffmann*, IPR, § 12 Rn. 31 ff.; MüKo/ *Sonnenberger*, BGB, 2. Aufl., Einleitung IPR Rn. 493 m.w.N.), drängen sich hier auf. Siehe auch oben III bei Fn. 23.

102 *Staudinger/Hepting*, Art. 10 EGBGB Rn. 96; *Soergel/Kegel*, 11. Aufl., Anh nach Art. 7 EGBGB, Rz. 48 m.w.N. zur Rechtsprechung bis 1983.

103 Zu den Besonderheiten bei ungarischen Adelsbezeichnungen siehe unten Kap. G III 2 c.

104 Darauf daß das Verbot der Übersetzung ausländischer Adelsbezeichnungen nicht nur für Personen gilt, die ihre ursprüngliche Staatsangehörigkeit behalten haben (siehe dazu die Nachweise oben Fn. 28), sondern auch für die Fälle des Statutenwechsels, verweist ausdrücklich OLG Hamburg 1990, 135, 136; vgl. auch *Staudinger/Hepting*, Art. 10 EGBGB Rn. 95, 71.

105 Zu der für den Adel zentralen, genealogischen Funktion des Names siehe oben Kap. B I 4 b.

neues IPR anzuwenden ist. Auch die Entscheidung dieser intertemporalen Frage überläßt das deutsche IPR dem ausländischen Kollisionsrecht[106].

X. Rechtsauffassungen, die einer ausländischen Abschaffung von Adelsbezeichnungen in Deutschland die Wirkung versagen wollen

Flucht oder Vertreibung deutschstämmiger (ehedem) Adeliger aus Osteuropa fielen zeitlich nicht immer mit dem Verlust der Staatsangehörigkeit des Staates zusammen, der sie verstoßen hatte. Bis zu seiner Einbürgerung war dieser Personenkreis grundsätzlich an die Rechtsordnung seines Heimatstaates "gekettet"[107]. Die adelsabschaffende Gesetzgebung nahm das einzige, was nach dem Verlust der materiellen Habe oftmals noch verlieben war: die Adelsbezeichnung. Es verwundert daher nicht, wenn versucht wurde, ausländischer Adelsabschaffung in Deutschland die Anerkennung zu verweigern. Im folgenden sollen die unterschiedlichen Erklärungsmodelle, von denen sich freilich keines durchsetzen konnte, dargestellt werden.

1. Rückwirkung des gesetzlichen Statutenwechsels im Flüchtlingsrecht?

a) Die flüchtlingsrechtlichen Regelungen im Überblick

Das Staatsangehörigkeitsprinzip als Anknüpfungsmoment versagt, wo eine Person staatenlos ist oder ihre Staatsangehörigkeit nicht festgestellt werden kann. Art. 5 Abs. 2 EGBGB in der Fassung des IPR-Reformgesetzes von 1986 knüpft in diesen Fällen an den Aufenthalt an[108].

---

106 *Palandt/Heldrich*, Einl vor Art. 3 EGBGB Rn. 24. Ein praktisches Beipiel bietet IPG 1987/88 Nr. 2 (München), S. 7, 11. Hinweise zum alten IPR ausländischer Staaten finden sich bei *Bergmann*, Internationales Ehe- und Kindschaftsrecht, 1. Aufl., Berlin 1926, 3 Bände (insbesondere Band 1: Ehe- und Kindschaftsrecht der europäischen Staaten mit Ausnahme der Türkei); 2. Aufl., Berlin, 1938/40, 2 Bände (insbesondere Band 1: Ehe- und Kindschaftsrecht der europäischen Staaten); vgl. auch *Bungert*, StAZ 1991, 273, 274.

107 Vgl. *Ferid*, Der Neubürger im internationalen Privatrecht, S. 79 f.

108 Art. 5 Abs. 2 EGBGB wird allerdings weitgehend durch das Übereinkommen über die Rechtsstellung der Staatenlosen vom 28. Sept. 1954 (BGBl. 1976 II S. 473), für die Bundesrepublik in Kraft getreten am 24. Jan. 1977 (Bek. vom 10. Feb. 1977, BGBl. II

Die Rechtsprobleme adelsnamensrechtlicher Fälle betreffen typischerweise die ersten Jahre nach beiden Weltkriegen. In der bis zum 12. April 1938 geltenden Fassung des Art. 29 EGBGB (a.F.) [109] wurden staatenlos gewordene (anders als staatenlos geborene) Personen dem Recht ihrer letzten Staatsangehörigkeit unterstellt. Insbesondere bei den russischen Emigranten führte die Anknüpfung an die *lex veteris patriae*, und zwar in der Gestalt, welche diese zwischenzeitlich angenommen hatte, zu nicht sachgerechten Ergebnissen; ihnen wurde auch nach Flucht und Staatsangehörigkeitsverlust revolutionäres Sowjetrecht aufgezwungen. Die seit dem 13. April 1938 geltende Fassung des Art. 29 EGBGB (n.F.)[110] knüpfte daher einheitlich an den Aufenthalt an[111].
Nach Ende des zweiten Welkriegs gelangten Millionen Personen ausländischer oder nicht feststellbarer Staatsangehörigkeit nach Deutschland. Die Flüchtlingsproblematik[112], die nicht nur Deutschland betraf, führte zu weiteren Regelungen[113]. Deren Ziel war einerseits, der Schwierigkeiten bei der Feststellung der Staatsangehörigkeit Herr zu werden. Andererseits ging es darum, die - bereits eingangs erwähnten - Unbilligkeiten zu beseitigen, die dadurch entstanden, daß aufgrund des Staatsangehörigkeitsprinzips die persönlichen Rechtsverhältnisse einer Person einer Rechtsordnung unterstellt wurden, welche vielfach der Anlaß für die Flucht war und von den Betroffenen innerlich abgelehnt wurde. Ordnungs- wie Verkehrsinteressen führten bei diesem Personenkreis zum Übergang vom Staatsangehörigkeits- auf das Territorialprinzip[114].

S. 235), verdrängt, das im wesentlichen mit der Genfer Flüchtlingskonvention übereinstimmt; vgl. *Palandt/Heldrich*, Anh zu Art. 5 EGBGB Rn. 1.

109 "Gehört eine Person keinem Staate an, so werden ihre Rechtsverhältnisse, soweit die Gesetze des Staates, dem eine Person angehört, für maßgebend erklärt sind, nach den Gesetzen des Staates beurteilt, dem die Person zuletzt angehört hat, und wenn sie auch früher einem Staate nicht angehört hat, nach den Gesetzen des Staates, in welchem sie ihren Wohnsitz und in Ermangelung eines Wohnsitzes ihren Aufenthalt hat oder zu der maßgebenden Zeit gehabt hat."

110 "Soweit die Gesetze des Staates, dem eine Person angehört, für maßgebend erklärt sind, werden die Rechtsverhältnisse einer staatenlosen Person nach den Gesetzen des Staates beurteilt, in dem sie ihren gewöhnlichen Aufenthalt oder mangels eines solchen ihren Aufenthalt hat oder zu der maßgebenden Zeit gehabt hat."

111 *Raape/Sturm*, IPR, S. 129.

112 Einen Überblick geben *Ferid*, IPR, S. 30 ff., und MüKo/*Sonnenberger*, 2. Aufl., Art. 5 EGBGB Anhang II Rn. 11 f.

113 Wegen der Einzelheiten, insbesondere des Verhältnisses der einzelnen flüchtlingsrechtlichen Regelungen zueinander; vgl. MüKo/*Sonnenberger*, 2. Aufl., Art. 5 EGBGB Anhang II Rn. 13 ff.; *Palandt/Heldrich*, Anh zu Art. 5 EGBGB; *Soergel/Kegel*, 11. Aufl., Anh nach Art. 29 Rz. 1 ff., 20 ff.

114 *Brintzinger*, FamRZ 1968, 1, 2.

Aufgrund des am 31. März 1950 inkraftgetretenen Gesetzes Nr. 23 der Alliierten Hohen Kommission vom 17. März 1950 (AHK-Gesetz Nr. 23)[115] wurde zunächst das Personalstatut von Flüchtlingen und verschleppten Personen an den Aufenthalt angeknüpft[116]. Kurze Zeit später unterstellte das für die Bundesrepublik am 24. Dez. 1953 in Kraft getretene[117] Genfer Abkommen über die Rechtsstellung der Flüchtlinge vom 28. Juli 1951 (Genfer Flüchtlingskonvention)[118] das Personalstatut internationaler Flüchtlinge dem Recht ihres Wohnsitzes[119].
Eine Durchbrechung des Staatsangehörigkeitsprinzips enthält auch Art. 116 Abs. 1 2. Alt. GG, der volksdeutsche Flüchtlinge und Vertriebene deutschen Staatsangehörigen gleichstellt. Art. 9 Abschnitt II Ziff. 5 des Familienrechtsänderungsgesetzes vom 11. Aug. 1961[120] hat klargestellt, daß diese sog. Statusdeutschen in kollisionsrechtlicher Hinsicht mit der Aufnahme im ehemaligen deutschen Reichsgebiet das deutsche Personalstatut erwerben[121].

b) *Die Rückwirkungsfrage anhand eines Beispielsfalls*

Die erwähnten flüchtlingsrechtlichen Bestimmungen und Art. 116 Abs. 1 2. Alt. GG ändern das Anknüpfungsmerkmal, bewirken also einen gesetzlichen Statutenwechsel. Nach allgemeinen intertemporalen Regeln unterlagen das Personalstatut eines Flüchtlings mit Aufenthalt bzw. Wohnsitz in Deutschland bis zum Inkrafttreten der für ihn maßgebenden Bestimmung des Flüchtlingsrechts, das Personalstatut eines Statusdeutschen bis zum Wirksamwerden des Grundgesetzes dem Recht seines Heimatstaates, ab diesem Zeitpunkt dem Recht

---

115 AHKABl. S. 140 i.d.F. des Änderungsgesetzes Nr. 48 vom 1. März 1951 (AHKABl. S. 808); vgl. *Palandt/Heldrich*, Anh zu Art. 5 EGBGB Rn. 14.

116 Vgl. Art. 1, 2 und 10 des Gesetzes.

117 Art. 2 des Gesetzes vom 1. Sept. 1953 (BGBl. II S. 559).

118 BGBl. 1953 II S. 559.

119 Vgl. Art. 1 und 12 des Abkommens.

120 BGBl. I S. 1221.

121 *Palandt/Heldrich*, Anh zu Art. 5 EGBGB Rn. 12; MüKo/*Sonnenberger*, 2. Aufl., Art. 5 EGBGB Anhang II Rn. 22. - A.A. z.B. noch *Ferid*, DNotZ 1954, 350, 355: Die Gleichstellung beziehe sich nur auf jene Fälle, in denen das Grundgesetz den Besitz der deutschen Staatsangehörigkeit für wesentlich erklärt.

seines Aufenthaltsstaates. Verschiedentlich wurde jedoch eine Rückwirkung des Statutenwechsels postuliert[122].

Ein Beispielsfall[123] soll die Relevanz der Kontroverse für die Adelsbezeichnung verdeutlichen: Ein Ungar, Träger eines adeligen Namens, verließ sein Heimatland um die Jahreswende 1944/45. Im Jahre 1947 wurden in Ungarn Adel- und Adelsrang aufgehoben[124]. 1961 ist über die Frage zu entscheiden, ob er in Deutschland zur Führung der ungarischen Adelsbezeichnung berechtigt ist.
Unterfällt der Namensträger dem AHK-Gesetz Nr. 23 bzw. der Genfer Flüchtlingskonvention, so gilt nach allgemeinen intertemporalen Grundsätzen, daß er dem Recht des Aufenthalts - bzw. Wohnsitzstaates erst ab Inkrafttreten der genannten Bestimmungen im Jahre 1950 bzw. 1953 unterlag. Davor unterstand er ungarischem Recht. Er darf seine Adelsbezeichnung nicht mehr führen. Nimmt man hingegen Rückwirkung an, etwa auf den Fluchtzeitpunkt[125], dann beurteilt sich die Befugnis zur Führung der Adelsbezeichnung schon ab diesem Zeitpunkt nach dem Recht seines Aufenthaltsstaates, also deutschem Recht. Die adelsabschaffende Gesetzgebung Ungarns hat den Namensträger nicht mehr erreicht; er ist befugt, in Deutschland seine Adelsbezeichnung zu führen.

Mit Recht lehnt die h. M. eine Rückwirkung des gesetzlichen Statutenwechsels in den vorgenannten Fällen jedoch generell ab[126].
Art. 9 Abschnitt II Nr. 5 des Familienrechtsänderungsgesetz von 1961 hat nur klarstellende Funktion. Er sollte den Streit um die kollisionsrechtlichen Aus-

---

122 *Raape/Sturm*, IPR, S. 132, 148, 153; *Brintzinger*, DÖV 1962, 441, 448 f. (zur Genfer Flüchtlingskonvention); FamRZ 1968, 1 (zu Art. 29 EGBGB n.F., AHK-Gesetz Nr. 23 und Genfer Flüchtlingskonvention).

123 Nach BayObLG StAZ 1962, 75.

124 Siehe unten Kap. G III 2 b.

125 *Brintzinger* DÖV 1962, 441, 449; FamRZ 1968, 1, 4.

126 *Soergel/Kegel*, 11. Aufl., Art. 29 Rz. 50, Anh nach Art. 29 Rz. 13, 55, 89; *Palandt/ Heldrich*, Anh zu Art. 5 EGBGB Rn. 3, 12, 14, 29; MüKo/*Sonnenberger*, 2. Aufl., Art. 5 EGBGB Anhang II Rn. 32, 56; 73 f.; *Ferid*, DNotZ 1954, 350, 360 (zur Genfer Flüchtlingskonvention); BayObLG StAZ 1965, 126, 128. - Ferner: BVerwG Buchholz 402.10 § 8 NÄG Nr. 11 (zu Art. 116 Abs. 1 GG, zum AHK- Gesetz Nr. 23 und zur Genfer Flüchtlingskonvention); OLG Neustadt StAZ 1960, 289, 290 (zum AHK-Gesetz Nr. 23 und zur Genfer Flüchtlingskonvention); OLG Karlsruhe StAZ 1957, 11; BayObLG StAZ 1961, 75, 77 (beide zum AHK- Gesetz Nr. 23); OLG Köln StAZ 1965, 247, 248 (zu Art. 29 EGBGB n.F. und zum AHK-Gesetz Nr. 23); BayObLGZ 1971, 90, 98 f.; BayObLG StAZ 1972, 12, 15 (beide zu Art. 29 EGBGB n.F. und zur Genfer Flüchtlingskonvention).

wirkungen von Art. 116 Abs. 1 GG mit Rückwirkung auf den Zeitpunkt des Inkrafttreten des Grundgesetzes am 24. Mai 1949[127] beenden. Dagegen wirkt die Gleichstellung Volksdeutscher mit deutschen Staatsangehörigen nicht auf die Zeit vor dem Wirksamwerden des Grundgesetzes zurück[128].
Auch die Genfer Flüchtlingskonvention legt sich keine Rückwirkung bei. Das folgt aus Art. 12 Nr. 2, der bestimmt, daß die von einem Flüchtling vorher, d.h. vor Inkrafttreten des Abkommens erworbenen und sich aus dem Personalstatut ergebenden Rechte geachtet werden sollen[129]. Gegen jede Rückwirkung spricht zudem, daß sie dem Ansehen der Rechtsordnung schadet, weil die Rechtsordnung sich selber widerspricht[130]. Schließlich wäre, insbesondere bei den Regelungen des Flüchtlingsrechts unklar, wie weit die Rückwirkung reichen soll[131].

c) Zusammenfassung

Aufgrund der oben dargestellten Rechtslage ergibt sich folgendes Bild[132]:
Träger adeliger Namen, die vor der Neufassung des Art. 29 EGBGB staatenlos geworden sind, unterfielen erst ab dem Inkrafttreten des Art. 29 EGBGB n.F. am 13. April 1938 deutschem Recht. Bis zu diesem Zeitpunkt unterlagen sie der adelsabschaffenden Gesetzgebung[133] ihres früheren Heimatstaates.
Teilweise wurden Adel und Adelsbezeichnung in Osteuropa erst im Gefolge des zweiten Weltkriegs abgeschafft[134]. Wer zeitlich vor dieser Gesetzgebung die Staatsangehörigkeit des betreffenden Staates verlor und seinen Aufenthalt in Deutschland nahm, dem blieb seine Adelsbezeichnung, Art. 29 EGBGB n.F. Wer seine Staatsangehörigkeit, wie in dem oben gebildeten Beispielsfall, be-

---

127 Grundgesetz vom 23. Mai 1949 (BGBl. S. 1), verkündet am 23. Mai 1945.

128 BGH 121, 305, 314 ff. m.w.N.; *Palandt/Heldrich*, Anh zu Art. 5 EGBGB Rn. 12; MüKo/*Sonnenberger*, 2. Aufl., Art. 5 EGBGB Anhang II Rn. 32.

129 *Soergel/Kegel*, 11. Aufl., Anh zu Art. 29 EGBGB Rz. 55; BayObLGZ 1971, 90, 98 f.

130 *Soergel/Kegel*, 11. Aufl., Art. 29 EGBGB Rz. 51.

131 Vgl. *Soergel/Kegel*, 11. Aufl., Anh zu Art. 29 EGBGB Rz. 13; auch BVerwG Buchholz 402.10 § 8 NÄG Nr. 11; OLG Köln StAZ 1965, 247, 248.

132 Vgl. auch *Brintzinger*, DÖV 1962, 441, 448, sowie den von *Bungert*, StAZ 1991, 273, 276, gebildeten Fall.

133 Vor dem 13. April 1938 haben Adel und adelige Namensform abgeschafft: Österreich, die (damalige) Tschechoslowakei, Rußland, Estland, Rumänien, das (damalige) Jugoslawien. Siehe dazu im einzelnen unten Kap. G II, zu den Besonderheiten in Polen unten Kap. G III 1.

134 So 1947 in Ungarn. Siehe unten Kap. G III 2 b.

hielt[135], dem halfen auch die Regelungen des Flüchtlingsrechts bzw. Art. 116 Abs. 1 2. Alt. GG nicht. Denn zeitlich lagen diese Adelsabschaffungen vor dem Wirksamwerden der den Statutenwechsel bewirkenden Bestimmungen.

2. *Abschaffung von Adelsbezeichnungen in ausländischen Rechten und deutscher ordre public*

Teilweise wurde die Ansicht vertreten, Adelsaufhebungen seien mit dem deutschen *ordre public* (Art. 30 a.F. bzw. Art. 6 n.F. EGBGB) nicht vereinbar[136]. Mit der Schaffung des § 3a NÄG im Jahre 1961 verlor diese Frage für die durch diese Bestimmung begünstigten Personen[137] ihre Bedeutung. Nach § 3a NÄG bildet die Beseitigung der Adelsbezeichnungen in einem bestimmten Land, wenn diese sich im wesentlichen gegen die dortige deutsche Minderheit richtete, einen wichtigen Grund i.S.v. § 3 NÄG zur Wiederherstellung des ursprünglichen Adelsnamens im Wege behördlicher Namensänderung.
Das Argument der Träger adeliger Namen, die Abschaffung des Adels in ihrem (osteuropäischen) Heimatstaat sei *ordre-public*-widrig, zieht sich wie ein roter Faden durch die Rechtsprechung. Dort[138] hat es aber, ebenso wie überwiegend im Schrifttum[139], kein Gehör gefunden, auch nicht in Fällen, die heute in den Anwendungsbereich des § 3a NÄG fallen[140].

---

135 Die Staaten des früheren Ostblocks und des damaligen Jugoslawiens waren in der Nachkriegszeit sehr sparsam geworden mit automatischen Verlustgründen der Staatsangehörigkeit. Einen völkerrechtlichen Satz, wonach der Verlust der Ursprungsstaatsangehörigkeit schon aufgrund Flucht und Rückkehrverweigerung eintritt, gibt es nicht; vgl. *Ferid*, DNotZ 1954, 350 Fn. 3, 352 Fn. 11; BayObLGZ 1971, 90, 91 f.; *Brintzinger*, S. 93, 147.

136 *Ambrosius*, DÖV 1963, 602, 606; *Raape*, IPR, 4. Aufl., S. 610; *Brintzinger*, S. 93, 111 ff., mit Hinweis auf ein unveröffentlichtes Gutachten von *Dölle* vom 21. Okt. 1955 über das Recht des baltischen Adels, Adelsbezeichnungen zu führen.

137 Deutschstämmige Adelige aus Estland, Litauen, der früheren Tschechoslowakei und Rumänien, nicht dagegen aus Österreich, Ungarn, Rußland, Italien und dem früheren Jugoslawien. Siehe unten Kap. F III 3 b bb und cc.

138 BVerwG StAZ 1960, 150; BVerwG Buchholz 402.10 § 8 NÄG Nr. 11; BayVGH StAZ 1989, 77, 78. - Ferner: BVerwG StAZ 1960, 74, 75; 1981, 277, 278; OVG Münster StAZ 1961, 106, 107; BayObLG StAZ 1961, 43, 44; 1962, 75, 77; 1972, 12, 15; BayObLGZ 1971, 90, 100; OLG Celle IPRspr 1969, Nr. 14 (S. 53, 54); OLG Karlsruhe StAZ 1957, 10, 11; OLG Köln StAZ 1965, 247, 248; 1973, 88; KG StAZ 1938, 485; LG Würzburg StAZ 1959, 15.

139 *Soergel/Kegel*, 11. Aufl., Anh nach Art. 7 EGBGB Rz. 51; *Palandt/Heldrich*, Art. 6 EGBGB Rn. 15; *Soergel/Heinrich*, § 12 Rz. 8; *Erman/Hohloch*, Art. 10 EGBGB Rdz. 28; *von Bar*, IPR, Band 2, Rn. 90; *Raschauer*, S. 330; *Henrich*, S. 94; *Bungert*, StAZ

Art. 30 EGBGB in seiner bis zum IPR Reformgesetz von 1986 geltenden und daher für die Mehrzahl der die Adelsbezeichnung betreffenden Entscheidungen maßgebenden Fassung schloß die Anwendung eines ausländischen Gesetzes aus, wenn diese gegen die guten Sitten oder den Zweck eines deutschen Gesetzes verstoßen würde. Nach der Rechtsprechung des Reichsgerichts kam Art. 30 EGBGB zur Anwendung, "wenn der Unterschied zwischen den staatspolitischen oder sozialen Anschauungen", auf denen das fremde und das konkurrierende deutsche Recht beruht, "so erheblich ist, daß die Anwendung des ausländischen Rechts direkt die Grundlagen des deutschen staatlichen oder wirtschaftlichen Lebens angegreifen würde"[141]. Der Bundesgerichtshof stellt darauf ab, "ob im Einzelfall das Ergebnis der Anwendung ausländischen Rechts zu den Grundgedanken der deutschen Regelung und der in ihnen liegenden Gerechtigkeitsvorstellungen in einem so schwerwiegenden Widerspruch steht, daß seine Anwendung für untragbar angesehen werden muß"[142]. Art. 6 EGBGB n.F., der trotz veränderten Wortlauts die gleiche Funktion wie Art. 30 EGBGB a.F. haben soll[143], setzt voraus, daß die Anwendung der ausländischen Rechtsnorm zu einem Ergebnis führt, das mit wesentlichen Grund-

1991, 273, 277; IPRax 1994, 109, 110 f.; vgl. auch IPG 1976 Nr. 3 (Hamburg), S. 11, 17 f.; *Brintzinger* S. 93, 183 ff.

140 BVerwG StAZ 1960, 150 (Bestätigung von OVG Hamburg IPRspr 1956/1957 Nr. 11 [S. 34, 37 ff.]); BayObLG StAZ 1961, 43, 45. - A.A. *Gamillscheg*, RabelsZ 27 (1962/63), 585, 589 f. *Brintzinger*, DÖV 1962, 441, 451, leitet aus Art. 109 Abs. 3 S. 2 WRV i.V.m. § 3a NÄG einen allgemeinen zum deutschen ordre public gehörenden Grundsatz ab, welcher es gebiete, der ausländischen, adelsabschaffenden Gesetzgebung die Anerkennung zu versagen. Dagegen mit Recht *Schröder*, DÖV 1964, 267, 269: man könne die eigentlichen Günstlinge des Gesetzgebers nicht schlechter stellen als jene, die nicht in den Genuß des § 3a NÄG kämen; folge man *Brintzinger*, erhielten erstere erst nach langwierigem Verwaltungsverfahren, was letzteren ohne weiteres zustünde; ebenso desavouiere man den Gesetzgeber, denn durch eine derartige Auslegung würde § 3a NÄG gegenstandslos. Ablehnend auch *Ambrosius*, DÖV 1963, 602, 606: "Wäre diese Auslegung richtig, so hätte die Novelle die Vielfältigkeit der Gesetze um die etwas finstere Spielart eines selbstmörderischen Gesetzes bereichert". Verstießen nämlich ausländische Adelsabschaffungen gegen den deutschen ordre public, bedürfe es keiner Wiederherstellung durch Namensänderung, also auch nicht des § 3a NÄG. Naheliegender erscheint die umgekehrte Argumentation, der Gesetzgeber habe mit § 3a NÄG für ausländische Adelsnamen eine Spezialvorschrift geschaffen, die den Rückgriff auf den allgemeinen ordre-public-Vorbehalt im internationalen Namensrecht ausschließe; vgl. *Bungert* IPRax 1994, 109, 111.

141 RGZ 60, 296, 300; fast wortgleich: RGZ 138, 214, 216.

142 BGHZ 54, 123, 130; fast wortgleich: BGHZ 54, 132, 140; 56, 180, 191; 75, 32, 43.

143 BT-Drucks. 10/504 S. 42 und BR-Drucks. 222/83 S. 42.: "Eine Veränderung des sachlichen Gehalts wird nicht angestrebt."

sätzen des deutschen Rechts offensichtlich, mit den Grundrechten[144] schlicht unvereinbar ist.

Nach keiner dieser Formeln läßt sich ein Rückgriff auf den *ordre-public*-Vorbehalt, der gerade im internationalen Namensrecht nur mit äußerster Zurückhaltung angewandt werden sollte[145], rechtfertigen. Art. 109 Abs. 3 S. 1 WRV hat die öffentlichen Vorrechte oder Nachteile der Geburt oder des Standes aufgehoben. Adelsbezeichnungen ließ Art. 109 Abs. 3 S. 2 WRV weiterbestehen, jedoch nahm er diesen, indem er sie zu Teilen des Familiennamens erklärte, ihren früheren öffentlich-rechtlichen Sonderstatus; Art. 109 Abs. 3 S. 2 WRV stellt eine auf das Gebiet des Namensrechts beschränkte Kompromißregelung dar[146].
"Zweck" des Art. 109 Abs. 3 WRV insgesamt war es demnach, den Adel, wenn auch in milderer Form, abzuschaffen und so die Gleichheit aller Staatsbürger herzustellen[147]. Der deutschen Rechtordnung liegt mithin die gleiche Grundtendenz zugrunde wie solchen ausländischen Gesetzgebungen, die mit dem Adel auch die adeligen Namensbestandteile beseitigten[148]. Dem *ordre public* einer demokratischen Republik, wie sie die Bundesrepublik Deutschland ist, kann eine derartige Regelung nicht widersprechen; vgl. Art. 1 Abs. 3, 3 Abs. 1 und 3 S. 1, 20 Abs. 1 GG.
Ebensowenig wird durch die Anwendung der ausländischen adelsabschaffenden Gesetzgebung der Gleichheitsgrundsatz des Art. 3 Abs. 1 und 3 ("Heimat", "Herkunft") GG dadurch verletzt, daß - anders als nach Art. 109 Abs. 3 S. 2 GG - eine Adelsbezeichnung auch nicht als Namensteil erhalten bleibt. Die Differenzierung beruht lediglich auf der unterschiedlichen Staatsangehörigkeit, also der Unterwerfung unter eine andere als die deutsche Rechtsordnung. Insbesondere verstößt die auf einer anderen Rechtsordnung basierende Verschiedenheit des rechtlichen Schicksals nicht gegen die Differenzierungsverbote des Art. 3 Abs. 3 GG[149].

---

144 Zur Durchsetzung der Grundrechte hatte erstmals BVerfGE 31, 58, 72 auf die ordre-public-Klausel zurückgegriffen.

145 *Von Bar*, IPR, Band 2, Rn. 90.

146 Siehe oben Kap. D II 1.

147 BVerwG StAZ 1960, 150, 151; BayObLG StAZ 1961, 43, 45; 1972, 12, 15; OLG Köln StAZ 1965, 247, 248.

148 BayVGH StAZ 1989, 77, 78

149 Vgl. BVerwG StAZ 1960, 150, 151; BVerwG Buchholz 402.10 § 8 NÄG Nr. 11; BVerfGE 5, 17, 22; BayObLG StAZ 1961, 43, 46.

3. Adelsabschaffungen als Enteignung?

Einen anderen Weg, um ausländischer, adelsbeseitigender Gesetzgebung in Deutschland die Wirkung zu nehmen, beschreitet Kegel. Er meint, Adelsabschaffungen seien politische Staatseingriffe in private Rechte, die wie Enteignungen von Persönlichkeitsgütern wirkten, d.h. nur für das Gebiet des eingreifenden Staates[150].

Sachlich bestehen kaum Unterschiede zwischen Kegels Ansicht und einer Berufung auf die *ordre-public*-Klausel. Wie Kegel - auch mit Blick auf ausländische Enteignungen - an anderer Stelle feststellt: "Haben wir demnach heute für ausländische Staatseingriffe in private Rechtsverhältnisse ziemlich feste *Kollisionsnormen*, so sind es doch solche, die sich zu einem wesentlichen Teil aus der *Generalklausel des ordre public* (...) entwickelt haben: Früher wurde nämlich (im Staatsinteresse) fremdes Eingriffsrecht unter Berufung auf den *ordre public* abgewehrt, wenn der fremde Staat seinen Machtbereich überschritt, (...)"[151].

In dogmatischer Hinsicht kann der Gleichstellung der Adelsbezeichnung mit dem Eigentum nicht gefolgt werden. Das Namensrecht und damit das Recht an der Adelsbezeichnung als ein Teil des Namens ist Persönlichkeits-, nicht Eigentumsrecht. Derartige Tendenzen haben sich im deutschen Recht nicht durchsetzen können[152]. Mit der Persönlichkeit des Menschen steht die Adelsbezeichnung als Namensteil in so engem Zusammenhang, daß nicht das Sachstatut, sondern ausschließlich das Personalstatut maßgebend sein muß[153]. Zwar kann der Adelsname in Einzelfällen auch einen Vermögenswert haben. Ein solcher Vermögenswert vermag ihn aber noch nicht seines Charakters als Persönlichkeitsrecht zu entkleiden und das Namensrecht den Normen über vermögenswerte Rechte zu unterwerfen[154].

---

150 *Kegel*, IPR, S. 443, *Soergel/Kegel*, 11. Aufl., Anh nach Art. 7 EGBGB Rz. 51; zustimmend: *Gamillscheg* RabelsZ 27 (1962/63), 585, 589 f.; *Schröder*, DÖV 1964, 267, 269; vgl. auch *Brintzinger*, S. 93, 178, *Soergel/Schurig*, Art. 10 EGBGB Rz. 16 ff.

151 *Kegel*, IPR, S. 119 (Hervorhebung im Text); vgl. auch S. 374 (Hervorhebung im Text): "Für die Anerkennung oder Abwehr *fremder* Staatseingriffe haben sich ziemlich feste besondere Kollisionsnormen entwickelt. Das Wirkungsfeld des *ordre public* ist daher für Staatseingriffe sehr schmal geworden."

152 Siehe oben Kap. B II 1 e aa, ee und gg.

153 BayObLGZ 1971, 90, 99; BayObLG StAZ 1972, 12, 15.

154 Vgl. BayObLG StAZ 1961, 43, 46.

Enteignungsgrundsätze sind aber möglicherweise heranzuziehen, wo eine Trennung des Vermögenswerts vom Personenrecht möglich ist. Das betrifft vor allem den Handelsnamen (Firma) wegen seiner besonderen Verbindung mit einem Handelsbeschäft. Ein Entzug speziell dieses Vermögenswerts stellt nach teilweise vertretener Ansicht eine nur im Bereich der Territorialhoheit mögliche Firmenenteignung dar[155]. Nach anderer Auffassung dagegen sind Firmenbezeichnungen, die den Familiennamen des Alleininhabers oder eines Teilhabers des Unternehmens enthalten, wegen ihrer personenrechtlichen Prägung nicht enteignungsfähig[156]. Die Rechtsprechung hat zu dieser Frage noch nicht abschließend Stellung nehmen müssen[157].

Gegen Völkerrecht verstößt die Erstreckung der Adelsabschaffung auf im Ausland befindliche Staatsangehörige nicht[158]. Nach völkerrechtlichen Grundsätzen kann ein Staat Sachverhalte regeln, die eine sinnvolle Anküpfung (*genuine link*, *sufficient connection*, *reasonable relations*) zwischen dem normierenden Staat und dem normierten Sachverhalt aufweisen. Derartige Anknüpfungspunkte bieten anerkanntermaßen sowohl Territorialitätsprinzip wie Personalitätsprinzip[159]. Dabei ergreift die Gebietshoheit kraft des Territorialitätsprinzips alle im Inland befindlichen Personen, die Personalhoheit kraft des Personalprinzips die staatszugehörigen Personen, auch wenn diese sich auf dem Gebiet eines fremden Staates aufhalten[160]. Daß die Personalhoheit eines Staates auch seine außerhalb seines Hoheitsgebiets befindlichen Angehörigen

---

155 *Soergel/Kegel*, Vor Art. 7 EGBGB Rz. 834 ff.

156 MüKo/*Kreuzer*, 2. Aufl., Nach Art. 38 EGBGB Anh. III Rn. 68, 70. - Ursache der Kontroverse ist, daß der Firma persönlichkeitsrechtliche und immaterialgüterrechtliche Elemente innewohnen. Nach § 17 HGB ist sie einerseits Name des Kaufmanns, andererseits, wie sich aus §§ 22, 23 HGB ergibt, aber auch Bezeichnung des Handelsgeschäfts. Wegen dieser Doppelfunktion ist ihre Rechtsnatur seit jeher umstritten. Vgl. *Götting*, S. 118 ff.

157 Vgl. OLG Köln StAZ 1965, 247, 248; BayObLG StAZ 1961, 43, 46, wo die Beschwerdeführer aber nicht unter einem adeligen Namen firmierten. In BayObLGZ 1971, 90, 100, führte zwar einer der Beschwerdeführer unter der Firma "Karl-Georg von St." in Deutschland ein Handelsgeschäft; ob deshalb Enteignungsgrundsätze anzuwenden waren, mußte das Gericht jedoch nicht entscheiden, weil der erst 1967 in das Handelsregister eingetragene Handelsname nicht vom adelsabschaffenden russischen Dekret aus dem Jahr 1917 erfaßt wurde. Vgl. auch *Staudinger/Hepting*, Art. 10 EGBGB Rn. 55, der einräumt, *Kegels* Ansatz sei möglicherweise sinnvoll, soweit es nicht um die namenrechtlichen Folgen der Adelsabschaffung geht.

158 Vgl. zum folgenden: *Bungert* StAZ 1991, 273, 277; IPRax 1994, 109, 110.

159 *Verdross/Simma*, § 1183; *Geiger*, S. 319 f.

160 BayObLG StAZ 1957, 95, 97; BayObLGZ 1971, 90, 96.

erfaßt, ist ein allgemeiner Grundsatz des Völkerrechts und damit nach Art. 25 GG Bestandteil des Bundesrechts[161].

Zu Recht hat sich Kegel nach alledem mit seiner Ansicht nicht durchsetzen können[162].

---

161 BayObLGZ 1971, 90, 95.

162 Gegen *Kegel* die überwiegende Meinung: *Staudinger/Hepting*, Art. 10 EGBGB Rn. 55; *Soergel/Schurig*, Art. 10 EGBGB Rz. 17 ff. (freilich nur im Ergebnis nicht mit *Kegel* übereinstimmend), *Ferid*, IPR, S. 177; *Bungert* StAZ 1991, 273, 277; IPRax 1994, 109, 110; OLG Köln StAZ 1965, 247, 248; BayObLG StAZ 1961, 43, 46 f.; 1972, 12, 15; BayObLGZ 1971, 90, 99 f.

F. Wiederherstellung von Adelsbezeichnungen durch behördliche Namensänderung (§§ 3, 3a NÄG)

§ 3a NÄG lautet:
"(1) Ist ein deutscher Staatsangehöriger, der die deutsche Staatsangehörigkeit nach dem 1. Jan. 1919 erworben hat, daran gehindert, seinen früheren Familiennamen oder Vornamen zu führen, weil ihm dies vor seiner Einbürgerung durch ein Gesetz oder eine Verwaltungsmaßnahme seines früheren Heimatstaates verboten war, so liegt ein wichtiger Grund zur Änderung im Sinne des § 3 Abs. 1 vor, wenn durch das Gesetz oder die Verwaltungsmaßnahme des früheren Heimatstaates überwiegend Angehörige einer deutschen Minderheit betroffen waren.
(2) Absatz 1 gilt auch für deutsche Staatsangehörige, auf die der frühere Name durch Ableitung übergegangen wäre."

Die Bestimmung wurde durch die Novelle vom 29. Aug. 1961[1] (sog. "lex Brigitte"[2]) in das NÄG eingefügt. Der allgemein gefaßte Gesetzestext läßt mit keinem Wort erkennen, welches Ziel der Gesetzgeber mit der Neuregelung verfolgte. Die Entstehungsgeschichte zeigt jedoch, daß die Gesetzesänderung in erster Linie bezweckte, die Angehörigen des früheren deutschen Adels in Osteuropa zu begünstigen, soweit ihnen nach dem Ersten Weltkrieg durch Maßnahmen der Nachfolgestaaten des zaristischen Rußlands und der österreichisch-ungarischen Doppelmonarchie Adel und Adelsbezeichnungen genommen worden waren[3]. Einem Teil dieser Personen auf dem Wege der öffentlich-rechtlichen Namensänderung wieder zu ihren Adelsbezeichnungen zu verhelfen, war das eigentliche Anliegen der Novelle[4]. Dabei hatte der Gesetz-

---

1 "Gesetz zur Ergänzung des Gesetzes über die Änderung von Familiennamen und Vornamen" (BGBl. I S. 1621).

2 Brigitte Gerstenmaier, geb. von Schmidt, Frau des seinerzeitigen Bundestagspräsidenten; vgl. *Ferid*, IPR, S. 177.

3 Siehe die Auflistung oben Kap. E Fn. 133 und unten Kap. G.

4 Schriftlicher Bericht des BT-Ausschusses für Inneres vom 22. Juni 1961, BT Drucks. 3/2908 unter A II zu § 3a Abs. 1, Zif. 1:"Mit der Gesetzesnovelle soll auch Deutschen, die erst nach Inkrafftreten der Weimarer Reichsverfassung, insbesondere nach ihrer Vertreibung, die deutsche Staatsangehörigkeit erworben haben, gestattet werden dürfen, eine frühere Adelsbezeichnung als Namensbestandteil wieder zu führen, wenn ihnen dieses Recht durch die ausländische Gesetzgebung oder eine ausländische Verwaltungsmaßnahme entzogen wurde"; Abg. *Kühltau* in der 3. Lesung des Änderungsgesetzes, 165. Sitzung des BT am 29. Juni 1961, BT III Prot. S. 9682 B: "(...) Wenn jemand durch die Gesetzgebung seines Heimatstaates gehindert ist, seinen alten Namen zu tragen, und er inzwischen wieder in Deutschland eingebürgert ist, sollte er das Recht

geber hauptsächlich an Angehörige des ehemaligen baltischen Adels gedacht[5]. § 3a NÄG erfaßt jedoch nicht nur diesen Personenkreis. Nach dem Gesetzeswortlaut sollen alle Zuwanderer in den Genuß der Regelung kommen, sofern durch die Adelsabschaffung ihres Heimatstaates überwiegend Angehörige einer deutschen Minderheit betroffen waren. Nicht von dieser Möglichkeit der Namensänderung profitieren hingegen Personen aus Ländern, welche die Adelsbezeichnung im Zuge einer allgemeinen, die gesamte Bevölkerung betreffenden Gesetzgebung abgeschafft haben. Bei den Betroffenen stieß diese Differenzierung vielfach auf Unverständnis[6]. Es regten sich Zweifel, ob § 3a Abs. 1 letzter Halbs. NÄG mit Art. 3 GG vereinbar sei[7].

§ 3a NÄG, der den Begriff des wichtigen Grundes für eine bestimmte Gruppe[8] von Personen "im Sinne einer Adelsfreundlichkeit"[9] konkretisiert, ist ein Fremdkörper im deutschen Namensrecht. Er steht im Widerspruch zu dem gem. Art. 123 GG als einfaches Bundesrecht fortgeltenden Art. 109 Abs. 3 S. 2 WRV, der nicht nur die Adelsbezeichnungen zu Teilen des Familiennamens erklärt, sondern auch die Neuverleihung solcher Namenszusätze ausdrücklich untersagt. Vor allem die Auslegung der mißverständlich formulierten Wendung "wenn durch das Gesetz oder die Verwaltungsmaßnahme des früheren Heimatstaates überwiegend Angehörige einer deutschen Minderheit betroffen waren" beschäftigt die Gerichte bis heute[10].

---

haben, den Antrag zu stellen, ihm seinen alten Namen mit der Adelsbezeichnung wieder zu verleihen (...)"; Bundesrats-Bericht über die 236. Sitzung, 14. Juli 1961 S. 197. Vgl. auch *Brintzinger*, DÖV 1962, 441, 442; OVG Lüneburg StAZ 1965, 102, 105; VGH Mannheim StAZ 1992, 380, 382.

5 *Loos*, S. 91; *Graf von Bernstorff*, DÖV 1963, 126, 128 f. ("Anlaß des Gesetzes"). Der Gesetzgeber wollte vor allem deutschstämmige Träger einer Adelsbezeichnung mit früher estnischer Staatsangehörigkeit begünstigen; vgl. BVerfG StAZ 1964, 105, 106 sub 2; *Brintzinger* DÖV 1965, 231 m.w.N. Denn in Lettland und - nach nicht unbestrittener Auffassung - auch in Litauen war das Führen von Adelsbezeichnungen nicht verboten worden. Siehe dazu unten Kap. G II 4 b und c.

6 *Loos*, S. 89.

7 Siehe unten III 2.

8 Die Einfügung des § 3a NÄG soll auf das Drängen baltendeutscher, ehemaliger Adeliger zurückgehen (vgl. *Loos*, S. 91), bei Gesetzeserlaß etwa 500 bis 700 Personen (vgl. *Brintzinger*, DÖV 1962, 441, 442).

9 BVerfG StAZ 1964, 105, 106; OVG Lüneburg StAZ 1965, 102.

10 Siehe unten III 3 b.

I. Rückblick: Änderung adeliger Namen vor Inkrafttreten des NÄG

1. Rechtsgrundlagen[11]

Maßgebend für das Recht der Namensänderung blieb in Preußen[12] bis zum Ende der Monarchie[13] die Allerhöchste Kabinettsordre vom 15. April 1822[14]. Durch Allerhöchsten Erlaß vom 12. Juli 1867[15] wurde die Zuständigkeit zur Namensänderung - ausgenommen diejenige adeliger Namen - vom Landesherrn auf die Bezirks-Regierungen[16] übertragen. Um eine einheitliche Verwaltungspraxis sicherzustellen, erläuterte ein kurz darauf am 9. Aug. 1867 ergangener Zirkular-Erlaß[17] die bei einer Namensänderung einzuhaltenden Verfahrensgrundsätze. Danach war Voraussetzung einer Namensänderung das Vorliegen eines hinreichenden Grundes[18]; ausdrücklich wurde auf das polizeiliche Interesse an der Führung des bisherigen Namens hingewiesen; ferner wurden Anhörung und Würdigung eines Widerspruchs betroffener Dritter vorgeschrieben. Diese Grundsätze sind auch in späteren Bestimmungen über die Namensänderung anzutreffen.

Nach dem Ende der Monarchie erging in Preußen am 3. Nov. 1919 die "Verordnung betreffend die Änderung von Familiennamen"[19]. In materieller Hinsicht entsprach diese Verordnung dem bisherigem Recht, in formeller Hinsicht verlagerte sie die Zuständigkeit für die öffentlich-rechtliche Namensänderung von den Verwaltungsbehörden auf die Justizbehörden. Bereits im Jahre 1932 unterstellte Preußen im Zuge der allgemeinen Verwaltungsreform die Namensänderung jedoch wieder der Innenverwaltung[20].

---

11 Vgl. zum folgenden *Enste*, S. 49 ff., 54 ff., 80 f.; *Loos*, S. 15 ff., 222 ff.

12 Die Entwicklung in den anderen deutschen Ländern entspach weitgehend derjenigen in Preußen; vgl. *Loos*, S. 16.

13 Vgl. hierzu *Colberg*, S. 30 ff.

14 Siehe oben Kap. B Fn. 169.

15 Gesetz-Sammlung für die Königlichen Preußischen Staaten S. 1310.

16 Im Gebiet des früheren Königreiches Hannover: Landdrosteien.

17 Abgedruckt bei *Loos*, S. 222 ff.

18 Zif. 2 des Erlasses: "Die Genehmigung wird nicht zu erteilen sein, ohne daß hinreichende Gründe für den betreffenden Antrag sprechen."

19 Preußische Gesetzsammlung S. 177. Die Verordnung wurde am 30. Jan. 1923 (Preußische Gesetzsammlung S. 21) und am 25. Juli 1928 (Preußische Gesetzsammlung S. 190) neu gefaßt.

20 § 7 der Zweiten Verordnung zur Vereinfachung und Verbilligung der Verwaltung vom 29. Okt. 1932, Preußische Gesetzsammlung S. 333.

Im Zuge zentralistischer Bestrebungen nach 1933 wurde zunächst die Zuständigkeit für die behördliche Namensänderung reichseinheitlich - soweit sie noch bei den Justizbehörden lag - entsprechend der preußischen Regelung auf die Landesbehörden der Inneren Verwaltung übertragen[21]. Schließlich erging nach mehrjährigen Vorarbeiten am 5. Jan. 1938 das NÄG[22], in dem das Recht der Namensänderung einheitlich für das gesamte Deutsche Reich geregelt wurde. Neben der Kodifizierung des Tatbestandsmerkmals des "wichtigen Grundes" (§ 3 NÄG) brachte es erstmals die Möglichkeit einer allgemeinverbindlichen Namensfeststellung (§ 8 NÄG), wofür sich seit längerer Zeit ein Bedürfnis gezeigt hatte[23]. Das Gesetz faßte nur zusammen, was schon vor Beginn der nationalsozialistischen Herrschaft in den deutschen Ländern rechtens war, enthielt mithin weder im ganzen noch in Teilen nationalssozialistisches Gedankengut. Es gilt daher gem. Art. 72, 74 Abs. 1 Ziff. 2, 123, 125 GG als Bundesrecht fort[24].

2. *Rechtsanwendung*

Vor dem Untergang der Monarchie war die Adelsbezeichnung öffentlichrechtlicher Adelstitel[25]. Die Annahme einer derartigen Bezeichnung oder die Änderung eines adeligen Namens in einen anderen adeligen Namen[26] bedurfte daher - anders als die Änderung nichtadeliger Namen - der Genehmigung durch den Landesherrn selbst als der *fons nobilitatis*[27]. Dagegen war die Än-

---

21 Art. 1 Nr. 2 der Verordnung zur Durchführung des Dritten Gesetzes zur Überleitung der Rechtspflege auf das Reich vom 18. März 1935 (RGBl. I. S. 381).

22 Siehe oben Kap. B Fn. 276.

23 *Enste*, S. 54 f.; *Loos*, S. 16.

24 Vgl. BVerwGE 1, 138; BVerwG StAZ 1959, 292; *Loos*, S. 17 f.; *Enste*, S. 56 ff.

25 Siehe oben Kap. A und Kap. D I.

26 Die Adelsbezeichnung durfte nämlich nur zusammen mit dem Namen geführt werden, zu dem sie erworben worden war; ihre Verbindung mit einem anderen Namen war unzulässig. Siehe dazu oben Kap. D IV 5 a bb bei Fn. 293.

27 Allerhöchster Erlaß vom 12. Juli 1867 (siehe oben Fn. 15); *Rensch*, S. 77 m.w.N. Nach *von Kalm*, S. 126 ff., waren in der Praxis drei Gruppen von Namensänderungen zu unterscheiden: Bei der ersten Gruppe handelte es sich um (regelmäßig abschlägig beschiedene) Namensänderungswünsche im Rahmen eines Nobilitierungsverfahrens, insbesondere wenn der alte bürgerliche Name als nicht vornehm genug empfunden wurde. Die zweite Gruppe bildeten Namensvermehrungen, also Fälle, in denen ein adeliger Name vom Aussterben bedroht war und ein Verwandter darum bat, diesen Namen seinem Namen hinzufügen zu dürfen (häufig durch Einfügung des Wortes "genannt" zwischen den alten und den neuen Namen). Drittens ging es um anderweitige

derung eines adeligen in einen nichtadeligen Namen ohne landesherrliche Genehmigung möglich[28]. Sollte die Adelsbezeichnung weggelassen werden, war nur einfacher Verzicht nötig; darin unterschieden sich Adelsnamensrecht und allgemeines Namensrecht[29]. Sollte zudem ein anderer Familienname[30] angenommen werden, so bedurfte es dazu einer behördlichen Genehmigung nach Maßgabe der für die Änderung des Familiennamens geltenden, allgemeinen Bestimmungen[31].

Seit Inkrafttreten der WRV unterliegt die Adelsbezeichnung als Namensteil den allgemeinen namensrechtlichen Bestimmungen. Änderungen der Adelsbezeichnung sind daher ebenso zu behandeln, wie Änderungen der übrigen Bestandteile des Familiennamens[32].
Gegen die Änderung eines adeligen in einen nichtadeligen Namen im Wege behördlicher Namensänderung bestehen grundsätzlich keine Bedenken[33]. Anders verhält es sich, wenn der Antragsteller eine Änderung seines Familiennamens durch Hinzufügung einer Adelsbezeichnung begehrt[34]. Nach Art. 109 Abs. 3 S. 2 2. Alt. WRV dürfen Adelsbezeichnungen nicht mehr neu verliehen werden. Daraus leitete die überwiegende Meinung zu Zeiten der Weimarer Republik den Grundsatz ab, daß die Annahme eines adeligen Namens im Wege der Namensänderung nicht zulässig sei[35].

Modifikationen, etwa um die Abkürzung eines Doppelnamens oder die Rückführung eines Namens auf die im Adelsdiplom genannte Form.

28 Der Wortlaut des Allerhöchsten Erlasses vom 12. Juni 1867 gibt zwar zu Zweifeln Anlaß. Entscheidend ist aber, daß der Betreffende durch den Verzicht aus dem Adelsstand ausschied. Hinfort unterlag er damit den allgemeinen namensrechtlichen Regeln; vgl. *Baring*, FischersZ 51 (1920), 225, 266; *Rensch*, S. 93 Fn. 49.

29 Siehe zum Verlust der Adelsbezeichnung durch Verzicht oben Kap. D IV 6 b aa.

30 Nach bis 1918 h.M. gehörte die Adelsbezeichnung nicht zum Familiennamen. Siehe oben Kap. D I.

31 *Rensch*, S. 93 f.

32 Siehe oben Kap. D II.

33 Siehe oben Kap. D IV 6 b aa.

34 Diesem Fall gleichzuachten ist der Austausch eines bisherigen nichtadeligen Namens gegen einen neuen, adeligen Namen oder einer "niedrigeren" Adelsbezeichnung gegen eine "höhere"; vgl. *Rensch*, S. 246.

35 *Baring*, FischersZ 51 (1920); 225, 265; *Freiherr Schenck zu Schweinsberg*, S. 59; *Rensch*, S. 245 ff. m.w.N. S. 248 Fn. 50.

II. Restriktive Auslegung des § 3 NÄG durch Verwaltungspraxis und Rechtsprechung

1. Interpretation des Erfordernisses des "wichtigen Grundes" in den Verwaltungsvorschriften

a) Vor 1945: Extensive Auslegung

Das in § 3 NÄG enthaltene Tatbestandsmerkmal des "wichtigen Grundes" ist für die Behördenpraxis zu unbestimmt. Durch Verwaltungsvorschriften wird es daher anhand typischer Fallgruppen konkretisiert[36]. Was die Änderung adeliger Namen anbelangte, so war die Verwaltungspraxis zunächst großzügig. Zwar bestimmten die zusammen mit dem NÄG am 24. Jan. 1938 erlassenen "Richtlinien für die Bearbeitung der Anträge auf Änderung des Familiennamens"[37] in Abschnitt V Nr. 2, daß bei der Gewährung adeliger Namen größte Zurückhaltung zu üben sei, da entsprechende Änderungsanträge vielfach aus Eitelkeit oder unlauteren Gründen gestellt würden; allenfalls sei ein adeliger Namen ohne die Adelsbezeichnung zu genehmigen. In Abschnitt V Nr. 4 hieß es dann aber: "Beantragt ein deutscher Staatsangehöriger nach seiner Einbürgerung oder ein Staatenloser mit Wohnsitz oder gewöhnlichem Aufenthalt im Deutschen Reich, der durch die für ihn maßgebend gewesene oder noch maßgebende adelsfeindliche Heimatgesetzgebung das Recht zur Führung einer Adelsbezeichnung verloren hat, die Wiederherstellung des früher geführten Namens, so wird diesem Antrag aus Billigkeitsgründen regelmäßig entsprochen. Es genügt dabei nicht, daß der Antragsteller früher dem Adel seines Heimatstaates angehört hat, er muß vielmehr nachweisen, daß er den Namensbestandteil, den er jetzt zusätzlich beantragt, früher als Adelsbezeichnung führen durfte. Voraussetzung ist ferner, daß der Antragsteller nicht gegen das Deutsche Reich im Felde gestanden hat"[38]. Diese Rechtswohltat kam

---

36 Siehe oben Kap. B II 2 a.

37 Abgedruckt in StAZ 1938, 22, 25 ff.

38 Schon ein nicht veröffentlichter Erlaß des Reichs- und Preußischen Ministeriums des Innern vom 22. Jan. 1935 (I B I Z Allg. 33 II) hatte bestimmt, es bestünden keine Bedenken "denjenigen Personen, denen eine adelsfeindliche Gesetzgebung das Recht auf die Führung eines Adelsprädikates genommen hat, nach erfolgter Einbürgerung im Wege der Namensänderung den ursprünglichen Namen wieder zu gewähren. Voraussetzung ist natürlich, daß diese Personen einwandfrei den Nachweis erbringen, daß sie früher zur Führung der Adelsbezeichnung berechtigt waren. Keinen Unterschied kann es machen, welche Staatsangehörigkeit der Antragsteller vor seiner Einbürgerung besessen hat. (...) Bereits im Einbürgerungsverfahren sind die Antragsteller auf die

den Betreffenden[39] aber nur kurze Zeit zugute. Gemäß dem Runderlaß des Reichsministeriums des Innern vom 20. Okt. 1939[40] wurde die Bearbeitung von Namensänderungsanträgen eingestellt.

b) Seit 1945: Restriktive Auslegung

Die sog. Adelsklausel hat nach dem zweiten Weltkrieg keinen Eingang in die "entnazifizierten" bundesdeutschen Verwaltungsvorschriften gefunden. Weder in die im Jahre 1949 vom Länderrat erarbeitete Neufassung der Richtlinien[41], noch in die als Anlage zur NamÄndVwV vom 18. Dez. 1951[42] und vom 14. Dez. 1960 erlassenen[43] Richtlinien der Bundesregierung wurde eine derartige Klausel aufgenommen. Nur der allgemeine Grundsatz, daß bei der Gewährung von Namen mit früheren Adelsbezeichnungen größte Zurückhaltung geboten sei, wurde beibehalten[44]. Auch die Arbeitsgemeinschaft der Innenminister der Länder empfahl in ihren Leitsätzen vom 3. Nov. 1953[45] den Verwaltungsbehörden, strenge Maßstäbe anzulegen; eine Namensänderung mit der Folge der Wiederherstellung der Adelsbezeichnung lediglich aus dem Grunde, daß die Adelsbezeichnung durch ein ausländisches Gesetz beseitigt wurde, sei nicht vertretbar. Dementsprechend blieben Anträge eingebürgerter, früher adeliger Personen, denen die Adelsbezeichnung im Ausland genommen worden war und die eine Wiederherstellung derselben wünschten, regelmäßig ohne Erfolg[46].

Möglichkeit einer Namensänderung nach erfolgter Einbürgerung aufmerksam zu machen" (zitiert nach *Loos*, S. 90).

39 Namentlich frühere Österreicher profitierten von dieser Regelung; vgl. *Ficker*, Das Recht des bürgerlichen Namens, S. 149.

40 StAZ 1939, 372.

41 Vgl. *Brintzinger*, DÖV 1962, 441, 444.

42 BAnz. 1952 Nr. 5; abgedruckt bei *Ficker*, Öffentliches Namensrecht, S. 38 ff.

43 BAnz. Nr. 249; abgedruckt in StAZ 1961, 67, 70 ff.

44 Abschnitt VII Nr. 2 der Richtlinien von 1951 (siehe oben Fn. 42).

45 Mitgeteilt durch Runderlaß des rheinland-pfälzischen Ministeriums des Innern vom 3. April 1954, StAZ 1954, 108.

46 *Loos*, S. 90 f.

2. *Übernahme der restriktiven Verwaltungspraxis durch die Rechtsprechung*

Unter Hinweis auf die geänderten Richtlinien lehnte auch die Rechtsprechung entsprechende Verlangen fast ausnahmslos ab[47]. Denn im Rahmen der Auslegung des gerichtlich voll überprüfbaren unbestimmten Rechtsbegriffs[48] des "wichtigen Grundes" nimmt sie eine Interessenabwägung vor. Ein derartiger Grund wird nur anerkannt, wenn das schutzwürdige Interesse des Antragstellers an der Änderung nach allgemeiner Verkehrsanschauung so wesentlich ist, daß demgegenüber die Belange der Allgemeinheit, die in der Regel die Beibehaltung des bisherigen Namens fordern - namentlich die soziale Ordnungsfunktion des Namens und das sicherheitspolizeiliche Interesse an der Führung des überkommenen Namens -, zurücktreten müssen[49]. Dabei werden die NamÄndVwV bzw. die als Anlage ergangenen Richtlinien, welche die Gerichte nicht unmittelbar binden[50], als Ausdruck der allgemeinen Verkehrsauffassung angesehen[51].

Soweit ersichtlich, vertrat einzig das OVG Berlin unter Berufung auf Ficker[52] in einem Urteil aus dem Jahre 1959 die gegenteilige Auffassung: die in den Richtlinien von 1938 enthaltene Adelsklausel könne noch immer als Ausdruck einer allgemeinen Verkehrsanschauung angesehen werden, sie sei weder "typisch nationalsozialistisch" noch in dem sog. Anschluß Österreichs an Deutschland vom 13. März 1938 begründet gewesen - auch wenn sie vor allem auf frühere Österreicher Anwendung gefunden habe - , da sie bereits vor diesem Zeitpunkt ergangen sei[53].

---

47 Z.B. BVerwG StAZ 1958, 323, 324; 1960, 76; 238, 239; OVG Lüneburg StAZ 1956, 217, 218.

48 Siehe oben Kap. B Fn. 281.

49 BVerwGE 31, 28, 33; BVerwG StAZ 1959, 289, 291; 1981, 279; OVG Münster StAZ 1963, 331; BayObLG StAZ 1984, 339, 340 (ständige Rechtsprechung); vgl. auch *Soergel/Heinrich*, § 12 Rz. 72; *Staudinger/Habermann/Weick* (1995), § 12 Rn. 158; *Loos*, S. 48, 50; Nr. 28 ff. NamÄndVwV in der derzeit geltenden Fassung (siehe oben Kap. B Fn. 277).

50 Siehe oben Kap. B Fn. 277.

51 BVerwG StAZ 1959, 289, 291; VGH Bremen DÖV 1956, 409, 410; BayVGH StAZ 1989, 77, 79; vgl. dazu auch *Raschauer*, S. 211 f.

52 *Ficker*, Öffentliches Namensrecht, S. 22.

53 OVG Berlin DÖV 1959, 869, 870. In einem Urteil aus dem Jahre 1976 hat das BVerwG darauf hingewiesen, daß die Begründung des OVG Berlin im Hinblick auf den neugeschaffenen § 3a NÄG (siehe dazu näher unten 3) die Wiederherstellung des

Die in der Literatur vereinzelt erhobene Forderung nach Wiedereinfügung der Adelsklausel in die Richtlinien konnte sich nicht durchsetzen[54]. Denn die Länder, ohne deren Zustimmung die Bundesregierung die Richtlinien als Anlage zur NamÄndVwV nicht ändern konnte (Art. 84 Abs. 2 GG), standen diesem Ansinnen ablehnend gegenüber, wie die vom Länderrat erarbeitete Neufassung der Richtlinien und die Leitsätze der Arbeitsgemeinschaft der Innenminister der Länder dokumentieren[55].

3. Beibehaltung der restriktiven Auslegung durch Verwaltungspraxis und Rechtsprechung nach der Novelle des NÄG vom 29. Aug. 1961

Auch nach der Schaffung des § 3a NÄG haben Verwaltung und Gerichte mit Recht daran, festgehalten, daß - außerhalb des Anwendungsbereichs dieser Bestimmung - ein Familienname mit einer früheren Adelsbezeichnung nur ausnahmsweise gewährt werden soll. Die Wiederherstellung ehemaliger Adelsbezeichnungen ist grundsätzlich nur gem. § 3a NÄG möglich. Nr. 53 Abs. 4 NamÄndVwV in der derzeit geltenden Fassung[56] beruft sich, darin der überwiegenden Auffassung vor 1933 folgend, ausdrücklich auf den Normzweck des fortgeltenden Art. 109 Abs. 3 S. 2 WRV[57]. Den gleichen Standpunkt nehmen herrschende Rechtsprechung[58] und Literatur[59] ein.

---

früheren Adelsnamens eingebürgerter Österreicher nicht mehr rechtfertigt; vgl. BVerwG Buchholz 402.10 § 3a NÄG Nr. 2.

54 *Graf von Bernstorff*, NJW 1961, 633, 636, 637; DÖV 1963, 126, 127; *Brintzinger*, S. 93, 187; DÖV 1962, 441, 445; kritisch zu den Richtlinien auch *Ambrosius*, StAZ 1963, 318, 320.

55 *Brintzinger*, DÖV 1962, 441, 445; DÖV 1963, 129, 131.

56 Siehe oben Kap. B Fn. 277.

57 Schon in den infolge der Novelle des NÄG von 1961 durch AVV vom 8. Mai 1963 (BAnz. Nr. 91) geänderten Richtlinien hieß es in Abschnitt VII Nr. 3: "Abgesehen von den in Nummer 2 genannten Fällen [betreffend § 3a NÄG] ist jedoch bei der Gewährung von Namen mit früheren Adelsbezeichnungen größte Zurückhaltung am Platze, (...)".

58 BVerwG StAZ 1979, 93; VGH Baden-Württemberg StAZ 1971, 115; 1985, 254, 256; BayVGH StAZ 1989, 77, 79; OVG Münster StAZ 1967, 214, 216; auch BVerwGE 31, 28, 33.

59 *Soergel/Heinrich*, § 12 Rz. 76; MüKo/*Schwerdtner*, BGB, § 12 Rn. 14; *Loos*, S. 57; *Raschauer*, S. 216, 218. - Dagegen befürwortet *Soergel/Schurig*, Art. 10 EGBGB Rz. 19, in "Härtefällen" im Kontext ausländischer Adelsabschaffungen "großzügigere Abhilfe": auch außerhalb des § 3a NÄG solle dann eine Wiederherstellung von Adelsbezeichnungen durch Namensänderung zugelassen werden.

4. *Einzelfälle*

Kein wichtiger Grund i.S.v. § 3 NÄG ist demzufolge das Anliegen, eine Adelsbezeichnung aus Gründen der Familientradition[60] zu führen oder das Bedürfnis, einen ausländischen Adelsnamen in Deutschland durch Zusatz des Partikels "von" als solchen sichtbar werden zu lassen, um ihm ein höheres Sozialprestige zu verschaffen[61]. Auch die Adelsverleihung an einen Deutschen durch einen ausländischen Souverän vermag eine Namensänderung nicht zu rechtfertigen[62]. Nr. 44 S. 1 NamÄndVwV[63] in der derzeit geltenden Fassung[64] kann auf die Abschaffung einer deutschsprachigen Adelsbezeichnung durch ausländische Gesetzgebung nicht angewendet werden; diese Vorschrift stellt allein auf die unterschiedlichen nationalen Namensformen ab, nicht aber auf den Verlust von Adelsbezeichnungen, auch wenn diese früher deutschsprachig waren[65].
Allein die langjährige gutgläubige Führung der erstrebten Adelsbezeichnung, an der es in den einschlägigen Fällen zumeist schon fehlt, bildet ebenfalls keinen "wichtigen Grund"; bloß ideelle Nachteile rechtfertigen eine Namensänderung nicht[66].
Die leichtere Verbreitung von Namen mit Adelsbezeichnungen seit dem Ehereformgesetz von 1976[67], welches erstmals die Wahl des Namens der Frau als gemeinsamen Ehenamen zuließ, hat nicht zu einer Änderung der Verkehrs-

---

60 BVerwG StAZ 1960, 238, 239; BayVGH StAZ 1989, 77, 79. Siehe auch Nr. 48 NamÄndVwV in der derzeit geltenden Fassung (oben Kap. B Fn. 277).

61 VGH Baden-Württemberg StAZ 1971, 115, 116 (Ungarn); auch VG Bremen StAZ 1987, 107, 108 (zur Änderung eines Familiennamens nichtadeligen Ursprungs "S." in "S.v.d.H.").

62 BVerwG StAZ 1960, 76.

63 "Ist der Familienname eines deutschen Volkszugehörigen im Ausland in eine fremdsprachige Namensform geändert worden, so kann der ursprüngliche Familienname für den Betroffenen sowie für seine Abkömmlinge wiederhergestellt werden." Vgl. hierzu auch § 94 BVFG in der seit 1. Jan. 1993 geltenden Fassung (Art. 1 Nr. 32 des Kriegsfolgenbereinigungsgesetzes vom 21. Dez. 1992 - BGBl. I S. 2094). Nach Abs. 1 Nr. 3 dieser Bestimmung können die Begünstigten, Deutsche i.S.d. Art. 116 Abs. 1 GG, u.a. eine deutschsprachige Form ihres Familiennamens annehmen (vgl. *Staudinger/Hepting*, Art. 10 EGBGB Rn. 98 ff.)

64 Siehe oben Kap. B Fn. 277.

65 BayVGH StAZ 1989, 77, 79.

66 BVerwG StAZ 1958, 323, 324; OVG Münster StAZ 1963, 331, 332; VGH Baden-Württemberg StAZ 1971, 115, 116; 1985, 254, 256; BayVGH StAZ 1989, 77, 79 f.; VGH Bremen DÖV 1956, 409, 410; VG Bremen StAZ 1987, 107, 108 (zu einem Familiennamen nichtadeligen Ursprungs). Siehe auch Nr. 50 NamÄndVwV.

67 Siehe oben Kap. B I 3 c bb.

auffassung geführt, daß Namen mit Adelsbezeichnungen im Wege der Namensänderung nur in Ausnahmefällen gewährt werden dürfen. Denn Zweck des Ehereformgesetzes war es, die Gleichberechtigung von Mann und Frau gem. Art. 3 Abs. 2 GG zu verwirklichen, nicht jedoch die Verleihung von Namen mit Adelsbezeichnungen zu erleichtern[68]. Auch der Beschluß des Bundesverfassungsgerichts vom 5. März 1991[69] zur Gleichberechtigung der Ehegatten bei der Bestimmung ihres Ehenamens hat nichts daran geändert, daß bei der Gewährung von Adelsnamen durch eine Namensänderung gem. § 3 NÄG im Hinblick auf Art. 109 Abs. 3 WRV Zurückhaltung geboten ist[70].
Mit dem Normzweck des Art. 109 Abs. 3 S. 2 WRV vereinbar und daher insoweit unbedenklich ist dagegen die Aufgabe der Adelsbezeichnung durch Namensänderung[71].

5. *Ausnahmefälle*

Nur ausnahmsweise hat die Rechtsprechung die Annahme einer Adelsbezeichnung im Wege der Namensänderung zugelassen. In einem Urteil des Bundesverwaltungsgerichts aus dem Jahr 1965[72], in dem die Ehefrau dem Ehenamen nach § 1355 S. 2 BGB in der Fassung des Gleichberechtigungsgesetzes von 1957[73] den adeligen Mädchennamen hinzugefügt hatte, wurde den übrigen Familienmitgliedern der gleiche Doppelname im Wege der Namensänderung zugesprochen. Tragende Erwägung der Entscheidung war, daß es sich bei dem Ehenamen um einen Sammelnamen[74] handelte. Mit dem wenig überzeugenden Hinweis auf den Grundsatz des einheitlichen Familiennamens lehnte das Gericht die Erteilung des adeligen Namens als Zusatzname *ohne* die

---

68 BVerwG StAZ 1979, 93. Die dahingehende Erwägung in BVerwG StAZ 1966, 15, 16, die ohnehin einen Sonderfall betraf (vgl. sogleich im Text bei Fn. 72), ist damit überholt.

69 Siehe oben Kap. B Fn. 51.

70 BVerwG Buchholz 402.10 § 3 NÄG Nr. 67.

71 Siehe oben Kap. D IV 6 b aa.

72 BVerwG StAZ 1966, 15, 16 mit ablehnender Anmerkung *Graf von Bernstorff*, NJW 1965, 2071, und zustimmender Anmerkung *Brintzinger*, DÖV 1966, 38.

73 Siehe oben Kap. D Fn. 361.

74 Vgl. zu diesen Abschnitt VI der Richtlinien von 1960 in der Fassung von 1963 (siehe oben Fn. 57) und Nr. 34 NamÄndVwV in der derzeit geltenden Fassung (siehe oben Kap. B Fn. 277); *Enste*, S. 163 ff.

Adelsbezeichnung, wie es die Richtlinien vorsahen[75], ab. Seit dem Ehereformgesetz von 1976 ist die Entscheidung überholt; die Eheleute hätten heute den adeligen Namen der Frau zum Ehenamen bestimmen können.
Im Jahre 1973 schob der Verwaltungsgerichtshof Baden-Württemberg[76] allen Versuchen, über die "Hintertür" der Gewährung von Doppelnamen an einen adeligen Namen zu kommen, einen Riegel vor. Es hatte über die Rechtmäßigkeit der Änderung des Familiennamens des Betroffenen "H." durch Zufügung des adeligen Mädchennamens der Mutter in "H. von F." zu befinden. Der Gerichtshof machte deutlich, daß beide Voraussetzungen der vorgenannten Entscheidung des Bundesverwaltungsgerichts fehlten: die Mutter habe den adligen Mädchennamen nicht dem Ehenamen angefügt und der Ehename "H." sei kein Sammelname; es verbleibe daher bei dem Grundsatz, daß bei der Gewährung von Namen mit früheren Adelsbezeichungen, auch als Zusatzname, größte Zurückhaltung zu üben sei.

Ebenso weist der Sachverhalt, welcher einem Urteil des OVG Berlin aus dem Jahre 1966[77] zugrundelag, Besonderheiten auf. Der Kläger war 1904 als nichtehelicher Sohn einer adeligen Mutter ("von X.") geboren worden, durfte also nach damaligen Recht nur den Namen der Mutter ohne die Adelbezeichnung ("X.") führen[78], hatte aber dennoch seit seiner Geburt den Namen "von X." geführt. Unter Verweis auf die durch die preußische Verordnung vom 3. Nov. 1919[79] nichtehelichen Kindern eingeräumte Möglichkeit, die Adelsbezeichnung der Mutter durch einfache Erklärung vor dem zuständigen Standesbeamten zu erhalten, sowie auf das Gleichstellungsgebot des Art. 6 Abs. 5 GG verneinte das Gericht ein öffentliches Interesse an der Beibehaltung des bisherigen Namens. Der Entscheidung, die ohnehin nur vor dem Ende der Monarchie in Deutschland geborene Personen betrifft, kann nicht zugestimmt werden. Die preußische Verordnung stellte eine zeitlich begrenzte Durchbrechung des zu Zeiten der Weimarer Republik anerkannten Grundsatzes der Nichtrückwirkung des Art. 109 Abs. 3 S. 2 WRV[80] dar; einen allgemeinen

---

75 Abschnitt VI Nr. 5. der Richtlinien von 1960 in der Fassung von 1963 (siehe oben Fn. 57): "(...) Enthält der als Zusatzname gewünschte Name eine ehemalige Adelsbezeichnung, so ist regelmäßig nur der Name ohne Adelsbezeichnung zu geben."

76 VGH Baden-Württemberg StAZ 1974, 184, 186 f.

77 OVG Berlin MDR 1966, 875 f.

78 Siehe oben Kap. D IV 4 b.

79 Siehe oben Kap. D Fn. 54.

80 Siehe oben Kap. D II 6.

Rechtsgedanken enthielt sie gerade nicht; zudem konnte sich der Kläger anscheinend nicht einmal auf gutgläubige Namensführung berufen.
Abzulehnen ist schließlich eine weiterer Fall der nachträglichen "Korrektur" des alten Adelsrechts: In einem Urteilsspruch aus dem Jahre 1962 bejahte das Bundesverwaltungsgericht[81] einen wichtigen Grund für die Änderung des Namens des nichtehelichen Sohnes eines adeligen Baltendeutschen, der von diesem adoptiert worden war, dem jedoch der - nach altem Recht durch die Adoption nicht übertragene[82] - Adel (und damit die Berechtigung zur Führung der Adelsbezeichnung) nicht verliehen worden war[83].

Die oben angeführten Entscheidungen, sämtlich aus der Zeit kurz nach der Novelle des NÄG, sind Einzelfälle geblieben. Sie beruhen, wie in einzelnen Urteilen[84] deutlich wird, auf der - mitunter auch in der Literatur[85] anzutreffenden -, irrigen Vorstellung, das Verbot der Neuverleihung von Adelsbezeichnungen des Art. 109 Abs. 3 S. 2 WRV sei dadurch abgewandelt worden, daß die Neufassung des NÄG den Kreis derjenigen, die einen adeligen Namen tragen dürfen, erweitert habe[86].

---

81 BVerwG StAZ 1963, 39, 40.

82 Siehe - zur Rechtslage in Deutschland vor 1918 - oben Kap. D IV 5 c.

83 Angesichts der sonstigen Strenge der Rechtsprechung zu den Adelsnamen sticht die Großzügigkeit des Urteils ins Auge: So wendet sich das Gericht gegen die "Überbetonung formaler Gesichtspunkte" und läßt zugunsten des Klägers "besondere Schicksalsschläge" gelten.

84 BVerwG StAZ 1963, 39, 40; 1966, 15, 16.

85 *Brintzinger* DÖV 1962, 441, 447. - A.A. *Graf von Bernstorff* DÖV 1963, 126 f.

86 Gegen diese Ansicht *Graf von Bernstorff*, NJW 1965, 2071, 2072, jedoch mit unzutreffender Begründung: § 3a NÄG ist als überwiegend vom Gedanken des nachträglichen Minderheitenschutzes geprägte Ausnahmebestimmung (siehe dazu sogleich unten III 2 d) im Hinblick auf die Werteordnung einer demokratischen Republik, wie sie Art. 109 Abs. 3 S. 2 2. Alt. WRV artikuliert, eng auszulegen. Durch § 3a NÄG wird nicht anerkannt, daß es "legitime Eigenschaft" (vormals) adeliger Namen ist, "ihre geschichtliche Herkunft zu offenbaren". Das folgt aus dem oben Kap. D II 4 Gesagten. Siehe zu ähnlichen Erwägungen im Rahmen des ordre-public-Vorbehalts bereits oben Kap. E Fn. 140.

III. Die Novelle des NÄG vom 29. Aug. 1961: § 3a NÄG

1. Kritische Vorbemerkungen

Aus welchen Gründen es zu der Novelle kam, ist nach dem bisher Gesagten offensichtlich: Einerseits sah die Rechtsprechung auf der Ebene des IPR zutreffenderweise keinen Anlaß, ausländischer Adelsabschaffung in Deutschland die Anerkennung zu verweigern[87]. Andererseits verschlossen sich Verwaltung und Rechtsprechung aufgrund geänderter Richtlinien - trotz einiger Kritik - entsprechenden Namensänderungsanträgen[88]. Schließlich war wegen der ablehnenden Haltung der Länder der an sich naheliegende Weg der Wiedereinfügung der Adelsklausel in die Richtlinien versperrt (vgl. Art. 84 Abs. 2 GG)[89]. So blieb nur die "Notbremse" einer Änderung des NÄG[90], und in zweieinhalb Monaten wurde das Änderungsgesetz durch Bundestag und Bundesrat "gepeitscht"[91].

Es muß bezweifelt werden, ob die Abschaffung von Adelsbezeichnungen, die nach Meinung eines Befürworters der Novelle "gutem deutschen Rechtsempfinden" widersprochen haben soll[92], die früheren Adeligen aus den betreffenden osteuropäischen Staaten derartig in ihrem Persönlichkeitsrecht getroffen hat, daß dem eigens mit einem Gesetz Abhilfe geschaffen werden mußte. Zwar trifft es zu, daß diese Gesetzgebung vor allem bei baltendeutschen, ehedem adeligen Familien die Konsequenz hatte, "daß die 'reichsdeutschen' Zweige dieser Familien den Namen in der adeligen Form führen,

---

87 Siehe oben Kap. E X.

88 Siehe oben II 1 b und 2.

89 Siehe oben II 2 bei Fn. 54.

90 Anders als die Änderung der Richtlinien (vgl. Art. 84 Abs. 2 GG), bedurfte die Novelle des NÄG nicht der Zustimmung des Bundesrats. Zwar hatte der Berichterstatter vor der Abstimmung im Bundesrat die Auffassung der Länder hervorgehoben, wonach jede Änderung eines Zustimmungsgesetzes selber zustimmungsbedürftig ist. Dem stand die Auffassung der Bundesregierung gegenüber, zustimmungsbedürftig sei ein derartiges Gesetz nur, wenn es seinerseits zustimmungsbedürftige Elemente enthalte (vgl. Bundesrats-Bericht über die 236. Sitzung, 14. Juli 1961 S. 197). Vor das Bundesverfassungsgericht gelangte die Frage nicht, weil der Bundesrat dem Gesetz, wenn auch erst nach wiederholter Abstimmung (vgl. Bundesrats-Bericht über die 236. Sitzung, 14. Juli 1961 S. 196 f.), zustimmte. Ein Grund dafür mögen Zweifel an der Haltbarkeit der eigenen Rechtsauffassung gewesen sein. Im Jahre 1974 hat das BVerfG die Streitfrage, über die es bis dahin noch nicht zu befinden hatte, dem Grundsatz nach im Sinne der Bundesregierung entschieden (vgl. BVerfGE 37, 363, 379 ff.; *Degenhart*, Rn. 421).

91 Vgl. *Brintzinger*, DÖV 1962, 441, 453.

92 *Ambrosius*, StAZ 1963, 318, 320.

während die auslandsdeutschen Zweige bei ihrer Einbürgerung in Deutschland, je nachdem, aus welchem Land und zu welchem Zeitpunkt sie kommen, den Namen mit oder ohne Adelszusatz führen"[93]. Man kann das aber nicht als "Ergebnis reinen Zufalls"[94] abtun. Es handelt sich um die Folge der nach deutschem IPR gebotenen, nicht *ordre-public*-widrigen Anwendung der Gesetzgebung eines anderen Staates, dessen Personalhoheit die Betreffenden zum Zeitpunkt der adelsabschaffenden Maßnahme unterlagen.
Zudem stellt sich die Namensverschiedenheit der unterschiedlichen Zweige ein und derselben früheren Adelsfamilie bei genauerem Hinsehen nicht, wie teilweise behauptet[95], als außerordentliche Härte dar. Denn den Teil des Familiennamens, der nicht Adelsbezeichnung ist, hat die ausländische Gesetzgebung nicht genommen. Er bleibt den verschiedenen Zweigen der Familien als gemeinsamer Namensteil und kennzeichnet hinreichend die Familienzusammengehörigkeit[96], eine Funktion des Familiennamens, die im geltenden Recht ohnehin stark verblaßt ist[97].

In gesetzestechnischer Hinsicht vermag die Novelle nicht zu überzeugen[98]. Gegen die Konkretisierung eines unbestimmten Rechtsbegriffs wie den des "wichtigen Grundes" durch den Gesetzgeber ist grundsätzlich nichts einzuwenden, vorausgesetzt sie erfolgt im Wege einer - nicht zwingend abschließenden, jedoch um Vollständigkeit bemühten - Aufzählung typischer Fälle, bei der entweder positiv das Vorliegen des unbestimmten Rechtsbegriffs angenommen oder negativ ausgeschlossen werden kann[99]. Diesen Anforderungen genügt der

---

93 *Graf von Bernstorff*, NJW 1961, 633, 636.
94 *Graf von Bernstorff*, NJW 1961, 633, 636.
95 *Brintzinger*, S. 93, 178 ff.
96 Vgl. BayObLG StAZ 1961, 43, 46: Der "Namenskern" erfahre durch die unterschiedliche Behandlung keine Veränderung, die Adelsbezeichnung sei "schmückendes Beiwort". Diese Ansicht wird durch die Tatsache untermauert, daß nach bis 1918 - nicht zuletzt auch von Adeligen vertretener - h.M. die Adelsbezeichnung nicht Teil des Familiennamens war (siehe oben Kap. D I). - A.A. *Graf von Bernstorff*, DÖV 1963, 126, 127: § 3a NÄG mache wirkliche Familienzusammenhänge sichtbar.
97 Siehe oben Kap. B I 3 c bb.
98 Vgl. zum folgenden *Brintzinger*, DÖV 1962, 441, 447. Der Ansicht *Brintzingers*, auf Grund des § 3a NÄG liege es nunmehr nahe, in das gesamte Namensänderungsrecht eine "Adelsfreundlichkeit" hineinzuinterpretieren, kann jedoch nicht gefolgt werden. Siehe dazu oben II 3.
99 Vorbildlich § 2 und 3 des österreichischen NÄG (abgedruckt bei *Bergmann/Ferid*, Länderteil Österreich, S. 171; geändert durch das Namensrechtsänderungsgesetz, StAZ 1995, 117, 119 f.). Vgl. auch die Fallgruppenbildung in Nr. 33 ff. NamÄndVwV.

übereilt geschaffene § 3a NÄG jedoch nicht. Er beschränkt sich auf die Vertypung eines Einzelfalls als "wichtigen Grund".

Mit der Novelle des NÄG hat der Gesetzgeber das getan, was dem Richter bei der Anwendung des *ordre-public*-Vorbehalts verwehrt ist: Er hat sich zum "Sittenrichter über fremdes Recht"[100] aufgeworfen[101]. Sophistisch wirkt demgegenüber die Behauptung, § 3a NÄG übe an der ausländischen Regelung für deren Rechtsbereich keine Kritik (wie sollte er auch!), bezweifele auch nicht deren Wirksamkeit für das deutsche Rechtsgebiet, schaffe vielmehr nur aus Billigkeitsgründen für bestimmte Fälle die Möglichkeit einer Angleichung an das deutsche Recht[102]. Ebensogut hätte der Gesetzgeber seinerzeit Art. 30 EGBGB a.F. im Sinne einer Nichtanwendung ausländischer Gesetzgebung in den von § 3a NÄG ins Auge gefaßten Fällen ändern können. In der Sache hat der Gesetzgeber eine rechtspolitisch zweifelhafte, spezielle Vorbehaltsklausel[103] geschaffen. Wohl auch aus diesem Grunde legt die Rechtsprechung, wie noch im einzelnen darzulegen ist[104], § 3a NÄG restriktiv aus[105].

2. *Verfassungsmäßigkeit des § 3a NÄG*

a) *Einführung*

Schon im Gesetzgebungsverfahren war bezweifelt worden, ob § 3a Abs. 1 letzter Halbs. NÄG mit Art. 3 GG vereinbar sei[106]. Die Streichung dieses Bedingungssatzes war zwar erwogen, dann aber verworfen worden[107]. Mit der umstrittenen Regelung wollte man aus politischen Gründen eine Restitution der in Österreich abgeschafften Adelsbezeichnungen[108] ausschließen[109]: nur wenn

---

100 Vgl. BayObLGZ 1969, 70, 73.

101 Vgl. *Brintzinger*, DÖV 1961, 441, 451 f.

102 *Graf von Bernstorff*, DÖV 1963, 126, 128.

103 Vgl. zur Fragwürdigkeit spezieller Vorhaltsklauseln z.B. *Kropholler*, IPR, S. 235.

104 Siehe unten 3 b cc.

105 *Bungert*, IPRax 1994, 109, 112.

106 Vgl. Bundesrats-Bericht über die 236. Sitzung, 14. Juli 1961 S. 197.

107 Schriftlicher Bericht des BT-Ausschusses für Inneres vom 22. Juni 1961, BT Drucks. 3/2908 unter A.II. zu § 3a Abs. 1, Zif. 5.

108 Zum Verbot des Adels in Österreich siehe unten Kap. G II 1.

109 Abg. *Kühltau* in der 3. Lesung des Änderungsgesetzes, 165. Sitzung des BT am 29. Juni 1961, BT III Prot. S. 9682 C:"(...), dieser Wortlaut schließt die Österreicher aus. Der Antrag ist bewußt von den Antragstellern so abgefaßt worden."; *Brintzinger*, DÖV

durch die Adelsabschaffung des ausländischen Staates überwiegend die deutsche Minderheit betroffen war, sollte § 3a NÄG die Wiederherstellung der verlorengegangenen Adelsbezeichnung ermöglichen, nicht aber, wenn sich diese Maßnahme in gleicher Weise auf das Staatsvolk erstreckte, eine Voraussetzung, die auf das österreichische Adelsverbot, das nicht eine deutsche Minderheit, sondern das gesamte Staatsvolk erfaßte, offenkundig nicht zutrifft.

b) Die Auffassung Brintzingers

Kurz nach Inkrafttreten des Gesetzes vertrat Brintzinger unter Berufung auf eine Entscheidung des Bundesverwaltungsgerichts[110] die Ansicht, die in § 3a Abs. 1 letzter Halbs. NÄG getroffene Regelung stelle Neubürger aus bestimmten Staaten - z.B. ehemals österreichische Staatsangehörige - schlechter als Neubürger aus anderen Staaten - z.B. ehemals estnische Staatsbürger - , ohne daß dafür ein sachlicher Grund bestehe. Beide Personengruppen hätten das gleiche rechtliche Schicksal aufgrund diesbezüglich gleicher Rechtsordnungen erlitten. § 3a Abs. 1 letzter Halbs. NÄG sei daher mit dem in Art. 3 Abs. 3 GG statuierten Verbot, eine Person wegen ihrer Heimat zu benachteiligen, unvereinbar[111].

c) Der Beschluß des Bundesverfassungsgerichts vom 4. Feb. 1964

Im Jahre 1964 hatte schließlich das Bundesverfassungsgericht darüber zu befinden, ob § 3a Abs. 1 letzter Halbs. NÄG den Gleichheitssatz verletzt[112]. Der Vater des Beschwerdeführers wurde 1903 in Wien als österreichischer Staatsangehöriger geboren. Er führte zunächst den Adelsnamen "C. von A.". Infolge

1961, 441, 451 ff. (insbesondere Fn. 130); 1965, 231, 234; BVerfG StAZ 1964, 105, 106 sub 2 und 6.

110 BVerwG StAZ 1960, 150, 151: "Eine Verletzung des Gleichheitsgrundsatzes könnte viel eher dann eintreten, wenn dem [aus Estland stammenden] Kläger namensrechtlich eine andere Behandlung zuteil würde als den ehemaligen Staatsangehörigen anderer Staaten, die hinsichtlich der Führung von Adelsprädikaten einer inhaltlich gleichen Rechtsordnung unterworfen waren."

111 *Brintzinger*, DÖV 1962, 441, 450 f.

112 Im Jahr zuvor hatte OVG Münster StAZ 1963, 331, 332, dies im Falle eines früheren österreichischen Staatsangehörigen, der vor seiner Einbürgerung vom Verbot des Adels in Österreich betroffen worden war, - ohne nähere Begründung - verneint.

der Aufhebung des Adels in Österreich im Jahre 1919[113] verlor er die Adelsbezeichnung "von A.". Der 1933 in Wien geborene Beschwerdeführer, ebenfalls österreichischer Staatsangehöriger, erwarb daher durch Geburt nur den Namen "C.".
Im Jahre 1955 wurde der Beschwerdeführer nach Deutschland einbürgert.

Das Gericht ließ offen, in welchen Fällen eine deutsche Minderheit *überwiegend* betroffen sei. Denn nach allen Auslegungsvarianten fielen frühere österreichische Staatsangehörige nicht unter das Gesetz, da die Deutschen in Österreich keine Minderheit, sondern das Staatsvolk bildeten. Die Richter nannten drei mögliche Auslegungen[114]: Erstens könne es auf einen Vergleich zwischen den Auswirkungen der adelsfeindlichen Maßnahmen auf die deutschen Minderheiten und der auf andere Volkstumsminderheiten ankommen; denkbar sei es, zweitens, diesen Vergleich nur zwischen einer deutschen Minderheit und dem jeweiligen Staatsvolk zu ziehen; schließlich könne, drittens, darauf abzustellen sein, ob sich bei der deutschen Minderheit der Entzug der Adelsbezeichnungen zahlenmäßig stärker ausgewirkt habe als bei anderen Volkstumsgruppen oder eine deutsche Minderheit prozentual stärker erfaßt worden sei als andere Gruppen.

Das absolute Diskriminierungsverbot des Art. 3 Abs. 3 GG werde durch diese Ungleichbehandlung aber nicht verletzt. Insbesondere gegen das Verbot einer Unterscheidung nach der Heimat, d.h. der örtlichen Herkunft, Geburt oder Ansässigkeit, werde nicht verstoßen. Ausschlaggebend für die verschiedene Behandlung, so das Gericht weiter, sei nämlich nicht die Herkunft aus einem bestimmten Land, "sondern vielmehr die Tatsache, daß die Betroffenen einer anderen Rechtsordnung unterworfen waren, die in jedem anderen Land als in ihrem Heimatstaat ebenfalls hätte bestehen können"[115]. Auch in späteren Entscheidungen zu Art. 3 Abs. 3 GG hat das Bundesverfassungsgericht den Begriff "Heimat", der vor allem auf eine Gleichbehandlung deutscher Flüchtlinge zielt[116], im Sinne einer örtlichen Beziehung zur Umwelt[117] ("örtliche Her-

113 Zum Verbot des Adels in Österreich siehe unten Kap. G II 1.
114 BVerfG StAZ 1964, 105, 106 sub 2.
115 BVerfG StAZ 1964, 105, 106 sub 3; vgl. schon *Ambrosius*, DÖV 1963, 602, 606.
116 *Sachs/Osterloh*, GG, Art. 3 Rn. 295; BVerfGE 9, 124, 128 f.
117 BVerwGE 22, 66, 70; *Pieroth/Schlink*, Rn. 490.

kunft nach Geburt oder Ansässigkeit"[118]) aufgefaßt. Explizit hat es hierbei die Staatsangehörigkeit ausgenommen[119].
Mit der Frage einer Benachteiligung früherer Österreicher aufgrund ihrer "Herkunft", die der Beschwerdeführer ebenfalls gerügt hatte, setzten sich die Richter nicht auseinander. Dieser Begriff zielt auf die "ständisch-soziale Abstammung und Verwurzelung"[120], also wesentlich auf die von den Vorfahren hergeleitete Zugehörigkeit zu einer bestimmten sozialen Schicht[121]. Eine Ungleichbehandlung aufgrund dieses Anknüpfungsmerkmals scheidet aus, weil die Ahnen früherer österreichischer Träger einer Adelsbezeichnung, etwa der Vater des Beschwerdeführers, wie des durch § 3a NÄG begünstigten Personenkreises dem Adel entstammten[122].

Bei der Prüfung des allgemeinen Gleichheitssatzes griff das Gericht auf die sog. Willkürformel[123] zurück, die dem Gesetzgeber aus kompetenzrechtlichen Erwägungen einen weiten Ermessen- und Gestaltungsspielraum einräumt[124]. Das Gericht bezweifelte zwar, ob die streitige Regelung mit Art. 3 Abs. 1 GG vereinbar sei, da sie ohne voll überzeugende Gründe zwischen früheren Angehörigen der einzelnen Staaten je nach dem Grad unterscheide, in dem dort deutsche Minderheiten von adelsfeindlichen Maßnahmen betroffen gewesen seien. Jedenfalls für die Nichteinbeziehung früherer österreichischer Staatsangehöriger in die erleichterte Namensänderung sah es sachliche Gründe. Das Adelsverbot in Österreich habe sich nicht gegen eine deutsche Minderheit gerichtet, sonderen das gesamte Staatsvolk betroffen. Die Wahrnehmung der Belange der Volkstumsminderheiten sei auch Sache des Staates, dem die Minderheit durch Abstammung, Sprache, Erziehung und Kultur verbunden sei. Der Gesetzgeber könne für diese Personengruppe Maßnahmen vorsehen, mit denen Eingriffe des früheren Heimatstaates, durch welche die Minderheit stärker betroffen wurde, als Angehörige der gleichen sozialen Gruppe in

---

118 BVerfGE 5, 17, 22; 23, 258, 262.

119 BVerfGE 51, 1, 30; vgl. auch BVerwGE 22, 66, 70; *Bungert*, IPRax 1994, 109, 112; *Sachs/Osterloh*, GG, Art. 3 Rn. 297 m.w.N.

120 BVerfGE 5, 17, 22; 9, 124, 128 f.; 23, 258, 262; 48, 281, 288.

121 BVerfGE 9, 124, 129.

122 Im Ergebnis ebenso: *Bungert*, IPRax 1994, 109, 112.

123 Erstmals BVerfGE 1, 14, 52: "Der Gleichheitssatz ist verletzt, wenn sich ein vernünftiger, sich aus der Natur der Sache ergebender oder sonstwie sachlich einleuchtender Grund für die gesetzliche Differenzierung oder Gleichbehandlung nicht finden läßt, (...)".

124 *Pieroth/Schlink*, Rn. 486; *Sachs/Osterloh*, Art. 3 Rn. 9 f.

Deutschland, ausgeglichen würden, insbesondere den Zustand herbeiführen, der hierzulande durch Art. 109 Abs. 3 S. 2 WRV geschaffen worden sei. Das gelte um so mehr, als diese Minderheiten ihre Heimat in einem fremden Land größtenteils zwangsweise verloren hätten[125]. Ausdrücklich machte sich das Gericht das mit der Aufnahme des umstrittenen Halbsatzes verfolgte polititsche Anliegen zu eigen, Rücksicht auf Österreich zu nehmen: Es könne nicht Sache des deutschen Gesetzgebers sein, eine in Österreich getroffene allgemeine gesellschaftspolitische Entscheidung für diejenigen Österreicher außer Kraft zu setzen, die später deutsche Staatsangehörige geworden seien[126].

d) Stellungnahme

Der Ansicht des Bundesverfassungsgerichts ist im Ergebnis zuzustimmen.
Die Zweifel an der Verfassungsmäßigkeit des § 3a Abs. 1 letzter Halbs. NÄG beruhen, wie dargelegt[127], auf der Tatsache, daß der Gesetzgeber in erster Linie früheren Baltendeutschen aus Estland die Wiederherstellung ihrer durch den Heimatstaat abgeschafften Adelsbezeichnungen ermöglichen wollte. Hätte das Gesetz als begünstigte Personen nur solche Neubürger genannt, die früher dem Adel angehörten und denen ihr früherer Heimatstaat die Führung der Adelsbezeichnungen verboten hatte, so wäre eine Verletzung des Art. 3 Abs. 1 GG evident gewesen. Diesem Einwand begegnet das Gesetz durch seine allgemeine, nicht nur auf Träger adeliger Namen beschränkte Fassung[128]. Art. 3 Abs. 1 GG wäre auch verletzt gewesen, wenn das Gesetz als begünstigte Personen nur frühere estnische Staatsangehörige genannt hätte. Um dennoch jedenfalls frühere Österreicher auszuschließen, ist das Gesetz so gefaßt, daß es als eine Maßnahme nachträglichen Minderheitenschutzes verstanden werden kann.

Hebt man den adelsfreundlichen Charakter des § 3a Abs. 1 letzter Halbs. NÄG hervor, indem man unter "Betroffensein" ein gegen den Adel, gleich welcher

---

125 BVerfG StAZ 1964, 105, 107 sub 6.

126 BVerfG StAZ 1964, 105, 107 sub 6.

127 Siehe oben vor I.

128 *Ambrosius*, DÖV 1963, 602, 603 f., unterstreicht, daß die Novelle nicht auf Adelsnamen beschränkt sei, sondern sich nach ihrem eindeutigen Wortlaut auf alle Vor- und Familiennamen beziehe. Diese theoretisch durchaus zutreffende Feststellung darf indes nicht den Blick dafür trüben, daß die praktische Bedeutung des Gesetzes nahezu ausschließlich auf dem Gebiet ausländischer Adelsverbote liegt; vgl. *Loos*, S. 93.

Herkunft, allgemein gerichtetes Vorgehen versteht, *sofern daselbe sich nur objektiv überwiegend auf eine deutsche Minderheit ausgewirkt hat*, dann ergeben sich gegen die Regelung verfassungsrechtliche Bedenken. Zwischen der "Rechtsvergangenheit" deutscher Bürger, die früher einem fremden Staat mit einer überwiegend betroffenen deutschen Minderheit angehörten, und der Rechtsvergangenheit derjenigen Angehörigen eines fremden Staates, in dem diese Minderheit nicht überwiegend betroffen war, bestehen aus dieser Perspektive keine Unterschiede. Beiden Personengruppen wurde durch ihren früheren Heimatstaat gleichermaßen verboten, Adelsbezeichnungen zu führen[129]. Es ist dann nicht einzusehen, warum ehemals Adelige aus Österreich von der Rechtswohltat der erleichterten Namensänderung ausgenommen werden sollen. Darauf weist das Bundesverfassungsgericht mit Recht hin[130].

Die Entstehungsgeschichte des § 3a NÄG läßt jedoch erkennen, daß es dem Gesetzgeber um den nachträglichen Schutz deutschstämmiger Minderheiten vor deutschfeindlicher Gesetzgebung des jeweiligen Heimatstaates ging[131]. Betont man die Tatsache, daß in dem einen Land die Abschaffung der adeligen Namen überwiegend eine deutsche Minderheit betraf, im anderen Land dagegen die Betroffenen sich in der gleichen Lage sahen wie die übrigen Träger adeliger Namen, dann hat der Gesetzgeber das ihm im Rahmen des Art. 3 Abs. 1 GG zukommende Ermessen nicht überschritten. Denn die hinter den Egalitätsbestrebungen eines fremden Staates stehende staatspolitische Entscheidung kann der deutsche Gesetzgeber respektieren, wenn allen Staatsbürgern dieselbe namensrechtliche Einbuße auferlegt wird. Gehen solche Bestrebungen ausschließlich oder überwiegend auf Kosten einer deutschen Minderheit, kann er hingegen Veranlassung sehen, auf seinem Staatsgebiet nachträglichen Minderheitenschutz im Sinne einer Restauration zu betreiben. Die unterschiedliche namensrechtliche Behandlung von Neubürgern hinsichtlich

---

129 Vgl. auch die oben Fn. 110 zitierte Passage aus BVerwG StAZ 1960, 150, 151.

130 BVerfG StAZ 1964, 105, 106 sub 5; vgl. auch *Bungert*, IPRax 1994, 109, 112 f.

131 Schriftlicher Bericht des BT-Ausschusses für Inneres vom 22. Juni 1961, BT Drucks. 3/2908 unter A II zu § 3a Abs. 1, Zif. 5:"Ein Antrag, den genannten Halbsatz [§ 3a Abs. 1 letzter Halbs. NÄG] zu streichen, wurde abgelehnt, weil die Mehrheit des Ausschusses der Meinung war, daß es genügt, die gesetzliche Maßnahme nur für die Angehörigen ehemaliger deutscher Minderheiten zu treffen". Vgl. auch OVG Lüneburg StAZ 1965, 102, 105; VGH Baden-Württemberg StAZ 1992, 380, 381; offengelassen in BVerfG StAZ 1964, 105, 106 sub 4.

der Führung von Adelsbezeichnungen beruht dann darauf, daß sie insoweit inhaltlich unterschiedlichen Rechtsordnungen unterworfen waren[132].

In dieser verfassungskonformen Auslegung verstößt § 3a Abs. 1 letzter Halbs. NÄG nicht gegen Art. 3 Abs. 1 GG[133]. Zutreffend meint der Bayerische Verwaltungsgerichtshof in einem frühere ungarische Staatsangehörige betreffenden Urteil aus dem Jahre 1988[134]: "Soweit der Adel in einem Lande überwiegend dem deutschen Volkstum angehörte, kann daraus allerdings nicht nur auf eine adelsfeindliche, sondern zugleich auch auf eine deutschfeindliche Tendenz des betreffenden ausländischen Gesetzgebers geschlossen werden. Der Regelung des § 3a NÄG liegt offensichtlich eine derartige Wertung durch den deutschen Gesetzgeber zugrunde. Diese volkstumsmäßige Sicht der Dinge ist zumindest eine von mehreren historischen Deutungsmöglichkeiten. Der deutsche Gesetzgeber hat die Freiheit, in seinen Gesetzen zwischen solchen ausländischen Rechtsordnungen zu unterscheiden, die in Wirklichkeit eine deutsche Minderheit durch Entzug der Adelsbezeichnungen treffen wollten und solchen, bei denen dies ausgeschlossen werden kann. Willkürlich in dem Sinne, daß sich dafür keine vernünftigen Gesichtspunkte anführen ließen, ist dies jedenfalls nicht".

3. Der durch § 3a NÄG begünstigte Personenkreis

a) Erwerb der deutschen Staatsangehörigkeit durch den Antragsteller nach dem 1. Jan. 1919 - Verbot der überkommenen (Adels-)Namensform

Die Wiederherstellung seines früheren Familiennamens, in der Regel seiner Adelsbezeichnung, kann nur beantragen, wer die deutsche Staatsangehörigkeit

---

132 Vgl. *Schröder* DÖV 1964, 267, 268.

133 Die Verfassungsmäßigkeit des § 3a NÄG bejahen: *Ambrosius*, DÖV 1963, 602, 605 f.; 1965, 36; *Graf von Bernstorff* DÖV 1963, 126, 128; *Schröder*, DÖV 1964, 267, 268; *Bungert*, IPRax 1994, 109, 112 f. (auch unter Anwendung der vom Ersten Senat des BVerfG in jüngerer Zeit entwickelten sog. Neuen Formel [vgl. dazu etwa *Sachs/Osterloh*, GG, Art. 3 Rn. 13 ff.]); BayVGH StAZ 1989, 77, 79; VGH Baden-Württemberg StAZ 1992, 380, 382. - Nach dem Beschluß des BVerfG an seiner grundsätzlichen Kritik festhaltend: *Brintzinger*, DÖV 1965, 231, 234; kritisch auch FamR/*Coester*, 3.1 NÄG § 3a Anm. 2 b.

134 BayVGH StAZ 1989, 77, 79.

besitzt[135] und diese nach dem 1. Jan. 1919 erworben hat. Auf Statusdeutsche (Art. 116 Abs. 1 2. Alt. GG) ebenso wie auf Staatenlose und die ihnen gleichgestellten Personen ist § 3a NÄG - anders als § 1 NÄG[136] - nicht anwendbar[137].
Ein Verbot der angestammten Adelsbezeichnung durch den früheren Heimatstaat liegt vor, wenn dem Betroffenen dieselbe nach den früheren adelsnamensrechtlichen Bestimmungen seines Herkunftslandes zustand[138] und ihm die Möglichkeit genommen wurde, seine Adelsbezeichnung im Rechtsleben weiterhin zu führen[139].

b) "Überwiegend" betroffene deutsche Minderheit

Entscheidend ist in der Praxis, ob durch das Verbot überwiegend Angehörige einer deutschen Minderheit betroffen waren. Von der Beantwortung dieser Frage hängt es ab, in welchen Herkunftsländern die Voraussetzungen des § 3a NÄG vorgelegen haben.

aa) Staatsvolk, nicht andere Minderheiten als Vergleichsmaßstab

Wie der Begriff "überwiegend" auszulegen sei, hatte das Bundesverfassungsgericht offengelassen. Die herrschende Auffassung[140] ist mit gutem Grund der zweiten der vom Bundesverfassungsgericht aufgeführten drei Aus-

135 Für diskriminierend hält *Brintzinger*, DÖV 1962, 441, 450, diese Differenzierung. - A.A. *Schröder*, DÖV 1964, 267, 268. Die Frage hat geringe praktische Bedeutung, weil Statusdeutsche gem. § 6 des 1. StAReG einen Rechtsanspruch auf Einbürgerung haben; vgl. *Loos*, S. 92; *Sachs/Kokott*, GG, Art. 116 Rn. 18.

136 Siehe im einzelnen oben Kap. E VI bei Fn. 49.

137 § 3a Abs. 1 NÄG stellt ausdrücklich auf den *Erwerb* der deutschen Staatsangehörigkeit ab; vgl. *Brintzinger*, DÖV 1962, 441, 449.

138 *Simader/Diepold*, C 211 f.

139 *Loos*, S. 93 f. Zu den Besonderheiten in Polen siehe den Hinweis unten Kap. G Fn. 271.

140 OVG Lüneburg StAZ 1965, 102, 103 f., mit zustimmender Anmerkung *Brintzinger*, DÖV 1965, 231 (Bestätigung von VG Braunschweig DÖV 1964, 266, mit zustimmender Anmerkung *Schröder*, DÖV 1964, 267, 268 f.); BayVGH StAZ 1989, 77, 78; *Loos*, S. 95; *Ambrosius* DÖV 1963, 602, 604 f.; StAZ 1963, 318, 321; *Staudinger/Habermann/Weick* (1995), § 12 Rn. 160; ähnlich OVG Münster StAZ 1965, 132, 134 (die Aufhebung durch BVerwG StAZ 1966, 256, erfolgte aus anderen Gründen).

legungsmöglichkeiten gefolgt[141]. Danach ist eine Abwägung nur im Verhältnis der deutschen Minderheit zu dem jeweiligen Staatsvolk anzustellen[142]. Zweck der Gesetzesänderung war es nämlich, die Regelung des Art. 109 Abs. 3 S. 2 WRV, die Adelsbezeichnungen als Namenbestandteile fortbestehen ließ, auf diejenigen Neubürger zur Anwendung zu bringen, die in ihrem früheren Heimatstaat als Minderheit von der adelsfeindlichen Gesetzgebung stärker betroffen wurden, als das Staatsvolk selbst[143]. Es würde in der Tat nicht einleuchten, eine deutsche Minderheit umso schlechter zu behandeln, je kleiner sie war[144]. Dies aber wäre die Konsequenz der ersten und dritten vom Bundesverfassungsgericht dargebotenen Auslegungsalternative, die beide den Vergleich zwischen der deutschen und anderen Minderheiten ziehen; die Existenz einer ebenso betroffenen anderen, womöglich größeren Minderheit hätte dann zur Folge, daß die deutsche Minderheit nicht in den Genuß der Novelle käme[145].

---

141 Siehe oben 2 c bei Fn. 114.

142 OVG Lüneburg StAZ 1965, 102, 105: "Das Wort"überwiegend" verdeutlicht, daß ein überwiegendes Betroffensein einer deutschen Minderheit gegeben sein muß und vorliegt, wenn der Nachteil, den adligen Familiennamen zu verlieren, für das Staatsvolk ohne wesentliche Auswirkungen war, weil von diesem Nachteil - im Verhältnis zum Staatsvolk - in der Mehrzahl Angehörige einer deutschen Minderheit und in der Minderzahl Angehörige des Staatsvolkes betroffen wurden." - Zu weit aber *Ambrosius*, StAZ 1963, 318, 321; DÖV 1965, 36 f., der für die Frage des Überwiegens Zahlen nur indizielle Bedeutung beimißt und entscheidend auf das "Gewicht" des Eingriffs (Verdunklung der "Zugehörigkeit zum deutschen Volkstum", Beeinträchtigung von "Persönlichkeitswerte[n]", wie "historische Bedeutung", "kulturelle Stellung", "familiärer Zusammenhang") abstellen will. Kritisch: *Brintzinger*, DÖV 1965, 231, 232.

143 OVG Lüneburg StAZ 1965, 102, 105. Siehe auch oben 2 d bei Fn. 131.

144 *Ambrosius*, DÖV 1965, 36.

145 *Ambrosius*, DÖV 1963, 602, 604. Das Urteil OVG Lüneburg StAZ 1965, 102, veranschaulicht dies: Rumänien, wo aufgrund der Verfassung von 1866 ein Verbot von fremden Adelstiteln galt (siehe zur rumänischen Adelsgesetzgebung unten Kap. G II 5), hatte aufgrund der Friedensverträge von 1919/20 aus der Konkursmasse der habsburgischen Doppelmonarchie (neben Siebenbürgen) die Bukowina erworben. Die Angehörigen der dortigen deutschen Minderheit, darunter zum österreichischen Adel zählende Personen, erwarben die rumänische Staatsbürgerschaft. Von der (deutsch-) österreichischen Adelsabschaffung wurden sie nicht erfaßt (wegen der hier nicht zu erörternden, komplizierten staatsangehörigkeitsrechtlichen Fragen sei auf die ausführliche Urteilsbegründung (S. 103 f.) verwiesen). Durch die Verfassung von 1923 wurde das Führen von Adelsbezeichnungen auch in der Bukowina verboten. Durch den Gebietserwerb war Rumänien zum Vielvölkerstaat geworden. Neben dem Staatsvolk der Rumänen (69%) gab es u.a. eine deutsche Minderheit (4,3 %) mit österreichischem Adel, jedoch auch eine ungarische Minderheit (9,3 %) mit ungarischem Adel. Das Gericht ging unter Berufung auf ein Gutachten des Instituts für Ostrecht davon aus (S. 105 des Urteils), daß es keine einheimischen rumänischen Adelsbezeichnungen gab (a.A. *Brintzinger*, S. 93, 162: Es habe rumänischen Adel gegeben ("Bojaren"); das Verbot, Adelsbezeichnungen zu führen, habe die einheimischen Bojarentitel aber - zumindest nach der Verfassung von 1866 - nicht erfaßt). Nach alledem bejahte das Gericht für den

bb) Einzelne Länder

Nach der bei der Beratung der Novelle zutage tretenden Absicht des Gesetzgebers, sollten nicht nur frühere *Österreicher*[146], sondern auch frühere Staatsangehörige *Rußlands* und *Ungarns* von der Vergünstigung des § 3a NÄG ausgeschlossen sein[147]. In beiden Staaten richtete sich das Verbot von Adelsbezeichnungen in erster Linie gegen den einheimischen Adel; baltendeutsche Adelige in Rußland bzw. österreichische oder deutsche Adelige in Ungarn wurden von dem Verbot nicht überwiegend betroffen, so daß auf frühere Bürger dieser Länder die Voraussetzungen des § 3a NÄG nicht zutreffen[148]. Gleiches gilt für die adelsabschaffende Gesetzgebung in *Italien*, das im Gesetzgebungsverfahren nicht erwähnt worden war[149].

Darüber, ob neben früheren Bürgern *Estlands*, um derentwillen das Änderungsgesetz in erster Linie geschaffen worden war[150], auch ehemals *tschechoslowakische* (heute: tschechische bzw. slowakische) Staatsangehörige in den Genuß der Neuregelung kommen sollten, war man sich nicht einig[151]. Dafür spricht, daß die deutsche Bevölkerung, darunter viele Träger adeliger Namen, im Staatsgebiet der Tschechoslowakischen Republik (vor 1939) eine Minderheit bildete, und ein eingesessener tschechischer oder slowakischer

---

Kläger, einen vormals österreichisch-ungarischen, dann rumänischen Staatsbürger, der in der Bukowina beheimatet war, bevor er 1940 nach Deutschland eingebürgert wurde, das Vorliegen der Voraussetzungen des § 3a NÄG.

146 Siehe oben III 2 a.

147 *Brintzinger*, DÖV 1962, 441, 452; BVerfG StAZ 1964, 105, 106 sub 2; BayVGH StAZ 1989, 77, 78 (zu Ungarn).

148 *Brintzinger*, DÖV 1961, 441, 452 Fn. 124 und 125; 1965, 231, 234; *Graf von Bernstorff*, DÖV 1963, 126, 128; *Ambrosius*, StAZ 1965, 62, 63; *Loos*, S. 103, 105; BayVGH StAZ 1989, 77, 78; 1994, 13, 14 (beide Urteile zu Ungarn). Zur Adelsgesetzgebung in Rußland und Ungarn siehe unten Kap. G II 3 b und III 2 b.

149 *Brintzinger*, DÖV 1961, 441, 452; 1965, 231, 234; *Brintzinger*, S. 93, 166 ff.; *Graf von Bernstorff*, DÖV 1963, 126, 128.

150 Siehe oben Fn. 5.

151 *Brintzinger*, DÖV 1961, 441, 452; BVerfG StAZ 1964, 105, 106 sub 2.

Adel praktisch nicht (mehr[152]) existierte[153], das tschechoslowakische Adelsverbot[154] also primär die deutsche Minderheit traf[155]. Für die Verwaltungspraxis ist die Frage mit der Aufnahme der Tschechoslowakei in Nr. 45 NamÄndVwV in der derzeit geltenden Fassung[156] im positiven Sinne entschieden[157]. *Lettland* wird in dieser Verwaltungsvorschrift nicht genannt, was daher rührt, daß dort die Führung von Adelsbezeichnungen nicht verboten war[158]; *Litauen* dagegen wird (als zweiter baltischer Staat neben Estland) zur Klarstellung aufgeführt, weil die Rechtslage dort nicht ganz eindeutig war und Gerichtsentscheidungen fehlen[159]. Ob § 3a NÄG auf frühere Staatsbürger *Jugoslawiens* (heute: Slowenien, Kroatien, Serbien mit Montenegro und Mazedonien, Bosnien-Herzegowina) Anwendung findet, war von der Rechtsprechung bisher nicht zu entscheiden[160]. Nr. 45 NamÄndVwV in der derzeit geltenden Fassung[161] erwähnt Jugoslawien nicht, was für die Behördenpraxis die Folge hat, daß die Voraussetzungen des § 3a NÄG für diesen Personenkreis zu verneinen sind.

Erst eine Entscheidung des Oberverwaltungsgerichts Lüneburg im Jahre 1964[162] brach mit der "legendären Annahme"[163] , § 3a NÄG erfasse nur frühere estnische Staatsangehörige[164]. Und *Rumänien*, das in den Gesetzesbe-

---

152 Nach der Niederlage der gegen Kaiser Ferdinand II. rebellierenden Stände in der Schlacht am Weißen Berge am 8. Nov. 1620 war der böhmische Adel enteignet und weitgehend ausgerottet worden; vgl. Brockhaus-Enzyklopädie, "Adel", S. 134 Sp. 1, "Dreißigjähriger Krieg", S. 669 Sp. 1. Die Abschaffung des Adels durch den neuentstandenen tschechoslowakischen Staat muß man vor dem Hintergrund der Tatsache sehen, daß der neue böhmische Adel (nach 1620) durchweg auf deutschen Ursprung zurückging, also eine ethnische, auf Eroberung beruhende Grundlage hatte; vgl. *Bornhak*, Deutsches Adelsrecht, S. 168 f.; *Brintzinger*, S. 93, 132.

153 *Ambrosius*, DÖV 1963, 602, 605.

154 Siehe zu diesem unten Kap. G II 2.

155 *Brintzinger*, S. 93, 132. - A.A. KG StAZ 1938, 485.

156 Siehe oben Kap. B Fn. 277.

157 Vgl. auch *Loos*, S. 104; *Soergel/Heinrich*, § 12 Rz. 11.

158 Siehe unten Kap. G II 4 b. Vgl. auch *Ambrosius*, DÖV 1963, 602, 605.

159 Siehe unten Kap. G II 4 c.

160 Offengelassen in BVerwG StAZ 1984, 103, 104; dagegen *Graf von Bernstorff*, DÖV 1963, 126, 128; vgl. dazu auch *Loos*, S. 96 f. Deutsche Minderheiten existierten in den früher österreichisch-ungarischen Gebietsteilen (vor allem Südsteiermark, Südkärnten, im Südbanat und der Batschka); vgl. *Brintzinger*, DÖV 1965, 231, 233. Siehe zur adelsabschaffenden Gesetzgebung in Jugoslawien unten Kap. G II 6.

161 Siehe oben Kap. B Fn. 277.

162 OVG Lüneburg StAZ 1965, 102. Siehe oben Fn. 142 und 145.

163 *Schröder*, DÖV 1964, 267, 268, zum aufrechterhaltenen erstinstanzlichen Urteil des VG Braunschweig DÖV 1964, 266.

164 In diesem Sinne vor allem *Graf von Bernstorff*, DÖV 1963, 126, 128.

ratungen nicht erwähnt worden war[165], wurde nachträglich in die Verwaltungsvorschriften aufgenommen[166]. Für *Polen* wollte der Gesetzgeber die Voraussetzungen des § 3a NÄG verneinen[167]. Nr. 45 NamÄndVwV in der heute geltenden Fassung[168] führt diesen Staat nicht auf. Ob die erleichterte Namensänderung nach § 3a NÄG auch früheren polnischen Staatsbürgern zugute kommt, ist bis heute nicht abschließend geklärt. Die Beantwortung dieser Frage hängt in erster Linie davon ab, ob Polen das Führen von Adelsbezeichnungen verboten hat, und soll daher an anderer Stelle erfolgen[169].
Zusammenfassend ist festzustellen, daß § 3a NÄG heute Anwendung findet auf frühere Adelige aus den Ländern Estland, Litauen, Tschechoslowakei (heute: Tschechien und Slowakei) und Rumänien, *nicht* jedoch aus Österreich, Ungarn, Rußland, Italien, Jugoslawien (heute: Slowenien, Kroatien, Serbien mit Montenegro und Mazedonien, Bosnien-Herzegowina).

cc) Restriktive Auslegung durch die neuere Rechtsprechung

Zweck der Novelle ist es, deutschen Minderheiten nachträglichen Schutz durch Wiedergutmachung zu gewähren. Das hat schon die verfassungsrechtliche Prüfung ergeben[170]. In zwei Urteilen jüngeren Datums[171] haben die Gerichte diesem Gesetzesverständnis durch eine restriktive Interpretation des § 3a Abs. 1 letzter Halbs. NÄG praktische Wirksamkeit verliehen.

In einer Entscheidung aus dem Jahre 1981[172] lehnte es der 7. Senat des Bundesverwaltungsgerichts ab, den Namen des Klägers, eines früheren öster-

---

165 *Brintzinger*, DÖV 1962, 441, 452; 1965, 231.

166 Nr. 45 NamÄndVwV in der heute geltenden Fassung (siehe oben Kap. B Fn. 277). Die infolge der Novelle des NÄG von 1961 durch AVV vom 8. Mai 1963 (BAnz. Nr. 91) geänderten Richtlinien hatten in Abschnitt VII Nr. 2 (1) 3. zunächst nur Estland, Litauen und die Tschechoslowakei genannt. An die Gesetzesauslegung durch diese Verwaltungsvorschriften sind die Gerichte grundsätzlich nicht gebunden (siehe oben Kap. B Fn. 277).

167 Vgl. BVerfG StAZ 1964, 105, 106.

168 Siehe oben Kap. B Fn. 277.

169 Siehe unten Kap. G III 1 f.

170 Siehe oben 2 d.

171 BVerwG StAZ 1984, 103; 1994, 118 (Bestätigung von VGH Baden-Württemberg StAZ 1992, 380).

172 BVerwG StAZ 1984, 103.

reichischen Adeligen, von "Maschek" in "Maschek Ritter zu Bosnadol" zu ändern.
Der 1902 in Agram (Zagreb) geborene Kläger war ursprünglich österreichischer, dann jugoslawischer und gegen Ende des zweiten Weltkrieges kroatischer Staatsbürger. 1955 erwarb er die österreichische Staatsangehörigkeit. 1971 schließlich wurde er in Deutschland eingebürgert. In Jugoslawien war die Weiterführung der Adelsbezeichnung als Namensbestandteil im amtlichen Verkehr seit 1921 untersagt[173]. Der Kläger verlor durch diese Regelung, die der kurzlebige kroatische Staat während seines Bestehens von 1941 bis 1945 nicht aufgehoben hat, das Recht zur Führung der Adelsbezeichnung.
Zweifelhaft war bereits, welcher Staat "früherer Heimatstaat" des Klägers i.S.d. § 3a NÄG war. War dies Österreich (wie das Berufungsgericht angenommen hatte), dann fand § 3a NÄG auf den Kläger keine Anwendung[174]. Das Bundesverwaltungsgericht ließ diese Frage offen. War dies Jugoslawien und hatte das dortige Verbot überwiegend Angehörige einer deutschen Minderheit betroffen, welch letzteren Punkt das Bundesvewaltungsgericht gleichfalls dahinstehen ließ, so konnte sich der Kläger nach Ansicht der Richter dennoch nicht auf § 3a NÄG berufen. Der von dieser Bestimmung bezweckte Minderheitenschutz solle nur demjenigen zugute kommen, "der mit der minderheitsverletzenden Beeinträchtigung seines Namens von seinem früheren Heimatstaat in den deutschen Staatsverband übergewechselt sei"[175]. Jedenfalls wer sich nicht nur kurzfristig, sondern wie der Kläger 16 Jahre lang einem anderen Staatsvolk angeschlossen habe, habe sich damit "außerhalb der besonderen Schutzbeziehungen gestellt, die die Bundesrepublik Deutschland den Angehörigen deutscher Minderheiten gewährt"[176].

Daß § 3a NÄG nur deutsche Minderheiten schützt, betont auch ein Urteil des Verwaltungsgerichtshofs Baden-Württemberg aus dem Jahre 1992[177]. Der Kläger zu 1), von dem die übrigen Kläger ihren Namen ableiteten, wurde 1942 in Klausenburg (Cluj) in Rumänien geboren. Wie sein Vater, dem spätestens seit 1923 aufgrund der rumänischen Gesetzgebung die Führung seiner Adelsbezeichnung verboten war[178] - ein Punkt allerdings, den der Gerichtshof

173 Siehe zur Adelsgesetzgebung in Jugoslawien unten Kap. G II 6.
174 Siehe oben bb und 2 a.
175 BVerwG StAZ 1984, 193, 194.
176 BVerwG StAZ 1984, 193, 194.
177 VGH Baden-Württemberg StAZ 1992, 380.
178 Siehe zur Adelsgesetzgebung Rumäniens unten Kap. G II 5.

nicht entscheiden mußte -, war der Sohn als Angehöriger eines ungarischen Adelsgeschlechts rumänischer Staatsbürger ungarischer Volkszugehörigkeit. Damit stellte sich die Frage, ob § 3a NÄG nach dem 1. Jan. 1919 eingebürgerte deutsche Staatsangehörige auch dann begünstigt, wenn diese einer nichtdeutschen Minderheit angehören. Der Wortlaut des § 3a Abs. 1 NÄG[179] läßt eine solche Auslegung zu. Dementsprechend hatten einige Autoren kurz nach Inkrafttreten der Neuregelung deren Anwendbarkeit auch auf Minderheiten aus Drittstaaten bejaht[180]. Demgegenüber betont der Gerichtshof[181] zu Recht, § 3a NÄG setze voraus, daß der von dem Namensführungsverbot seines früheren Heimatstaates Betroffene selbst Angehöriger einer deutschen Minderheit gewesen sei. Das ergebe sich eindeutig aus Entstehungsgeschichte[182] und Zweck der Novelle. Es habe für den deutschen Gesetzgeber keine Veranlassung bestanden, Minderheitenschutz zugunsten dritter Staaten und ihrer Angehörigen zu betreiben[183]. Davon gehe das Bundesverwaltungsgericht, wenn es auf die "besonderen Schutzbeziehungen", den die Bundesrepublik den Angehörigen deutscher Minderheiten gewährt, abstelle[184], ebenso aus wie das Bundesverfassungsgericht, das von "zurückgekehrten Minderheiten" spreche[185].

Diese - durch den nunmehr zuständigen 6. Senat des Bundesverwaltungsgerichts bestätigte[186] -, restriktive Auslegung, die allein dem Schutznormcharakter[187] des § 3a Abs. 1 NÄG gerecht wird, erweist sich als notwendige, verfassungskonforme Norminterpretation. Ließe man es genügen, daß das Verbot der Adelsbezeichnungen abstrakt überwiegend Angehörige einer deutschen Minderheit betroffen hat (ohne daß der Antragsteller selbst zu dem Personenkreis gehört, dessen Schutz das Gesetz bezweckt), so gewänne der Gedanke der Adelsfreundlichkeit gegenüber dem des Minderheitenschutzes derart

179 Siehe oben vor I.

180 *Brintzinger*, DÖV 1962, 441, 450; *Graf von Bernstorff*, DÖV 1963, 126, 127 f.; *Ambrosius*, DÖV 1963, 602, 603 f.; ebenso noch *Simader/Diepold*, C/211.

181 VGH Baden-Württemberg StAZ 1992, 380, 381 f., mit zustimmender Anmerkung *Bungert*, IPRax 1994, 109, 111; auch *Schwerdtner*, NJW 1993, 302, 303.

182 Das Gericht verweist auf den schriftlichen Bericht des BT-Ausschusses für Inneres vom 22. Juni 1961, unter A II zu § 3a Abs. 1, Zif. 5 (siehe oben Fn. 131) und den Gebrauch der Wendung "*wieder* [Hervorhebung durch das Gericht] in Deutschland eingebürgert ist" durch den Abg. *Kühltau* (siehe oben Fn. 4).

183 Im Anschluß an *Schröder*, DÖV 1964, 267, 269.

184 BVerwG StAZ 1984, 103, 104.

185 BVerfG StAZ 1964, 105, 106 sub 6.

186 BVerwG StAZ 1994, 118.

187 Vgl. *Bungert*, IPRax 1994, 109, 111.

an Gewicht, daß kaum mehr nachzuvollziehen wäre, warum nicht auch verbotsbetroffene Angehörige des Staatsvolks ihres früheren Heimatstaates - insbesondere frühere Österreicher - nach der Einbürgerung in den Genuß des § 3a NÄG kommen sollen[188].

Zu der Frage, ob der Tatbestand des § 3a NÄG nach seinem Wortlaut überhaupt erfüllt war, bezog der Gerichtshof nicht Stellung[189]. Für Abs. 1, der direkte Verbotsbetroffenheit voraussetzt, muß man das verneinen. Der Kläger zu 1) war nicht daran gehindert, "*seinen* früheren Familiennamen (...) zu führen, weil *ihm* dies vor *seiner* Einbürgerung durch ein Gesetz (...) *seines* früheren Heimatstaates verboten war, (...)". Nur wer in seiner Person infolge der Verbotsmaßnahmen seines früheren Herkunftsstaates einer Namensänderung ausgesetzt war, kann sich auf § 3a Abs. 1 NÄG berufen, nicht dagegen derjenige, der (nach den Gesetzen seines früheren Heimatlandes) von Geburt an nie die Adelsbezeichnung hatte führen dürfen[190].

Damit kommt es darauf an, ob § 3a Abs. 2 NÄG auf den Kläger zu 1) anwendbar war. Bei der Schaffung dieser Bestimmung hatte der Gesetzgeber wohl vor allem an den Fall gedacht, daß die Person, von welcher der Antragsteller seinen Namen ableitet, nach ihrer Einbürgerung von der erleichterten Namensänderungsmöglichkeit des § 3a Abs. 1 NÄG keinen Gebrauch machen konnte, weil sie vor Inkrafttreten der Neuregelung bereits verstorben war[191]. Loos[192] meint daher zu Recht, Voraussetzung des Abs. 2 sei, daß die Person, von welcher der Antragsteller seinen Namen ableitet, nach Abs. 1 einen "unmittelbaren Anspruch" auf Anerkennung eines "wichtigen Grundes" gehabt habe oder - wenn sich nicht mehr lebt - gehabt hätte. Die unmittelbar betroffene "Bezugsperson" ihrerseits muß die Tatbestandsvoraussetzungen des

188 Vgl. BVerfG StAZ 1964, 105, 106 sub 5 a.

189 VGH Baden-Württemberg StAZ 1992, 380, 381.

190 So auch im Ergebnis die in VGH Baden-Württemberg StAZ 1992, 380, mitgeteilte Begründung des Widerspruchsbescheids.

191 § 3a Abs. 1 NÄG nennt den 1. Jan. 1919 als Stichtag, die Novelle trat dagegen erst am 9. Sept. 1961 in Kraft (Art. 3 der Novelle - siehe oben Fn. 1). Der Fall, daß der Vater des Antragstellers nach seiner Einbürgerung für sich selber keinen Namensänderungsantrag gem. §§ 3, 3a NÄG stellen wollte, dürfte kaum vorgekommen sein.

192 *Loos*, S. 107, unter Hinweis auf Abschn. VII Nr. 2 Abs. 2 der Richtlinien in der Fassung von 1963 (siehe oben Fn. 57); ebenso *Simader/Diepold*, C/211. - Nr. 45 S. 2 NamÄndVwV in der heute geltenden Fassung (siehe oben Kap. B Fn. 277) gibt für die heutige Auslegung nichts her.

Abs. 1 vollständig erfüllen. Nur eine solche auf Abs. 1 bezogene Auslegung wird dem akzessorischen Charakter des Abs. 2 gerecht. Demnach lagen im vorliegenden Fall auch die Voraussetzungen des Abs. 2 in der Person des Klägers zu 1) nicht vor. Denn sein Vater hat nie die deutsche Staatsangehörigkeit besessen; diese hat erst der Kläger zu 1) erworben[193].

193 Selbst wenn man sich den umstrittenen letzten Halbsatz des § 3a Abs. 1 NÄG wegdenkt, wäre also der Beschwerdeführer in BVerfG StAZ 1964, 105, (siehe oben 2) nach der hier vertretenen Ansicht nicht in den Genuß der erleichterten Namensänderung gekommen. Dabei wird unterstellt, daß der Vater des Beschwerdeführers nie die deutsche Staatsangehörigkeit erworben hatte; gegenteiliges läßt sich dem in der Entscheidung des Bundesverfassungsgerichts mitgeteilten Sachverhalt jedenfalls nicht entnehmen.

G. Das Recht des Adelsnamens im europäischen Ausland

I. Die Bedeutung ausländischer Adelsgesetzgebung für die deutsche Rechtspraxis

Das Recht des Heimatstaates ist maßgebend, wenn es um die Frage geht, ob ein Ausländer oder ein Neubürger dazu berechtigt ist, eine Adelsbezeichnung zu führen[1]. Das Heimatrecht kann diese Frage auf dreierlei Weise beantworten.

Hält das Ursprungsland an der Monarchie als Staatsform fest, so haben sich regelmäßig auch Adel und Adelsbezeichnung erhalten. Zu diesen Staaten zählen *Andorra*[2], *Belgien*[3], *Dänemark*[4], *Liechtenstein*[5], *Luxemburg*[6],

---

1 Siehe oben Kap. E II, III und IX.

2 *Pintens/Will*, S. 82.

3 *Pintens*, Naam, Rn. 408 ff.; *Braas*, La législation nobiliare en Belgique; *Brintzinger*, S. 93, 100 Fn. 55c. Belgien sieht die Adelsbezeichnung allerdings nicht als Teil des Namens an; gleichwohl wird sie in die Personenstandsbücher eingetragen; vgl. *Pintens/Will*, S. 82; *Staudinger/Hepting*, vor Art. 10 EGBGB Rn. 13.

4 *Brintzinger*, S. 93, 100 Fn. 55 b; *Pintens/Will*, S. 82.

5 Vgl. BVerwG StAZ 1960, 76.

6 *Brintzinger*, S. 93, 100 Fn. 55 b; *Pintens/Will*, S. 82.

Monaco[7], die *Niederlande*[8], *Schweden*[9], *Spanien*[10] und das *Vereinigte Königreich*[11].

Denkbar ist ferner, daß der Heimatstaat den Adel abgeschafft, jedoch die Weiterführung der Adelsbezeichnungen als Bestandteil des Namens erlaubt hat. Diesen Mittelweg gehen *Deutschland*[12] und *Italien*[13].

---

7 *Brintzinger*, S. 93, 100 Fn. 55 b; *Pintens/Will*, S. 82.

8 Vgl. AG Brauschweig StAZ 1971, 339 (siehe dazu oben Kap. E Fn. 32), mit Anmerkung *Janocha*; *de Groot*, StAZ 1974, 103; *van Sasse van Ysselt*, StAZ 1972, 119; *Pintens/Will*, S. 82; *Brintzinger*, S. 93, 100 Fn. 55c.
Zum neuerdings kodifizierten niederländischen IPR des Namens vgl. *Boele-Woelki*, IPRax 1990, 337 (Mit Übersetzung und Erläuterung des Gesetzes vom 3. Juli 1989 zur Regelung des Kollisonsrechts des Namens und des Vornamens im Zusammenhang mit der Ratifikation des Übereinkommens von München vom 5. Sept. 1980 über das auf Namen und Vornamen anzuwendende Recht [Namenkollisionsgesetz]. Art. 1 Zif. 1 des Gesetzes lautet: "Der Name und der Vorname eines Ausländers unterliegen dem Recht des Staates, dessen Staatsangehörigkeit er besitzt. Dieses Recht umfaßt auch die Regeln des Kollisionsrechts. Die Umstände, von denen die Feststellung des Namens und des Vornamens abhängen, werden ausschließlich nach diesem Recht beurteilt."); auch OLG Karlsruhe NJW-RR 1989, 1030 (zum alten ungeschriebenen Kollisionsrecht).

9 *Brintzinger*, S. 93, 100 Fn. 55 b; *Pintens/Will*, S. 82.

10 Vgl. *Rau*, StAZ 1980, 177; auch *Brintzinger*, S. 93, 171; *Pintens/Will*, S. 82. Nach in Spanien h.M. ist die Adelsbezeichnung nur ein durch die Rechtsordnung anerkannter Ehrentitel, jedoch nicht Teil des Namens und nicht in die Zivilstandsregister einzutragen; vgl. *Rau*, StAZ 1980, 177, 178. Zum (Vor-) Namen im spanischen IPR vgl. IPG 1983 Nr. 1 (Köln), S. 1, 2 f. Das Wort "de" im Namen einer spanischen Frau deutet nicht auf adelige Herkunft; nach spanischem Recht behält die Frau ihren Namen, kann ihm jedoch den Mädchennamen mittels des Verbindungswortes "de" anfügen; vgl. BGH StAZ 1971, 216, 217.

11 Zum Recht der Adelsbezeichnung in England vgl. vor allem *Meyer-Witting*, S. 103 ff.; ferner *Pintens/Will*, S. 83; *Dieckhoff*, Das englische Adelsrecht; *Agnew of Lochnaw*, The Juridical Review (Schottland), 1988, 61 ff. (interlokalrechtliche Fragen betreffend englisches und schottisches Wappenrecht). Zum englischen Namensrecht vgl. allgemein *Josling*, Change of Name; auch *Eder*, The American Journal of Comparative Law 8 (1959), 502, 504 f. Zum Namen im englischen IPR vgl. IPG 1969 Nr. 1 (Heidelberg), S. 1, 2 f.

12 Siehe oben Kap. D II.

13 Siehe oben Kap. A Fn. 45. Nur vorfaschistische Prädikate, nicht aber Titel wurden zu Namensbestandteilen. Ob auch letztere in Deutschland zu registrieren sind, ist zweifelhaft. Einerseits werden die Titel in Italien nicht mehr in öffentliche Urkunden aufgenommen; andererseits ist die Führung der Titel im Privatverkehr dort weiterhin zulässig. Für die Eintragung auch der Titel in deutsche Personenstandsbücher unter Berufung auf Art. 109 Abs. 3 S. 2 WRV *Brintzinger*, S. 93, 166 ff., 170; *Hecker*, Gutachten 31/11, S. 89, 96. - A.A. *Peters*, StAZ 1956, 249.
Vgl. auch *Biscottini*, Diritto Internazionale 1961, 187; *Nautré*, S. 98; *Pintens/Will*, S. 83; Bericht der Botschaft der Bundesrepublik Deutschland in Rom vom 30. Sept. 1952, StAZ 1953, 69; IPG 1973 Nr. 2 (München), S. 7, 9 ff. Zum italienischen IPR des Namens vgl. nunmehr Art. 24 Abs. 1 des IPR- Gesetzes vom 31. Mai 1995, StAZ 1996, 250: "Die Existenz und der Inhalt der Persönlichkeitsrechte unterliegen dem Heimatrecht des Rechtssubjekts; jedoch unterliegen die Rechte, die sich aus einer Fa-

Ähnlich ist die Rechtslage in der *Schweiz*[14].

In *Frankreich*[15], dessen Geschichte in besonderer Weise durch das Hin und Her zwischen Republik und Monarchie geprägt wurde, lebten Adel und Adelsbezeichnung unter Louis Napoléon Bonaparte im Januar 1852 endgültig wieder auf. Das adelsabschaffende Dekret der provisorischen Regierung vom 29. Feb. 1848 wurde aufgehoben[16]. Damit trat der Rechtszustand ein, wie er nach dem Sturz Napoléons unter den Bourbonen und während der Julimonarchie bestanden hatte. Die Charte Constitutionelle vom 4. Juni 1814 hatte den alten bourbonischen Adel wiederhergestellt, zugleich aber auch den napoléonischen Adel weiterbestehen lassen[17]. Auch während der III. Republik und in späterer Zeit war die Weiterführung der Adelsbezeichnungen gestattet, sah man diese doch nicht als Standesbezeichnung, sondern als Ehrenbezeichnung an, die nach in Frankreich herrschender Meinung im Gegensatz zum Familiennamen ein wirkliches Eigentum begründet[18]. Allerdings wurde die Nachprüfung der Berechtigung zur Führung der beanspruchten Adelsbezeichnung in einem staatlichen Verfahren vorgesehen[19]. Zuständig war ursprünglich der Präsident der Republik[20]; heute werden entsprechende Verfahren vom Justizministerium bearbeitet[21]. Liegt eine staatliche Genehmigung vor, so kann die Adelsbezeichnung auf Wunsch des Betroffenen in amtliche Urkunden eingetragen werden;

---

milienbeziehung ergeben, demjenigen Recht, das auf diese Beziehung anwendbar ist."; zum bisherigen italienischen IPR des Namens vgl. IPG 1973 Nr. 2 (München), S. 7, 8.

14 Allerdings werden nur die Partikel "von" bzw. "de" als Bestandteile des Namens und damit als in die Zivilstandsregister eintragungsfähig angesehen, nicht dagegen die Bezeichnungen des früheren titulierten Adels; vgl. IPG 1987/88 Nr. 2 (München), S. 7, 19 ff.; auch *Gloggner*, StAZ 1955, 249. Nach *Brintzinger*, S. 93, 170 f., darf auch das "von" in einigen Kantonen in öffentlichen Urkunden nicht geführt werden. Vgl. ferner *Freiherr von Wendland*, S. 56 ff.; *Sievers*, StAZ 1931, 295. Zum IPR des Namens in der Schweiz vgl. *Knoepfler*, StAZ 1979, 213; IPG 1987/88 Nr. 2 (München), S. 7 f., 11; *Sturm*, Zeitschrift für Zivilstandswesen 1994, 197.

15 Vgl. *Brintzinger*, S. 93, 171 ff.; *Brin*, Revue trimesterielle de droit civile 1969, 205 ff.; *Pintens/Will*, S. 83; *Nautré*, S. 98 f.; Bericht der diplomatischen Vertretung der Bundesrepublik Deutschland in Paris vom 19. Jan. 1953, StAZ 1953, 69; VGH Baden-Württemberg StAZ 1985, 254; IPG 1984 Nr. 1 (Berlin), S. 1, 7 (zum französischen IPR des Namens).

16 Dekret vom 24. Jan. 1852; vgl. *Brintzinger*, S. 93, 174 f.

17 *Brintzinger*, S. 93, 174; RVHWB, "Name", S. 419.

18 RVHWB, "Name", S. 420; *Brintzinger*, S. 93, 175.

19 "Reconnaissance des titres héréditiares des noblesse" (Anerkennung der Adelsbezeichnung einer Familie) und "Investiture du titre de noblesse" (Genehmigung der Weiterübertragung einer Adelsbezeichnung); vgl. näher *Brintzinger*, S. 93, 175.

20 *Brintzinger*, S. 93, 175.

21 *Pintens/Will*, S. 83.

zwingend ist der Eintrag aber nicht[22]. In Betracht kommen Bezeichnungen des Adels des "ancien régime" (vor 1790), beider Kaiserreiche, der Restauration (1814 - 1830) sowie der Julimonarchie (1830 - 1848). Dabei handelt es sich in der Regel um Primogeniturtitel[23]. Keiner Genehmigung bedarf die Führung des den einfachen Adels kennzeichnenden Wortes "de"; hier gilt allgemeines Namensrecht[24]. Für das Haus Orléans bestehen Sonderregelungen[25]. Ob eine Adelsbezeichnung geführt werden darf, richtet sich nach den entsprechenden alten Adelsgesetzen[26].

Die dritte Kategorie umfaßt diejenigen Staaten, welche nicht nur den Adel, sondern zugleich auch die Führung der Adelsbezeichnung verboten haben. Hierzu gehören *Österreich* und die *osteuropäischen Länder.* Hintergrund dieser Adelsabschaffungen bildete in erster Linie der Sturz der Monarchien in Rußland, Österreich-Ungarn und Deutschland im Gefolge des ersten Weltkrieges. Die politische Landkarte[27] Europas erfuhr tiefgreifende Veränderungen.

Den deutschen Adel in Osteuropa betraf die territoriale und staatsrechtliche Neuordnung in mannigfaltiger Weise: Der wiederentstandene polnische Staat erwarb Teile Preußens. Damit wurden Angehörige des preußischen Adels zu polnischen Staatsbürgern. Estland, Lettland und Litauen lösten sich aus dem russischen Staatsverband und erlangten die staatliche Eigenständigkeit. Die dort lebenden baltendeutschen Adeligen erwarben somit die Staatsangehörigkeit des entsprechenden baltischen Staates.
Das namensrechtliche Schicksal der Angehörigen des österreichischen und des ungarischen Adels wurde von der Auflösung der Habsburgermonarchie bestimmt. Die Republik Österreich umfaßte nur noch einen Bruchteil des früheren Kaiserreiches Österreich. Ebenso erlitt Ungarn empfindliche Gebietsverluste. Neu entstand die Tschechoslowakei. Polen erwarb Galizien, Rumänien

---

22 *Nautré*, S. 99; *Pintens/Will*, S. 83; auch Bericht der diplomatischen Vertretung der Bundesrepublik Deutschland in Paris vom 19. Jan. 1953, StAZ 1953, 69.
23 *Brintzinger*, S. 93, 175.
24 *Brintzinger*, S. 93, 175 f.
25 *Brintzinger*, S. 93, 176.
26 *Brintzinger*, S. 93, 175.
27 Vgl. z.B. *F.W. Puzger*, Historischer Weltaltlas, herausgegeben von *Alfred Hansel* und *Walter Leisering*, 80. Aufl. Berlin/Bielefeld, 1954/1955/1961; Großer Historischer Weltatlas, herausgegeben vom Bayerischen Schulbuchverlag, Dritter Teil, Neuzeit, 4. Aufl. München 1981 sowie Vierter Teil, Neueste Zeit, München 1995.

die Bukowina und Siebenbürgen. Zum neugebildeten Jugoslawien gehörten neben den ehemals selbständigen Staaten Serbien und Montenegro die süd-slawischen Länder der früheren österreichisch-ungarischen Monarchie (Teile Sloweniens sowie Kroatien und Bosnien-Herzegowina). Südtirol, Triest und Istrien fielen an Italien. Folge dieser Gebietsveränderungen war ein Staatsangehörigkeitswechsel zahlreicher österreichischer und ungarischer Adeliger.

Zwei Weltkriege und die damit einhergehenden gravierenden politischen Veränderungen verursachten Bevölkerungsverschiebungen bisher nie gekannten Ausmaßes. Als Emigranten, Rückwanderer, Flüchtlinge, Vertriebene oder Zwangsumgesiedelte gelangten Angehörige des früheren baltendeutschen, preußischen, österreichischen oder ungarischen Adels nach Deutschland. Bei (oder angesichts der Bedrängnis der unmittelbaren Nachkriegszeit zumeist nach) der Einbürgerung stellte sich die Frage, welchen Namen diese Personen in Deutschland führen. Das deutsche IPR verweist auf das letzte Heimatrecht[28]. Es verwundert daher nicht, daß in der deutschen Rechtspraxis die Adelsgesetzgebung osteuropäischer Staaten ganz im Vordergrund steht. Eine Übersicht hierzu bietet der folgende Abschnitt[29].

Ob in *Polen* durch Art. 96 der Verfassung von 1921 sämtliche Adelsbezeichnungen auch als Namensteil beseitigt worden sind, ist bis heute nicht geklärt[30]. Anhand der bisher leider zu wenig beachteten historischen Arbeit von Mikliss[31] soll versucht werden, zur Beantwortung dieser Frage beizutragen. Aufmerksamkeit verdient ferner die in der neueren Rechtsprechung lebhaft umstrittene Frage, ob *ungarische Adelsbezeichnungen* in deutscher Sprachform geführt werden dürfen. Die Länder Polen und Ungarn werden daher in einem gesonderten Abschnitt dargestellt[32].

Die Frage, ob der Angehörige eines west- oder südeuropäischen Landes nach seinem Heimatrecht eine Adelsbezeichnung führen darf, mag allenfalls anläßlich seiner Eintragung in deutsche Personenstandsregister im Rahmen des

---

28 Siehe oben Kap. E IX.

29 Siehe unten II.

30 Vgl. nur die Darstellungen bei *Brintzinger*, S. 93, 134 ff.; *Loos*, S. 99 ff.

31 *Peter Mikliss*, Deutscher und polnischer Adel im Vergleich (Adel und Adelsbezeichnung in der deutschen und polnischen verfassungsgeschichtlichen Entwicklung sowie die rechtliche Problematik polnischer Adelsbezeichnungen nach deutschem Recht).

32 Siehe unten III.

Berichtigungsverfahrens gem. § 47 PStG vor deutsche Gerichte gelangen[33]. Einbürgerungen werden bei diesen Personen nur in seltenen Einzelfällen vorkommen. Zur näheren Unterrichtung sei daher auf die zu diesen Ländern zitierte Literatur verwiesen[34].

Seit dem Wegfall des "eisernen Vorhangs" haben sich die politischen Verhältnisse in Osteuropa von neuem stark gewandelt. Vieles ist hier noch im Fluß. Soweit ersichtlich wird es jedoch - auch wenn vereinzelt anderes behauptet wird[35] - in keinem osteuropäischen Staat zu einer Restauration der abgeschafften Adelsbezeichnungen kommen. Die über vierzig Jahre währende Herrschaft des Kommunismus (insbesondere die Umverteilung des Grundbesitzes) hat den gesellschaftlichen Einfluß des Adels als sozialer Gruppe, soweit er nicht emigriert ist, nachhaltig geschwächt. Zudem dürfte die Aufmerksamkeit osteuropäischer Gesetzgeber derzeit verstärkt wirschaftspolitischen Fragen gelten.

---

33 Siehe oben Kap. E I.

34 Siehe oben Fn. 2 bis 11, 13 bis 15.

35 So trug etwa der Kläger in BayVGH StAZ 1994, 13, 14, vor, das den Adel abschaffende ungarische Gesetz werde demnächst für nichtig erklärt. Vgl. auch den Hinweis bei *Bungert*, StAZ 1991, 273, 278, auf Bestrebungen der im Ausland lebenden Mitglieder des früheren "Vitéz"- Ordens, diesen Orden in Ungarn wieder einzuführen. Siehe zum "Vitéz"-Orden unten III 2 a.

II. Übersicht zur Rechtslage in den Staaten Osteuropas[36]

1. Österreich[37]

In Österreich[38] wurde der Adel durch das "Gesetz über die Aufhebung des Adels, der weltlichen Ritter- und Damenorden und gewisser Titel und Würden" (Adelsgesetz) vom 3. April 1919[39] und die dazu erlassene Vollzugsanweisung des Staatssekretärs für Inneres und Unterricht und des Staatssekretärs für Justiz vom 18. April 1919[40] aufgehoben. Ausdrücklich verbietet § 2 des Adelsgesetzes bei Strafe das Führen von Adelsbezeichnungen[41]. Nach Art. 149 Abs. 1 der am 1. Mai 1945 wieder in Kraft gesetzten österreichischen Bundesverfassung (BV) vom 1. Okt. 1920[42] gilt das Adelsgesetz i.S.v. Art. 44 Abs. 1 BV als Verfassungsgesetz. Das Adelsgesetz gilt nur für Staatsbürger der Republik Österreich. Es erfaßt im Inland erworbenen (vor 1806 reichsdeutschen Adel, nach 1806 österreichischen Adel) ebenso wie im Ausland er-

---

36 Grundlegend *Brintzinger*, S. 93 ff.; übersichtlich und vollständig *Loos*, S. 96 ff.; sehr gedrängt und weitgehend ohne Literaturbelege *Wilhelm Graf von Krockow*, S. 15 ff.; vgl. auch *Hepting/Gaaz*, PStG, § 2 Rdnr. 14a f. (*Gaaz*).

37 § 13 Abs. 1 österreichisches IPR-Gesetz: "Die Führung des Namens einer Person ist nach deren jeweiligem Personalstatut zu beurteilen, auf welchem Grund auch immer der Namenserwerb beruht."
§ 9 Abs. 1 S. 1 österreichisches IPR-Gesetz: "Das Personalstatut einer natürlichen Person ist das Recht des Staates, dem die Person angehört." (zitiert nach *Bergmann/Ferid*, Länderteil Österreich, S. 80).
Vgl. zum österreichischen IPR des Namens ferner IPG 1987/1988 Nr. 2 (München), S. 7, 13; *Schwimann*, FamRZ 1982, 14, 15 f. Sach- und Kollisionsrecht des Namens erörtern: *Raschauer*, Namensrecht; *Edlbacher*, Das Recht des Namens in systematischer Darstellung. Zum Sachrecht in neuerer Zeit: *Zeyringer*, StAZ 1988, 313; 1995, 97.

38 Vgl. zum folgenden *Raschauer*, S. 121 ff.; *Brunner*, JBl 1969, 139.

39 Staatsgesetzblatt Nr. 211, S. 514.

40 Staatsgesetzblatt Nr. 237, S. 573.

41 Wie § 5 Abs. 2 der Vollzuganweisung vom 18. April 1919 klarstellt, umfaßt das Verbot auch die Führung im "rein gesellschaftlichen Verkehr" und den "Gebrauch von Kennzeichen, die einen Hinweis auf den früheren Adel (...) enthalten, soferne darin eine dauernde oder herausfordende Mißachtung der Bestimmungen des [Adels-] Gesetzes zu erblicken ist." Im täglichen Leben und teilweise im Behördenverkehr wird das Verbot freilich nicht beachtet; vgl. *Brintzinger*, S. 93, 125. Ohne Zweifel hält aber der österreichische Staat an ihm fest; vgl. österreichischer OGH ÖJZ 1952 Evidenzblatt Nr. 335 (S. 520); auch OLG Bremen StAZ 1954, 133, 134; Stellungnahme des Rechtsamts in Hamburg, StAZ 1955, 167, 168. - Polemisch meint *Bornhak*, Deutsches Adelsrecht, S. 166, zur österreichischen Gesetzgebung: "Der Gesetzgeber wütet gegen alles, was nur nach Adel riecht."

42 Staatsgesetzblatt Nr. 450, S. 1791.

worbenen Adel[43]. Das namensrechtliche Schicksal österreichischer Adliger, die in Gebieten außerhalb der deutsch-österreichischen Republik wohnten (etwa in Böhmen, Mähren, Galizien oder der Bukowina), ist nach dem Recht der Nachfolgestaaten (Tschechoslowakei [heute: Tschechien und Slowakei], Polen, Jugoslawien [heute: Slowenien, Kroatien, Serbien mit Montenegro und Mazedonien, Bosnien-Herzegowina], Rumänien) zu beurteilen[44]. Die Namensführung der Angehörigen des Hauses Habsburg-Lothringen regelt das sog. Habsburgergesetz vom 3. April 1919[45], welches wie das Adelsgesetz als Verfassungsgesetz gilt und durch den österreichischen Staatsvertrag vom 15. Mai 1955[46] explizit aufrechterhalten wurde.

Registerrechtlich ist § 6 der Vollzugsanweisung des Staatssekretärs für Inneres und Unterricht und des Staatssekretärs für Justiz vom 18. April 1919[47] zu beachten. Nur für die Neueintragung wurde die Unterdrückung der adeligen Namensbestandteile angeordnet. Die bestehenden Matrikeneintragungen beließ man. Dies hat zur Folge, daß auch die in neuerer Zeit ausgestellten Personenstandsurkunden noch Adelsbezeichnungen enthalten können, welche seit 1919 weggefallen sind[48].

Die Praxis der Einbürgerungsbehörden mancher deutscher Länder in der Zeit vor 1938 nahm Einbürgerungen von früher adeligen Österreichern unter dem

---

43 § 1 der Vollzugsanweisung vom 18. April 1919. - A.A. zu Unrecht (siehe oben Kap. E VII) *Sievers*, StAZ 1931, 313, 315 ff.

44 Zu den staatsangehörigkeitsrechtlichen Fragen vgl. das österreichische Staatsangehörigkeitsgesetz vom 5. Dez. 1918 (Staatsgesetzblatt Nr. 91, S. 129); *Brintzinger*, S. 93, 119 f.; OVG Lüneburg StAZ 1965, 102; *Hecker*, Gutachten 31/15, S. 120, 123 f.

45 Gesetz betreffend die Landesverweisung und die Übernahme des Vermögens des Hauses Habsburg- Lothringen (Staatsgesetzblatt Nr. 209, S. 513). Die in Österreich verbliebenen Mitglieder der Familie führen den Namen "Habsburg-Lothringen"; vgl. LG Würzburg StAZ 1959, 15, 17 f. (Otto Habsburg- Lothringen); *von Owstien*, StAZ 1931, 266, 267. In jüngerer Zeit aktuell wurde § 2 des Gesetzes, demzufolge Mitglieder des Hauses Habsburg-Lothringen, "soweit sie nicht auf ihre Mitgliedschaft zu diesem Hause und auf alle aus ihr gefolgerten Herrschaftansprüche ausdrücklich verzichtet und sich als getreue Staatbürger der Republik bekannt haben", des Landes verwiesen werden. Felix Habsburg- Lothringen, der die Thronverzichtserklärung im Gegensatz zu seinem älteren Bruder Otto bisher nicht unterzeichnet hat, war unberechtigt nach Österreich eingereist und begehrte dort unter Berufung auf EU- Recht die Ausstellung eines neuen Reisepasses ohne den von ihm als diskriminierend empfundenen Vermerk: "Berechtigt nicht zur Einreise nach Österreich oder zur Durchreise durch Österreich". Vgl. hierzu den Beitrag in F.A.Z. vom 19. März 1996, S. 4 (Lösung im "Fall Habsburg" in Sicht) und die Glosse a.a.O. (Haus oder Familie Habsburg?).

46 Österreichisches Bundesgesetzblatt Nr. 152, S. 726.

47 Siehe oben Fn. 40.

48 Vgl. *Raschauer*, S. 123; *Peters*, StAZ 1966, 325; *Zeyringer*, ÖStA 1980, 3 f.

vollen Adelsnamen - einschließlich der Adelsbezeichnung - vor[49]. Namensrechtlich ist das ohne Bedeutung[50].

Auch nach dem sog. Anschluß der Republik Österreich an Hitlerdeutschland im Jahre 1938 hatte sich die namensrechtliche Lage nicht geändert. Im deutschen IPR gilt, daß ein Statutenwechsel den Namen unberührt läßt; im Zuge ihrer Kollektiveinbürgerung traten frühere Österreicher mit dem Namen in die deutsche Rechtsordnung ein, der ihnen nach früherem österreichischen Heimatrecht im Zeitpunkt des Staatsangehörigkeitswechsels zustand[51]. Auch nach der Vereinigung galt die österreichische adelsabschaffende Gesetzgebung für ehemalige österreichische Staatsangehörige fort[52]. Denn nach Art. II S. 1 des "Wiedervereinigungsgesetzes" von 1938[53] blieb das zum Zeitpunkt der Eingliederung in Österreich geltende Recht bis auf weiteres in Kraft. Die deutsche Reichsregierung ging ebenfalls von der Weitergeltung des österreichischen Adelsgesetzgebung aus[54]. Die von Angehörigen des früheren österreichischen Adels gewünschte Angleichung an die reichsdeutsche Rechtslage (Art. 109 Abs. 3 S. 2 WRV) wurde zwar in Aussicht genommen[55], jedoch nie geltendes Recht[56].

49 *Sievers*, StAZ 1931, 313, 315.

50 Siehe oben Kap. B Fn. 302. - Aus österreichischer Sicht vgl. Bezirksgericht Korneuburg StAZ 1952, 257. - A.A. zu Unrecht (siehe oben Kap. D Fn. 375) OVG Münster StAZ 1964, 166.

51 Siehe oben Kap. E IX.

52 Vgl. § 1 Abs. 3 der Verordnung über die deutsche Staatsangehörigkeit im Land Österreich vom 3. Juli 1938 (RGBl. I S. 790) aufgrund Art. III des Gesetzes über die Wiedervereinigung Österreichs mit dem Deutschen Reich (Wiedervereinigungsgesetz) vom 13. März 1938 (RGBl. I S. 237).

53 Siehe oben Fn. 52.

54 Vgl. den Hinweis auf dahinlautende Presseveröffentlichungen des Reichsministers des Innern in StAZ 1938, 237.

55 Erlaß des Reichs- und Preußischen Ministers des Innern vom 18. Mai 1938 (I d 6 1/5507); vgl. Runderlaß des nordrhein-westfälischen Ministeriums des Innern vom 18. April 1955, StAZ 1955, 258, 259. Nur das NÄG wurde eingeführt; vgl. Verordnung des Reichsministers des Innern über die Einführung von namensrechtlichen Vorschriften im Lande Österreich und in den sudetendeutschen Gebieten vom 24. Jan. 1939 (RGBl I S. 81).

56 Nach einem Erlaß des Reichsministers für Luftfahrt vom 19. April 1941 (Luftwaffenverordnungsblatt S. 293 [zitiert nach *Loos*, S. 88]) wurde die geplante Neuregelung bis nach Beendigung des Krieges zurückgestellt. Vgl. zum ganzen auch *Bach*, StAZ 1941, 121; OVG Münster StAZ 1963, 331; BayObLG StAZ 1954, 250; VGH Bremen DÖV 1956, 409.

Die österreichische Verbotsgesetzgebung gilt nur für Adelsbezeichnungen, die tatsächlich noch Standesbezeichnungen sind[57]. Nicht erfaßt werden Adelsbezeichnungen, die aus kollisionsrechtlichen Gründen nach dem 10. April 1919, dem Tag des Inkrafttretens des Adelsgesetzes[58], zu Namensbestandteilen wurden[59]. Es erscheine nämlich, so der österreichische Verwaltungsgerichtshof in einer Entscheidung aus dem Jahre 1958, nicht zulässig, "Bestandteile eines bürgerlichen Namens herauszugreifen und diese Bestandteile in Adelsbezeichnungen umzudeuten"[60].

Diese von der österreichischen Rechtssprechung entwickelte Ausnahme betrifft Fälle, in denen es um die Führung deutscher Adelsbezeichnungen, die gem. Art. 109 Abs. 3 S. 2 WRV zu Namensteilen geworden waren, durch österreichische Staatsbürger ging[61]. So führt die österreichische Ehefrau eines deutschen Staatsangehörigen in Österreich den vollständigen adeligen Namen ihres Mannes, da die Adelsbezeichnung nach früherem deutschen Heimatrecht des Mannes[62] nur noch Bestandteil des Familiennamens, nicht mehr Standeskennzeichen ist (vgl. Art. 109 Abs. 3 WRV)[63]. Aus den gleichen Erwägungen darf ein deutscher Staatsangehöriger, dessen Familienname eine Adelsbezeichnung enthält, nach Erwerb der österreichischen Staatsbürgerschaft seinen vollen Familiennamen unter Einschluß der Adelsbezeichnung weiterführen[64]. Erwirbt hingegen ein österreichischer Staatsangehöriger durch familienrechtliche Vorgänge einen Namen, der eine nach fremdem Recht noch aktuelle Adelsbezeichnung enthält, so darf er diesen Namensteil in Österreich nicht führen[65].

---

57 *Loos*, S. 98.

58 Vgl. § 7 des Adelsgesetzes (siehe oben Fn. 39).

59 *Raschauer*, S. 123; IPG 1987/1988 Nr. 2 (München), S. 7, 15 ff.

60 Österreichischer VwGH 12. Jan. 1958 (zitiert nach IPG 1987/1988 Nr. 2 (München), S. 7, 17). Vgl. hierzu *Brunner*, JBl 1969, 139, 141 f.

61 Nach IPG 1987/1988 Nr. 2 (München), S. 7, 15 ff., 21, soll diese Ausnahme - aus Sicht des österreichischen Rechts - auch für den adeligen Namensbestandteil "von" eines Schweizers nach seiner Einbürgerung in Österrreich gelten. Die schweizerische Rechtslage im Jahre 1907 sei wie die Rechtslage in Deutschland nach Inkrafttreten der WRV zu beurteilen. Siehe zur Schweiz auch oben Fn. 14.

62 Siehe zum Namen im österreichischen IPR oben Fn. 37.

63 Österreichischer OGH ÖJZ 1952 Evidenzblatt Nr. 335 (S. 520) = NJW 1953, 639 (nur Auszug).

64 Erkenntnisse und Beschlüsse des [österreichischen] Verwaltungsgerichtshofes 1954 Nr. 3476 A (S. 50) = StAZ 1955, 62, 63; Österreichischer Verwaltungsgerichtshof, JBl 1959, 642. Vgl. zum ganzen: *Raschauer*, S. 332; *Brintzinger*, S. 93, 129; IPG 1987/1988 Nr. 2 (München), S. 13, 17.

65 Österreichischer OGH ÖJZ 1975 Evidenzblatt Nr. 121 (S. 245) (Namensführung des Adoptivkindes bei einer nach französischem Recht zu beurteilenden Annahme an

Sehr zu Recht ist diese Rechtsauffassung auf Kritik gestoßen. Denn das Verbot des Führens von Adelsbezeichnungen wird durch die Anerkennung der Fiktion, eine Adelsbezeichnung werde durch Einfügung in den Familiennamen zu einem von diesem nicht mehr scheidbaren Bestandteil[66], ausgehöhlt. Dieses Verbot wollte nämlich gerade verhindern, daß die ihrer öffentlich-rechtlichen Bedeutung (Kennzeichnung von Vorrechten) entkleidete Adelsbezeichnung für ihre Träger auch nach Abschaffung des Adels Substrat von Scheinprivilegien sein kann[67].

Soweit adelige Namensbestandteile in Österreich ausnahmsweise geführt werden dürfen, werden diese nicht nach dem Geschlecht abgewandelt[68].

2. *Tschechien und die Slowakei (frühere Tschechoslowakei)*[69]

In der Tschechoslowakei wurde der Adel durch Gesetz vom 10. Dez. 1918 aufgehoben und das Führen von Adelsbezeichnungen verboten[70]. Ein Gesetz

---

Kindesstatt durch eine französische Adelige ["Louisa Ney, Duchesse d'Elchingen, Princesse de la Moskowa"]).

66 Das wird besonders deutlich in: Erkenntnisse und Beschlüsse des [österreichischen] Verwaltungsgerichtshofes 1954 Nr. 3476 A (S. 50) = StAZ 1955, 62, 63. Dort führte der Gerichtshof aus, die österreichische Adelsgesetzgebung habe auf den Beschwerdeführer keine Anwendung finden können, "weil sein Name im Zeitpunkt der Erlangung der österreichischen Staatsbürgerschaft keine Adelsbezeichnung mehr trug. Der Umstand, daß das Wort "von" vor Inkrafttreten der Bestimmungen der Weimarer Reichsverfassung eine Adelsbezeichnung war, ändert an der Tatsache nichts, daß dieses Wort nach Inkrafttreten dieser Verfassung Bestandteil des bürgerlichen Namens wurde und demnach auch nicht mehr als Adelszeichen im Sinne des § 2 der Vollzugsanweisung StGBl. Nr. 237/1919 anzusehen war".

67 IPG 1987/1988 Nr. 2 (München), S. 13, 17. - Kritisch auch *Zeyringer*, ÖStA 1980, 3, 4 f., der die Rechtsprechung von OGH und Verwaltungsgerichtshof im Hinblick auf den (adelsfeindlichen) österreichischen ordre public für bedenklich hält. - Auf die Unstimmigkeiten dieser Rechtsprechung verweist *Brintzinger*, S. 93, 129 Fn. 238.

68 Österreichischer Verwaltungsgerichtshof ÖStA 1984, 84, 85. In casu wurde der Name der ehelichen Tochter eines Grafen X. gem. §§ 4, 8 des österreichischen NÄG mit "Graf X." festgestellt. Eine geschlechtsbedingte Abwandlung eines Teils des Familiennamens (Gräfin, Komtesse), so der Gerichtshof, sei der österreichischen Rechtsordnung fremd. Gleicher Ansicht schon *Zeyringer*, ÖStA 1980, 3, 5 f. Vgl. auch *Hepting/Gaaz*, PStG, § 2 Rdnr. 14 (*Gaaz*). - A.A. die in Deutschland h.M. (siehe oben Kap. D III 3).

69 Die folgenden Ausführungen beziehen sich auf das Recht der früheren Tschechoslowakei. In den Nachfolgestaaten sind, soweit ersichtlich, keine Änderungen eingetreten.

70 Sammlung der Gesetze und Verordnungen der Tschechoslowakischen Republik, Band I (1918/1919) Nr. 61 (zitiert nach *Brintzinger*, S. 93, 131 f. Fn. 243; auszugsweise in

vom 10. April 1920[71] stellte Verstöße gegen das Verbot unter Strafe, die durch Gesetz vom 21. Okt. 1936[72] verschärft wurde[73]. Die Gesetzgebung, die republikanisch-demokratischen Idealen zum Durchbruch verhalf, traf in erster Linie den überwiegend[74] deutschstämmigen Adel, da es einen einheimischen tschechischen Adel nicht gab[75].

Die Sammeleinbürgerung der sudetendeutschen Bevölkerung[76] als Folge des Erwerbs des Sudetenlands durch Verzicht der Tschechoslowakei vom 29. Sept. 1938[77] hat diesen Rechtszustand nicht verändert. Gleiches gilt für die deutschen Volkszugehörigen, die im Zuge der gewaltsamen Einverleibung der restlichen tschechischen Gebiete als "Reichsprotektorat Böhmen und Mähren" in das Deutsche Reich kollektiv eingebürgert[78] wurden.

---

deutscher Übersetzung abgedruckt a.a.O. und bei *Bergmann*, 2. Aufl., Band 1, S. 745).

71 Sammlung der Gesetze und Verordnungen der Tschechoslowakischen Republik, Band II (1920) Nr. 243 (zitiert nach *Brintzinger*, S. 130 f. Fn. 243, 247; auszugsweise in deutscher Übersetzung abgedruckt a.a.O. und bei *Bergmann*, 2. Aufl., Band 1, S. 745).

72 Sammlung der Gesetze und Verordnungen der Tschechoslowakischen Republik, Nr. 268 (zitiert nach *Brintzinger*, S. 93, 131 Fn. 249).

73 Vgl. BayVGH BayVBl 1957, 160, 161.

74 In den ehemals ungarischen Gebietsteilen der Tschechoslowkei wurden von der Verbotsgesetzgebung auch Adelige ungarischen Ursprungs betroffen; vgl. z.B. BayObLG StAZ 1957, 95 (dazu kritisch *Brintzinger*, S. 93, 133 Fn. 262); auch BayVGH BayVBl 1957, 160, 161.

75 Siehe oben Kap. F III 3 b bb bei Fn. 152.

76 Mit Wirkung vom 10. Oktober 1938. Vgl. Vertrag zwischen dem Deutschen Reich und der Tschechoslowakischen Republik über Staatsangehörigkeits- und Optionsfragen vom 20. Nov. 1938 (RGBl. II S. 895); ferner: Gesetz über die Wiedervereinigung der sudetendeutschen Gebiete mit dem Deutschen Reich vom 21. Nov. 1938 (RGBl. I S. 1641); Verordnung über die deutsche Staatsangehörigkeit in den sudetendeutschen Gebieten vom 12. Feb. 1939 (RGBl. I S. 205).

77 Abkommen zwischen Deutschland, dem Vereinigten Königreich, Frankreich und Italien, getroffen in München, am 29. Sept. 1938 (RGBl. II S. 853).

78 Vgl. Erlaß des Führers und Reichskanzlers über das Protektorat Böhmen und Mähren vom 16. März 1939 (RGBl. I S. 485); Verordnung über den Erwerb der deutschen Staatsangehörigkeit durch früher tschecho-slowakische Staatsangehörige deutscher Volkszugehörigkeit vom 20. April 1939 (RGBl I S. 815); Verordnung zur Regelung von Staatsangehörigkeitsfragen gegenüber dem Protektorat Böhmen und Mähren vom 6. Juni 1941 (RGBl 1941 S. 308). Vgl. eingehend zur Gesamtproblematik der Kollektiveinbürgerungen anläßlich der Eingliederung des Sudetenlandes und der Errichtung des "Protektorats Böhmen und Mähren" *Lottig*, Gutachten 31/16, S. 129 ff., auch zur Frage der Gültigkeit der angeführten Rechtsvorschriften; ferner *Hecker*, Gutachten 31/15, S. 120, 124 ff.

Die Einbürgerung erfolgte unter dem bisherigen Namen, also ohne die Adelsbezeichnung[79]. In den genannten Gebieten hat Deutschland die tschechoslowakische Adelsgesetzgebung nicht aufgehoben; eine Anpassung an die Rechtslage im übrigen Deutschen Reich (vgl. Art. 109 Abs. 3 S. 2 WRV) erfolgte nicht[80]. Die Führung von Adelsbezeichnungen blieb weiterhin untersagt[81]. Zu der - wie für das ehemals österreichische Gebiet[82] - geplanten Rechtsangleichung kam es ebenfalls nicht[83].

3. *Rußland*[84]

a) *Adelsbezeichnungen im kaiserlichen Rußland*

Der russische Adel trug die russischen Bezeichnungen für "Baron", "Graf" und "Fürst". Die Mehrzahl der russischen Adeligen hatte jedoch keinen Titel. Die Zugehörigkeit dieser Personen zum untitulierten niederen Adel wurde in russischen Urkunden durch Anfügung der Bezeichnung "dworjanin" (Edel-

---

79 Siehe oben 1 bei Fn. 51.

80 Vgl. Art. 12 des Erlasses vom 16. März 1939 (siehe oben Fn. 78); Verordnung über die Anwendung deutschen Rechts auf deutsche Volkszugehörige vom 20. Juli 1939 (RGBl I S. 1309); Verordnung vom 24. Jan. 1939 (siehe oben Fn. 55); OVG Münster StAZ 1961, 106, 107.

81 Nur § 1 Abs. 1 des tschechoslowakischen Adelsgesetzes (siehe oben Fn. 70), der Titel und Orden abgeschafft hatte, nicht aber § 1 Abs. 2, der die Benutzung von Adelsbezeichnungen verbot, wurde aufgehoben; vgl. *Bach*, StAZ 1941, 121; BVerwG StAZ 1960, 74, 75; *Loos*, S. 89. Die Strafbestimmungen (siehe oben Fn. 71 und 72) wurden jedoch anscheinend abgeschafft; vgl. VG München, StAZ 1955, 135, 136.

82 Siehe oben 1 bei Fn. 55.

83 *Bach*, StAZ 1941, 121; Erlaß vom 19. April 1941 (siehe oben Fn. 56). Vgl. zum ganzen auch *Hecker*, Gutachten 31/15, S. 120, 125 f.; IPG 1984 Nr. 1 (Berlin), S. 1, 8; *Brintzinger*, S. 93, 132 f.; OLG Celle IPRspr 1969, Nr. 14 (S. 53, 54); BayVGH BayVBl 1957, 160, 161 f.; BVerwG StAZ 1958, 324; VGH Stuttgart StAZ 1958, 323.

84 In der Rußländischen Föderation (Rußland) gilt im wesentlichen das Ehe- und Kindschaftsrecht der ehemaligen UdSSR fort; vgl. *Bergmann/Ferid*, Länderteil Rußländische Föderation (Rußland), S. 12. Ein besonderes IPR-Gesetz gab es im Recht der UdSSR nicht. Kollisionsnormen enthielten jedoch mehrere Einzelgesetze (z.B. die [fortgeltenden] "Grundlagen der Gesetzgebung der Union der Sozialistischen Sowjetrepublik und der Unionsrepubliken über Ehe und Familien von 1968"). Danach gilt reines Territorialitätsprinzip; vgl. *Bergmann/Ferid*, Länderteil UdSSR, S. 29. Ebenso verhält es sich mit dem IPR von Weißrußland, in dem seit Erlangung der staatlichen Unabhängigkeit keine Änderungen eingetreten sind; vgl. *Bergmann/Ferid*, Länderteil Belarus, S. 9.

mann) hinter den Namen gekennzeichnet. Eine dem deutschen "von" vergleichbare Adelsbezeichnung gab es im Russischen nicht[85].

Aufgrund der allgemeinen im IPR des Namens geltenden Grundsätze[86] dürfen die russischen Bezeichnungen des titulierten Adels nicht übersetzt werden[87]. Übermäßig lange Adelsbezeichnungen sind im Hinblick auf den deutschen *ordre-public* analog § 22 Abs. 1 und 2 des preußischen Adelsgesetzes[88] zu kürzen[89].

Immer wieder jedoch hat die Namensführung der Angehörigen des früheren untitulierten zaristischen Adels die Gerichte beschäftigt[90]. Dies rührt daher, daß die russischen Legimitationsdokumente vor 1917 neben dem russischen meist noch einen französischen und deutschen Text trugen, der das Beiwort "dworjanin" in die Adelsbezeichnungen der deutschen und französischen Sprache ("von" und "de") übersetzte[91]. Durch diese Praxis wurde der Rechtsschein erweckt, dem untitulierten russischen Adel habe im kaiserlichen Rußland das deutsche oder französische Vorwort als Adelsbezeichnung zuge-

---

85 *Loos*, S. 102; *Brintzinger*, S. 93, 144. Ausführlich zum russischen Adel und zur sog. petrinischen Rangtabelle vgl. *Brintzinger*, StAZ 1968, 298 m.w.N.

86 Siehe oben Kap. E III und IX.

87 BayObLG StAZ 1965, 126, 127; OVG Münster StAZ 1964, 197, 199.

88 Siehe oben Kap. D Fn. 54. § 22 Abs. 1 S. 1 lautet: "Als Namen der bisherigen Adelsfamilien und ihrer Angehörigen gilt die Bezeichnung, die sich auch bisher auf die nicht besonders bevorrechtigten Familienmitglieder als eigentliche Familienbezeichnung vererbte (...)." Wegen des Wortlauts des § 22 Abs. 1 S. 2 siehe oben Kap. D III 4 bei Fn. 208. § 22 Abs. 2 S. 1 bestimmt: "Die in den Art. 57 und 58 EGBGB genannten Familien und das Herzoglich Holsteinische Fürstenhaus sind befugt, bis zum 31. Dezember 1920 aus den bisher in der Familie geführten Bezeichnungen einen Teil auszuwählen und mit Ermächtigung des Justizministers künftig als Familiennamen zu führen (...)."
Nach der Verordnung über den Namen der Mitglieder der vormals landesherrlichen Familie vom 27. Nov. 1923 führen die Angehörigen des früheren preußischen Königshauses an Stelle der umfangreichen früher im "Großen Titel" enthaltenen Adelsbezeichnungen den Familiennamen "Prinz/Prinzessin von Preußen" (siehe oben Kap. D Fn. 236).

89 BVerwG StAZ 1963, 186, 187 (Bestätigung von OVG Münster StAZ 1964, 197, 199): Der Kläger begehrte die Feststellung seines Namens u.a. mit den Adelsbezeichnungen "Prinz A.B., Herzog von C., Baron S. von L., Herr von D."

90 Die früheste Entscheidung aus Weimarer Zeit ist anscheinend LG Schweidnitz ZfOR 1 (1927), 265 (= IPRspr 1926/27, Nr. 20 (S. 23) - nur auszugsweise); auch KG StAZ 1927, 246. Vgl. zum folgenden *Brintzinger*, StAZ 1968, 298.

91 *Brintzinger*, StAZ 1968, 298, 300.

standen[92]. Das war aber, wie vor allem von Freymann nachgewiesen hat[93], nicht der Fall[94]. Das Heraldie-Departement des Dirigierenden Senats, in dessen Entscheidungszuständigkeit alle den Adelstand sowie die Berechtigung zur Führung von Adelsbezeichungen betreffenden Fragen fielen[95], hatte nämlich in zahlreichen Ukasen[96] darauf hingewiesen, daß der Gebrauch des Vorwortes "von" grundsätzlich nicht gestattet sei[97], auch nicht bei Eintragung in die für den russischen Adel maßgebenden Adelsgeschlechtsbücher oder in Tauf- und Geburtsscheine.

Nur in drei Ausnahmefällen, deren Vorliegen bewiesen werden mußte[98], durfte das "von" geführt werden. Berechtigt war, wem die Bezeichnung "von" ausdrücklich - als Teil des Familiennamens[99] - verliehen worden war[100]. Nur

---

92 BayObLG StAZ 1966, 170, 171.

93 *Von Freymann*, ZfOR 1 (1927), 265, 266 f.

94 H.M.: BayObLG StAZ 1966, 170, 171; KG IPRspr 1952/1953, Nr. 14 (S. 21, 27 f.); OLG Stuttgart StAZ 1956, 118; OVG Münster StAZ 1961, 191, 192; LG Verden StAZ 1990, 143, 144; LG Hamburg StAZ 1953, 110, 111; 1954, 111; *Koerner*, StAZ 1951, 180, 182; *Hübschmann*, StAZ 1926, 311; Erlaß des Innenministeriums Baden-Württemberg vom 17. März 1953, StAZ 1955, 92; *Loos*, S. 102 f.; *Brintzinger*, S. 93, 144 f.

95 *Brintzinger*, S. 93, 144 f. Fn. 337.

96 Vgl. die Nachweise bei *von Freymann*, ZfOR 1 (1927), 265, 266 Fn. 1, zuletzt durch Ukase vom 18. Jan. 1910 (in deutscher Übersetzung wiedergegeben a.a.O. Fn. 2).

97 In KG IPRspr 1952/1953, Nr. 14 (S. 21, 22 ff.), hatte ein vom Antragsteller vorgelegtes Gutachten des deutschen Adelsarchivs auf einen Erlaß des Zaren Nikolaus I. hingewiesen, der den russischen Uradel berechtigt habe, *im Ausland* das Prädikat "von" oder "de" zu führen. Dieser Erlaß sei im Ausland bis 1917 allgemein anerkannt gewesen. Grundlage des Erlasses sei eine Vereinbarung zwischen Nikolaus I., Friedrich Wilhelm IV., "dem französischen König" und "dem österreichischen Kaiser" gewesen. Eine derartige Konvention hat sich bis heute nicht nachweisen lassen; vgl. KG a.a.O. S. 25 ff.; *Brintzinger*, StAZ 1968, 298, 300. Zu Recht verweist das KG (a.a.O., S. 27) darauf, daß diese, sollte sie je existiert haben, jedenfalls nicht mehr in Geltung war, wie die Ukasen des Heroldie- Departments (siehe oben Fn. 96) zeigten.

98 *Von Freymann*, ZfOR 1 (1927), 265, 267 Fn. 5, 6 und 7.

99 Das Vorwort "von" wurde in Rußland - anders als im preußisch-deutschen Kaiserreich (siehe oben Kap. D I 2) - nicht als öffentlich-rechtlicher Adelstitel, sondern als Bestandteil des Familiennamens verstanden; vgl. *Brintzinger*, S. 93, 144 f.; *ders.*, StAZ 1968, 298, 300.

100 *Von Freymann*, ZfOR 1 (1927), 265, 266. Vgl. z.B. LG Mannheim StAZ 1964, 330. OLG Bremen StAZ 1968, 296, hat eine derartige hoheitliche Namensänderung darin erblickt, daß das Heraldie-Departement dem Familiennamen eines russischen Adeligen in einem Attestat, welches seiner Eintragung in das örtlich zuständige livländische Adelsgeschlechtsbuch (nicht die Matrikel des ritterschaftlichen, baltendeutschen Indigenatsadels) zugrundelag, das Vorwort "von" hinzugefügt hatte. Dieser Akt habe nicht völlig außerhalb der sachlichen Zuständigkeit des mit Adelsfragen befaßten Heraldie-Departments als Teil des Kabinetts des absoluten Zaren gelegen.

in diesem Fall war ein Angehöriger des russischen Adels befugt, das "von" in seinem Namen zu führen.
Die anderen beiden Ausnahmen betrafen nichtrussische Adelige[101]. In Rußland anerkannter Adel ausländischen Ursprungs durfte getragen werden; wurde der Adel im Herkunftsland durch die deutsche Bezeichnung "von" kenntlich gemacht, dann war der Betreffende berechtigt, in Rußland das "von" zu führen. Deutsche Adelsbezeichnungen führte insbesondere der baltendeutsche Adel. Konsequent galt daher die dritte und wichtigste Ausnahme für Adelige, die in eine der ritterschaftlichen Matrikeln des baltischen Stammadels (Liv-, Est-, Kurland und Oesel)[102] eingetragen waren[103]. Diese Matrikeln sind von den schon erwähnten Adelsgeschlechtsbüchern zu unterscheiden. Letztere hatten ursprünglich aufgrund des Adelsmanifests Katharinas II. vom 21. April 1785 nur für den russischen Erbadel in den inneren russischen Gouvernments bestanden, waren dann aber durch Ukase des Heraldie-Departements des Dirigierenden Senats vom 22. August 1863 auch in den baltischen Provinzen eingeführt worden[104]. Dort dienten die Adelsgeschlechtsbücher aber nur zur Führung der Geschlechtstabellen der zwar in den baltischen Provinzen wohnhaften, jedoch dem baltischen Stammadel nicht angehörigen russischen Edelleute[105]. Ritterschaftliche Matrikeln und Adelsgeschlechtsbücher können auch deshalb leicht verwechselt werden, weil in den baltischen Provinzen die dortigen ritterschaftlichen Behörden mit der Führung der Adelsgeschlechtsbücher betraut worden war, eine Folge der unzureichenden Organisation der in den Ostseeprovinzen ansässigen russischen Adeligen[106]. In der Praxis geht es wohl vor allem um bürgerliche Personen deutscher[107] oder deutsch-

101 In der Mehrzahl Angehörige des einheimischen Adels der russischen Vasallenstaaten (z.B. des deutsch-dänisch-schwedischen und kurländischen Adels der baltischen Provinzen, des polnisch-litauischen Adels, des schwedisch-finnischen Adels und des einheimischen Adels Georgiens); vgl. *Brintzinger*, StAZ 1968, 298; zum georgischen Adel vor allem das Gutachten von *Baade*, JbIntR 9 (1960), S. 224 ff., insbesondere S. 226 f.

102 Vgl. hierzu Prov. Recht der Ostseegouvernments II. Teil (Ständerecht), St. Petersburg 1845. I. Buch Hauptstück I "Von den verschiedenen Gattungen des Adelsstandes" Art. 7 und 8 (wiedergegeben bei *von Freymann*, ZfOR 1 (1927), 265, 266 Fn. 4).

103 Vgl. z.B. BayObLG StAZ 1970, 70.

104 *Von Freymann*, ZfOR 1 (1927), 265, 266 Fn. 3.

105 *Von Freymann*, ZfOR 1 (1927), 265, 266 Fn. 3.

106 Vgl. *von Freymann*, ZfOR 1 (1927), 265, 266 Fn. 3.

107 Z.B. BayObLG StAZ 1966, 170.

baltischer Abstammung[108], die - in russischen Staatsdiensten stehend - vom Zaren in den Adelsstand erhoben worden waren und nun aus sprachlichen Gründen die deutsche Adelsbezeichnung "von" führten. Diesem Personenkreis stand das "von" - anders als dem immatrikulierten baltischen Stammadel - nicht zu.

b) *Das sowjetrussische Abolitionsdekret vom 12./25. Nov. 1917*

Das am 12./25. Nov. 1917 in Kraft getretene sowjetrussische "Dekret von der Abschaffung der Stände und bürgerlichen Rangbezeichnungen vom 10./23. Nov. 1917[109] hat die ständische Gliederung des Russischen Reiches beseitigt, den Adel aufgehoben und seine Titel verboten.

Viele Adelige, die ursprünglich die kaiserlich-russische Staatsangehörigkeit besaßen, befanden sich zum Zeitpunkt des Inkrafttretens des Adelsdekrets in Gebieten, die faktisch schon damals von der (sowjet-) russischen Zentralgewalt losgelöst waren[110], sei es für längere Zeit (Estland, Lettland, Litauen bis 1940), sei es nur vorübergehend (wie die während des Bürgerkriegs von "weißen" Generälen beherrschten Gebiete). Diese Personen haben nach ihrer Emigration vor deutschen Gerichten vielfach geltend gemacht, sie seien von dem adelsabschaffenden Dekret nicht mehr erfaßt worden, so daß sich die Frage der Berechtigung zur Führung der Adelsbezeichnung nach kaiserlich-russischem Recht richte.
Dieser Ansicht kann nicht gefolgt werden[111]. Da die Bolschewiki de iure und de facto die Nachfolge der zaristischen Regierung antraten, erlangten *alle* Staatsangehörigen des zaristischen Rußlands automatisch und ohne vorherige

108 Z.B. OLG Bremen StAZ 1968, 296. Neben den (adeligen) deutsch-baltischen Grundherren existierte in den Städten eine vorwiegend deutsche Bürgerschaft; vgl. *Brintzinger*, S. 93, 148.

109 In deutscher Übersetzung wiedergegeben bei *Brintzinger*, S. 93, 144.

110 Vgl. zur Entstehung der Sowjetunion Brockhaus-Enzyklopädie, "Sowjetunion", S. 511 ff.

111 Wie hier: BayObLG StAZ 1965, 126, 127 f.; BayObLGZ 1971, 90, 91 ff.; LG Hamburg StAZ 1954, 111; LG Mannheim StAZ 1964, 330; *Seeler*, Gutachten, 31/19, S. 163, 165 f.; *Hecker*, Gutachten, 31/20, S. 170, 173 ff.- Offengelassen von OLG Stuttgart StAZ 1956, 118. - A.A. OVG Hamburg StAZ 1958, 125, 127; OVG Münster StAZ 1964, 197, 198 (aufrechterhalten von BVerwG StAZ 1963, 186, das allerdings auf die Frage, ob der auf Seiten der "Weißen" gegen die rote Armee kämpfende Vater des Klägers von dem Abolitionsedikt erfaßt wurde, nicht einging); wohl auch *Brintzinger*, S. 93, 146 f., 149. - Vgl. ferner *Baade*, JbIntR 9 (1960), S. 224, 227 f.

Registrierung die sowjetische Staatsangehörigkeit[112]. Mögen die betreffenden Personen auch zu keinem Zeitpunkt der Gebietshoheit des sowjetrussischen Staates unterstanden haben, jedenfalls unterfielen sie zufolge eines völkerrechtlich anerkannten, allgemeinen staatsrechtlichen Grundsatzes[113] der Personalhoheit dieses Staates[114], mit der Konsequenz, daß sie von dem Abolitionsdekret ergriffen wurden. Einen völkerrechtlichen Satz, wonach der Verlust der Ursprungsstaatsangehörigkeit schon aufgrund Flucht und Rückkehrverweigerung eintritt, gibt es nicht[115]. Vielmehr verloren russische Flüchtlinge ihre Staatsangehörigkeit erst - und nicht etwa mit rückwirkender Kraft - durch die Verordnungen der Russischen Sozialistischen Föderativen Sowjetrepublik (RFSR) vom 28. Okt. 1921 und vom 15. Dez. 1921[116]. Soweit Adelige russischer Staatsangehörigkeit in Nachfolgestaaten des russischen Kaiserreiches wohnten, galt das Adelsdekret für sie, bis diese Staaten die volle staatliche Unabhängigkeit erlangt und ihre Wohnbevölkerung als ihre Staatsangehörigen in Anspruch genommen hatten[117].

Ab diesem Zeitpunkt blieb es allerdings den Nachfolgestaaten kraft ihrer Souveränität unbenommen, die Adelsbezeichnungen ihrer Staatsbürger wiederherzustellen. Nicht das Völkerrecht, sondern das nationale Recht der Nachfolgestaaten entschied darüber, welche Gesetze des (sowjet-) russischen Staates

---

112 LG Hamburg StAZ 1954, 111; LG Mannheim StAZ 1964, 330.

113 Siehe dazu oben Kap. E X 3.

114 Vgl. BayObLG StAZ 1965, 126, 127 f.; BayObLGZ 1971, 90, 95 f. Das übersehen OVG Münster StAZ 1964, 197, 198, und OVG Hamburg StAZ 1958, 125, 127.

115 Siehe oben Kap. E Fn. 135.

116 LG Mannheim StAZ 1964, 330; *Brintzinger*, S. 93, 147: Diese Verordnungen erklärten Emigranten, Angehörige von Streitkräften, die gegen die "Sowjetmacht" gekämpft hatten, Personen, die sich konterrevolutionär betätigt oder das ihnen durch die Friedensverträge mit den ihre Selbständigkeit erlangenden Randstaaten zustehende Optionsrecht für die RFSR nicht ausgeübt hatten, der sowjetrussischen Staatsangehörigkeit für verlustig.

117 Vgl. *Seeler*, Gutachten, 31/19, S. 163, 165 f.; *Hecker*, Gutachten, 31/20, S. 170, 173 ff. - In Estland durch die am 26. Nov. 1918 erlassene Verordnung des Landesrates über die Staatsbürgerschaft der demokratischen Republik Estland bzw. durch das am 27. Okt. 1922 erlassene Staatsbürgerschaftsgesetz (vgl. *Marcks*, StAZ 1969, 24, 25). - In Lettland durch Erlaß des lettischen Staatsangehörigkeitsgesetzes vom 23. Aug. 1919 (vgl. BayObLG StAZ 1970, 70, 71; *Hecker*, a.a.O., S. 175). - In Litauen durch Erlaß des litauischen Staatsangehörigkeitsgesetzes vom 16. Jan. 1919 (vgl. *Marcks*, a.a.O.; Gutachten des Max Planck-Instituts für ausländisches und internationales Privatrecht zum litauischen Adelsrecht, StAZ 1965, 27).

weitergelten und welche durch die eigenen Gesetzgebung ersetzt werden sollten[118].

4. *Die baltischen Staaten*

Nach Erringung ihrer staatlichen Unabhängigkeit[119] sind die Adelsgesetzgebungen der Staaten des Baltikums unterschiedliche Wege gegangen. Estland verbot seinen Bürgern die Führung von Adelsbezeichnungen, in Lettland und wohl auch in Litauen dagegen war sie gestattet. Im Jahre 1940 wurden diese Staaten durch die Sowjetunion annektiert und verloren bis zum Ende des kalten Krieges ihre staatliche Eigenständigkeit. Während dieses Zeitraums wird man eine erneute Geltung des sowjetrussischen Abolitionsdekrets[120] unterstellen können[121]. Auch nach der erneuten Erlangung der Eigenstaatlichkeit spricht vieles für die Weitergeltung dieses Dekrets in den baltischen Staaten[122].

a) *Estland*

Zwar hat Estland lediglich die bis zum 24. Okt./8. Nov. 1917 erlassenen, vorsowjetischen Gesetze anerkannt[123], weshalb das sowjetische Adelsdekret[124] in Estland keine Geltung erlangte[125]. Jedoch hat Estland selbst durch das am 27. Aug. 1920 in Kraft getretene Gesetz betreffend die Aufhebung der Stände vom

---

118 Vgl. BayObLG StAZ 1970, 70, 71; BayObLGZ 1971, 90, 97; auch *Brintzinger*, S. 93, 149 (betreffend die baltische Staaten). Siehe zur Rechtslage in den baltischen Staaten sogleich unten 4.

119 Einen Überblick über die Staatenwerdung der ehemaligen Ostseeprovinzen des Zarenreiches gibt *Brintzinger*, S. 93, 148 f. (Estland); 151 f. (Lettland), 157 f. (Litauen) je m.w.N.

120 Siehe oben 3 b.

121 So *Marcks*, StAZ 1969, 24, 25; *Brintzinger*, DÖV 1965, 231, 233. - Offengelassen von OVG Münster OVGE 12, 43, 46, 54; OVG Münster StAZ 1961, 191, 192; OLG Hamburg StAZ 1958, 125, 127; LG München StAZ 1963, 67, 68; *Brintzinger*, S. 93, 156.

122 Gegenteiliges ist jedenfalls bisher nicht bekanntgeworden. Siehe auch oben I bei Fn. 35.

123 Riigi Teataja (Staatsanzeiger) 1918 Nr. 1 (zitiert nach *Brintzinger*, S. 93, 149 Fn. 375).

124 Siehe oben 3 b.

125 Vgl. BayObLGZ 1971, 90, 97.

9. Juni 1920 (Ständegesetz)[126] die Vorrechte des Adels beseitigt und die Führung von Adelsbezeichnungen untersagt[127]. Das spätere "Grundgesetz des Freistaats Estland" vom 15. Juni 1920[128] sowie die Verfassung der Republik Estland vom 3. Sept. 1937[129] haben das Verbot bestätigt.

b) Lettland[130]

Durch das lettische Gesetz vom 5. Dez. 1919[131] wurden nur die bis zum 24. Okt./8. Nov. 1917 erlassenen russischen Gesetze in Kraft belassen. Folglich hat das sowjetrussische Adelsedikt vom 10./23. Nov. 1917[132] auch in Lettland keine Geltung erlangt[133].

Lettland seinerseits hat das Führen von Adelsbezeichnungen als Namensbestandteil nie verboten[134].

---

126 Riigi Teataja (Staatsanzeiger) 1920 Nr. 129/130 (zitiert nach *Brintzinger*, S. 93, 149 Fn. 377; in deutscher Übersetzung wiedergegeben a.a.O., S. 150).

127 Vgl. OVG Hamburg IPRspr 1956/1957 Nr. 11 (S. 34, 36 f.) (bestätigt durch BVerwG StAZ 1960, 150); BayObLG StAZ 1961, 43, 44; *Marcks*, StAZ 1969, 24, 25; *Loos*, S. 96.

128 Gesetz Nr. 243, Riigi Teataja (Staatsanzeiger) 1920, Nr. 113/114 (zitiert nach *Brintzinger*, S. 93, 150 Fn. 379; in deutscher Übersetzung wiedergegeben a.a.O., S. 150).

129 Riigi Teataja (Staatsanzeiger) 1937 Nr. 71, Art. 590 (zitiert nach *Brintzinger*, S. 93, 150 Fn. 381; in deutscher Übersetzung wiedergegeben a.a.O., S. 150).

130 Vgl. die Hinweise zum Namen im lettischen IPR (vor 1940) in OVG Münster StAZ 1961, 191 f.; 1964, 197.

131 Gesetz über Inkraftbelassung früherer russischer Gesetze für Lettland; Likumu un waldibas rihkojumu krahjums (Lettische Gesetzes- und Verordnungssammlung) Nr. 13 vom 13. Dez. 1919 S. 154 (zitiert nach *Brintzinger*, S. 93, 152 Fn. 391; in deutscher Übersetzung wiedergegeben a.a.O., S. 152).

132 Siehe oben 3 b.

133 OVG Münster OVGE 12, 43, 47; OLG Bremen StAZ 1968, 296; BayObLG StAZ 1970, 70, 73; LG München StAZ 1963, 67, 68. Im Ergebnis ebenso: OVG Hamburg StAZ 1958, 125, 127; *Marcks*, StAZ 1969, 24, 25. Außer Betracht bleiben kann hier das Intermezzo der lettischen Räteregierung, die vom 18. Dez. 1918 bis Ende Mai 1919 de facto die Regierungsgewalt ausgeübt und durch ein Dekret vom 8. Jan. 1918 das Inkrafttreten der bis zum 25. Dez. 1918 erlassenen, sowjetrussischen Gesetzgebung angeordnet hatte. Da diese Regierung - abgesehen von der RSFSR - keine völkerrechtliche Anerkennung gefunden hatte, kam dem Dekret vom 8. Jan. 1918 keine Rechtswirkung zu; vgl. *Brintzinger*, S. 93, 152 Fn. 395, 153. *Loos*, S. 97, geht von einer vorübergehenden Geltung des Abolitionsdekrets in Lettland aus, nimmt dann aber dessen rückwirkende Aufhebung durch das lettische Gesetz vom 5. Dez. 1919 an.

134 H.M.: OVG Münster OVGE 12, 43, 46 ff.; OVG Münster StAZ 1961, 191, 192; 1964, 197; OVG Hamburg StAZ 1958, 125, 127; BayObLG StAZ 1970, 70, 72; OLG Bremen StAZ 1968, 296; LG München StAZ 1963, 67, 68 f.; *Ambrosius*, DÖV 1963,

Mit Gesetz vom 29. Juni 1920[135] wurden zwar die Adelskorporationen und Ritterschaften von Livland, Kurland und Pilten geschlossen und die öffentlichen und privaten Rechte und Prärogativen dieser Korporationen aufgehoben. Die Rechtsstellung der einzelnen Adeligen, ihre persönlichen Vorrechte und ihre Namensführung wurden davon aber nicht betroffen. Denn es gab Adelige, die keiner derartigen Korporation angehörten[136]. Erst durch die lettische Verfassung vom 15. Feb. 1922[137] wurden Adelsstand und Adelsvorrechte aufgehoben[138]. Namensrechtliche Konsequenzen aus der Adelsabschaffung im Sinne eines Verbots, frühere Adelsbezeichnungen als Bestandteile des Namens zu führen, zog die Verfassung indessen nicht[139]. Im gleichen Jahr wurden erste Maßnahmen hinsichtlich der Schreibweise nichtlettischer Namen in den Zivilstandsakten ergriffen, die auf eine Angleichung an die lettische Orthographie zielten[140].

Im Kontext der damaligen Lettisierungsbestrebungen muß man auch zwei weitere namensrechtliche Normierungen aus dem Jahre 1927 sehen, welche für die Beurteilung der adelsnamensrechtliche Situation entscheidend sind: Das "Gesetz über die Rechtsschreibung von Vor- und Familiennamen in Dokumenten (Namensgesetz) vom 1. März 1927"[141] ordnete an, daß Vor- und Familiennamen in Dokumenten, die in der Staatssprache abzufassen waren,

---

602, 605; *Loos*, S. 97; *Brintzinger*, S. 93, 153 ff.; *Marcks*, StAZ 1969, 24, 25. - Vielfach wird in der Kommentarliteratur als Beleg auch BVerwG StAZ 1960, 151 (Bestätigung von OVG Münster OVGE 12, 43), zitiert (z.B. von *Loos*, S. 97, oder *Soergel/Heinrich*, § 12 Rz. 10). Dabei wird übersehen, daß, worauf das Bundesverwaltungsgericht a.a.O., S. 152, ausdrücklich hinweist, die Revision grundsätzlich nicht auf die unrichtige Anwendung ausländischen (in casu: lettischen) Rechts gestützt werden kann (vgl. heute § 137 VwGO).

135 Waldibas Wehstnesis (Regierungsanzeiger) vom 18. Juli 1920 Nr. 51 (zitiert nach *Brintzinger*, S. 93, 153 Fn. 402; in deutscher Übersetzung wiedergegeben a.a.O., S. 153 f.

136 BayObLG StAZ 1970, 70, 72; OVG Münster OVGE 12, 43, 49; LG München StAZ 1963, 67, 68; *Brintzinger*, S. 93, 154.

137 Likumu un waldibas rihkojumu krahjums (Gesetz- und Verordnungsblatt) vom 7. Aug. 1922 (zitiert nach *Brintzinger*, S. 93, 154 Fn. 404). Die maßgebenden Bestimmungen sind in deutscher Übersetzung wiedergegeben in OVG Münster OVGE 12, 43, 49; LG München StAZ 1963, 67, 68.

138 Vgl. OVG Münster OVGE 12, 43, 49 f.

139 LG München StAZ 1963, 67, 68.

140 *Brintzinger*, S. 93, 154; OVG Münster OVGE 12, 43, 52 f.

141 Lettisches Gesetzblatt Nr. 31; lettischer Regierungsanzeiger Nr. 48 vom 1. März 1927 (zitiert nach *Brintzinger*, S. 93, 154 Fn. 411). Das Gesetz ist in deutscher Übersetzung wiedergegeben in LG München StAZ 1963, 67, 69; Art. 4 und 6 des Gesetzes auch bei *Brintzinger*, S. 93, 155 Fn. 417 und 419.

nach den Regeln der lettischen Schreibweise zu schreiben seien (Art. 1 des Namensgesetzes). Weil lettische Sprache und Rechtschreibung Adelsbezeichnungen in deutscher Sprache nicht vorsahen, wurden diese bei der Ausfertigung von Dokumenten in lettischer Sprache zumeist weggelassen[142]. Nach Art. 6 des Namensgesetzes hatte aber jedermann das Recht, Dokumente auch in der ihm gewohnten Weise zu unterschreiben. Zudem sah Art. 4 des Namensgesetzes die Beifügung des Vor- und Familiennamens in der gewohnten Schreibweise in Klammern zur lettisierten Namensform vor, wenn dies gewünscht wurde. Ebenso gestattete Art. 3 der Instruktion des lettischen Innenministers vom 4. Juli 1927[143] zu den Bestimmungen über die Inlandspässe, "daß Titel, wie Fürst, Graf, Baron, von usw. auf Wunsch in Klammern neben dem Familiennamen des Besitzers des Passes in dessen gewohnter Schreibweise anzugeben sind"[144].

Den angeführten Regelungen läßt sich entnehmen, daß ehedem adelige Deutschbalten lettischer Staatangehörigkeit regelmäßig zwei Namensformen, nämlich die in lettischer (ohne Adelsbezeichnung) und die in deutscher Sprache (mit Adelsbezeichnung), führen durften[145]. Äußerungen der letti-schen Auslandsvertretungen, wonach die Adelsbezeichnungen in Lettland beseitigt und nur noch im Sinne einer gesellschaftlichen Gepflogenheit im privaten Verkehr geführt worden seien[146], ist mit Recht die Instruktion des lettischen Innenministers vom 4. Juli 1927 entgegengehalten worden[147]. Der lettische Gesetzgeber hat die deutschen Namen unter Einschluß der Adelsbezeichnungen nicht beseitigt, sondern sogar amtlich, sei es auch nur als sekundäre Namensform, anerkannt[148]. Von ihrem Recht, die deutschen (Adels-) Namen

142 *Brintzinger*, S. 93, 155; *Loos*, S. 97. So wurde z.B. der Name eines deutschstämmigen Letten von "Wilhelm von Rüdiger" zu "Vilhelms Ridigers"; vgl. *Hecker*, Gutachten 31/20, S. 170, 183.

143 Lettischer Regierungsanzeiger Nr. 146 vom 7. Juli 1927 (zitiert nach *Brintzinger*, S. 93, 155 Fn. 420).

144 Zitiert nach *Brintzinger*, S. 93, 155. Vgl. auch OVG Münster OVGE 12, 43, 54.

145 Vgl. BayObLG StAZ 1970, 70, 72; OLG Bremen StAZ 1968, 296; *Loos*, S. 97; *Brintzinger*, S. 93, 156 f.

146 Stellungnahme der lettischen Gesandtschaft in Berlin, mitgeteilt durch Schreiben des lettischen Konsulats vom 5. Nov. 1938 an den Regierungspräsidenten in Düsseldorf (Az. A IV 53-2 von Campenhausen) (abgedruckt bei *Hecker*, Gutachten 31/20, S. 170, 183); Stellungnahme des lettischen Konsulats in Südbayern vom 7. Aug. 1931 (mitgeteilt in BayObLG StAZ 1961, 43, 45); Auskunft der lettischen (Exil-) Gesandtschaft in London vom 27. Nov. 1952 (vgl. OVG Münster OVGE 12, 43, 52).

147 So z.B. von BayObLG StAZ 1970, 70, 72; OVG Münster OVGE 12, 43, 54.

148 *Brintzinger*, S. 93, 157.

weiterzuführen, hat die deutsche Minderheit in Lettland Gebrauch gemacht[149]. Spätere lettische Gesetze, insbesondere die Gesetze über die Staatsprache von 1932 und 1935, haben diese Rechtslage (jedenfalls bis zum Jahre 1940[150]) nicht geändert[151]. Ein Verbot, Adelsbezeichnungen als Namensbestandteil zu gebrauchen, bestand nach alledem nicht; sie dürfen auch in Deutschland geführt werden[152].

c) *Litauen*

Kein klares Bild bietet die litauische Gesetzgebung. Die insgesamt sechs[153] Verfassungsgesetze, welche sich die Republik Litauen zwischen 1918 und 1939 gegeben hatte, proklamierten den Gleichheitssatz und bestimmten, daß es keine Klassen oder Vorrechte gebe[154]. Ausdrückliche Vorschriften über die Aufhebung der Stände, die Beseitigung der Adelsvorrechte und das Verbot der Führung von Adelsbezeichnungen, wie sie in Estland ergangen waren[155], gab es dagegen nicht.

In Litauen selber gingen die Meinungen über die Auslegung der Verfassungsbestimmungen auseinander. "Nach der einen Auffassung wurden nicht nur Klassen und Vorrechte, sondern auch Titel endgültig abgeschafft, während die zweite besagt, daß Klassen und Klassenvorrechte abgeschafft wurden, während die der Vorrechte beraubten Titel blieben"[156]. Eine Klärung der Streitfrage

---

149 OVG Münster OVGE 12, 43, 53 f.; OVG Münster StAZ 1961, 191, 192.

150 Siehe oben vor a.

151 OVG Münster OVGE 12, 43, 53 f.; OVG Münster StAZ 1961, 191, 192; BayObLG StAZ 1970, 70, 72; *Brintzinger*, S. 93, 156.

152 OLG Bremen StAZ 1968, 296: " (...), die Adelsbezeichnungen aber als Bestandteil der deutschen Namensform erhalten wurden, die lettische Staatsangehörige deutscher Volkszugehörigkeit neben der lettisierten Form ihres Namens weiterführen durften und die ihren Familiennamen im Sinn des Art. 7 EGBGB darstellt."

153 So das Gutachten des Max Planck-Instituts für ausländisches und internationales Privatrecht zum litauischen Adelsrecht, StAZ 1965, 27, 28. Der Bericht der litauischen (Exil-) Gesandtschaft in London vom 18. Juni 1953, StAZ 1954, 44 f., nennt nur fünf Verfassungen; die vorläufige Verfassung vom 4. April 1919 wird nicht angeführt.

154 Die einschlägigen Stellen der Verfassungen mit Fundstellen sind wiedergegeben in dem Bericht der litauischen (Exil-) Gesandtschaft in London vom 18. Juni 1953, StAZ 1954, 44, und in dem Gutachten des Max Planck-Instituts für ausländisches und internationales Privatrecht zum litauischen Adelsrecht, StAZ 1965, 27, 28.

155 Siehe oben a.

156 Bericht der litauischen (Exil-) Gesandtschaft in London vom 18. Juni 1953, StAZ 1954, 44, 45.

durch litauische Behörden oder Gerichte soll nicht erfolgt sein[157]. Die litauische (Exil-) Gesandtschaft in London machte sich in ihrem Bericht vom 18. Juni 1953 die erstgenannte Ansicht zu eigen[158], indem sie ausführte: "(...); nichtsdestoweniger steht fest, daß die Adelstitel niemals in gesetzlichen Dokumenten anerkannt worden sind[159].

Demgegenüber wird in Deutschland aus den litauischen Verfassungsvorschriften überwiegend der Schluß gezogen, daß die Adelsbezeichnungen als Namensbestandteile nicht abgeschafft worden seien; die Rechtslage entspreche derjenigen in Lettland; frühere deutsch-baltische Adelige litauischer Staatsangehörigkeit, die ohnehin nur in geringer Zahl in Litauen seßhaft waren[160], seien in Deutschland dazu berechtigt, ihre angestammten Adelsnamen zu führen[161]. Dieser Auffassung ist zuzustimmen. Denn man wird davon ausgehen können, daß der litauische Verfassungsgeber - jedenfalls bei der Schaffung der späteren Verfassungen - die unterschiedlichen Regelungen in Estland, Rußland, Deutschland und Österreich gekannt hat. Das jedoch rechtfertigt die Annahme, daß er, hätte er die Adelsbezeichnungen verbieten wollen, ein ausdrückliches Verbot normiert hätte[162]. Die Parallelität der Rechtslagen in Litauen und Lettland erhellt ein im Zuge - der auch in Litauen vorhandenen - nationalistischen Bestrebungen erlassener litauischer Befehl vom 20. Jan. 1920[163]. Ziff. 1 und 2 des Befehls ordneten an, daß in Dokumenten und offi-

---

157 Bericht der litauischen (Exil-) Gesandtschaft in London vom 18. Juni 1953, StAZ 1954, 44, 45.

158 So auch die Einschätzung von *Marcks*, StAZ 1969, 24, 26.

159 Bericht der litauischen (Exil-) Gesandtschaft in London vom 18. Juni 1953, StAZ 1954, 44, 45.

160 *Brintzinger*, S. 93, 158. Nur in Liv-, Est-, Kurland und Oesel, nicht aber in Litauen existierte der in den ritterschaftlichen Matrikeln eingetragene baltische Stammadel. Siehe oben 3 a sowie den Hinweis in LG Verden StAZ 1990, 143, 144. - Daraus erklärt sich, daß zur litauischen Adelsgesetzgebung - soweit ersichtlich - keine (veröffentlichte) deutsche Rechtsprechung vorliegt.

161 Gutachten des Max Planck-Instituts für ausländisches und internationales Privatrecht zum litauischen Adelsrecht, StAZ 1965, 27, 28; *Marcks*, StAZ 1969, 24, 26; wohl auch *Brintzinger*, S. 93, 160 f. - Offengelassen von *Loos*, S. 98, unter Hinweis auf die Einbeziehung früherer litauischer Staatsangehöriger in das vereinfachte Namensänderungsverfahren nach § 3a NÄG durch die Verwaltungsvorschriften (siehe oben Kap. F III 3 b bb).

162 Vgl. *Brintzinger*, S. 93, 160. Deshalb kann man auch der vorläufigen Verfassung von Litauen vom 12. Juni 1920 kein Verbot der Adelsbezeichnungen entnehmen. Dort heißt es u.a.: "(...); es gibt keine Klassen oder Titel".

163 Befehl über die Schreibweise von Vor-, Zu- und Beinamen von Personen und der Namen von Ortschaften vom 20. Jan. 1920; Vyriausybas Zinios (Regierungsanzeiger) 19/233 (zitiert nach *Brintzinger*, S. 93, 161 Fn. 455; in deutscher Übersetzung wieder-

ziellen Schriftstücken (die in litauischer Sprache abgefaßt werden), nichtlitauische Vor- und Zunamen der litauischen Schreibweise anzupassen seien; "zu größerer Sicherheit" wurden die litauischen Behörden jedoch verpflichtet, in Klammern die Vor- und Zunamen in der ursprünglichen Schreibweise hinzuzufügen (Zif. 3 des Befehls).

5. *Rumänien*[164]

Die altrumänische Verfassung vom 1./13. Juli 1866 hob alle Standesunterschiede auf und verbot fremde Adelstitel[165]. Nach dem ersten Weltkrieg erwarb Rumänien von Österreich die Bukowina und von Ungarn Siebenbürgen[166]. Die Verfassung Altrumäniens galt jedoch nicht in den neuerworbenen Gebieten[167]. Die großrumänische Verfassung vom 29. März 1923 wiederholte das Verbot von Adelstiteln[168]. Erst durch diese am 29. März 1923 in Kraft getretene Verfassung wurden die Adelstitel auch in den neurumänischen Gebietsteilen verboten[169]. Fraglich ist[170], ob die Bezeichnungen der ru-

---

gegeben im Gutachten des Max Planck-Instituts für ausländisches und internationales Privatrecht zum litauischen Adelsrecht, StAZ 1965, 27, 29).

164 Vgl. zum Namen im rumänischen IPR nunmehr Art. 14 Abs. 1 des Gesetzes Nr. 105 zur Regelung der Verhältnisse des internationalen Privatrechts vom 22. Sept. 1992: "Der Name einer Person unterliegt ihrem Heimatrecht" (zitiert nach *Bergmann/Ferid*, Länderteil Rumänien, S. 47); zum neuen Internationalen Privatrechts Rumäniens auch *Leonhardt*, IPRax 1994, 156.

165 Art. 10 Abs. 1: "Es bestehen im Staate keine Klassenunterschiede. Alle Rumänen sind vor dem Gesetz und ohne Unterschied verpflichtet, zu den öffentlichen Steuern und Abgaben beizutragen."
Art. 12 Abs. 1: "Alle Privilegien, Erlasse und Monopole der Klassen sind im rumänischen Staate für immer verboten."
Art. 12 Abs. 2: "Fremde Adelstitel, wie: Fürsten, Grafen und Barone und andere ähnliche, als der Grundlage des Landes entgegengesetzt, sind und bleiben im rumänischen Staate unzulässig" (zitiert nach *Brintzinger*, S. 93, 161; nur leicht abweichend die Übersetzung des Art. 12 in StAZ 1954, 187).

166 Vgl. dazu im einzelnen *Brintzinger*, S. 93, 162; zur Bukowina auch OVG Lüneburg 1965, 102, 103 (Bestätigung von VG Braunschweig StAZ 1964, 275).

167 *Boila*, JÖR 18 (1930), S. 324, 329 f., 332; Erlaß des Innenministeriums Baden-Württemberg, StAZ 1955, 44.

168 Art. 10: "Alle auf der Zugehörigkeit zu einer Klasse beruhenden Privilegien, Befreiungen und Monopole sind im rumänischen Staat für immer verboten. Die Adelstitel sind und bleiben im rumänischen Staat unzulässig (...)" (zitiert nach StAZ 1954, 187; vgl. auch *Brintzinger*, S. 93, 162).

169 Erlaß des Innenministeriums Baden-Württemberg vom 22. Juli 1954, StAZ 1955, 44; *Brintzinger*, S. 93, 163. - Offengelassen von *Loos*, S. 102, und OVG Lüneburg StAZ 1965, 102, 104 m.w.N.; vgl. auch OLG Köln StAZ 1973, 88.

170 Vgl. den Hinweis von *Schröder*, DÖV 1964, 267, 268.

mänischen großgrundbesitzenden Familien, der Bojaren, einheimische Adelsbezeichnungen darstellten (deren Führung - zumindest die Verfassung von 1866 - nicht verboten hatte)[171] oder lediglich die Zugehörigkeit zu einer Gesellschaftsklasse kennzeichneten. Das OVG Lüneburg hat diese Frage im Jahre 1964 im letzteren Sinne beantwortet [172]. Die spätere Verfassung vom 27. Feb. 1938 hat das Adelsverbot nicht wiederholt[173]. Anhaltspunkte dafür, daß die früheren adeligen Familiennamen ohne weiteres wieder auflebten, bestehen jedoch nicht[174].

6. *Slowenien, Kroatien, Serbien mit Montenegro und Mazedonien, Bosnien-Herzegowina (früheres Jugoslawien)*[175]

Art. 4 Abs. 2 der Verfassung des nach dem ersten Weltkrieg neu entstandenen Staates Jugoslawien vom 28. Juni 1921 bestimmte: "Adel, Titel und irgendwelche, durch Geburt bedingte Vorrechte werden nicht anerkannt"[176]. Die spätere Verfassung vom 3. Sept. 1931 sah ähnliches vor[177]. Mag auch die Füh-rung

---

171 So *Brintzinger*, S. 93, 162, unter Anführung von Namen rumänischer Politiker aus den Jahren 1927, 1944 und 1945 mit dem Beiwort "Fürst" oder "Prinz"; vgl. auch *dens.*, DÖV 1965, 231, 232.

172 "Das Staatsvolk Altrumäniens hatte bei der Eingliederung der neugewonnenen Gebiete keine adligen Familiennamen im Sinne der deutschen Adelsgesetzgebung"; vgl. OVG Lüneburg StAZ 1965, 102, 105 (unter Berufung auf ein Gutachten des Instituts für Ostrecht) m.w.N. Siehe ferner oben Kap. F Fn. 145.

173 Art. 5 Abs. 1: "Alle rumänischen Bürger ohne Unterschied der völkischen Abstammung und des Glaubens sind vor dem Gesetz gleich, dem sie Achtung und Gehorsam schulden."
Art. 6: "Im rumänischen Staat ist kein Klassenunterschied zugelassen" (zitiert nach *Brintzinger*, S. 93, 162).

174 OVG Lüneburg StAZ 1965, 102, 104.

175 Das bei *Bergmann/Ferid*, Länderteil Jugoslawien, S. 24 ff., und bei *Lipowschek*, StAZ 1983, 38, 42 ff., in deutscher Übersetzung wiedergegebene jugoslawische Gesetz vom 15. Juli 1982 zur Lösung von Gesetzeskollisionen mit den Vorschriften anderer Staaten (Länder) für bestimmte Verhältnisse enthält keine ausdrückliche Bestimmung zum Namen. Im Status- und Familienrecht wird primär an das Staatsangehörigkeitsrecht angeknüpft; vgl.*Lipowschek*, StAZ 1983, 38, 40. Das frühere jugoslawische Gesetz zur Lösung von Gesetzeskollisionen mit den Vorschriften anderer Staaten ist für Kroatien durch das Gesetz über die Übernahme des IPR-Gesetzes weiterhin in Kraft; vgl. *Kubitz*, StAZ 1993, 365.

176 Zitiert nach LG Stuttgart StAZ 1955, 139.

177 *Brintzinger*, S. 93, 165.

von Adelsbezeichnungen[178] nicht verboten oder unter Strafe gestellt worden und daher ihr Gebrauch im privaten Verkehr weiterhin möglich gewesen sein, so konnte jedenfalls ihre amtliche Berücksichtigung nicht verlangt werden. Demnach wurden Adelsbezeichnungen nach Inkrafttreten der Ver-fassung von 1921 auch als Namensbestandteile nicht mehr geführt[179]. Die Verfassung des kommunistischen Jugoslawiens vom 30. Jan. 1946 hat das Adelsverbot erneuert[180].

III. Insbesondere: Die Rechtslage in Polen und Ungarn

1. Polen[181]

In deutschen Gerichtsentscheidungen[182] geht es vor allem um das namensrechtliche Schicksal derjenigen Angehörigen des früheren deutschen Adels[183], die in den nach dem ersten Weltkrieg an den wiedererstandenen polnischen Staat abgetretenen vordem preußisch-deutschen Gebieten lebten und im Zuge der deutschen Okkupation Westpolens (erneut) die deutsche Staatsangehörigkeit erwarben. Darüber hinaus soll auch die Namensführung Angehöriger des früheren polnischen Adels erörtert werden. Schließlich ist die Frage zu beantworten, ob ehemalige polnische Adelige deutsche Adelsbezeichnungen

---

178 Nämlich einheimischer, d.h. altvenezianischer, serbischer und montenegrinischer, oder fremder, d.h. deutsch-österreichischer oder ungarischer Herkunft; vgl. *Brintzinger*, S. 93, 165; *ders.* DÖV 1965, 231, 233.

179 LG Stuttgart StAZ 1955, 139 (zur montenegrinischen Adelsbezeichnung "Baron de"); vgl. auch BVerwG StAZ 1984, 103, 104. Siehe ferner oben Kap. E Fn. 32 a.E.

180 Art. 21 Abs. 1: "Alle Bürger der Föderalen Volksrepublik Jugoslawien sind vor dem Gesetz gleich und genießen die gleichen Rechte ohne Rücksicht auf nationale Zugehörigkeit, Rasse und Glauben."
Art. 21 Abs. 2: "Es werden keine Privilegien auf Grund der Geburt, des Standes, des Vermögens oder Bildungsgrades anerkannt" (zitiert nach *Brintzinger*, S. 93, 166).

181 Art. 9 § 1 des polnischen Gesetzes über das internationale Privatrecht vom 12. Nov. 1965 lautet: "Die Rechts- und Geschäftsfähigkeit einer natürlichen Person bestimmt sich nach ihrem Heimatrecht" (zitiert nach *Bergmann/Ferid*, Länderteil Polen, S. 29 ff.). Eine spezielle Regelung zum Namen enthält das Gesetz nicht. Hauptanknüpfungspunkt in Personen-, Ehe- und Kindschaftssachen ist die Staatsangehörigkeit; vgl. *Bergmann/Ferid*, a.a.O., S. 15.

182 BVerwG StAZ 1960, 238; OVG Münster StAZ 1963, 12; 1965, 132 (letztgenannte Entscheidung aufgehoben durch BVerwG StAZ 1966, 256; das durch diese Entscheidung zurückverwiesene Verfahren wurde im Vergleichswege erledigt [*Loos*, S. 100]); KG StAZ 1934, 341; LG I Berlin StAZ 1932, 34; auch OLG Frankfurt StAZ 1958, 325.

183 Bzw. der Nachkommen dieser Personen.

weiterführen durften, die ihnen nach den polnischen Teilungen von Preußen bzw. Österreich verliehen worden waren.

a) *Übersetzung des Art. 96 der polnischen Verfassung vom 17. März 1921*

Es ist bis heute umstritten[184], ob durch Art. 96 der am 1. Juni 1921 in Kraft getretenen[185] polnischen Verfassung vom 17. März 1921[186] (Märzverfassung) *sämtliche* Adelsbezeichnungen als Bestandteil des Namens beseitigt worden sind.

Die Zweifel beginnen bereits bei der Übersetzung. Im Jahrbuch des öffentlichen Rechts[187] lautet diese:
"Alle Bürger sind vor dem Gesetz gleich. Die öffentlichen Ämter sind zu den gesetzlich vorgeschriebenen Bedingungen in gleichem Maße allen zugänglich. Die polnische Republik erkennt Geburts- oder Standesprivilegien nicht an, ebensowenig Wappen, Geburtstitel[188] und andere mit Ausnahme von wissenschaftlichen, Amts- und Berufstiteln. Die Bürger der Republik dürfen ohne Genehmigung des Präsidenten der Republik fremdländische Titel und Orden nicht annehmen."

Den in der polnischen Originalfassung des Art. 96 Abs. 2 S. 1[189] enthaltenen Worten "przywilej rodowy" und vor allem "tytul rodowy"[190], die in der oben angegebenen Übertragung mit "Geburtsprivilegien" bzw. "Geburtstitel" übersetzt werden, kommt entscheidende Bedeutung zu. Wie Mikliss erläutert, ist

---

184 Vgl. nur die Darstellungen bei *Brintzinger*, S. 93, 134 ff., und *Loos*, S. 99 ff.

185 *Lottig*, Gutachten, 36/8a, S. 171, 173.

186 Dziennik Ustaw Rzeczypospoitej (Gesetzblatt der Republik Polen) Nr. 44 vom 1. Juni 1921, S. 633, Position 267 (zitiert nach *Mikliss*, S. 109 Fn. 233; *Brintzinger*, S. 93, 134 Fn. 267).

187 JÖR 12 (1923/1924), S. 300, 307.

188 In französischen Übersetzungen wird der Ausdruck "Geburtstitel" mit "titres nobiliares" oder "les titres des noblesse" wiedergegeben; vgl. *Lottig*, Gutachten 36/8a, S. 171, 172.

189 Im polnischen Originaltext abgedruckt bei *Lottig*, Gutachten 36/8a, S. 171, 172.

190 *Geilke*, Gutachten 36/8b, S. 189, 190; *Mikliss*, S. 121. In dem bei *Lottig*, Gutachten 36/8a, S. 171, 172, abgedruckten polnischen Text werden diese Worte mit "przywilejów rodowych" bzw. "tytulow rodowych" wiedergegeben.

"rodowy" die Adjektivierung des Substantivs "rod", Mehrzahl "rody": Geschlecht, Adjektiv: "rowody"[191].

Dementsprechend gibt Geilke[192] folgende Übersetzung: "Die Republik Polen anerkennt weder erbliche (RODOWE kann auch mit "geschlechtliche" oder "familiäre" übersetzt werden) noch ständische Privilegien, ferner keine Wappen, keine erblichen und sonstigen Titel mit Ausnahme von wissenschaftlichen, amtlichen und beruflichen Titeln." Ähnlich übersetzt Geilke später[193]: "Die Republik Polen anerkennt weder Geschlechter- noch Standesprivilegien, ferner keine Wappen, keine Geschlechter- und sonstige Titel mit Ausnahme von wissenschaftlichen, Amts- und Berufstiteln."

b) Adel und Name im alten Polen

Die volle Tragweite des Wortstammes "rod" wird durch die bloße Übersetzung nicht wiedergeben. Bei der Interpretation des Art. 96 Abs. 2 S. 1 ist nämlich zu beachten, daß diese Bestimmung an den vor Beginn der Teilungen Polens bestehenden adelsnamensrechtlichen Zustand anknüpft[194]. Deshalb hat der polnische Verfassungsgeber, obwohl ihm die eingehenden Bestimmungen zum Adelsnamen in Deutschland und Österreich sicherlich bekannt waren[195], es selber nicht für notwendig erachtet, eine ähnliche Regelung zu treffen[196]. Ebenso wird in diesem Kontext das Schweigen der polnischen verfassungsrechtlichen Literatur zu Art. 96 Abs. 2 S. 1[197] verständlich[198]. Nur die Frage, ob die Nichtanerkennung neben der amtlichen auch die private Namensführung umfasse, wurde erörtert, von der überwiegenden Meinung jedoch verneint[199].

---

191 *Mikliss*, S. 121.
192 *Geilke*, StAZ 1959, 189.
193 *Geilke*, Gutachten 36/8b, S. 189, 191.
194 Vgl. *Geilke*, StAZ 1959, 189; *Mikliss*, S. 109.
195 *Geilke*, Gutachten 36/8b, S. 189, 200.
196 Was - wohl aus mangelhafter Kenntnis der polnischen Verhälnisse - von Teilen der deutschen Literatur mit mildem Tadel vermerkt wird; vgl. *Brintzinger*, S. 93, 134 f.; *Geilke*, Gutachten 36/8b, S. 189, 200.
197 Vgl. die Zusammenstellung der einschlägigen polnischen Literatur bei *Brintzinger*, S. 93, 135 ff., und *Geilke*, Gutachten 36/8b, S. 189, 192 ff.
198 Vgl. *Mikliss*, S. 121 f.
199 Vgl. *Brintzinger*, S. 93, 135 ff.; *Geilke*, Gutachten 36/8b, S. 189, 193 f.

Der polnische Adel verkörperte einen vom deutschen Adel grundverschiedenen Adelstypus, was naturgemäß auch in der Namensführung des polnischen Adels Niederschlag gefunden hat.

aa) Struktur des polnischen Adels

In Deutschland[200] bezeichnet der Begriff "Adel" zwei rechtlich voneinander geschiedene Stände. Die lehnsrechtliche Entwicklung, wie sie in der Lehnspyramide sichtbar wird, hatte die große Masse des niederen Adels in ihren Rechtsbeziehungen zum Kaiser mediatisiert und einen abgeschlossenen Rechtskreis zwischen Hochadel und Bürger- bzw. Bauerntum entstehen lassen. Das Reich hatte sich dem zentrifugalen Streben der Fürsten nach Landeshoheit nicht widersetzen können. Mit der Erringung des *jus territorii et superioritatis* gewann in späterer Zeit der Gegensatz zwischen Landständen und dem nach absoluter Macht strebenden Monarchen an Gewicht.

Ganz anders dagegen die Genese des Adels in Polen[201]: Hier stechen zunächst die statistischen Unterschiede ins Auge. Betrug der Anteil des Adels im gesamten Kontinentaleuropa des 17. und 18. Jahrhunderts (mit Ausnahme Ungarns) zwischen 0,3 % und 1 % der Gesamtbevölkerung, so lag der Anteil im alten Polen durch zwei Jahrhunderte konstant bei etwa 8 %[202]. Auf der Grundlage des *ius militare* hatte der polnische Adel unbeschränktes, allodiales Grundeigentum erworben[203]. Polen war die einheitliche Korporation eines monistischen Adelsstaates, eine Adelsdemokratie, die auf der freien[204] Einigung der Adelsnation beruhte[205] und dem Verfassungsprinzip der *aequalitas*[206] huldigte. Bestanden auch in sozialer Hinsicht gewaltige Unterschiede innerhalb des Adels, etwa zwischen Magnatenfamilien und pauperisier-

---

200 Siehe zum Adel in Deutschland oben Kap. C.

201 Vgl. zum folgenden auch die Zusammenfassung bei *Mikliss*, S. 124 ff.

202 *Mikliss*, S. 12 f.

203 *Mikliss*, S. 65 ff.

204 Die zahlreichen "libertates" (vom Sarmatismus als "goldene Freiheit" gerühmt), die der Adel dem immer wieder durch Thronfolgeprobleme geschwächten Königtum abgetrotzt hatte, bildeten die Grundlage der für das polnische Staatswesen tödlichen Adelsomnipotenz; vgl. *Mikliss*, S. 75 ff.

205 Vgl. zur Verfassung dieser Adelsrepublik *Mikliss*, S. 87 ff.

206 *Mikliss*, S. 79 ff. Wohl bekannteste Ausprägung der "aequalitas" war das vom Sarmatismus als "pupilla libertatis" apostrophierte "liberum veto"; vgl. *Mikliss*, S. 86 f.

tem Kleinadel[207], so existierte doch nur ein einziger, den gesamten Adel umfassender Rechtskreis, in dem alle Vollrechtsbeziehungen zur Spitze unterhielten. Rechtlich verschiedene Adelsstufen gab es im polnischen Adel nicht.

Die Selbstbezeichnung des polnischen Adels in Anlehnung an das deutsche Wort "Geschlecht" als "szlachta"[208] offenbart das Wesen dieser rechtlich homogenen Adelsgesellschaft. Angesichts der Mediatisierungsversuche der Magnaten war es in Polen zu einer Wiederbelebung der Geschlechterordnung gekommen[209]: Gruppen des mittleren Adels und des Kleinadels fanden sich in sog. Rittergeschlechtern (polnisch "rody rycerskie") auf genossenschaftlicher Basis zusammen. Bald entstand ein künstliches Geschlechtergefüge, bei dem nicht mehr nachweisbare oder fehlende Blutsverwandtschaft ähnlich etwa den römischen Gentes durch deren Fiktion ersetzt wurde. Auch die Magnaten übernahmen diese Organisationsform. Endpunkt dieses Prozesses der Geschlechteraktivierung bildete ein juristisch einheitlicher Adelsstand.
Zwei Beispiele mögen die genossenschaftliche Ausrichtung der "szlachta" verdeutlichen: Für die seit der zweiten Hälfte des 14. Jahrhunderts im polnischen Recht vorgesehene Form der Nobilitierung wurde die formelle Adoption zu einem der Rittergeschlechter konstitutiv[210]. Die Vereinigung Polens mit Litauen in der Union von Lublin von 1569[211] vollzog sich, indem die Familien des litauischen Adels durch Adoption in 47 polnische Wappen- und Geschlechterverbände aufgenommen wurden[212].

bb) Fehlen polnischer Adelstitel

Erbliche Adelstitel als Ausdruck unterschiedlicher Adelsränge wie in Deutschland[213] waren mit der egalitären Verfassung der "szlachta" unvereinbar. Zwar

---

207 Vgl. zur sozialen Struktur des polnischen Adels *Mikliss*, S. 99 ff., auch 81 f. Sehr anschaulich das Beispiel bei *Mikliss*, a.a.O., S. 83: Dem im Dienste eines Magnaten stehenden Edelmann konnte es widerfahren, daß ihn jener während der Wahlen mit Met und Schnaps bewirtete und "großmächtiger Herr Bruder" nannte und ihn hernach bei der Feldarbeit von kosakischen Aufsehern mit Stockschlägen traktieren ließ.

208 *Mikliss*, S. 64.

209 Vgl. zum folgenden *Mikliss*, S. 71 ff.

210 *Mikliss*, S. 75.

211 *Mikliss*, S. 105.

212 *Mikliss*, S. 85.

213 Siehe oben Kap. A.

gelang es bestimmten polnischen Magnatenfamilien, die Ämter - zumeist durch Kauf - in ihren festen Besitz zu bringen. Faktisch waren diese Familien durchaus den "grafenbaren Familien" in Deutschland vergleichbar. Zu keiner Zeit gelang es den Magnatenfamilien jedoch, von der tatsächlichen zur rechtlichen Erblichkeit der Ämter vorzudringen[214]. Wenn die Würdenträger dieser Familien in den Quellen als "barones" bzw. "comites" bezeichnet werden, muß man sich darüber im klaren sein, daß es sich bei diesen Titulaturen, da sie unvererbliche Ämter kennzeichnen, nicht um erbliche Adelstitel im deutschen Sinne handelt[215]. Die Bestrebungen der Magnatenfamilien, Macht und Reichtum durch exklusive Adelstitel kenntlich zu machen und sich so vom übrigen Adel abzusetzen, blieben bis kurz[216] vor dem Untergang des polnischen Staates ohne Erfolg.

cc) Verbot ausländischer Adelstitel

Das galt auch für den Versuch, Nobilitierungen ausländischer Herrscher - vor allem von Kaiser und Papst - zu erwirken. 1638 verbot eine Sejmkonstitution alle Adelstitel mit Ausnahme der durch die Union von Lublin von 1569 anerkannten fürstlichen Titel der Nachfahren zweier ehemals regierender litauischer Dynastien[217]. Mehrfach wurde das Verbot bekräftigt[218]. Die seit der Wahl Augusts des Starken zum polnischen König im Jahre 1697 um sich greifende Mode des Kaufes ausländischer Grafen- und Fürstentitel verstieß also gegen damaliges polnisches Recht und war offiziell ohne Bedeutung[219].

Erst im Zuge der drei polnischen Teilungen[220] änderte sich dieser Rechtszustand. Durch ein Patent Maria Theresias vom 13. Juni 1775 wurden die höheren deutschen Adelsbezeichnungen für polnische Adelige anerkannt[221]. In Preußen bestätigte ein allerhöchstes Patent vom 13. September 1772 den pol-

214 *Mikliss*, S. 67 ff., 93 f., 103 f.

215 Mißverständlich in diesem Punkt daher *Geilke*, StAZ 1959, 189.

216 Unter dem Einfluß der späteren Teilungsmächte, die mächtige Magnaten für sich gewinnen wollten, kam es ab 1765 erstmals in der polnischen Geschichte zur Verleihung polnischer Adelstitel an Inländer; vgl. *Mikliss*, S. 106 f., 109.

217 *Mikliss*, S. 105; *Geilke*, StAZ 1959, 189.

218 Konstitutionen von 1641, 1673 und 1738; vgl. *Mikliss*, S. 105 f.

219 *Geilke*, StAZ 1959, 189.

220 1772, 1793 und 1795.

221 *Mikliss*, S. 106 f.; auch *Brintzinger*, S. 93, 138.

nischen Adel und gestattete die Führung des "von", wenn die männlichen Namensträger bei dem Anfall des entsprechenden Gebiets an Preußen dem preußischen König gehuldigt hatten[222]. Rußland führte durch Ukase vom 3. März 1795 das für den russischen Adel geltende Patent vom 21. April 1785 in den früher polnischen Gebieten ein[223].

dd) Der polnische Wappenname als Äquivalent des deutschen Adelstitels

Einziger Hinweis des Namens auf die Zugehörigkeit zur "szlachta" war die Beifügung des sog. Wappen- bzw. Geschlechternamens zum Familiennamen[224].

Der Wappenname[225] geht auf die *proclamationes* (polnisch: "zawolanie") der Geschlechterverbände des Rittertums zurück, Kriegsrufe, die ursprünglich dazu dienten, zum Kampf aufzurufen und die Krieger der Sippe zusammenzuhalten. Nach westeuropäischem Vorbild nahmen die polnischen Adelsgeschlechter (als einziger Stand) Wappen an, auf denen die alten *proclamationes* bildlich dargestellt wurden. Nach und nach übernahm das Wappen die Funktion der *proclamatio*, die Zugehörigkeit zu einem Rittergeschlecht zu kennzeichnen, und die *proclamatio* wurde zum bloßen Wappennamen. Das Wappen eines bestimmten Namens wurde fortan gleichgesetzt mit dem Geschlecht, das es führte, es wurde zum Geschlechtswappen - Wappengeschlecht. "Geschlecht" (rod) und "Wappen" wurden zu austauschbaren Begriffen. Bis zur Ausbildung von Familiennamen führte der polnische Adelige neben seinem Vornamen nur den Namen seines Geschlechtswappen, den er mit allen Mitgliedern seines Geschlechterverbandes teilte.

Erst im Laufe des 15. Jahrhunderts nahm der polnische Adel Familiennamen an, die sich hauptsächlich aus seinen Landgütern ableiteten. Die Begriffe

---

222 OLG Frankfurt StAZ 1958, 325 f.; KG StAZ 1934, 341, 342 f.; LG I Berlin StAZ 1932, 46; *Mikliss*, S. 107 f.; *Brintzinger*, S. 93, 138. Darüber wurden Listen geführt ("Vasallentabellen" und "Huldigungsverzeichnisse"); vgl. KG, a.a.O. - Daneben war nach allgemeinen Grundsätzen zur Führung des "von" berechtigt, wer ausdrücklich in den preußischen Adel aufgenommen worden war; vgl. *Brintzinger*, S. 93, 138; KG, a.a.O.; LG I Berlin, a.a.O.; *von Kalm*, S. 107 ff. (zur Rechtslage nach 1855).

223 *Mikliss*, S. 108.

224 *Mikliss*, S. 119.

225 Vgl. zum folgenden *Mikliss*, S. 109 ff.

"Familie" (rodzina) und "Geschlecht" (rod) wurden zu Synonymen, welch letzterer künftig lediglich verwendet wurde, um die sozial hervorgehobene Stellung oder das Alter des Geschlechts zu betonen[226]. Dabei bezeichnete "Familie" nur einen bestimmten Zweig innerhalb eines der mittelalterlichen ritterschaftlichen Geschlechter[227], welche von blutsmäßig verbundenen Geschlechtern zu sog. heraldischen Stämmen geworden waren, die nicht gemeinsame Abstammung, sondern lediglich die Wappenzugehörigkeit einte, eine Entwicklung, die darauf beruhte, daß etliche ärmere Adelige ihre eigenen Wappen unterdrückt und die Wappen mächtiger Geschlechter angenommen hatten[228].

Fortan diente der Familienname der Individualisierung innerhalb des Geschlechts, das Wappen bzw. der Wappenname zur Kennzeichnung der Adelszugehörigkeit nach außen[229]. Zwar gab es Familiennamen, die ursprünglich nur vom Adel geführt wurden. Dienstleute nahmen jedoch vielfach die Familiennamen ihrer adeligen Herren an[230]. Polnische Familiennamen, insbesondere die nach dem Herkunftsort oder Familiensitz mit der adjektivierenden Schlußsilbe -ski oder -cki gebildeten[231], sind daher kein Ausweis der Zugehörigkeit zur "szlachta"[232]. Die in der deutschen Literatur[233] und Rechtsprechung[234] teilweise vertretene Ansicht, jene Silben seien dem deutschen "von" gleichwertig, trifft nicht zu[235].

---

226 *Mikliss*, S. 113.
227 *Mikliss*, S. 113.
228 *Mikliss*, S. 112.
229 *Mikliss*, S. 113.
230 *Mikliss*, S. 117.
231 *Mikliss*, S. 115.
232 *Mikliss*, S. 117 f.
233 *Geilke*, Gutachten 36/8b, S. 189, 196; *ders.* StAZ 1959, 189; *Seeler*, Gutachten 31/14, S. 113, 116; *Brintzinger*, S. 93, 137.
234 OVG Münster StAZ 1963, 12, 14.
235 Trotz der historisch gleichen Herkunft des adeligen "von" und des "schein"- adeligen "von" (siehe oben Kap. A) als topographische Herkunftsbezeichnung war das "von" in Deutschland allmählich zum Kennzeichen der Adelszugehörigkeit geworden (siehe oben Kap. D I 2). Das nichtadelige "von" bildete nach allgemeiner Anschauung die Ausnahme. Ganz anders dagegen die Bedeutung der Nachsilbe -ski oder -cki in Polen: So konnten z.B. in 49 Fällen nach den polnischen Teilungen gegrafte Magnatenfamilien auf bürgerliche oder bäuerliche Namensvettern verweisen; vgl. *Mikliss*, S. 117. - Die Funktion des "von", durch Hinweis auf das Familiengut den adeligen vom nichtadeligen Herrschaftsraum abzusetzen, wäre in Polen zudem obsolet gewesen. Dort herrschte die "szlachta" über sämtlichen Grund und Boden einschließlich der Städte, denen eine korporative Nobilitierung zuteil wurde; vgl. *Mikliss*, S. 118; *Brintzinger*, S. 93, 137 Fn. 283. Auch aus diesem Grund sind das "von" und die Nachsilben -ski oder -cki inkommensurable Größen.

c) *Historische Auslegung des Art. 96 der polnischen Verfassung vom 17. März 1921*

Den historischen Besonderheiten des polnischen Adels wird nur eine Auslegung gerecht, die den Doppelsinn des in den entscheidenden Worten des Verfassungstextes[236] enthaltenen Begriffes "rod" voll berücksichtigt. Wie dargelegt[237], bezeichnet "rod" ursprünglich das Ritter- und Wapppengeschlecht, später jedoch zugleich die Familie im engeren Sinne. Bedenkt man nun, daß nur die Zugehörigkeit zu einem der Wappengeschlechter die Zugehörigkeit zur "szlachta" vermittelte, dann ergibt sich - angesichts der Tatsache, daß Art. 96 Abs. 2 S. 1 nebeneinander die Begriffe "Wappen" und "Geschlechtertitel" verwendet - , daß mit "Geschlechtertitel" zunächst der Name des Wappengeschlechts gemeint ist. Geschlecht ("rod") - in seiner zweiten engeren Bedeutung - steht außerdem für die Familie im engeren Sinne; das Wort "Geschlechtertitel" umfaßt daher auch die Titel einzelner Familien, nämlich die höheren Adelstitel der Union von Lublin und die nichtpolnischen, insbesondere von den Teilungsmächten an polnische Adelige verliehenen Titel. Die polnische Verfassung erteilte somit jedwedem Hinweis auf adelige Abstammung eine Absage[238].

Nach der hier vertretenen Ansicht hat Art. 96 Abs. 2 S. 1 sämtliche Adelsbezeichnungen (einschließlich des deutschsprachigen "von") als Bestandteil des Namens beseitigt[239].

---

236 Siehe oben a.

237 Siehe oben b dd.

238 *Mikliss*, S. 123

239 Ebenso: BVerwG StAZ 1960, 238, 239; OLG Frankfurt StAZ 1958, 325; *Raape*, IPR, S. 649; *Seeler*, Gutachten 31/14, S. 113, 115, 117 f., 119; Schreiben des Konsulats der Republik Polen in Hamburg vom 27. Juli 1950, gerichtet an die Senatskanzlei Hamburg in Beantwortung einer dortigen Anfrage vom 5. Juli 1950 über die Führung von Adelstiteln in Polen, wiedergegeben in: *Lottig*, Nachwort zum Gutachten 36/8a, S. 171, 187 f.; auch *Mandowsky*, StAZ 1932, 271, 272. - A.A. hinsichtlich früherer deutscher Adelsbezeichnungen: *Geilke*, StAZ 1959, 189; *Brintzinger*, S. 93, 142; *ders.*, DÖV 1965, 231, 234 Fn. 28; wohl auch *Loos*, S. 100 ff. (nur Adelsbezeich-nungen höherer Stufen seien beseitigt worden, nicht aber das einfache "von"; diese An-sicht ist jedoch allzusehr dem deutschen Adelsverständnis verhaftet). - Später ist *Geilke* noch weitergegangen: Der in Polen "auf dem Gebiet des Adelsrechts" zwischen den beiden Weltkriegen bestehende Rechtszustand habe dem deutschen Recht entsprochen; vgl. Gutachten 36/8a, S. 189, 203 (ebenso RVHWB, "Name", S. 420). Das würde bedeuten, daß *alle* (deutschen) Adelsbezeichnungen weitergeführt werden durften. - Offengelassen von OVG Münster StAZ 1963, 12, 13; 1965, 132, 133 (letztgenannte Entscheidung - in einem anderen Punkt - aufgehoben durch BVerwG StAZ 1966, 256).

d) *Keine Besonderheiten der namensrechtlichen Situation ehemaliger deutscher Adeliger in den nach dem ersten Weltkrieg an Polen abgetretenen Gebieten*

Deutsche Träger adeliger Namen, die in den aufgrund des Versailler Vertrags von Deutschland an Polen abgetretenen Gebietsteilen beheimatet waren, erwarben die polnische Staatsangehörigkeit im Januar 1920[240], in den ostoberschlesischen Abtretungsgebieten erst am 20. Okt. 1921[241], mithin erst nach Inkrafttreten der WRV am 14. Aug. 1919. Das Oberverwaltungsgericht Münster hat daher in zwei Entscheidungen die Ansicht vertreten, daß dieser Personenkreis, weil Art. 119 Abs. 3 S. 2 WRV ihre Adelsbezeichnungen zu Namensteilen erklärt habe, mit dem "keine Adelsbezeichnung, kein Adelsprivileg, keine Adelstitulatur oder dergleichen mehr enthaltenden, sondern nur noch nach bürgerlichem Recht und nicht anders als bürgerliche Namen wie von oder vom Z. (...) zu beurteilenden Familienamen"[242] in den polnischen Staatsverband eingetreten sei und schon aus diesem Grunde nicht von Art. 96 Abs. 2 der Märzverfassung hätte betroffen werden können[243]. Dem kann jedoch nicht zugestimmt werden[244]. Die Bedenken, welche gegen die parallele höchstrichterliche Rechtsprechung in Österreich bestehen, derzufolge deutschen Staatsbürgern nach Erwerb der österreichischen Staatsangehörigkeit die Weiterführung der nach deutschem Recht als Namensbestandteil geltenden Adelsbezeichnung gestattet ist[245], und die das Oberverwaltungsgericht in seiner zweiten Entscheidung anführt[246], sind bereits ausgesprochen worden[247]. Vor allem aber muß ein deutsches Gericht Art. 96 Abs. 2 so auslegen, wie dies ein polnisches Gericht getan hätte[248]. In Ermangelung einschlägiger Literatur[249] und Entscheidungen des polnischen Obersten Ver-

240 Vgl. OVG Münster StAZ 1963, 12, 13; 1965, 132, 133.
241 Vgl. *Loos*, S. 100; *Brintzinger*, S. 93, 142.
242 OVG Münster StAZ 1965, 132, 133.
243 OVG Münster StAZ 1963, 12, 13; 1965, 132, 133 (letztgenannte Entscheidung - in einem anderen Punkt (vgl. § 137 VwGO) - aufgehoben durch BVerwG StAZ 1966, 256). Zustimmend *Ambrosius*, DÖV 1963, 602, 605; StAZ 1963, 318 f.; 1965, 62, 64.
244 Ebenfalls ablehnend auch schon *Lottig*, Gutachten 36/8a, S. 171, 176 ff., 180.
245 Siehe oben II 1 bei Fn. 59.
246 OVG Münster StAZ 1965, 132, 133.
247 Siehe oben II 1 bei Fn. 66.
248 Vgl. z.B. *Firsching/von Hoffmann*, IPR, § 3 Rn. 140.
249 Siehe oben Fn. 197.

waltungstribunals[250] geben historische Gesichtspunkte[251] bei der Interpretation den Ausschlag. Danach hat die polnische Verfassung *jeglicher* Kenntlichmachung adeliger Abstammung eine Absage erteilt. Wenig überzeugend ist auch der Hinweis des Oberverwaltungsgerichts Münster darauf, daß die preußische Verordnung über die Annahme des vollen Familiennamens durch uneheliche, an Kindes Statt angenommene und für ehelich erklärte Kinder adeliger Personen vom 3. Nov. 1919[252] erst mit Inkrafttreten des polnischen Erlasses vom 10. Okt. 1945[253], durch den das polnische Namensänderungsgesetz vom 24. Okt. 1919 aufgehoben wurde, ihre Wirksamkeit verloren habe, daß mithin auch der polnische Gesetzgeber auf dem Standpunkt gestanden habe, die Adelsbezeichnungen der in den ehemals deutschen Gebieten lebenden Personen seien durch Art. 109 Abs. 3 S. 2 WRV Teil des bürgerlichen Namens geworden und hätten daher weitergeführt werden dürfen[254]. Denn die Aufhebung kann deklaratorische ebensogut wie konstitutive Bedeutung gehabt haben.

e) Weitere Rechtsentwicklung in Polen

Die Märzverfassung wurde mit Ausnahme einiger, den Minderheitenschutz betreffender Bestimmungen, aber einschließlich ihres Art. 96 durch Art. 81 Abs. 2 der am 24. April 1935 in Kraft getretenen[255] polnischen Verfassung vom 23. April 1935 (Aprilverfassung) aufgehoben; von da an galt kein polnischer Rechtssatz mehr, der den Verlust von Adelstiteln zur Folge gehabt hätte[256]. Wer erst unter der Aprilverfassung die polnische Staatsangehörigkeit erwarb und nach seinem früheren Heimatrecht zur Führung einer Adelsbezeichnung berechtigt war, durfte diese somit auch in Polen führen[257]. Die Frage, ob nach dieser Rechtsänderung auch die vorher nicht anerkannten Titel

---

250 Vgl. *Geilke*, Gutachten 36/8b, S. 189, 193.
251 Siehe oben c.
252 Siehe oben Kap. D Fn. 54.
253 Gesetzblatt der Republik Polen vom 16. Dez. 1945 Nr. 56 (zitiert nach OVG Münster StAZ 1963, 12, 14; 1965, 132, 133).
254 OVG Münster StAZ 1963, 12, 14; 1965, 132, 133.
255 *Lottig*, Gutachten 36/8a, S. 171, 173.
256 OVG Münster StAZ 1963, 12, 13; 1965, 132, 133 (Letztgenannte Entscheidung - in einem anderen Punkt (vgl. § 137 VwGO) - aufgehoben durch BVerwG StAZ 1966, 256).
257 Vgl. *Lottig*, Gutachten 36/8a, S. 171, 186.

wieder geführt werden durften, hat die Rechtsprechung offengelassen[258]. Mit Blick auf die historische Entwicklung in Polen ist diese Frage zu verneinen[259].

f) Keine Anwendbarkeit des § 3a NÄG auf frühere polnische Staatsangehörige

Für ehemals polnische Staatsbürger deutscher Volkszugehörigkeit hatte schon der Gesetzgeber die Voraussetzungen des § 3a NÄG verneint[260]. Dementsprechend wird Polen in Nr. 45 NamÄndVwV in der heute geltenden Fassung[261] nicht genannt[262].

Gleichwohl soll § 3a NÄG nach verbreiteter Ansicht auch auf ehedem polnische Staatsangehörige anwendbar sein[263]. Wenn dabei ausgeführt wird, Art. 96 Abs. 2 S. 1 der Märzverfassung habe überwiegend Angehörige der deutschen Minderheit betroffen, "da es Nichtdeutsche mit deutschen Adelsbezeichnungen kaum gab"[264], so ist das schlicht unzutreffend. Es gab nicht nur deutschstämmige Träger der Adelsbezeichnung "von", wie anscheinend auch das Oberverwaltungsgericht Münster meint[265], sondern beispielsweise ebenso

---

258 OVG Münster StAZ 1963, 12, 13.

259 Nach einem Schreiben des Konsulats der Republik Polen in Hamburg vom 27. Juli 1950, gerichtet an die Senatskanzlei Hamburg in Beantwortung einer dortigen Anfrage vom 5. Juli 1950 über die Führung von Adelstiteln in Polen, wiedergegeben in: *Lottig*, Nachwort zum Gutachten 36/8a, S. 171, 187 f., wird unter Zitierung des Art. 96 der Märzverfassung ausgeführt, daß die Adelstitel in Polen seit Inkrafttreten dieser Verfassung rechtlich aufgehoben seien. Auch das in StAZ 1953, 69, wiedergegebene Schreiben des Osteuropa-Instituts an der Freien Universität Berlin vom 29. Jan. 1953 stützt sich auf die (1935 aufgehobene) Märzverfassung. Beide Stellungnahmen gehen ersichtlich davon aus, daß sich die Rechtslage durch die Aprilverfassung nicht geändert hatte; vgl. auch *Brintzinger*, S. 93, 143.

260 Vgl. BVerfG StAZ 1964, 105, 106.

261 Siehe oben Kap. B Fn. 277.

262 Gegen die Anwendbarkeit auch *Graf von Bernstorff*, DÖV 1963, 126, 128; *Brintzinger*, DÖV 1965, 231, 234.

263 OVG Münster StAZ 1963, 12, 14; 1965, 132, 133 f. (letztgenannte Entscheidung aufgehoben durch BVerwG StAZ 1966, 256; dieses zurückverwiesene Verfahren wurde dann im Vergleichswege erledigt [*Loos*, S. 100]); *Loos*, S. 100 ff.; *Ambrosius*, DÖV 1963, 602, 605; 1965, 36, 37; StAZ 1965, 62, 64.

264 *Ambrosius*, DÖV 1963, 602, 605.

265 OVG Münster StAZ 1963, 12, 14 (" ..., weil die Partikel "von" - abgesehen von wenigen Ausnahmen - nur von deutschen Adelsfamilien geführt wurde."); 1965, 132, 134 ("... da es früher Adelige nichtdeutschen Volkstums mit der deutschen Adelsbezeichnung "von" nur in verschwindendem Umfang gab") (beide Zitate ohne Belegstellen).

polnische Adelige, die dem preußischen König gehuldigt hatten und daher das deutsche "von" führen durften[266]. Zudem erfaßte die Abschaffung der Adelstitel auch die Titel altlitauischer und habsburgischer Herkunft[267]. Ebenso auf mangelnder Befassung mit den polnischen Verhältnissen beruht der Schluß, der polnische Gesetzgeber habe die "adelige" Nachsilbe "-ski" anders als die Adelsbezeichnungen der deutschen Minderheit behandelt[268]. Diese Partikel ist den deutschen Adelsbezeichnungen nicht vergleichbar[269].

Geilke[270] hat darauf verwiesen, es sei "bekannt, daß die Behörden in Polen dazu neigen, Familien- und Vornamen zu polonisieren". Soweit in polnischen Registern deutsche Adelsnamen ohne die Adelsbezeichnung eingetragen wurden, hat man das als "faktisches Verbot" ausgelegt[271] und den polnischen Behörden pauschal ungesetzliches Verhalten unterstellt[272]. Demgegenüber ist festzuhalten, daß die Nichteintragung von Adelsbezeichnungen polnischem Recht entsprach[273].

Die Befürworter einer Anwendung des § 3a NÄG auf frühere deutsche Adelige übersehen, daß Art. 96 Abs. 2 der Märzverfassung für die Adelstitel an den Rechtszustand in Polen vor dem Verlust der Eigenstaatlichkeit, insbeson-

---

266 Siehe oben b cc.

267 Siehe oben b cc.

268 OVG Münster StAZ 1963, 12, 14.

269 Siehe oben b dd.

270 StAZ 1959, 189, 190. Vgl. auch *Ambrosius*, StAZ 1965, 62, 65; *Brintzinger*, S. 93, 141.

271 Vgl. OVG Münster StAZ 1965, 62, 65. BVerwG StAZ 1966, 256, 257, hat dieses Urteil aufgehoben und ausgeführt, die bloß deklaratorische Personenstandseintragung könne nicht als Verwaltungsmaßnahme i.S.d. § 3a NÄG angesehen werden, da jene kein namensrechtliches Verbot enthalte. Die Eintragung als eine Einzelfallregelung könne höchstens ihrerseits auf einem generellen Verbot in Form eines Gesetzes oder einer Verwaltungsmaßnahme beruhen. Eine solche generelle Regelung habe das Oberverwaltungsgericht jedoch nicht bezeichnet. Wenn ein solches Verbot zu Unrecht in Anwendung gebracht sein sollte - was nach polnischem Recht zu beurteilen sei - , so würde dies allerdings der Anwendbarkeit des § 3a NÄG nicht entgegenstehen, weil es nach Sinn und Zweck dieser gesetzlichen Regelung nur darauf ankommen könne, ob jemand durch ein solches Verbot faktisch daran gehindert gewesen sei, seinen früheren Namen zu führen, nicht aber darauf, ob die Anwendung des Verbots rechtmäßig gewesen sei.

272 *Ambrosius*, StAZ 1965, 62, 65: In den meisten Fällen seien die Namen der Angehörigen der deutschen Minderheit "von irgendwelchen unteren Verwaltungsdienststellen sozusagen auf kaltem Wege durch ... Weglassung von Adelsbezeichnungen" geändert worden. Vgl. auch *Ambrosius*, DÖV 1963, 602, 605; *Geilke*, Gutachten 36/8b, S. 189, 198 f.

273 Siehe oben c.

dere den Grundsatz der *aequalitas*, anknüpfte. Deutschfeindlichen Charakter hat diese Regelung nicht.

2. *Ungarn*[274]

a) *Adel und Adelsbezeichnungen im alten Ungarn*

Der Anteil des ungarischen Adels an der Gesamtbevölkerung betrug 4,7 %[275] und lag damit um ein vielfaches über den Zahlen für das übrige Kontinentaleuropa[276]. Nur der polnische Adel, dessen soziale und verfassungsrechtliche Stellung der des ungarischen Adels in vielem glich, wies mit 8 % einen vergleichbar hohen Prozentsatz auf[277].

Ursprünglich bildete auch der Adel in Ungarn eine rechtliche Einheit[278], die erst unter den Habsburgern verfiel[279].

Der magyarische Adel kannte zwei Arten von Adelsbezeichnungen. Zunächst sind die hochadeligen Ränge zu nennen[280]: "báró" (Baron), "gróf" (Graf), "herczeg" (Herzog)[281]. Diese Titel waren in die Matriken einzutragen[282].

---

274 Vgl. zum Namen im ungarischen IPR die Gesetzesverordnung des Präsidialrates der Ungarischen Volksrepublik Nr. 13/1979 über das internationale Privatrecht (IPR-Gesetz) (wiedergegeben bei *Bergmann/Ferid*, Länderteil Ungarn, S. 24 ff.).
§ 10 Abs. 1: "Die Rechtsfähigkeit, die Geschäftsfähigkeit und der allgemeine Personenstand, sowie die höchstpersönlichen Rechte des Menschen sind nach seinem Personalstatut zu beurteilen".
§ 12 Abs. 1 S. 2: "Das Personalstatut eines Menschen ist das Recht desjenigen Staates, dessen Staatsangehöriger er ist".
Zur Namensführung der Ehegatten bestimmt § 39 Abs. 1, daß das Recht maßgebend ist, das zur Zeit der Beurteilung das gemeinsame Personalstatut der Ehegatten ist. Gibt es kein gemeinsames Personalstatut, gelten die Hilfsanknüpfungsregeln des § 39 Abs. 2 bis 4. Für die Namensführung des Kindes ist dessen Personalstatut maßgebend, § 45 Abs. 1. Vgl. zum Namen im alten ungarischen IPR die Hinweise bei *Bungert*, StAZ 1991, 273, 274.

275 *Mikliss*, S. 13.

276 Siehe oben 1 b aa.

277 *Mikliss*, S. 13.

278 Grundlegend *von Timon*, Ungarische Verfassungs- und Rechtsgeschichte, S. 135 ff., 556 ff.

279 Brockhaus-Enzyclopädie, "Adel", S. 134 Sp. 2.

280 Man muß sich darüber im klaren sein, daß diese ungarischen Titel mit den entsprechenden deutschen höheren Adelstitulaturen nur den Namen gemein haben. Inhaltlich spiegeln sie die eigenständige historische Entwicklung des Adels in Ungarn wider (vgl. *von Timon*, S. 561 ff.; *Brintzinger*, S. 93, 163). Die Ausführungen zum deutschen Adel

Das deutsche Vorwort "von" oder eine entsprechende Partikel in ungarischer Sprache gab es nicht[283]. Der einfache Adel wurde vielmehr dadurch gekennzeichnet, daß vor den eigentlichen Familiennamen der Besitz- bzw. Ortsname in adjektivischer Form gesetzt wurde[284]. So lautete der Name eines ungarischen Adeligen etwa[285]: "báró [Baron] nagybátonyi [*adjectivum provenientiae*] Szenes [eigentlicher Familienname] György [Georg]"[286]. Zur Kennzeichnung des einfachen Adels ohne Grundbesitz wurde die Bezeichnung "nemes" (adelig) verwendet[287]. Auch das *adjectivum provenientiae* und das Wort "nemes"

---

und seinen Titulaturen (siehe oben Kap. A und C) sind nicht auf den ungarischen Adel übertragbar.

281 *Silagi*, StAZ 1992, 133, 134.

282 Gesetzesartikel XXXIII/1894 über die staatlichen Personenstandsbücher (Corpus Juris Hungarici. Magyar Törvénytár [ungarische Gesetzessammlung] 1894-1895, S. 195 [zitiert nach IPG 1987/1988 Nr. 3 <Hamburg>, S. 21, 22 Fn. 1]) und nachgeordnete Durchführungsvorschriften, nämlich die Verordnungen des ungarischen Innenministers vom 7. Aug. 1930 Nr. 55.300/1930 und vom 9. Nov. 1933 Nr. 33.607/1933; vgl. IPG 1987/1988 Nr. 3 (Hamburg), S. 21, 23 Fn. 5; *Silagi*, StAZ 1992, 133, 134.

283 *Brintzinger*, S. 93, 164; RVHWB "Name", S. 420; OLG Tübingen StAZ 1953, 233.

284 Dieses "adjectivum provenientiae" bezeichnen die Verordnungen des ungarischen Innenministers vom 7. Aug. 1930 und vom 9. Nov. 1933 (siehe oben Fn. 282) auch als "nemesi elönév". Die deutsche Übersetzung "Adelsprädikat" (vgl. *Silagi*, StAZ 1992, 133, 134) wird hier keine Verwendung finden, um Mißverständnisse zu vermeiden (siehe auch oben Kap. A).

285 Nach ungarischer Schreibweise wird der Familienname dem Vornamen vorangestellt; vgl. *Rupp*, MfOR (WGO) 21 (1979), 61; *Silagi*, StAZ 1992, 133, 134 Fn. 23.

286 Beispiel nach *Silagi*, StAZ 1992, 133, 134; *Bungert*, StAZ 1991, 273, 274. Vgl. auch *Brintzinger*, S. 93, 164. Weitere Beispiele: "baró kesseleökeöi M. (= eigentlicher Familienname) Arpád" (nach BayObLG StAZ 1957, 95, 97); "(hochadeliger Rang fehlt) götzenhorsti Götz (Vorname fehlt)" (nach OLG Karlsruhe StAZ 1957, 10); "(hochadeliger Rang fehlt) simandi Kállay (Vorname fehlt)" (nach HessVGH VerwRspr 31 (1980), Nr. 56 (S. 273); "gróf c. es szentegyedi W. (=eigentlicher Familienname) Ilona" (nach IPG 1987/1988 Nr. 3 (Hamburg), S. 21). - Die Namensteile werden hier in der in den Verordnungen des ungarischen Innenministers vom 7. Aug. 1930 und vom 3. Nov. 1933 (siehe oben Fn. 282) angegebenen Reihenfolge wiedergegeben. Generell sind veröffentlichte Entscheidungen nur eingeschränkt verwertbar, da die Namen entweder überhaupt nicht oder aus Datenschutzgründen nur in abgekürzter Form wiedergegeben werden. So ist z.B. in OVG Rheinland- Pfalz StAZ 1984, 105, vom Familiennamen "Sz. K." die Rede, den der Kläger in der Fassung "K. von Sz." zu führen wünschte, wonach man allenfalls vermuten kann, daß "K." der eigentliche Familienname, "sz." wohl das "adjectivum provenientiae" war.
Die genannten Verordnungen ordneten die Großschreibung der adjektivierten Besitznamen an; üblich war aber die Kleinschreibung (vgl. *Silagi* StAZ 1992, 133, 134 Fn. 21; HessVGH VerwRspr 31 (1980), Nr. 56 [S. 273, 274]), der deshalb hier der Vorzug gegeben wurde.

287 Vgl. BayObLG StAZ 1963, 119, 120; HessVGH StAZ 1963, 121, 122; *Silagi*, StAZ 1992, 133, 134; ähnlich *Rupp*, MfOR (WGO) 21 (1979), 61, 77. Um einen Fall der Erhebung in den erblichen ungarischen Adelsstand, ohne daß eine Adelsbezeichnung verliehen oder der Name sonstwie geändert wurde, ging es anscheinend in OLG Stuttgart StAZ 1959, 151.

wurden in die Personenstandsbücher eingetragen[288]. Während ersteres Namensteil war[289], bildete letzteres nur ein die Zugehörigkeit zum Adel kennzeichnendes Beiwort[290]. Im amtlichen Verkehr war der Gebrauch des Adels nur bei Vorlage eines Ausweises des ungarischen Innenministeriums über das Recht der Adelsführung zulässig[291].
Der vom Reichsverweser Miklós Horthy im Jahre 1920 durch Verordnung 6650/1920 des königlich ungarischen Gesamtministeriums über die Verleihung und Gründung des "vitéz"-Grundstücks[292] geschaffene Titel "vitéz"[293] wurde ebenfalls in die Zivilstandsregister aufgenommen[294]. Dabei handelte es sich um eine Bezeichnung, die sich nur auf die betreffenden bevorrechtigten Familienmitglieder weitervererbte[295].

---

288 Siehe oben Fn. 282.

289 Vgl. HessVGH VerwRspr 31 (1980), Nr. 56 (S. 273, 274). Dem Hessischen Verwaltungsgerichtshof kann aber insoweit nicht gefolgt werden, als daß er im Rahmen seiner rechtsvergleichenden Ausführungen anscheinend die Namensqualität nur der "adjectiva provenientiae" im Gegensatz zu "den allgemeinen Standestiteln" (gemeint sind damit wohl die Bezeichnungen des titulierten Adels in Deutschland bzw. die hochadeligen Ränge in Ungarn) bejahen will. Denn die vom Gerichtshof hierzu gegebene Begründung trifft nicht zu. Er meint, es sei in Deutschland vor 1919 umstritten gewesen, ob die Adelsbezeichnungen Bestandteil des Namens gewesen seien. Tatsächlich wurde einzig die Frage, ob die Adelsbezeichnung Teil des *Familien*namens seien oder ein dritter Namensteil, der eigenen Rechtsregeln unterliegt, kontrovers diskutiert (siehe oben Kap. D I). Die Namensqualität der Adelsbezeichnungen war unbestritten. Auch die ungarischen hochadeligen Ränge bildeten nach alledem - wie in Deutschland - selbstverständlich einen Bestandteil des Namens.

290 So BayObLG StAZ 1963, 119, 120, das die Frage aber letztlich offenlassen konnte: Das Wort "nemes" war nicht registriert. Über den gem. § 47 Abs. 2 PStG gestellten Antrag der Standesamtsaufsichtsbehörde, das Wort "von" zu streichen, konnte das Gericht nicht hinausgehen; vgl. *Bumiller/Winkler*, FGG, vor § 71 Anm. 10. Die Beschwerdeführer hatten sich nur gegen die Streichung gewandt, nicht aber ihrerseits Eintragung des Wortes "nemes" verlangt. - Die Bezeichnung "nemes" ähnelt der russischen Bezeichnung "dworjanin" (siehe oben II 3 a); vieles spricht daher dafür, daß es sich bei dem ungarischen niederen Adel ohne Grundbesitz um untitulierten Adel handelte. Vgl. dazu auch OLG Stuttgart StAZ 1959, 151.

291 *Wink*, StAZ 1943, 38, 39.

292 In deutscher Übersetzung wiedergegeben bei *Kroitzsch*, S. 50 ff.

293 Vgl. zur Geschichte Ungarns nach dem Zusammenbruch der Habsburgermonarchie die Hinweise bei *Brintzinger*, S. 93, 165 Fn. 439. Bis 1946 blieb Ungarn formell Königreich. Das Recht der Adelsverleihung ruhte aber während der Zeit der Reichsverweserschaft des Admiral Nikolaus Horthy von Nagybanya. Daher schuf Horthy die adelsähnliche Einrichtung des vitéz-Ordens; vgl. *Silagi*, StAZ 1992, 133, 137; *Kroitzsch*, S. 8.

294 Siehe oben Fn. 282.

295 *Silagi*, StAZ 1992, 133, 138. Neben der aus nationalsozialistischer Zeit stammenden Schrift von *Kroitzsch* ("Der Stand der Tapferen: Der ungarische vitéz-Orden") vgl. neuerdings *Bungert*, StAZ 1991, 273; *Silagi*, a.a.O., S. 136 ff.

b) *Adelsabschaffung durch das Gesetz IV/1947*

Im Gegensatz zu den meisten osteuropäischen Staaten wurden Adel und Adelsbezeichnungen in Ungarn erst durch das am 14. Jan. 1947 in Kraft getretene Gesetz IV/1947 vom 3. Jan. 1947 beseitigt[296]. Mit diesem Gesetz ging auch die Berechtigung zur Führung der Ortsnamen als Adelsprädikat verloren[297].

c) *Zur Frage der Führung ungarischer Adelsbezeichnungen in deutscher Sprache*

aa) *Einführung*

In der Einleitung zu diesem Kapitel[298] wurde bereits darauf hingewiesen, daß vor deutschen Gerichten in erster Linie darüber gestritten wird, ob ungarische Adelsbezeichnungen in deutscher Sprachform geführt werden dürfen[299]. Diese

---

296 Corpus Juris Hungarici. Magyar Törvénytár (ungarische Gesetzessammlung) 1947 S. 6 (zitiert nach IPG 1976 Nr. 3 (Hamburg), S. 12, 16 Fn. 15). § 3 Abs. 1 bis 3 des Gesetzes lauten übersetzt:
"Der Gebrauch der in § 1 dieses Gesetzes genannten Rangbezeichnungen [dort werden u.a. die hochadeligen Ränge aufgeführt; vgl. *Rupp*, MfOR (WGO) 21 (1979), 61, 77] sowie des Titels "vitéz" (Ritter) ist verboten.
Der Gebrauch von Adelsprädikaten, Adelswappen und Abzeichen oder von auf die adlige Abstammung hinweisenden Ausdrücken (de genere ...) ist verboten.
Es ist verboten, eine Titulierung zu gebrauchen, die auf einen durch dieses Gesetz abgeschafften Rang oder den Rang anzeigenden Titel (Würde) hinweist (...)" (zitiert nach IPG 1976 Nr. 3 (Hamburg), S. 12, 17).
Vgl. auch *Arató*, RabelsZ 16 (1951), 281, 283; *Rupp*, MfOR (WGO) 21 (1979), 61, 77; BayObLG StAZ 1989, 345, 346; HessVGH VerwRspr 31 (1980), Nr. 56 (S. 273, 274); OLG Köln StAZ 1965, 247, 248. Zur registermäßigen Behandlung des Verlusts einer ungarischen Adelsbezeichnung vgl. *Katt*, StAZ 1986, 223 f.

297 IPG 1976 Nr. 3 (Hamburg), S. 12, 17; OLG Karlsruhe StAZ 1957, 10, 11.

298 Siehe oben I.

299 Dafür: OLG Hamburg StAZ 1990, 135, 136 ff.; OVG Rheinland-Pfalz StAZ 1984, 105, 106; HessVGH StAZ 1963, 121, 123 f.; OLG Stuttgart StAZ 1959, 151 f. - Ebenso: *Wink*, StAZ 1943, 38, 39 (ohne nähere Begründung); *Ferid*, StAZ 1957, 98 f.; *Brintzinger*, S. 93, 164, 181; IPG 1987/1988 Nr. 3 (Hamburg), S. 21, 26 ff., 29 (Dieses Gutachten wurde in dem Verfahren OLG Hamburg StAZ 1990, 135, erstattet). - Dagegen: BayVGH StAZ 1994, 13, 14; BayObLG StAZ 1989, 345, 347; 1963, 119, 120 f.; 1957, 95, 97; HessVGH VerwRspr 31 (1980), Nr. 56 (S. 273, 276 ff.); VGH Baden-Württemberg StAZ 1971, 115, 116; OLG Karlsruhe StAZ 1957, 10, 11; OLG Tübingen StAZ 1953, 233. - Vgl. auch *Loos*, S. 104 f.; *Staudinger/Hepting*, Art. 10 EGBGB Rn. 33, 95; *Hepting/Gaaz*, PStG, § 2 Rdnr. 14c (*Gaaz*); *Kegel*, IPR, S. 443; IPG 1976 Nr. 3 (Hamburg), S. 12.

Kontroverse beschäftigt die Gerichte nun schon seit über 40 Jahren[300]. Relevanz kommt ihr nur zu, wenn der Namensträger oder die Person, von der er seinen Namen ableitet, nicht mehr von dem ungarischen Gesetz IV/1947 erfaßt wurde[301]. Das ist der Fall, wenn der Betreffende die ungarische Staatsangehörigkeit vor Inkrafttreten dieses Gesetzes am 14. Jan. 1947 verloren hatte[302].

Keiner weiteren Erörterung bedarf im folgenden der nicht in die deutsche Sprache übersetzbare[303] Titel "vitéz". Es ist schon zweifelhaft, ob dieser Titel überhaupt als eine Adelsbezeichnung "im materiellen, historischen Sinne"[304] angesprochen werden kann[305], die im deutschen Sachrecht als Teil des Familiennamens zu behandeln wäre[306]. Bejaht man das[307], so erlosch der "vitéz"-Titel - wegen seines Charakters als Primogeniturbezeichnung - jedenfalls mit dem Tod seines bei Inkrafttreten des ungarischen Gesetzes IV/1947 letzten Trägers[308].

Den rechtshistorischen Hintergrund der Diskussion über die "Eindeutschung" ungarischer Adelsbezeichnungen bildet die staatsrechtliche Verbundenheit Ungarns mit Österreich während der Zeit der Habsburgermonarchie. Im Jahre 1957 erwog - wohl als erster - Ferid im Hinblick auf diese Besonderheit "bei Ungarn ausnahmsweise eine Anpassung der ungarischen Adelsnamen an den deutschen Sprachgebrauch (...), die den Grundsatz unberührt läßt, wonach niemand eine andere Namensbezeichnung führen darf als die, welche sich aus

300 Früheste Entscheidung ist wohl OLG Tübingen StAZ 1953, 233.

301 Der Adelsabschaffung in Ungarn unterlagen aber z.B. die Namensträger in BayVGH StAZ 1994, 13, 14; 1989, 77, 78; OLG Köln StAZ 1965, 247 f.; OLG Neustadt StAZ 1960, 289, 290; OLG Karlsruhe StAZ 1957, 10, 11.

302 Hier sei auf die Kollektivausbürgerung aufgrund der Verordnung Nr. 7970/1946 bezüglich des Verlustes der ungarischen Staatsbürgerschaft der nach Deutschland Umgesiedelten vom 12. Juli 1946 verwiesen (in deutscher Übersetzung wiedergegeben bei *Szlezak*, S. 142 f.). Siehe auch oben Kap. E IX und X 1.

303 *Silagi*, StAZ 1992, 133, 138; *Bungert*, StAZ 1991, 273, 274.

304 *Sievers*, StAZ 1931, 313, 314.

305 Mit Blick auf die fehlende Nobilitierungsbefugnis des Reichsverwesers Horthy (siehe oben Fn. 293) bezweifelt das *Silagi*, StAZ 1992, 133, 138.

306 Siehe oben Kap. E III.

307 So *Bungert*, StAZ 1991, 273, 274, unter Hinweis auf die Eintragungsfähigkeit des Titels "vitéz" in die ungarischen Personenstandsbücher.

308 *Silagi*, StAZ 1992, 133, 138. Siehe zur parallelen Problematik im deutschen Recht oben Kap. D III 4.

seinem Heimatrecht oder aber aus dem für die Namensführung maßgeblichen Verhältnis anzuwenden Recht ergibt"[309].

Die Betroffenen haben daran begreiflicherweise großes Interesse. "Gräfin" statt "gróf"[310], "von" anstelle der Silbe -i des *adjectivum provenientiae*[311] bzw. des vom niederen Adel ohne Grundbesitz geführten Beiwortes "nemes"[312] weisen in den Augen vieler Deutscher ein höheres Sozialprestige[313] auf, als die entsprechenden ungarischen Bezeichnungen.

bb) Ungarisches geschriebenes Namensrecht vor dem Verbot der Adelsbezeichungen

Nach § 44 des ungarischen Gesetzesartikels XXXIII/1894[314] durfte grundsätzlich nur der standesamtlich registrierte Vor- und Familienname geführt werden. Die Führung einer standesamtlich nicht registrierten Namensform stellte § 83 des genannten Gesetzesartikels unter Strafe[315]. Aus den nachgeordneten

309 *Ferid*, StAZ 1957, 98, 99.

310 Vgl. z.B. IPG 1987/1988 Nr. 3 (Hamburg), S. 21, 29 (Dieses Gutachten wurde in dem Verfahren OLG Hamburg StAZ 1990, 135, erstattet).

311 Nur das mit dem Endbuchstaben -i gebrauchte "adjectivum provenientiae" deutete regelmäßig auf die Zugehörigkeit zum ungarischen Adel hin (vgl. *Brintzinger*, S. 93, 164; zutreffend daher: BayVGH StAZ 1994, 13, 14; OLG Köln StAZ 1965, 247, 248; OLG Tübingen StAZ 1953, 233; auch HessVGH VerwRspr 31 (1980), Nr. 56 [S. 273, 274 f.]), nicht aber, wie gelegentlich behauptet, das -y (unzutreffend daher: VGH Baden-Württemberg StAZ 1971, 115, 116 ["Denn das angehängte "y" kennzeichnet den Kläger nur für den Kenner ungarischer Namen als Träger eines Adelsnamens"]; IPG 1976 Nr. 3 (Hamburg), S. 12, 15 [Das Gutachten zitiert *Brintzinger* a.a.O. zu Unrecht]). - Die bekannten Namen Esterházy und Andrássy dürften eigentliche Familiennamen sein; hier wies der Grafen bzw. Fürstentitel auf die Adelszugehörigkeit, nicht aber das "-y".

312 Vgl. OLG Stuttgart StAZ 1957, 95, 96.

313 Vgl. VGH Baden-Württemberg StAZ 1971, 115, 116.

314 Siehe oben Fn. 282: "Niemand kann einen anderen Familien- und Vornamen führen als den, mit dem er im Geburtenbuch standesamtlich eingetragen ist. Diese Bestimmung beschränkt nicht den Gebrauch von Autoren- und Künstlernamen." (zitiert nach IPG 1987/1988 Nr. 3 (Hamburg), S. 21, 23).

315 Siehe oben Fn. 282: "Wer die Bestimmung des § 44 dieses Gesetzes verletzt, begeht eine Übertretung und ist mit einer Geldstrafe bis zu 200 Kronen zu bestrafen" (zitiert nach IPG 1987/1988 Nr. 3 (Hamburg), S. 21, 23). - Der Gesetzesartikel XXXIII/1894 wurde aufgehoben durch § 13 der Gesetzesverordnung Nr. 19/1952 über die Personenstandsbücher (Hatályos jogszlbályok gyüjtemenye [Sammlung der geltenden Rechtsvorschriften] 1945 - 1958 I [Budapest 1960] S. 245 [zitiert nach IPG 1987/1988 Nr. 3 <Hamburg>, S. 21, 23]). Bis dahin scheint § 44 des Gesetzesartikels XXXIII/1894 in Geltung gestanden zu haben; vgl. IPG 1987/1988 Nr. 3 (Hamburg), a.a.O.

Durchführungsbestimmungen ergibt sich, daß ungarische Adelsbezeichnungen ausschließlich[316] in ungarischer Sprache in die Matriken eingetragen wurden[317]. Für den innerungarischen Gebrauch war eine nicht magyarische Art der Namens- und Titelführung als den Magyarisierungsbestrebungen zuwiderlaufend ausgeschlossen[318].

cc) Das deutsch-ungarische Abkommen zum Personenstandswesen aus dem Jahre 1941

Art. 7 des am 1. Sept. 1941 zwischen dem Königreich Ungarn und dem Deutschen Reich in Budapest geschlossenen Abkommens über Mitteilungen und Ersuchen auf dem Gebiete des Personenstandswesens[319] lautet[320]:
"Form der Familiennamen und Vornamen
(1) Die Standesbeamten (Matrikenführer) des einen vertragsschließenden Teils werden den Familiennamen eines Angehörigen des andern Teil nur in der seinem heimatlichen Recht entsprechenden Form in die Personenstandsbücher (Matriken) eintragen.
(2) Die Standesbeamten (Matrikenführer) werden auch die Vornamen eines Angehörigen des anderen Teils nur in der seinem heimatlichen Recht entsprechenden Form in das Geburtenbuch eintragen, wenn in der Erklärung des zur Namensbeilegung Berechtigten diese Form gebraucht ist. In die übrigen Personenstandsbücher (Matriken) werden sie die Vornamen in der Form eintragen, die im Geburtenbuch gebraucht ist."

---

316 Die Rechtslage in Ungarn ist somit derjenigen in Lettland nicht vergleichbar. In den lettischen Zivilstandsregistern wurden der Vor- und Familiennamen in der gewohnten Schreibweise in Klammern zur lettisierten Namensform beigefügt, wenn dies gewünscht wurde. In den lettischen Pässen wurden Titel, wie Fürst, Graf, Baron, von usw. auf Wunsch in Klammern neben dem Familiennamen des Besitzers des Passes in dessen gewohnter Schreibweise angegeben. Siehe oben II 4 b.

317 Verordnungen des ungarischen Innenministers vom 7. Aug. 1930 und vom 3. Nov. 1933 (siehe oben Fn. 282); vgl. IPG 1987/1988 Nr. 3 (Hamburg), S. 21, 23.

318 Vgl. *Ferid*, StAZ 1957, 98, 99; *Koerner*, StAZ 1951, 180, 182; BayObLG StAZ 1963, 119, 120.

319 RGBl. II 1942 S. 355. Vgl. dazu den Runderlaß des Reichsjustizministeriums vom 18. Juni 1943 mit Anlagen, StAZ 1943, 66.

320 Nach Auskunft des Bundesministeriums des Innern wird deutscherseits davon ausgegangen, daß dieses Abkommen durch die Kriegsereignisse nach 1945 suspendiert wurde; vgl. IPG 1987/1988 Nr. 3 (Hamburg), S. 21, 24.

dd) Die Rechtsauffassung des Bayerischen Obersten Landesgerichts

Aus Art. 7 des genannten Abkommens hat das Bayerische Oberste Landesgericht in einer Entscheidung aus dem Jahre 1989[321] den Schluß gezogen, daß "das ungarische Recht neben dem einen magyarischen Adelstitel enthaltenden Namen keinen zweiten Namen derselben Person, bei dem das Adelsprädikat in deutscher Sprache wiedergegeben wurde" gekannt habe. "Es widerspräche allen Grundsätzen des Namensrechts, daß eine Person sich wahlweise zweier verschiedener Namen bedienen könnte"; das gehe auch aus § 44 des Gesetzesartikels XXXIII/1894[322] hervor[323]. Die Frage einer "gewohnheitsrechtlichen Übersetzungsberechtigung" betreffe die Namensführung, für die im Falle des Statutenwechsels[324] das neue Heimatrecht maßgebend sei[325]. Das deutsche Recht aber verbiete eine Verdeutschung ausländischer Adelsbezeichnung[326]. Zu dem gleichen Ergebnis war das Bayerische Oberste Landesgericht auch schon in früheren Judikaten gekommen[327].

ee) Das "Verbot" der Übersetzung ausländischer Adelsbezeichnungen und das Gebot der Einheitlichkeit des Namens

Der soeben angeführte Beschluß des Bayerischen Obersten Landesgerichts spricht die beiden Grundsätze des deutschen Namensrechts an, denen bei der weiteren Erörterung zentrale Bedeutung zukommt[328]:

Prinzipiell ist die Übersetzung ausländischer Adelsbezeichnungen, die in Deutschland lediglich einen Namensteil darstellen, - außerhalb eines behördlichen Namensänderungsverfahrens - nicht zulässig. Denn nach deutschem IPR darf ein vormals adeliger Neubürger in Deutschland eine Adelsbezeichnung nur führen, wenn er dazu im Zeitpunkt seiner Einbürgerung nach seinem Heimatrecht berechtigt war; er tritt mit dem Namen in die deutsche Rechts-

321 BayObLG StAZ 1989, 345, 347.
322 Siehe oben Fn. 314.
323 BayObLG StAZ 1989, 345, 347.
324 Siehe oben Kap. E IX.
325 BayObLG StAZ 1989, 345, 347.
326 BayObLG StAZ 1989, 345, 347.
327 BayObLG StAZ 1957, 95, 97; 1963, 119, 120.
328 Vgl. zum folgenden vor allem *Beitzke*, StAZ 1990, 138 f.

ordnung ein, der ihm nach seinem Heimatrecht zuletzt zustand; die ausländische Adelsbezeichnung kann in Deutschland nur in der sprachlichen Form geführt werden, die das betreffende ausländische Recht vorsieht[329]. Das wird regelmäßig der Name in der ausländischen Form sein[330]. Deshalb hat es sich eingebürgert, von einem "Übersetzungsverbot" zu sprechen[331].
Hier geht es indessen nicht um eine von dem deutschen Standesbeamten oder dem mittlerweile deutschen Namensträger vorgenommene ("eigenmächtige"[332]) Übersetzung[333], sondern vielmehr darum, ob das ungarische Recht in seiner bis zur Adelsabschaffung im Jahre 1947 geltenden Fassung magyarischen Adeligen gestattete, sich bei Verwendung der deutschen Sprache der entsprechenden deutschen Adelsbezeichnung zu bedienen[334]. Ließ das ungarische Recht die deutschsprachige Form zu, so ist das "Verbot" der Übersetzung ausländischer Namen nicht verletzt. Es handelt sich also um eine Frage des ungarischen Rechts als dem für den Namen des adeligen Neubürgers maßgebenden früheren Personalstatut, nicht hingegen, wie das Bayerische Oberste Landesgericht anscheinend meint, um die dem neuen (deutschen) Statut unterliegende Frage des weiteren namensrechtlichen Schicksals.

Gelangt man zu dem Ergebnis, daß nach *ungarischem* Recht bei Gebrauch der deutschen Sprache die entsprechenden Adelsbezeichnungen geführt werden durften, so ergibt sich als zweites Problem, wie das *deutsche* Recht auf den Tatbestand reagiert, daß die Adelsbezeichnungen in Ungarn gleichwohl nur in ungarischer Sprache in die Matriken eingetragen wurden. In diesem Zusammenhang verweist das Bayerische Oberste Landesgericht zu Recht auf einen Grundsatz des deutschen Namensrecht, wonach sich eine Person nicht wahlweise zweier verschiedener Namen bedienen kann. Auch das Bundes-

---

329 Siehe oben Kap. E IX.

330 Vgl. *Staudinger/Hepting*, Art. 10 EGBGB Rn. 33.

331 Instruktioneller Ausdruck ist § 57 Abs. 4 DA: "Ausländische Adelsbezeichnungen wie Count, Earl, Lord sowie deren weibliche Abwandlungen dürfen nicht übersetzt werden; sie sind nur einzutragen, wenn sie Bestandteile des Familiennamens sind. Ausländische Staatsangehörige, die nach ihrem Heimatrecht keine Adelsbezeichung führen dürfen, sind in die deutschen Personenstandsbücher ohne diese Bezeichnung einzutragen. Das gleiche gilt für Deutsche und für Staatenlose, die nach dem Recht des Staates, dem sie früher angehört haben, das Recht zur Führung der ehemaligen Adelsbezeichnungen verloren haben."

332 OLG Tübingen StAZ 1953, 233.

333 So aber auch OLG Hamburg StAZ 1990, 135, 136, das von einer Befugnis zur Führung des Adelsnamen in seiner deutschen Übersetzung spricht.

334 Vgl. *Beitzke*, StAZ 1990, 138.

verwaltungsgericht hat wiederholt ausgesprochen, daß der Name in Deutschland einheitlich sein muß[335].

(1) *Ungarisches Recht: Befugnis zur Verwendung der deutschen Namensform ungarischer Adelsbezeichnungen bei Gebrauch der deutschen Sprache*

Nach dem bis zum 14. Jan. 1947 geltenden ungarischen Recht war es ungarischen Staatsangehörigen bei Benutzung der deutschen Sprache gestattet, ihren Namen in der deutschen Form zu führen und dabei ihre Zugehörigkeit zum ungarischen Adel durch die Befügung des deutschen "von" kenntlich zu machen[336].

Zwar war die Führung einer ungarischen Adelsbezeichnung in deutscher Sprache nach geschriebenen ungarischem Recht nicht vorgesehen und sogar mit Strafe bedroht[337]. Ein solcher "Namensbrauch"[338] bestand jedoch aufgrund ungarischen Gewohnheitsrechts. Daß Gewohnheitsrecht auch Gesetze derogieren kann, war in Ungarn anerkannt[339].

Die Anfänge einer entsprechenden Rechtstradition gehen wohl auf ein "An die Ob der Ennsische-Regierung" gerichtetes Hof-Dekret vom 10. März 1825[340]

---

335 BVerwG StAZ 1965, 188; BVerwG Buchholz 402.10 § 3 NÄG Nr. 9; auch HessVGH VerwRspr 31 (1980), Nr. 56 (S. 273, 277); OVG Rheinland-Pfalz StAZ 1984, 105, 106.

336 OLG Hamburg StAZ 1990, 135, 136 f.; OVG Rheinland-Pfalz StAZ 1984, 105, 106; HessVGH StAZ 1963, 121, 123 f., OLG Stuttgart StAZ 1959, 151 f.; *Beitzke*, StAZ 1990, 138; *Staudinger/Hepting*, Art. 10 EGBGB Rn. 33, 95. - A.A. BayObLG StAZ 1989, 345, 347; 1963, 119, 120 f.; 1957, 95, 97; HessVGH VerwRspr 31 (1980), Nr. 56 (S. 273, 275 ff.).

337 Siehe oben bb.

338 *Beitzke*, StAZ 1990, 138.

339 IPG 1987/1988 Nr. 3 (Hamburg), S. 21, 27; *Silagi*, StAZ 1992, 133, 135.

340 "In Erledigung der mit Bericht vom 28. Jän. d. J. Z. 1680 hierher gestellten Anfrage wird der Regierung unter Rückschluß der Beilage über gepflogner Rücksprache mit der K. Ungarischen Hofkanzley, erwiedert, daß in den Ungarischen Adelsbriefen von dem Rechte des Vorworts *von* , welches ein nothwendiges Unterscheidungszeichen zwischen den Adelichen und Unadelichen ausmacht, sich zu bedienen, aus dem Grunde keine Erwähnung vorkommt, weil das gedachte Vorwort weder in der lateinischen noch in der Landessprache üblich ist, und nur dann gebraucht wird, wenn der Edelmann zu seinem Familiennamen noch ein immer auf ein adeliches Besitzthum gegründetes Prädikat führet. Es unterlieget aber keinem Zweifel, daß, gleichwie den Adelichen der deutsch-österreichischen Staaten in Ungarn der gebührende Titel mit dem Vorworte von

zurück. Freilich kommt dem Dekret in Anbetracht der vollständigen Aufhebung der besonderen Rechtsbande zwischen Österreich und Ungarn nach dem ersten Weltkrieg keine ausschlaggebende Bedeutung zu[341].

Entscheidendes Indiz für die Existenz eines derartigen Gewohnheitsrecht ist vielmehr die völkerrechtliche Praxis bei Verträgen zwischen dem Deutschen Reich und dem Königreich Ungarn. Dort wurden in den Eingangsformalien der deutschen Fassungen der Vertragstexte die Namen der ungarischen Unterhändler bzw. Bevollmächtigten in der deutschen Form, einschließlich der Adelsbezeichung "von", wiedergegeben[342]. Das betrifft die Zeit vor[343] wie nach[344] dem Jahre 1933. Wie für das Abkommen über Mitteilungen und Ersuchen auf dem Gebiete des Personenstandswesens vom 1. Sept. 1941[345] exemplarisch nachgewiesen worden ist, bestand diese Übung auch bei der Veröffentlichung im ungarischen Gesetzblatt. Der dort veröffentlichte Text des genannten Abkommens gibt in der deutschen Fassung die Namen der ungarischen Unterzeichner im Vorspann (einschließlich der Adelsbezeichnungen) in der deutschen Form an[346]. Die Wiedergabe der Namen der ungarischen Unterzeichner in der deutschsprachigen Form beruhte also nicht etwa darauf, daß Ungarn auf die deutsche Fassung der Vertragstexte kaum einen entscheidenden Einfluß ausübte[347].

Das ungarische Recht enthielt nicht nur eine "gewohnheitsmäßige Übersetzungsberechtigung"[348] in dem Sinne, daß die Führung eines zweiten

---

in der deutschen Sprache ertheilt wird, der Gebrauch dieses Vorwortes eben so wenig dem ungarischen Edelmanne in den deutsch-österr. Provinzen [wird] versagt werden können. Wien ..." (zitiert nach *Ferid*, StAZ 1957, 98, 99). Das Original-Konzept des Dekrets befindet sich im österreichischen Staatsarchiv, Allgemeines Verwaltungsarchiv; vgl. den Hinweis in StAZ 1959, 151 Fn. 1.

341 OLG Hamburg StAZ 1990, 135, 137; HessVGH VerwRspr 31 (1980), Nr. 56 (S. 273, 275); BayObLG StAZ 1963, 119, 120 f. - A.A. OLG Stuttgart StAZ 1959, 151.

342 Darauf verwies erstmals *Ferid*, StAZ 1957, 98, 99.

343 Vgl. z.B. den Handelsvertrag vom 18. Juli 1931 (RGBl. II 1931 S. 637).

344 Vgl. die weiteren Nachweise bei BayObLG StAZ 1963, 119, 121.

345 Siehe oben cc.

346 IPG 1987/1988 Hamburg Nr. 3 (S. 21, 25). Ebenso auch das Ergebnis einer vom Sachverständigen vorgenommenen stichprobenartigen Durchsicht des Bandes der Ungarischen Reichsgesetzsammlung für das Jahr 1926 in dem Verfahren OLG Hamburg StAZ 1990, 135, 137.

347 So aber BayObLG StAZ 1963, 119, 121.

348 So aber BayObLG StAZ 1989, 345, 347. Auf *Brintzinger*, S. 93, 181, kann sich das Gericht dabei nicht berufen; vgl. *Beitzke*, StAZ 1990, 138.

Namens im Privatverkehr gestattet war. Der in einem Urteil des Hessischen Verwaltungsgerichtshofs aus dem Jahre 1979[349] gezogene Vergleich mit dem Pseudonym paßt nicht. Es erscheint kaum denkbar, daß ein Unterhändler bzw. Bevollmächtigter einen völkerrechtlichen Vertrag unter einem Pseudonym schließt[350]. "Vielmehr war die ungarische Rechtslage dergestalt, daß *derselbe* Name bei Benutzung der deutschen Sprache anders (nämlich deutsch) lautete als bei Benutzung der magyarischen Sprache"[351]. Es handelte sich insoweit um einen *amtlichen* Namensbrauch im Ausland[352]. Daß es um einen Sachverhalt geht, der sich überwiegend außerhalb Ungarns abspielt, macht begreiflich, daß die Streitfrage im ungarischen Recht anscheinend nicht besonders erörtert wurde[353].

Das Bayerische Oberste Landesgericht[354] lehnt diese Auslegung der völkerrechtlichen Praxis ab und verweist zur Begründung auf Art. 7 Abs. 1 des Abkommens vom 1. Sept. 1941[355]. Dieser Hinweis vermag nicht zu überzeugen.

Wie Silagi[356] festgestellt hat, ist es schon zweifelhaft, ob unter den in Art. 7 Abs. 1 gebrauchten Begriff "Familienname" auch die ungarischen Adelsbezeichnungen fallen. Da es sich nicht um eine autonome deutsche Norm[357] handelt, kann diese Frage nicht einfach unter Hinweis auf Art. 109 Abs. 3 S. 2 WRV bejaht werden. Das ungarische Personenstandsrecht unterschied bei den einzutragenden namensbezogenen Angaben zwischen Familiennamen und Adelsbezeichnungen[358]. Ob dieser Umstand die Schlußfolgerung gestattet[359], daß nach dem 1941 geltenden ungarischen Recht generell Adelsbezeichnungen

349 HessVGH VerwRspr 31 (1980), Nr. 56 (S. 273, 276 f.).

350 OVG Rheinland-Pfalz StAZ 1984, 105, 106.

351 OVG Rheinland-Pfalz StAZ 1984, 105, 106 (Hervorhebung im Urteil) im Anschluß an BVerwG StAZ 1965, 188.

352 Vgl. IPG 1987/1988 Hamburg Nr. 3 (S. 21, 25); auch schon *Brintzinger*, S. 93, 164 ("[eine Art zweite] verbindliche Namensform"). - *Silagi*, StAZ 1992, 133, 136, verweist hierzu auf die relativ späte Magyarisierung der Adelsbezeichnungen: Erst 1836 habe die ungarische die lateinische Sprache als Amtssprache abgelöst. Die Matriken seien durchgängig sogar erst nach 1894 in ungarischer Sprache geführt worden.

353 OLG Hamburg StAZ 1990, 135, 137.

354 BayObLG StAZ 1963, 119, 121; 1989, 345, 347.

355 Siehe oben cc.

356 *Silagi*, StAZ 1992, 133, 134 f.

357 Vgl. zur Auslegung völkerrechtlicher Verträge *Berber*, Lehrbuch des Völkerrechts, Band 1, S. 475 ff.

358 Vgl. *Silagi*, StAZ 1992, 133, 134 f.

359 So offenbar *Silagi*, StAZ 1992, 133, 135.

nicht Teil des Familiennamens waren, kann dahinstehen. Denn auch in den Eingangsformalien des genannten Abkommens wurde (sowohl im deutschen als auch im ungarischen Gesetzblatt[360]) die eingedeutschte Form ungarischer Adelsnamen verwendet. Die Annahme, das Abkommen habe dieser Übung eine Absage erteilen wollen, leuchtet daher nicht ein[361].

(2) Deutsches Recht: Vereinbarkeit der deutschsprachigen Führung ungarischer Adelsbezeichnungen trotz ausschließlich ungarischsprachiger Registrierung in Ungarn mit dem Gebot der Einheitlichkeit des Namens

Kennt die verwiesene ausländische Rechtsordnung neben der amtlichen auch eine im privaten Verkehr geführte Namensform, so gibt erstere den Ausschlag[362]. Die allein maßgebende amtliche (wenn auch nicht in Ungarn registrierte) Namensform für ungarische Adelsbezeichnungen bei Gebrauch der deutschen Sprache ist, wie dargelegt[363], die deutsche[364]. Ungarische Adelsbezeichnungen dürfen daher in Deutschland nicht in der ungarischen Sprachform geführt werden[365]. Ein ehemals adeliger aus Ungarn stammender Neubürger kann sich also nicht wahlweise zweier verschiedener Namen bedienen. Die Einheitlichkeit des Namens ist gewahrt[366]. Für die Zivilgerichte liegt eine dahingehende höchstrichterliche Entscheidung noch nicht vor.

---

360 Siehe oben bei Fn. 345.

361 Vgl. IPG 1987/1988 Nr. 3 (Hamburg), S. 21, 28; OLG Hamburg StAZ 1990, 135, 137.

362 BVerwG Buchholz 402.10 § 3 NÄG Nr. 9; *Brintzinger*, S. 93, 111.

363 Siehe oben (1).

364 Für Angehörige des russischen Adels wurde zwar für die Zarenzeit eine der ungarischen parallele Rechtstradition behauptet, jedoch nie belegt. Siehe oben Fn. 97.

365 BVerwG StAZ 1968, 188: "... das ungarische Recht schreibt nach den Feststellungen des Berufungsgerichts vor, wie derselbe Name bei Benutzung der magyarischen Sprache und bei Benutzung der deutschen Sprache zu lauten hat."

366 Vgl. BVerwG StAZ 1968, 188. Siehe auch oben Kap. D III 3 b.

Ob sich die Zulassung der deutschsprachigen Form ungarischer Adelsbezeichnungen in Deutschland mit dem Grundsatz der Einheitlichkeit des Namens vereinbaren läßt[367], ist eine gem. § 28 Abs. 2 FGG vorlagefähige Frage deutschen Rechts[368].

---

367 Dogmatisch eine bei der ordre-public-Klausel anzusiedelnde Fragestellung; vgl. BVerwG StAZ 1965, 188.

368 Nicht, wie OLG Hamburg StAZ 1990, 135, 138 (im Anschluß an OLG Stuttgart StAZ 1959, 151, 152), meint, eine Frage ungarischen Rechts. So zutreffend *Beitzke*, StAZ 1990, 138, 139. - Für die Verwaltungsgerichtsbarkeit nimmt auch BVerwG StAZ 1965, 188, im Hinblick auf die Parallelvorschrift des § 137 Abs. 1 VwGO an, daß es sich um eine deutschrechtliche Frage handelt.

Schlußbetrachtung

Darstellungen zum Recht des Adelsnamens lassen vielfach begriffliche Klarheit vermissen[1].

Eine Analyse der Adelsbezeichnung im Kontext des Namensrechts ergab, daß bei den Namensfunktionen traditionell die familienbezogene Bedeutung der Kennzeichnung der Abstammung dominiert[2]. Bei der Entstehung des heutigen Namensrechts spielte die Adelsbezeichnung eine zentrale Rolle[3]. Dieses vielfach stiefmütterlich behandelte Rechtsgebiet ist durch seine Ianusköpfigkeit geprägt. Es zerfällt in ein bürgerliches und in ein öffentliches Namensrecht[4]. Judikate zum Recht des Namens stammen dementsprechend von ordentlichen wie von Verwaltungsgerichten. Besondere Aufmerksamkeit verdient das Nebeneinander namensrechtlicher Verfahren und ihr Verhältnis zueinander. Inbesondere müssen Registerberichtigung (§ 47 PStG) und Namensfeststellung (§ 8 NÄG) voneinander abgegrenzt werden[5].

Unentbehrlich erschien es, auf die Träger der Adelsbezeichnungen einzugehen, und - in der gebotenen Kürze - einen Abriß über die Geschichte des deutschen Adels zu bieten[6]. Dabei konnte die historische Herkunft jener Bezeichnungen geklärt werden.

Die Rechtsprobleme der Adelsbezeichnung in Auslandsfällen lassen sich nur auf dem Hintergrund des deutschen Sachrechts verdeutlichen[7]. Es galt daher Klarheit über den Rechtszustand vor Inkrafttreten der Weimarer Reichsverfassung zu gewinnen. Die zentrale Bedeutung des Art. 109 Abs. 3 S. 2 WRV für das rechtliche Schicksal der Adelsbezeichnungen wird nur verständlich, wenn man sich mit der vor 1919 kontrovers diskutierten Frage der Anwendbarkeit der Vorschriften des BGB auf die Adelsbezeichnung auseinandersetzt[8]. Die gewachsenen Unterschiede zwischen nichtadeligen und adligen Namen führten und führen bei der Anwendung jener auch unter dem Grundgesetz im Range einfachen Bundesrechts fortgeltenden Bestimmung der WRV zu zahl-

1 Kap. A.
2 Kap. B I.
3 Kap. B II 1.
4 Kap. B II 2.
5 Kap. B II 2 b.
6 Kap. C.
7 Kap. D.
8 Kap. D I.

reichen Zweifelsfragen[9]. Welche Tragweite der Tatsache zukam, daß Art. 109 Abs. 3 S. 2 WRV die Adelsbezeichnungen zu Teilen des Familiennamens erklärte und damit erstmals dem allgemeinen namensrechtlichen Regime unterwarf, erhellte eine Gegenüberstellung der wichtigsten Regelungen des alten und des neuen Rechts[10].

Die Adelsbezeichnung als Namensteil unterliegt heute auch in internationalprivatrechtlicher Hinsicht den allgemeinen Regeln[11]. Der Grundsatz der Maßgeblichkeit des Personalstatuts im Zusammenwirken mit der adelsabschaffenden Gesetzgebung in den Ländern Osteuropas seit dem ersten Weltkrieg wurde von den Betroffenen vielfach als unbillige Härte empfunden. Die Rechtsprechung ließ sich von den verschiedenen Argumenten, nach denen jener Gesetzgebung in Deutschland die Wirksamkeit versagt werden sollte, nicht überzeugen[12].

Das Augenmerk derjenigen, die ihrer Adelsbezeichnungen verlustig gegangen waren, wandte sich daher naturgemäß dem Rechtsinstrument der behördlichen Namensänderung zu[13]. Unter Berufung auf die ratio legis des Art. 109 Abs. 3 S. 2 WRV versagten sich Rechtsprechung und Verwaltung nach 1945 den Wünschen nach einer Wiederherstellung von Adelsbezeichnungen im Wege einer öffentlich-rechtlichen Namensänderung fast ausnahmslos[14]. Erst der Gesetzgeber ermöglichte mit der Einfügung des § 3a NÄG in das Namensänderungsgesetz durch die Novelle vom 29. Aug. 1961 einem Teil der Betroffenen die Wiederannahme verlorengegangener Adelsbezeichnungen[15]. Im deutschen Namensrecht stellt diese Bestimmung einen Fremdkörper dar[16]. Dem Vorwurf der Verfassungswidrigkeit entgeht § 3a NÄG nur bei konsequent enger Auslegung[17].

Der Bedeutung der ausländischen Adelsgesetzgebung für die deutsche Rechtspraxis trägt das letzte Kapitel Rechnung. Da die vor allem im Gefolge des zweiten Weltkriegs nach Westdeutschland gelangten (zumeist deutschstämmigen) Flüchtlinge aus den Ländern Osteuropas stammten, konnte sich die Übersicht auf diese Staaten konzentrieren[18].

---

9 Kap. D II und III.
10 Kap. D IV.
11 Kap. E.
12 Kap. E X.
13 Kap. F.
14 Kap. F II.
15 Kap. F III.
16 Kap. F III 1.
17 Kap. F III 2 und 3 b cc.
18 Kap. G.

Wie die vorliegende Untersuchung deutlich gemacht hat, zeigt das Adelsnamensrecht wie ein Seismograph die sozialen Erdbeben unseres Jahrhunderts an. Dies belegt ein Blick auf die ausländische Adelssgesetzgebung[19] und ihren Widerhall im deutschen Namensänderungsrecht (§ 3a NÄG)[20].

Die Entscheidung der Nationalversammlung, Adelsbezeichnungen als Namensteil weiterexistieren zu lassen, war ein politischer Kompromiß. Zu einer klaren Regelung wie etwa in Österreich, wo man die Adelsbezeichnungen abschaffte[21], konnte man sich nicht durchringen. Wie die vorliegende Arbeit dargetan hat, beruhen sämtliche den adligen Namen betreffenden Rechtsprobleme im Kern darauf, daß Art. 109 Abs. 3 S. 2 WRV die Adelsbezeichnungen in das allgemeinen Namensrecht inkorporiert hat, wiewohl Adelsbezeichnung und Familienname (im engeren Sinne der bis 1919 h.M.[22]) unterschiedliche historische Wurzeln aufweisen. Hierauf beruht etwa die Frage, ob das heutige Namensrecht die Führung von Adelsbezeichnungen in männlicher und weiblicher Namensform[23] oder die Weiterführung von Adelsbezeichnungen des früheren Personal- und Primogenituradels[24] zuläßt. Gleiches gilt für die kollisionsrechtliche Problematik der Qualifikation von Adelsbezeichnungen der Angehörigen solcher Staaten, die Adel und Adelsbezeichnung nicht abgeschafft haben[25].

Kaum jemand wird die gegenwärtige Rechtslage ändern wollen. Die Verve, mit der adelsnamensrechtliche Fragen zu Zeiten der Weimarer Republik diskutiert wurden, reflektierte die sozialen Umbrüche jener Zeit. Damals wurden die Vorrechte des Adels abgeschafft und man bemühte sich darum, die Angehörigen des früheren Adels als gleichberechtigte Staatsbürger in die junge Republik einzubinden.

Heute ist eine distanziertere Betrachtung möglich.

---

19 Kap. G.
20 Kap. F III.
21 Kap. G II 1.
22 Kap. D I.
23 Kap. D III 3.
24 Kap. D III 4.
25 Kap. E III.

Seine Monopolstellung im staatlichen Leben, insbesondere in Diplomatie und Militär, hat der Adel verloren. Weimarer Republik, Drittes Reich und zweiter Weltkrieg haben dem Adel seine Rolle als politisch und gesellschaftlich tonangebende Klasse mit Vorbildcharakter für die übrigen Schichten nach und nach genommen[26]. Die großen adeligen Güter[27] im Osten gibt es nicht mehr. Enteignungen auf besatzungsrechtlicher bzw. besatzungshoheitlicher Grundlage (1945 bis 1949) in der ehemaligen DDR sind auch im Zuge der Wiedervereinigung nicht rückgängig gemacht worden[28].

Somit ist die Adelsbezeichnung lediglich noch eine klangvolle historische Reminiszenz. Nicht ganz von der Hand gewiesen werden kann jedoch, daß infolge der in Art. 109 Abs. 3 S. 2 WRV getroffenen Regelung "mit dem Vorhandensein adeliger Namensformen das Bewußtsein der ehemaligen aristokratischen Vorzugsstellung der Träger adeliger Namen fortdauert"[29].

Nach dem Selbstverständnis des Adels als sozialer Gruppe allerdings - im Rechtssinne gibt es ihn nicht mehr - richtet sich die Adelszugehörigkeit nach dem bis 1919 geltenden Recht[30]. Die Berechtigung zur Führung einer Adelsbezeichnung hingegen ergibt sich seit 1919 aus den allgemeinen Regeln des Namensrechts. Es wird sich also der Zusammenhang zwischen sozialer Adelszugehörigkeit und Adelsbezeichnung allmählich immer weiter verlieren.

Ihr Sozialprestige wird die Adelsbezeichnung in Zukunft nur behalten, wenn sich Träger von Adelsbezeichnungen, mögen sie dem Adel "im rein historisch-genealogischen Sinne"[31] angehören oder nicht, im öffentlichen Leben durch hervorragende eigene Leistungen "einen Namen machen" werden.

Dabei muß man sich darüber im klaren sein, daß die Bedeutung des Rechts des Familien- und damit des adeligen Namens in Zukunft abnehmen wird. Denn die Verkomplizierung des heutigen Namensrechts wird längerfristig zu einer

---

26 Vgl. *Carsten*, in: Europäischer Adel 1750 - 1950, S. 112 ff.; *Freifrau von Hoyningen-Huene*, S. 185 ff., 267 ff. (zum Adel in der Weimarer Republik).

27 Siehe zur Bodenständigkeit als Grundlage adeligen Standesbewußtseins oben Kap. B I 4 a.

28 Vgl. BVerfGE 84, 90.

29 *Brintzinger*, S. 93, 119.

30 Siehe oben Kap. D Fn. 106.

31 Siehe oben Kap. D Fn. 106.

Spaltung in Umgangsnamen und amtliche Namensform führen[32]. Zwar scheint die hypertrophe Neuregelung des Familiennamens durch die jüngste Reform, die bei der Namensführung nach der Eheschließung materiellrechtlich größte Freiheit geschaffen hat, genau das Gegenteil zu beweisen. In Wirklichkeit jedoch ist dieses Normenkonvolut bereits der manieristische Abgesang gesetzgeberischer Detailverliebtheit. Es wird - allemal in Zeiten leerer öffentlicher Kassen - der Tag kommen, an dem die Kosten und Mühen, die es verursacht, jede der zahlreichen Namensänderungen in den Personenstandsbüchern nachzuzeichnen, zum Umdenken zwingen werden. Die Eheschließung wird dann überhaupt keine namensrechtlichen und damit registerrechtlichen Folgen mehr haben[33]. Wie es die Ehegatten mit der Namensführung im gesellschaftlichen Verkehr halten, wird das Recht ihnen überlassen. Auch aus diesem Teilaspekt der Ehe wird sich das Recht zurückziehen[34]. Schon nach heutigem Recht besteht, was vielfach übersehen wird, keine allgemeine Verpflichtung, den "richtigen" (registrierten) Namen zu führen[35].

---

32 Für eine vermehrte Führung eines Gebrauchsnamen spricht sich *Coester*, FuR 1994, 1, 3, aus.

33 Für eine solche Lösung plädieren etwa *Schwenzer*, FamRZ 1991, 390, 395; *Hepting* StAZ 1992, 201, 208 ff.

34 Vgl. zum Rückzug des Eherechts zuletzt *Hepting*, StAZ 1996, 257, 264.

35 BVerfG FamRZ 1988, 587, 589 f. *Benicke/Zimmermann* IPRax 1995, 141, 143 f., meinen allerdings im Hinblick auf einzelne zwingende Regelungen (§§ 18, 19 HGB; § 80 AktG; § 35a GmbHG; §§ 15a, 15b GewO) und die öffentlich-rechtliche Pflicht zur Angabe des amtlich registrierten Namens gegenüber Behörden gem. § 111 OWiG, auch im gesellschaftlichen und beruflichen Bereich bestehe faktisch ein Zwang zur Führung des "richtigen" bürgerlichen Namens. Adelsbezeichnungen werden teilweise nicht in der rechtlich registrierten Form geführt. Man lese nur einmal aufmerksam die Leserbriefe und Todesanzeigen in der F.A.Z. Vgl. auch den Hinweis bei *Brintzinger*, S. 93, 110 Fn. 111, auf die weitere Führung von Primogeniturtiteln (siehe zu diesen oben Kap. D III 4).

Literaturverzeichnis[1]

Adler, Emanuel, Der adelige Name und die Reichsverfassung, JW 1921, 619

Adler, Emanuel, Der Name im deutschen und österreichischen Recht, Berlin 1921

Agnew of Lochnaw, Sir Crispin, The Conflict of Heraldic Laws, The Juridical Review (The Law Journal of the Scottish Universities), 1988, 61

Allgemeines Landrecht für die Preußischen Staaten von 1794, Textausgabe (Mit einer Einführung von Hans Hattenhauer und einer Bibliographie von Günther Bernert), 3. Aufl., Neuwied, Kriftel, Berlin 1996

Ambrosius, Walter, Altösterreichische Adelsbezeichnungen und die Entscheidung des Bundesverfassungsgerichts zu § 3a NÄG/Art. 3 GG, DÖV 1965, 36

Ambrosius, Walter, Reichweite und Gültigkeit des § 3a Namensänderungsgesetz, DÖV 1963, 602

Ambrosius, Walter, Verfassungsmäßige Namenswiederherstellung für deutsche Minderheiten, StAZ 1965, 62

Ambrosius, Walter, Wiederherstellung durch ausländische Einwirkung veränderter Namen, StAZ 1963, 318; 1964, 61

Anschütz, Gerhard, Die Verfassung des Deutschen Reichs vom 11. August 1919, Kommentar, 14. Aufl., Berlin 1933

Arató, István, Ungarn: Die Entwicklung des bürgerlichen und Zivilprozeßrechts in den Jahren 1945 - 1948, RabelsZ 16 (1951), 281

Baade, Hans W., Georgisches Adelsnamensrecht und deutsches Internationales Privatrecht, JbIntR 9 (1960), 225

Bach, Führung früherer Adelsbezeichnungen im Sudetenland und im Protektorat Böhmen und Mähren, StAZ 1941, 121

Bar, Christian **von**, Internationales Privatrecht, Band 1: Allgemeine Lehren, München 1987 (zit. von Bar, IPR, Band 1); Band 2: Besonderer Teil, München 1991 (zit. von Bar, IPR, Band 2)

Baring, A., Der Adel und sein Name im neuen Recht, FischersZ 51 (1920), 225

Barth, Thomas / **Wagenitz**, Thomas, Zur Neuordnung des Eheschließungsrechts, FamRZ 1996, 833

Beitzke, Günther, Anmerkung zum Beschluß des OLG Hamburg vom 26. Juli 1989, StAZ 1990, 138

---

1 Deutsche Abkürzungen entsprechen Kirchner, Hildebert, Abkürzungsverzeichnis der Rechtssprache, 4. Aufl., Berlin, New York 1993, sowie dem vorläufigen Abkürzungsverzeichnis zur 13. Bearbeitung 1993 ff. von J. von Staudinger, Kommentar zum Bürgerlichen Gesetzbuch mit Einführungsgesetzen und Nebengesetzen, Berlin 1993. Werke werden unter dem Autorennamen zitiert, soweit nichts anderes angegeben ist.

Benicke, Christoph / **Zimmermann**, Andreas, Internationales Namensrecht im Spannungsfeld zwischen Internationalem Privatrecht, Europäischem Gemeinschaftsrecht und Europäischer Menschenrechtskonvention, IPRax 1995, 141

Berber, Friedrich, Lehrbuch des Völkerrechts, Band 1: Allgemeines Friedensrecht, 2. Aufl., München 1975 (zit. Berber, Lehrbuch des Völkerrechts, Band 1)

Bergmann, Alexander, Internationales Ehe- und Kindschaftsrecht, Band 1: Allgemeine Einführung, Berlin 1926; Band 2: Ehe- und Kindschaftsrecht der europäischen Staaten mit Ausnahme der Türkei, Berlin 1926; Band 3: Ehe- und Kindschaftsrecht in außereuropäischen Staaten einschließlich der Türkei sowie außereuropäischer Besitzungen, Berlin 1928

Bergmann, Alexander, Internationales Ehe- und Kindschaftsrecht, Band 1: Ehe- und Kindschaftsrecht der europäischen Staaten, 2. Aufl., Berlin 1938; Band 2: Ehe- und Kindschaftsrecht der außereuropäischen Staaten und Besitzungen, 2. Aufl., Berlin 1940

Bergmann/Ferid, Internationales Ehe- und Kindschaftsrecht, hrsg. von Dieter Henrich, 6. Aufl., Frankfurt am Main, Berlin 1983 ff. (Loseblatt - Stand: 120. Lieferung - abgeschlossen am 28. Feb. 1995)

Bernreuther, Otto, Zur Umwandlung der bayerischen Adelsprädikate in Namensteile, BayZ 1919, 415

Bernstorff, Werner **Graf von**, Anmerkung zum Urteil des BVerwG vom 5. März 1965, NJW 1965, 2071

Bernstorff, Werner **Graf von**, Das Recht des Familiennamens in der neueren Rechtsprechung, NJW 1961, 633

Bernstorff, Werner **Graf von**, Der Familienname in der deutschen Rechtsordnung, NJW 1957, 1901

Bernstorff, Werner **Graf von**, Zum § 3a des Namensänderungsgesetzes: Stellungnahme zum Aufsatz Brintzinger in DÖV 1962, 441 ff., DÖV 1963, 126

Bernstorff, Werner **Graf von**, Zum Problem der Primogenitur-Namen, DÖV 1964, 78

Birckhahn, Hans Albert **von**, Der adelige Name im neuen Recht: Eine Untersuchung der auf diesem Gebiet im Reich und in Preußen seit der neuen Reichsverfassung eingetretenen Rechtsentwicklung, Rostock 1931

Biscottini, Giuseppe, La rilevanza delle distinzioni nobiliari e cavalleresche straniere, Diritto Internazionale, 1961, 187

Blume, von, Der adelige Name und die Reichsverfassung, DJZ 26 (1921), 126

Boele-Woelki, Katharina, IPR-Gesetzgebung in den Niederlanden - Das Namenskollisions- und Ehekollisionsrecht, IPRax 1990, 337

Boila, Romulus, Die Verfassung und Verwaltung Rumäniens seit dem Weltkriege, JÖR 18 (1930), 324

Bornhak, Conrad, Deutsches Adelsrecht, Leipzig 1929 (zit. Bornhak, Deutsches Adelsrecht)

Bornhak, Conrad, Preußisches Staatsrecht, Band 1, 2. Aufl., Breslau 1911 (zit. Bornhak, Preußisches Staatsrecht, Band 1)

Bosl, Karl, Staat, Gesellschaft, Wirtschaft im deutschen Mittelalter, in: Gebhardt, Handbuch der deutschen Geschichte, Band 1, hrsg. von Herbert Grundmann, 8. Aufl., Stuttgart 1954 (Erster Nachdruck), S. 585

Braas, Adolphe, La législation nobiliare en Belgique, Brüssel 1960

Brexel, Richard, Die Entwicklung des Namensgebrauchs zu einem Persönlichkeitsrecht, Berlin 1962

Brin, Henri-Louis, La survie des titres de noblesse dans le droit moderne, Revue trimestrielle de droit civile, 1969, 205

Brintzinger, Ottobert L., Aktuelle Probleme des Namensrechts, StAZ 1970, 89, 118

Brintzinger, Ottobert L., Anmerkung zum Beschluß des OLG Bremen vom 19. Jan. 1967, StAZ 1968, 298

Brintzinger, Ottobert L., Anmerkung zum Urteil des BVerwG vom 11. März 1966, StAZ 1966, 344

Brintzinger, Ottobert L., Die ausländische Adelsgesetzgebung und der Adelsname im deutschen Internationalen Privatrecht, JbIntR 10 (1961/1962), 93 (zit. Brintzinger)

Brintzinger, Ottobert L., Namensänderung durch Hinzufügung eines Namens mit früherer Adelsbezeichnung (Bemerkungen zum Urteil des BVerwG vom 5.3.1965), DÖV 1966, 38

Brintzinger, Ottobert L., Nochmals: Zum Problem der Primogenitur-Namen (Erwiderung zum Aufsatz Graf von Bernstorff in DÖV 1964, 79 - 82), DÖV 1964, 621

Brintzinger, Ottobert L., Rückwirkung des gesetzlichen Statutenwechsels im Flüchtlingsrecht?, FamRZ 1968, 1

Brintzinger, Ottobert L., Zum § 3a des Namensänderungsgesetzes (Entgegnung zu Graf von Bernstorff, DÖV 1963, 126), DÖV 1963, 129

Brintzinger, Ottobert L., Zum Namensänderungsgesetz, DÖV 1962, 441

Brintzinger, Ottobert L., Zur Auslegung des § 3a Namensänderungsgesetz: Bemerkungen zum Urteil des OVG Lüneburg vom 6.10.1964, DÖV 1965, 231

Brockhaus-Enzyclopädie, 19. Aufl., Mannheim 1986 - 1994

Brunner, Walter, 50 Jahre Aufhebung des Adels in Österreich, JBl 1969, 139

Buch, Wolfgang **von**, Name, Ehename und Kennzeichen, JZ 1974, 445

Bülow, **Freiherr von**, Ueber den Erwerb eines adeligen Familiennamens durch Annahme an Kindesstatt nach dem BGB, DJZ 1 (1896), 432

Bülow, Freiherr von, Werden durch das Bürgerliche Gesetzbuch die Vorschriften der Landesrechte über den Uebergang und die Führung adliger Namen berührt?, Verhandlungen des 24. Deutschen Juristentags, Gutachten, Band 3, Berlin 1898, S. 117

Bumiller, Ursula / Winkler, Karl, Freiwillige Gerichtsbarkeit, 6. Aufl., München 1995

Bungert, Hartwin, Ausländische Adelstitel, Schutz deutscher Minderheiten und § 3a Namensänderungsgesetz, IPRax 1994, 109

Bungert, Hartwin, Eintragung des ungarischen Titels "vitéz" in deutsche Personenstandsbücher, StAZ 1991, 273

Carsten, Francis L., Der preußische Adel und seine Stellung in Staat und Gesellschaft bis 1945, in: Europäischer Adel 1750 - 1950, hrsg. von Hans-Ulrich Wehler, Göttingen 1990, S. 112

Coester, Michael, Das neue Familiennamensrechtsgesetz, FuR 1994, 1

Coester, Michael, Elternrecht des nichtehelichen Vaters und Adoption - Zur Entscheidung des Bundesverfassungsgerichts vom 7.3.1995, FamRZ 1995, 1245

Coester, Michael, Fortschritt oder fortgeschrittene Auflösung im Recht des Personennamens, StAZ 1984, 298

Coester, Michael / **Derleder**, Peter / **Verschraegen**, Bea, Das gesamte Familienrecht: Das innerstaatliche Recht der Bundesrepublik Deutschland, Sammlung familienrechtlicher Vorschriften mit Erläuterungen und Hinweisen, Loseblatt (Stand: April 1995), Neuwied, Kriftel, Berlin (zit. FamR/Bearbeiter)

Colberg, Ernst, Das Recht des Namens nach § 12 BGB und die in Preußen bestehenden Vorschriften über Namensänderung, Borna-Leipzig, 1910

Conrad, Hermann, Deutsche Rechtsgeschichte, Band 1, 2. Aufl., Karlsruhe 1962 (zit. Conrad, Deutsche Rechtsgeschichte, Band 1); Band 2, Karlsruhe 1966 (zit. Conrad, Deutsche Rechtsgeschichte, Band 2)

Conrad, Johannes, Der Schutz des adeligen Namens und der ordentliche Rechtsweg in Preußen, Greifswald 1908 (zit. Johannes Conrad)

Degenhart, Christoph, Staatsrecht I, 10. Aufl., Heidelberg 1994

Dieckhoff, Albr. D., Das englische Adelsrecht, Berlin 1930

Diederichsen, Uwe, Der Ehe- und Familienname nach dem 1. EheRG, NJW 1976, 1169

Diederichsen, Uwe, Die Neuordnung des Familiennamensrechts, NJW 1994, 1089

Eder, Phanor J., The right to choose a name, The American Journal of Comparative Law 8 (1958), 502

Edlbacher, Oskar, Das Recht des Namens in systematischer Darstellung, Wien 1978

Einert, Carl, Uiber das Recht der Namensführung und Namensänderung, in: Erörterungen einzelner Materien des Civilrechts, Dresden, Leipzig 1840, S. 75

Enste, Franz Rainer, Die Namensänderung nach § 3 Abs. 1 NÄG unter besonderer Berücksichtigung der sogenannten Stiefkinderfälle, Münster 1983

Erman, Walter, Handkommentar zum Bürgerlichen Gesetzbuch, Band 2, 9. Aufl., Münster 1993 (zit. Erman/Berarbeiter)

Ferid, Murad, Anmerkung zum Beschluß des BayObLG vom 12. Okt. 1956, StAZ 1957, 98

Ferid, Murad, Der Neubürger im internationalen Privatrecht, Tübingen 1949 (zit. Ferid, Der Neubürger im internationalen Privatrecht)

Ferid, Murad, Die Bedeutung der Inkraftsetzung der Flüchtlingskonvention vom 28.7.1951 in der Bundesrepublik für das Personalstatut von "internationalen" und von "volksdeutschen" Flüchtlingen, die sich im Besitze ihrer Ursprungsstaatsangehörigkeit befinden, DNotZ 1954, 350

Ferid, Murad, Internationales Privatrecht, 3. Aufl., Frankfurt am Main 1986 (zit. Ferid, IPR)

Ficker, Hans G., Das Recht des bürgerlichen Namens, Frankfurt am Main 1950 (zit. Ficker, Das Recht des bürgerlichen Namens)

Ficker, Hans G., Öffentliches Namensrecht, Frankfurt am Main 1952 (zit. Ficker, Öffentliches Namensrecht)

Firsching, Karl / **Hoffmann**, Bernd **von**, Internationales Privatrecht, 4. Aufl., München 1995 (zit. Firsching/von Hoffmann, IPR)

Forsthoff, Ernst, Lehrbuch des Verwaltungsrechts, Band 1: Allgemeiner Teil, 10. Aufl., München 1973 (zit. Forsthoff, Verwaltungsrecht, Band 1)

Francke, Deutscher Adel von heute, StAZ 1934, 395

Frauenstein, Ludwig / **Kümmel**, Heinz Werner / **Reichard**, Heinz, Die öffentlich-rechtliche Namensänderung, Frankfurt am Main 1981

Freymann, G. **von**, Anmerkung zum Beschluß des LG Schweidnitz vom 6. Okt. 1925, ZfOR 1 (1927), 265

Fritsche, Karl, Wie lautet die Adelsbezeichnung bei Ehefrauen und Töchtern, wenn die Adelsbezeichnung "Ritter von" durch öffentlich-rechtliche Namensänderung Familienname wurde?, StAZ 1989, 80

Gamillscheg, Franz, Besprechung von: Gerhard Kegel, Das internationale Privatrecht im Einführungsgesetz zum BGB, Erläuterungen zu Art. 7 - 31 EGBGB (Sonderdruck aus Soergel-Siebert, Bürgerliches Gesetzbuch mit Einführungsgesetz und Nebengesetzen, Kommentar, Band 5, 9. Aufl. 1961, S. 503 - 989), RabelsZ 27 (1962/1963), 585

Geeb, Hans Karl / **Kirchner**, Heinz / **Thielmann**, Hermann-Wilhelm, Deutsche Orden und Ehrenzeichen, 4. Aufl., Köln, Berlin, Bonn, 1985

Geiger, Rudolf, Grundgesetz und Völkerrecht, 2. Aufl., München 1994

Geilke, Georg, Ist durch Art. 96 II 1 der polnischen Verfassung von 1921 auch das Adelsprädikat "von" abgeschafft worden?, Gutachten 36/8b, in: Praktische Fragen des Staatsangehörigkeits-, Entschädigungs- und Völkerrechts, Hektographierte Veröffentlichungen der Forschungsstelle für Völkerrecht und ausländisches Recht der Universität Hamburg Nr. 36, Hamburg 1960, S. 189 (zit. Geilke, Gutachten 36/8b)

Geilke, Georg, Polnische Adelsnamen, StAZ 1959, 189

Genealogisches Handbuch des Adels, Band 108 der Gesamtreihe/Genealogisches Handbuch der adeligen Häuser: Adelige Häuser B, Band XXI, Limburg 1995

Gernhuber, Joachim / **Coester-Waltjen**, Dagmar, Lehrbuch des Familienrechts, 4. Aufl., München 1994

Gierke, Otto **von**, Deutsches Privatrecht, Band 1: Allgemeiner Teil und Personenrecht, Leipzig, 1895 (zit. von Gierke, Deutsches Privatrecht, Band 1)

Giesen, Dieter, Der Familienname aus rechtshistorischer, rechtsvergleichender und rechtspolitischer Sicht, FuR 1993, 65

Gloggner, Arthur J., Der Familienname im schweizerischen Recht, StAZ 1955, 249

Goethes Werke, Hamburger Ausgabe in 14 Bänden, hrsg. von Erich Trunz, Band 3 (Dramatische Dichtungen 1), 11. Aufl., München 1981; Band 8 (Romane und Novellen), 10. Aufl., München 1981; Band 9 (Autobiographische Schriften 1), 9. Aufl., München 1981

Göppinger, Horst, Vereinbarungen anläßlich der Ehescheidung, 6. Aufl., München 1988

Goslich, "Gräfin", "Freifrau" wie bisher?, StAZ 1931, 121

Götting, Horst-Peter, Persönlichkeitsrechte als Vermögensrechte, Tübingen 1995

de Groot, Gerard-René, Einige Bemerkungen über das niederländische Adelsprädikat "Jonkheer", StAZ 1974, 103

Gutachten des sächsischen Ausschusses für Adelssachen vom 24. April 1907, FischersZ 32 (1907), 330

Gutachten zum Internationalen und Ausländischen Privatrecht (1969), hrsg. von Murad Ferid, Gerhard Kegel und Konrad Zweigert, Tübingen 1971, Gutachten Nr. 1 (Heidelberg), S. 1, Berlin (zit. IPG 1969 Nr. 1 [Heidelberg])

Gutachten zum Internationalen und Ausländischen Privatrecht (1973), hrsg. von Murad Ferid, Gerhard Kegel und Konrad Zweigert, Tübingen 1974, Gutachten Nr. 2 (München), S. 7 (zit. IPG 1973 Nr. 2 [München])

Gutachten zum Internationalen und Ausländischen Privatrecht (1976), hrsg. von Murad Ferid, Gerhard Kegel und Konrad Zweigert, Tübingen 1977, Gutachten Nr. 3 (Hamburg), S. 12 (zit. IPG 1976 Nr. 3 [Hamburg])

Gutachten zum Internationalen und Ausländischen Privatrecht (1983), hrsg. von Murad Ferid, Gerhard Kegel und Konrad Zweigert, Frankfurt am Main 1985, Gutachten Nr. 1 (Köln), S. 1 (zit. IPG 1983 Nr. 1 [Köln])

Gutachten zum Internationalen und Ausländischen Privatrecht (1984), hrsg. von Murad Ferid, Gerhard Kegel und Konrad Zweigert, Frankfurt am Main 1986, Gutachten Nr. 1 (Berlin), S. 1 (zit. IPG 1984 Nr. 1 [Berlin])

Gutachten zum Internationalen und Ausländischen Privatrecht (1987/1988), hrsg. von Murad Ferid, Gerhard Kegel und Konrad Zweigert, Frankfurt am Main 1990, Gutachten Nr. 2 (München), S. 7 (zit. IPG 1987/1988 Nr. 2 [München]); Gutachten Nr. 3 (Hamburg), S. 22 (zit. IPG 1987/1988 Nr. 3 [Hamburg])

Handwörterbuch zur Deutschen Rechtsgeschichte, hrsg. von Adalbert Erler und Ekkehard Kaufmann, Berlin 1984 (zit. HRG)

Happel, Heinrich, Der Name des hohen Adels nach Inkrafttreten der neuen Reichsverfassung, Marburg 1924

Hecker, Hellmuth, Zur Auslegung von Art. XIV der Übergangsbestimmungen zur italienischen Verfassung von 1947 im Zusammenhang mit der Einbürgerung eines italienischen Adligen in Deutschland, Gutachten 31/11, in: Praktische Fragen des Staatsangehörigkeits-Rechts 1947 - 1957, Hektographierte Veröffentlichungen der Forschungsstelle für Völkerrecht und ausländisches öffentliches Recht der Universität Hamburg Nr. 31, Hamburg 1957, S. 89 (zit. Hecker, Gutachten 31/11)

Hecker, Hellmuth, Zur Frage der Führung des Adelstitels durch einen in Deutschland eingebürgerten russischen, später lettischen Offizier, Gutachten 31/20, in: Praktische Fragen des Staatsangehörigkeits-Rechts 1947 - 1957, Hektographierte Veröffentlichungen der Forschungsstelle für Völkerrecht und ausländisches öffentliches Recht der Universität Hamburg Nr. 31, Hamburg 1957, S. 170 (zit. Hecker, Gutachten 31/20)

Hecker, Hellmuth, Zur Frage der Führung des Adelstitels durch einen 1892 geborenen Sudetendeutschen, Gutachten 31/15, in: Praktische Fragen des Staatsangehörigkeits-Rechts 1947 - 1957, Hektographierte Veröffentlichungen der Forschungsstelle für Völkerrecht und ausländisches öffentliches Recht der Universität Hamburg Nr. 31, Hamburg 1957, S. 120 (zit. Hecker, Gutachten 31/15)

Henrich, Dieter, Anmerkung zu LG Heidelberg Beschluß vom 4. Feb. 1988 - 7 T 56/86, IPRax 1989, 52

Henrich, Dieter, Der Erwerb und die Änderung des Familiennamens, Frankfurt 1983

Henrich, Dieter, Die Namensführung von Ehegatten nach dem IPR-Gesetz oder: Was deutsche Gründlichkeit vermag, IPRax 1986, 333

Henrich, Dieter, Kollisionsrechtliche Aspekte der Neuordnung des Familiennamensrechts, IPRax 1994, 174

Hepting, Reinhard, Das internationale Ehenamensrecht in der Reform, StAZ 1994, 1

Hepting, Reinhard, Der Name der ehelichen Familie in der Reform: Was bringt der Regierungsentwurf des neuen Familiennamensrechtsgesetzes?, StAZ 1992, 201

Hepting, Reinhard, Ehevereinbarungen: Die autonome Ausgestaltung der ehelichen Lebensgemeinschaft im Verhältnis zu Eherecht, Rechtsgeschäftslehre und Schuldrecht, München 1984 (zit. Hepting, Ehevereinbarungen)

Hepting, Reinhard, Neuerungen im Eheschließungsrecht, StAZ 1996, 257

Hepting, Reinhard, Regelungszwecke und Regelungswidersprüche im Namensrecht, StAZ 1996, 1

Hepting, Reinhard, Was sind "abgeschlossene Vorgänge" im Sinn des Art. 220 Abs. 1 EGBGB?, StAZ 1987, 188

Hepting, Reinhard, Wird die getrennte Namensführung in deutsch-ausländischen Ehen zur Regel? - Zur Kollision unterschiedlicher Heimatrechte der Ehegatten nach dem Beschluß des BGH vom 25. September 1978, StAZ 1980, 325

Hepting, Reinhard / **Gaaz**, Berthold, Personenstandsrecht mit Eherecht und Internationalem Privatrecht (Kommentar), Loseblatt (Stand: 31. Juli 1994), Frankfurt am Main, Berlin (zit. Hepting/Gaaz, PStG, § Rdnr. [Bearbeiter])

Hermann, Robert, Über das Recht der Namensführung und Namensänderung, AcP 45 (1862), 153; 315

Hoyningen-Huene, Iris **Freifrau von**, Adel in der Weimarer Republik: die rechtlich-soziale Situation des reichsdeutschen Adels 1918 - 1933, Limburg 1992

Hübschmann, Russische Adelspersonen sind nicht zur Führung des Adelsprädikats "von" befugt, StAZ 1926, 311

Hufen, Friedhelm, Verwaltungsprozeßrecht, 2. Aufl., München 1996

Hurwitz, Paul, Der Schutz des Namens nach dem Bürgerlichen Gesetzbuche für das Deutsche Reich und der Reichszivilprozeßordnung, Borna-Leipzig, 1907

Ihering, Rudolf **von**, Rechtsschutz gegen injuriöse Rechtsverletzungen, IherJb 23 (1885), 155

Jayme, Erik / **Hausmann**, Rainer, Internationales Privat- und Verfahrensrecht (Textausgabe), 8. Aufl., München 1996 (zit. Jayme/Hausmann)

Jellinek, Walter, Verwaltungsrecht, 3. Aufl. (Unveränderter Neudruck), Offenburg, 1948

Jordan, Karl, Investiturstreit und frühe Stauferzeit (1056 - 1197), in: Gebhardt, Handbuch der deutschen Geschichte, Band 1, hrsg. von Herbert Grundmann, 8. Aufl., Stuttgart 1954 (Erster Nachdruck), S. 243

Josling, J., Change of Name, 14. Aufl., London 1989

Kaerger, Karl, Zwangsrechte: Ein Beitrag zur Systematisirung der Rechte, Berlin 1882

Kalm, Harald **von**, Das preussische Heroldsamt (1855 - 1920): Adelsbehörde und Adelsrecht in der preussischen Verfassungsentwicklung, Berlin 1994

Kaser, Max, Das römische Privatrecht, Band 1, München 1955 (zit. Kaser, Band 1)

Katt, Dieter, Beischreibung eines Randvermerks im Geburtenbuch über den Verlust eines ungarischen Adelstitels, StAZ 1986, 223

Kegel, Gerhard, Internationales Privatrecht, 3. Aufl., München 1971 (zit. Kegel, IPR, 3. Aufl.); 6. Aufl., München 1987 (zit. Kegel, IPR, 6. Aufl.); 7. Aufl., München 1995 (zit. Kegel, IPR)

Kekule von Stradonitz, Stephan, Ueber die Zuständigkeit des preussischen Heroldsamts, AöR 18 (1903), 191

Klippel, Diethelm, Besprechung von: Bernhard Raschauer, Namensrecht, FamRZ 1984, 244

Klippel, Diethelm, Der zivilrechtliche Schutz des Namens: Eine historische und systematische Untersuchung, Paderborn, München, Wien 1985

Knoepfler, François, Der Name und einige andere Fragen des Zivilstandswesens im schweizerischen internationalen Privatrecht, heute und morgen, StAZ 1979, 213

Knopp, Werner, Art. 118 der Bayerischen Verfassung und das Adoptionsrecht des BGB, NJW 1961, 1566

Koerner, Bernhard, Ausländische Adelsbezeichnungen, StAZ 1951, 180

Kohler, Josef, Das Individualrecht als Namensrecht, ArchBürgR 5 (1891), 77

Kohler, Josef, Das Recht des Markenschutzes, Würzburg 1884

Kopp, Adelsbezeichnung "Ritter von", StAZ 1955, 42

Kopp, Eitel Georg, Namensrecht der Unehelichen vor dem Inkrafttreten des BGB in Deutschland, Frankfurt am Main, Berlin 1959

Kopp, Ferdinand O., Verwaltungsgerichtsordnung, 10. Aufl., München 1994 (zit. Kopp, VwGO)

Kopp, Ferdinand O. / **Kopp**, Ferdinand J., Verwaltungsverfahrensgesetz, 6. Aufl., München 1996 (zit. Kopp, VwVfG)

Krockow, Wilhelm **Graf von**, Adelsnamen und Adelsnamen-Katalog Deutschland, Passau 1974

Kroitzsch, Hans, Der Stand der Tapferen - Der ungarische Vitéz-Orden: Rechtsdarstellung und - vergleich, Leipzig 1939

Kropholler, Jan, Internationales Privatrecht, 2. Aufl., Tübingen 1994 (zit. Kropholler, IPR)

Krückmann, Paul, Werden durch das bürgerliche Gesetzbuch die Vorschriften der Landesrechte über den Uebergang und die Führung adeliger Namen berührt?, Verhandlungen des 24. Deutschen Juristentags, Gutachten, Band 3, Berlin 1898, S. 151

Krüger, Hildegard, Der Name der Frau nach bürgerlichem Recht, AcP 156 (1957), 232

Kubitz, Joachim, Familiennamensführung eines kroatischen Staatsangehörigen, StAZ 1993, 365

Langenfeld, Gerrit, Handbuch der Eheverträge und Scheidungsvereinbarungen, 2. Aufl., München 1989

Larenz, Karl, Allgemeiner Teil des deutschen Bürgerlichen Rechts, 7. Aufl., München 1989

Lehmann, Emil, Die Bedeutung und die Tragweite des Satzes "Adelsbezeichnungen gelten nur als Teil des Namens" Art. 109 III 2 RV, Heidelberg 1927

Leonhardt, Peter, Das neue Internationale Privatrecht Rumäniens, IPRax 1994, 156

Lipowschek, Anton, Jugoslawien: Internationales Privat- und Prozeßrecht, StAZ 1983, 38

Loos, Wolfgang, Namensänderungsgesetz (Kommentar), Frankfurt am Main, Berlin 1970

Lottig, Hans, Führung des Adelstitels durch einen Deutschen, der infolge der Gebietsveränderungen nach dem Ersten Weltkrieg die polnische Staatsangehörigkeit erlangte, Gutachten 36/8a, in: Praktische Fragen des Staatsangehörigkeits-, Entschädigungs- und Völkerrechts, Hektographierte Veröffentlichungen der Forschungsstelle für Völkerrecht und ausländisches öffentliches Recht der Universität Hamburg Nr. 36, Hamburg 1960, S. 171 (zit. Lottig, Gutachten 36/8a)

Lottig, Hans, Über den generellen Staatsangehörigkeitswechsel anläßlich der Eingliederung des Sudetenlandes und der Errichtung des Protektorats Böhmen und Mähren, Gutachten 31/16, in: Praktische Fragen des Staatsangehörigkeits-Rechts 1947 - 1957, Hektographierte Veröffentlichungen der Forschungsstelle für Völkerrecht und ausländisches öffentliches Recht der Universität Hamburg Nr. 31, Hamburg 1957, S. 129 (zit. Lottig, Gutachten 31/16)

Lüke, Gerhard, Die persönlichen Ehewirkungen und die Scheidungsgründe nach dem neuen Ehe- und Familienrecht, in: Festschrift für Friedrich Wilhelm Bosch zum 65. Geburtstag, Bielefeld 1976, S. 627 (zit. Lüke, FS Bosch)

Luther, Gerhard, Namensänderungen nach englischem Recht und ihre Beachtung im deutschen Personenstandsrecht, StAZ 1980, 61

Mandowsky, Erfahrungen aus der Tätigkeit der Aufsichtsbehörde, StAZ 1932, 271

Mantey, W., Der deutsche niedere Adel und das Bürgerliche Gesetzbuch, AöR 13 (1898), 20

Marcks, Dietrich, Namensform der "Freiin" nach Scheidung der Ehe und Wiederannahme des Geburtsnamens, StAZ 1983, 320

Marcks, Dietrich, Zur Namensführung eines Adligen aus dem Baltikum, StAZ 1969, 24

Marx, Arthur, Der Schutz des Namensrechts durch § 12 des Bürgerlichen Gesetzbuchs, Borna-Leipzig 1906

Max Planck-Institut für ausländisches und internationales Privatrecht, Gutachten zum litauischen Adelsrecht, StAZ 1965, 27

Meyer-Witting, Bernd, Das Personennamensrecht in England: Geschichte und Gegenwart, Frankfurt am Main 1990

Mikliss, Peter, Deutscher und polnischer Adel im Vergleich: Adel und Adelsbezeichnung in der deutschen und polnischen verfassungsgeschichtlichen Entwicklung sowie die rechtliche Problematik polnischer Adelsbezeichnungen nach deutschem Recht, Berlin 1981

Mommsen, Theodor, Die römischen Eigennamen der republikanischen und augusteischen Zeit, in: Römische Forschungen, Band 1, Hildesheim 1962, S. 1

Motive zum Entwurfe eines Bürgerlichen Gesetzbuches für das Deutsche Reich, Amtliche Ausgabe, Band 4: Familienrecht, 2. Aufl., Berlin 1896

Mugdan, B., Die gesamten Materialien zum Bürgerlichen Gesetzbuch für das Deutsche Reich, Band 4: Familienrecht, Berlin 1899

Müller, Hermann Ernst, Standesvorrechte und Adelsname im geltenden Recht, Leipzig 1926

Münchener Kommentar zum Bürgerlichen Gesetzbuch, hrsg. von Kurt Rebmann und Franz Jürgen Säcker, Band 7: Einführungsgesetz zum Internationalen Gesetzbuche, Internationales Privatrecht, 2. Aufl., München 1990; Band 1: Allgemeiner Teil (§§ 1 - 240, AGB-Gesetz), 3. Aufl., München 1993; Band 2: Schuldrecht Allgemeiner Teil (§§ 241 - 432), München 1994; Band 7: Familienrecht I (§§ 1297 - 1588), 3. Aufl., München 1993; Band 8: Familienrecht II (§§ 1589 - 1921, KJHG), 3. Aufl., München 1992 (zit. MüKo/Bearbeiter)

Nautré, Sylvie, Le nom en droit comparé, Frankfurt am Main, Bern, Las Vegas 1977

Nelle, Dietrich, Der Familienname: Perspektiven für eine rechtsvereinheitlichende Reform, FamRZ 1990, 809

Neuhaus, Paul Heinrich, Die Grundbegriffe des Internationalen Privatrechts, 2. Aufl., Tübingen 1976 (zit. Neuhaus, Grundbegriffe)

Neumeyer, Karl, Internationales Verwaltungsrecht, Band 1, München 1910 (zit. Neumeyer, Internationales Verwaltungsrecht, Band 1); Band 4, Zürich, Leipzig 1936 (zit. Neumeyer, Internationales Verwaltungsrecht, Band 4)

Opet, Otto, Das Namensrecht des Bürgerlichen Gesetzbuchs, AcP 87 (1897), 313

Opet, Otto, Das preußische Adelsgesetz und der Familienname der Mitglieder des vormaligen preuß. Königshauses, VerwArch 29 (1922), 31

Opet, Otto, Die Adelsbezeichnung nach der neuen Reichsverfassung, DJZ 25 (1920), 136

Opet, Otto, Werden durch das Bürgerliche Gesetzbuch die Vorschriften der Landesrechte über den Uebergang und die Führung adliger Namen berührt?, Verhandlungen des 24. Deutschen Juristentags, Gutachten, Band 3, Berlin 1898, S. 191

Otto, Carl / **Schilling**, Bruno / **Sintenis**, Carl Friedrich F., Das Corpus Juris Civilis in's Deutsche übersetzt, Band 6, Leipzig 1832 (zit. Otto/Schilling/Sintenis, Band 6)

Overbeck, Alfred E. **von**, The Name, in: International Encyclopedia of Comparative Law, Volume II: Private International Law, Chapter 15: Persons, Tübingen, Mouton, The Hague 1972, S. 29 (zit. von Overbeck)

Owstien, von, Beschluß des Kammergerichts vom 27.1.1933 und was dazu zu sagen ist - Noch einmal: Die weiblichen Adelsnamen, StAZ 1933, 395

Owstien, von, Die adelsrechtliche Gesetzgebung in Österreich, StAZ 1931, 266

Owstien, von, Die Namensbezeichnungen der Mitglieder früherer Adelsfamilien, StAZ 1928, 361; 1929, 257

Owstien, von, Die Rechtsverhältnisse des persönlichen Adels nach der Reichsverfassung, StAZ 1933, 92

Palandt, Bürgerliches Gesetzbuch, 55. Aufl., München 1996; 44. Aufl., München 1985; 28. Aufl., München 1969 (zit. Palandt/Bearbeiter)

Paulys Realencyclopädie der classischen Altertumswissenschaft, Band XVI, 2 (Mystagoros bis Nereae), hrsg. von Wilhelm Kroll, Stuttgart 1935

Peters, Ernst, Anfügung des Gutsnamens an den Adelsname gemäß § 45 II 9 ALR, StAZ 1970, 85

Peters, Ernst, Beweiskräftige Bescheinigungen im Sinne des § 15b (1) Satz 2 und des § 5 (3) Satz 1 PStG: Gutachten des deutschen Adelsarchivs, StAZ 1964, 280

Peters, Ernst, Darf der von einer geborenen Freiin von P Adoptierte den Mädchennamen der Adoptivmutter in der männlichen Form führen?, StAZ 1967, 225

Peters, Ernst, Darf die frühere Adelsbezeichnung "Ritter" als Vorname zugelassen werden?, StAZ 1968, 333

Peters, Ernst, Darf die nie verheiratet gewesene Tochter eines Freiherrn sich Freifrau nennen?, StAZ 1967, 251

Peters, Ernst, Die früheren Adelsbezeichnungen Fürst, Graf, Baron und Edler sowie die bürgerlichen Familiennamen Fürst, Graf, Baron und Edler, StAZ 1976, 88

Peters, Ernst, Einen weiblichen Ritter gibt es nicht, StAZ 1954, 188

Peters, Ernst, Eintragung von italienischen Adelsbezeichnungen in Personenstandsbücher, StAZ 1956, 249

Peters, Ernst, Erlöschen bevorrechtigender Adelsbezeichnungen, StAZ 1967, 77

Peters, Ernst, Mit welchem Familiennamen ist die minderjährige Tochter eines Reichsgrafen in der Geburtsurkunde aufzuführen?, StAZ 1959, 333

Peters, Ernst, Österreichisches Adelsrecht, StAZ 1966, 325

Peters, Ernst, Unzulässigkeit der früheren Adelsbezeichnungen "Reichsgraf" und "Reichsfreiherr", StAZ 1969, 166

Peters, Ernst, Wie heißen die Kinder eines Erbgrafen, eines Erbfürsten oder eines Erbprinzen?, StAZ 1967, 225

Pfeiffer, Gerd / **Strickert**, Hans-Georg, Personenstandsgesetz, Berlin 1961 (zit. Pfeiffer/Strickert, PStG)

Pieroth, Bodo / **Schlink**, Bernhard, Grundrechte, 11. Aufl., Heidelberg 1995

Pintens, Walter, Naam (Algemene Practische Rechtsverzameling), Gent, Leuven 1981

Pintens, Walter / **Will**, Michael R., Names, in: International Encyclopedia of Comparative Law, Volume IV: Persons and Family, Chapter 2: Persons, Tübingen, Dordrecht, Boston 1995, S. 45 (zit. Pintens/Will)

Planck's Kommentar zum Bürgerlichen Gesetzbuch nebst Einführungsgesetz, hrsg. von E. Strohdal, F. André u.a., Band 1: Allgemeiner Teil (§§ 1 - 240), 4. Aufl., Berlin 1913 (zit. Planck/Bearbeiter)

Raape, Leo, Internationales Privatrecht, 4. Aufl., Berlin, Frankfurt am Main 1955 (zit. Raape, IPR, 4. Aufl.); 5. Aufl., Berlin, Frankfurt am Main 1961 (zit. Raape, IPR)

Raape, Leo / **Sturm**, Fritz, Internationales Privatrecht, Band 1: Allgemeine Lehren, 6. Aufl., München 1977 (zit. Raape/Sturm, IPR)

Rabel, Ernst, The Conflict of Laws: A Comparative Study, Band 1: Introduction (Family Law), 2. Aufl., Ann Arbor 1958 (zit. Rabel, The Conflict of Laws, Band 1)

Rademacher, Wilhelm, Das Recht des Artikels 109 Absatz 3 der Reichsverfassung vom 11. August 1919 (Zugleich ein Beitrag zum alten und neuen Adelsrecht), Borna-Leipzig 1927

Raschauer, Bernhard, Namensrecht, Wien, New York 1978

Rau, Hans, Spanische Adelstitel in deutschen Personenstandsbüchern?, StAZ 1980, 177

Rechtsvergleichendes Handwörterbuch für das Zivil- und Handelsrecht des In- und Auslands, hrsg. von Franz Schlegelberger, Band 5, Berlin 1936 (zit. RVHWB)

Rehm, Hermann, Modernes Fürstenrecht, München 1904 (zit. Rehm, Modernes Fürstenrecht)

Rehm, Hermann, Prädikat- und Titelrecht der deutschen Standesherren: Eine rechtsgeschichtliche Untersuchung im Auftrag des Vereins der deutschen Standesherren unternommen, München 1905 (zit. Rehm, Prädikat- und Titelrecht)

Rensch, Max, Der adelige Namen nach deutschem Recht, Berlin 1931

Rietdorf, Anmerkung zum Urteil des OVG Münster vom 29. Jan. 1963, StAZ 1965, 21

Rupp, Laszlo, Grundzüge des geltenden Namensrechts der natürlichen Person im ungarischen Recht, MfOR (WGO) 21 (1979), 61

Ruthe, Dietlinde, Die Neuordnung des Namensrechts: Eine Darstellung und kritische Würdigung der namensrechtlichen Bestimmungen des Ersten Gesetzes zur Reform des Ehe- und Familienrechts, FamRZ 1976, 409

Sachs, Michael, Grundgesetz (Kommentar), München 1996 (zit. Sachs/Bearbeiter)

van Sasse van Ysselt, Th., Zur Führung der niederländischen Adelsbezeichnung "Jonkheer" in der weiblichen Form durch eine deutsche Staatsangehörige, StAZ 1972, 119

Schenck zu Schweinsberg, Hermann **Freiherr**, Zur rechtlichen Bedeutung des Adelszeichens, Gießen 1927

Schnitzerling, M. Der Name des Adoptivkindes, NJW 1960, 566

Schrembs, Robert, Anmerkung zum Urteil des VG München vom 22. Okt. 1953, StAZ 1955, 137

Schröder, Jochen, Anmerkung zum Urteil des VG Brauschweig vom 28. Feb. 1963, DÖV 1964, 267

Schütz, Wolfgang, 100 Jahre Standesämter in Deutschland, Frankfurt am Main 1977

Schwab, Dieter, Familienrecht, 8. Aufl., München 1995 (zit. D. Schwab)

Schwab, Dieter, Statt einer Glosse: Der Name ist Schall und Rauch, FamRZ 1992, 1015

Schwenzer, Ingeborg, Namensrecht im Überblick: Entwicklung - Rechtsvergleich - Analyse, FamRZ 1991, 390

Schwerdtner, Eberhard, Das öffentlich-rechtliche Namensänderungsrecht - ein erratischer Block?, NJW 1993, 302

Schwimann, Michael, Das neue internationale Familienrecht Österreichs, FamRZ 1982, 14

Seeler, Zum Namensführungsrecht eines 1944 in Deutschland eingebürgerten Galiziers,Gutachten 31/14, in: Praktische Fragen des Staatsangehörigkeits-Rechts 1947 - 1957, Hektographierte Veröffentlichungen der Forschungsstelle für Völkerrecht und ausländisches öffentliches Recht der Universität Hamburg Nr. 31, Hamburg 1957, S. 113 (zit. Seeler, Gutachten 31/14)

Seeler, Zur Frage der Führung des Adelstitels durch einen 1926 in Deutschland eingebürgerten Baltendeutschen, Gutachten 31/19, in: Praktische Fragen des Staatsangehörigkeits-Rechts 1947 - 1957, Hektographierte Veröffentlichungen der Forschungsstelle für Völkerrecht und ausländisches öffentliches Recht der Universität Hamburg Nr. 31, Hamburg 1957, S. 163 (zit. Seeler, Gutachten 31/19)

Sievers, Fremde Adelsnamen in der Schweiz, Deutschland und Österreich, StAZ 1931, 295; 313

Silagi, Michael, Zur Führung von Adelsprädikaten und Titeln bei ungarisch-deutschem Statutenwechsel, StAZ 1992, 133

Simader, August / **Diepold**, Albert, Deutsches Namensrecht (Kommentar), Loseblatt (Stand: Juni 1991), München

Soergel, Hans Th., Bürgerliches Gesetzbuch mit Einführungsgesetz und Nebengesetzen, Band 8: Einführungsgesetz, 11. Aufl., Stuttgart, Berlin, Köln 1984; Band 10: Einführungsgesetz, 12. Aufl., Stuttgart, Berlin, Köln 1996; Band 1: Allgemeiner Teil (§§ 1 - 240), 12. Aufl., Stuttgart, Berlin, Köln 1988; Band 7: Familienrecht I (§§ 1297 - 1588), 12. Aufl., Stuttgart, Berlin, Köln 1989; Band 8: Familienrecht II (§§ 1589 - 1921), 12. Aufl., Stuttgart, Berlin, Köln 1987; (zit. Soergel/Bearbeiter)

Staatslexikon der Görresgesellschaft, Band 1, 5. Aufl., Freiburg i. Br. 1926 (zit. Staatslexikon)

Staudinger, J. **von**, Kommentar zum Bürgerlichen Gesetzbuch mit Einführungsgesetz und Nebengesetzen, Einführungsgesetz zum Bürgerlichen Gesetzbuch, Band 1, 11. Aufl., Berlin 1957; Familienrecht (§§ 1705 - 1921), 10./11. Aufl., Berlin 1969; Art. 10 (Internationales Namensrecht), 12. Aufl. (erscheint demnächst); Einleitung zum Bürgerlichen Gesetzbuch, Erstes Buch (Allgemeiner Teil): §§ 1 - 12, Verschollenheitsgesetz, 13. Bearbeitung, Berlin 1995; Einleitung zum Bürgerlichen Gesetzbuch, Erstes Buch (Allgemeiner Teil): §§ 164 - 240, 13. Bearbeitung, Berlin 1995; Einleitung zu §§ 1297 ff., §§ 1297 - 1302, Anhang zu §§ 1297 ff. (Nichteheliche Lebensgemeinschaft), §§ 1 - 80 EheG, §§ 1353 - 1362, 12. Aufl., Berlin 1993; Familienrecht (§§ 1589 - 1625), 12. Aufl., Berlin 1993; Familienrecht (§§ 1666 - 1772), 12. Aufl., Berlin 1992 (zit. Staudinger/Bearbeiter)

Stobbe, Otto, Handbuch des Deutschen Privatrechts, Band 1, 3. Aufl., Berlin 1893 (zit. Stobbe, Handbuch des Deutschen Privatrechts, Band 1); Band 4: Familienrecht, 3. Aufl., Berlin 1900 (zit. Stobbe, Handbuch des Deutschen Privatrechts, Band 4)

Stölzel, Otto / **Peters**, Ernst, Die rechtliche Stellung des Standesbeamten, Berlin 1943

Sturm, Fritz, Das internationale Namensrecht der Schweiz, Zeitschrift für Zivilstandswesen , 1994, 197

Szlezak, Ludwig, Das Staatsangehörigkeitsrecht von Ungarn, Frankfurt am Main, Berlin 1959

Timon, Ákos **von**, Ungarische Verfassungs- und Rechtsgeschichte, 2. Aufl., Berlin 1909

Verdross, Alfred / **Simma**, Bruno, Universelles Völkerrecht, 3. Aufl., Berlin 1984

Vogel, Klaus, Der räumliche Anwendungsbereich der Verwaltungsnorm, Frankfurt am Main, Berlin 1965

Wacke, Andreas, Änderungen der allgemeinen Ehewirkungen durch das 1. EheRG, FamRZ 1977, 505

Wacke, Andreas, Das neue Recht von Ehe- und Kindesnamen, StAZ 1994, 209

Wagenitz, Thomas, Grundlinien des neuen Familiennamensrechts, FamRZ 1994, 409

Wendland, Friedrich Karl **Freiherr von**, Der adelige Familienname - seine Gestaltung und seine Rechtsverhältnisse, Diessen vor München 1920

Wengler, Wilhelm, Anmerkung zum Beschluß des BGH vom 12. Juli 1965, JZ 1966, 179

Wiarda, Tilemann Dothias, Ueber deutsche Vornamen und Geschlechtsnamen, Berlin, Stettin 1800

Windscheid, Bernhard, Lehrbuch des Pandektenrechts, Band 1, 6. Aufl., Frankfurt am Main 1887 (zit. Windscheid, Lehrbuch des Pandektenrechts, Band 1)

Wink, Adolf, Ungarisches Namensrecht, StAZ 1943, 38

Wolff, Hans J. / **Bachof**, Otto / **Stober**, Rolf, Verwaltungsrecht, Band 1, 10. Aufl., München 1994 (zit. Wolff/Bachof/Stober, Verwaltungsrecht, Band 1)

Wörterbuch des deutschen Staats- und Verwaltungsrechts, 3 Bände, hrsg. von Max Fleischmann, 2. Aufl., Tübingen 1911 - 1914 (zit. WStVerwR)

Zeyringer, Walter, Adelsbezeichnungen und Personenstandsrecht, Österreichisches Standesamt (ÖStA) 1980, 3

Zeyringer, Walter, Neues Ehe- und Kindesnamensrecht in Österreich, StAZ 1995, 97

Zeyringer, Walter, Neues Namensänderungsgesetz in Österreich, StAZ 1988, 313

Peter Lang · Europäischer Verlag der Wissenschaften

Giuseppe Orsi / Kurt Seelmann /
Stefan Smid / Ulrich Steinvorth (Hrsg.)

Prinzipien des Rechts

Frankfurt/M., Berlin, Bern, New York, Paris, Wien, 1996. 159 S.
Rechtsphilosophische Hefte. Herausgegeben von Giuseppe Orsi, Kurt Seelmann, Stefan Smid und Ulrich Steinvorth. Bd. 6
ISBN 3-631-30441-2 · br. DM 53.–*

Das Recht arbeitet nicht nur mit einzelnen Normen, sondern auch mit Prinzipien, die, etwa als verfassungsrechtliche Prinzipien, die Normgebung regeln, die aber auch bei Kollisionen zwischen Normen entscheiden und die Auslegung von Normen bestimmen. Solche Prinzipien können ihrerseits miteinander kollidieren, wie z.B. Menschenrechtsschutz und Staatssouveränität, was zu schwierigen ethischen und rechtstheoretischen Abwägungen führt.

Aus dem Inhalt: Rechtsregeln und Rechtsprinzipien · Recht, Ethik und Technik · Unabhängigkeit des Staatsanwalts · Menschenrechte und Staatssouveränität · Grundnormkonzept und Kantianismus bei Kelsen

Frankfurt/M · Berlin · Bern · New York · Paris · Wien
Auslieferung: Verlag Peter Lang AG
Jupiterstr. 15, CH-3000 Bern 15
Telefax (004131) 9402131
*inklusive Mehrwertsteuer
Preisänderungen vorbehalten